CHRISTIAN
NÜRNBERGER

DIE
VERKAUFTE
DEMOKRATIE

CHRISTIAN NÜRNBERGER

DIE VERKAUFTE DEMOKRATIE

Wie unser Land dem Geld geopfert wird

LUDWIG

Die Verlagsgruppe Random House weist ausdrücklich darauf hin, dass im Text enthaltene externe Links vom Verlag nur bis zum Zeitpunkt der Buchveröffentlichung eingesehen werden konnten. Auf spätere Veränderungen hat der Verlag keinen Einfluss. Eine Haftung des Verlags für externe Links ist stets ausgeschlossen.

FSC www.fsc.org MIX Papier aus verantwortungsvollen Quellen FSC® C014496

Verlagsgruppe Random House FSC® N001967
Das für dieses Buch verwendete
FSC®-zertifizierte Papier *Munken Premium*
liefert Arctic Paper Munkedals AB, Schweden.

Redaktion: Klaus Gabbert

Umschlaggestaltung: Eisele Grafik · Design, München,
unter Verwendung eines Fotos von Allan Baxter/Masterfile
und jovannig/Depositphoto
Satz: Leingärtner, Nabburg
Druck und Bindung: GGP Media GmbH, Pößneck
Printed in Germany 2015
ISBN 978-3-453-28070-0

www.ludwig-verlag.de

Für Petra

Inhalt

Vorwort – Die fahlen Rosse der Apokalypse 9

Einleitung – Abgefuckte Mythen 18

Teil A Dieses Land war mein Land 29

01 Dann ging Guido in den Container 31

02 Von der Bonner Republik zur Wertpapiergesellschaft 42

03 Niemand hat die Absicht, die Demokratie zu verkaufen 52

04 Der Kontrollverlust der Selfcontroller 64

05 Von der Befreiung der Welt zu ihrer Verwanzung 76

06 Die Ohnmacht der Wähler und die Ohnmacht der Gewählten 89

07 In den Ketten der Machtwirtschaft 101

08 Der *Homo anna* und der *Homo oeconomicus* 114

09 »Stattdessen logen wir morgens, nachts und abends« 124

10 Zwischen Fleischerbeil und Siegertreppchen – wir und die anderen 127

11 Die neoliberale Saat geht auf 134

12 Mare Nostrum – eine Fahrt ums Mittelmeer 137

13 Die alte Leier der Geschichte 145

14 Wie den Parteien die Realität verloren geht 150

Teil B Hol dir dein Land zurück

Teil B Hol dir dein Land zurück 165

01 Wir Glückskinder der Weltgeschichte 167

02 Was tun? Raus aus dem System! 175

03 Alles gut und schön, aber … 181

04 Heimat auf'm Teller 190

05 Wie aus Industriestandorten wieder Heimat wird 203

06 Bio, öko, regio, veggie und auch sonst total korrekt 218

07 Solidarisch wirtschaften – gut leben 229

08 Die Macht der Banken brechen – das können nur wir 244

09 Macht euren Zorn zu Strom 254

10 Heimatverteidigung: Hier nicht, Mr. Amazonas! 270

11 Sogar Google ist verwundbar 285

12 Digital native oder digital naiv? 301

13 Wie wir Facebook schlagen können 316

14 Frieden beginnt im Kiez, im Stadtteil, im Dorf 327

15 Schubumkehr: Wie wir die Bürgerdemokratie erreichen 341

Dank 355

Anhang 357

Anmerkungen 359

Register 362

Vorwort – Die fahlen Rosse der Apokalypse

Ein sehr alter italienischer Nobelpreisträger hat vor einiger Zeit gesagt: »Im Laufe meines Lebens hat sich die Zahl der Menschen vervierfacht und ihr Energieverbrauch versechzehnfacht. Nach allen möglichen Formen der Prognose bedeutet das: Ja, es geht zu Ende.«

Ist das Alterspessimismus?

Meine 21 und 24 Jahre jungen Kinder glauben, dass die Zukunft besser sein wird als die Gegenwart. Sie haben vor ein paar Jahren mal beiläufig ihre Erwartung erwähnt, eines Tages mit dem Auto gefahrlos ums ganze Mittelmeer herumzufahren und dabei durch eine einzige zusammenhängende Zone des Wohlstands, des Friedens und der Freiheit zu kommen, in der Menschen unterschiedlichster Kulturen freundlich miteinander leben und arbeiten.

Aber Jean-Claude Juncker hat schon im März 2013, als er noch Luxemburgs Premierminister war, vor etwas gewarnt, wovon wir in Europa eigentlich gedacht hatten, es für immer überwunden zu haben: Krieg. »Wer glaubt, dass sich die ewige Frage von Krieg und Frieden in Europa nie mehr stellt, könnte sich gewaltig irren. Die Dämonen sind nicht weg, sie schlafen nur.« Er sehe auffällige Parallelen zum Jahr 1913, als viele dachten, es werde in Europa nie mehr Krieg geben.

Erste Anzeichen für das Unvorstellbare meinte Juncker in Griechenland und Italien zu entdecken: »Plötzlich kamen Ressentiments hoch, von denen man dachte, sie seien definitiv abgelegt.« Die Eurokrise brachte uns den Nationalismus zurück.

Damals fragte ich mich noch, ob Juncker vielleicht auch so ein Alterspessimist wie ich sei. Aber als er im Dezember 2014 seinen sechzigsten Geburtstag feierte, musste ich zugeben: Hast recht gehabt, alter Mann.

Zwischen jenem März 2013 und dem Dezember 2014 war viel passiert. Russlands Präsident Wladimir Putin annektierte die bis dato zur Ukraine gehörende Krim. An der Grenze zur Ukraine ließ er seine Truppen aufmarschieren. Dort wird geschossen, gemordet, vertrieben. Ein Vierteljahrhundert lang wähnten wir uns in dem Glauben, der Kalte Krieg sei Geschichte. Nun ist er zurück. Juncker hatte recht. Die Dämonen waren nie weg, sondern schliefen nur.

Neue Dämonen kamen hinzu. Einer von ihnen zeigte sein hässliches Gesicht auf einem Foto, das 2013 um die Welt ging. Man sah darauf zwei Schwarze blutverschmiert auf einer Londoner Straße, Messer und Fleischerbeil noch in der Hand, sich des eben begangenen Mordes am weißen Soldaten Lee Rigby rühmen. Beide Täter sind Kinder nigerianischer Einwanderer, wurden in Großbritannien geboren, wuchsen als Christen auf, konvertierten zum Islam und wurden von Hasspredigern radikalisiert. Sie wollten den gewaltsamen Tod von Muslimen in aller Welt rächen.

Danach lieferten sich Rechtsextremisten Straßenschlachten mit der Polizei. Frauen wurden die Schleier weggerissen, Männer verprügelt, Moscheen beschmiert, vor einer Moschee wurde ein Schweinekopf abgelegt.

Noch weit schlimmere Schreckensbilder lieferte uns das Jahr 2014. Britische Staatsbürger im Gewand von Dschihadisten des »Islamischen Staates« enthaupteten öffentlich westliche Bürger, Journalisten und entführte Geiseln. Das Kürzel IS hatten wir 2013 überhaupt nicht auf dem Schirm, aber 2014 dominierten die mordenden, raubenden, brandschatzenden, vergewaltigenden Truppen des IS die Nachrichten.

Während ich dies schreibe, breiten sie sich immer weiter aus im gesamten Nahen Osten, sind nur noch zwei Autostunden von Beirut entfernt, wo meine Tochter Arabistik studiert. Ich sehne den Tag herbei, an dem sie wieder in Deutschland ist.

Noch ein Jahr vor der Hinrichtung des weißen Soldaten Lee Rigby in England war von dort ein ganz anderes Bild mit einer ganz anderen Botschaft um die Welt gegangen. Es zeigte einen rothaarigen Weitspringer, eine Siebenkämpferin mit jamaikanischen Eltern und einen Langstreckenläufer, der aus Somalia eingewandert ist. Alle drei hatten während der Olympischen Spiele 2012 in London für die Briten Gold gewonnen. Die drei britischen Sportler auf dem Siegertreppchen, so schrieben die Zeitungen damals, seien ein Symbol für die Integrationskraft des Landes.

Irgendwo zwischen diesen beiden Bildern aus England – die so ähnlich auch aus Deutschland oder Frankreich hätten kommen können – liegt die Zukunft Europas. In welche Richtung sich unsere multikulturellen, multiethnischen, multireligiösen Gesellschaften bewegen werden, ist derzeit völlig ungewiss. Es gibt Kräfte und Entwicklungen, die Europa in Richtung Siegertreppchen und Mittelmeerumfahrungsprojekt ziehen. Die Chance, die Dämonen doch noch zu vertreiben, ja sie sogar einmal endgültig zu besiegen, ist noch immer gegeben. Aber gegenwärtig scheint die Zeit dagegen zu arbeiten. Die positiven Kräfte wirken schwach im Vergleich mit denen, die in Richtung Krieg und Fleischerbeil marschieren.

Der neu-alte Kalte Krieg, die Religions- und Multikulti-Konflikte, dazu die Drift zwischen Arm und Reich – das ist leider noch nicht alles. Ganz neue, noch nicht gekannte Dämonen, die auf den harmlos klingenden Namen Big Data hören, bergen ein vielfältiges Katastrophenpotential in sich. Unternehmen wie Amazon, Apple, Facebook, Google, Twitter und Geheimdienste wie die NSA scheinen auf eine Verschmelzung von George Orwells Big-Brother-Überwachungswelt mit der »schönen neuen Welt« des Aldous Huxley zuzusteuern.

Eng mit diesen Dämonen verbunden sind die Wirtschaftstotalitaristen, die den demokratisch gewählten Politikern die Macht der Zukunfts- und Weltgestaltung weitgehend entrissen und an den »Markt« delegiert haben. Nur Minderheiten wehren sich bisher gegen diese Anschläge auf unsere Verfassung, und die teilentmachteten Politiker halten still. In ganz Europa sehe ich nicht einen einzigen Politiker, der eine Vorstellung davon hat, wie wir unsere Werte, Grundrechte und die demokratische Ordnung unter den Bedingungen einer globalisierten Welt erhalten können. Sie denken vermutlich noch nicht einmal darüber nach, weil die Verwaltung des Mangels, die zahlreichen Krisenherde und die Bewältigung der seit 2008 schwelenden Finanz-, Euro- und Schuldenkrise ihre ganze Kraft beanspruchen. Sie sind offensichtlich nicht mehr in der Lage, die EU zu einer sicheren, stabilen Demokratie fortzuentwickeln.

Im Jahr 2016 werde ich 65 Jahre alt sein, und wenn ich dann auf diese sechseinhalb Jahrzehnte zurückblicke, werde ich sagen können, nie etwas anderes kennengelernt zu haben als Frieden und Freiheit bei wachsendem Wohlstand. Aber mit zunehmender Unruhe frage ich mich: Wird es möglich sein, diese nun schon fast siebzig Jahre währende Periode des Friedens und der Freiheit um weitere sieben Jahrzehnte zu verlängern? Wie dankbar und froh wäre ich, wenn meine Kinder in fünfzig Jahren im Rückblick auf ihr Leben dasselbe sagen könnten wie ich heute. Das wären dann 140 Jahre ohne Krieg, ohne Not und ohne Unterdrückung in Europa. Spricht nicht alle geschichtliche Erfahrung dagegen? Hat es so etwas jemals in der Geschichte gegeben, 140 Jahre Frieden, Freiheit, Wohlstand für alle? Ist man wirklich ein Pessimist, wenn man solch eine Erwartung für utopisch hält?

Mit meiner Befürchtung einer schlechteren Zukunft für unsere Kinder bin ich nicht allein. Viele aus meiner Generation und auch Jüngere beschleicht seit Jahren das Gefühl, den Jungen bald mal sagen zu müssen: Sorry, dass wir eure Ressourcen geschrumpft und das Klima gekillt haben. Vielleicht werdet ihr einmal Kriege ums Wasser, ums Öl und die zur Neige gehenden Ressourcen erleben. Gewaltige Flüchtlingsströme würden zu euch kommen. Das täte uns leid. Wie es uns auch leidtut, euch ein Land übergeben zu müssen, das im Grunde nicht mehr euch gehört, sondern unkontrollierbaren, anonymen Mächten und den sogenannten Finanzmärkten, die mehr Einfluss auf eure Zukunft haben als ihr selbst.

Die Litanei lässt sich beliebig fortsetzen: Sorry, dass ihr unsere Schulden abbezahlen müsst. Sorry, dass ihr wenigen für so viele Rentner aufkommen müsst, die immer länger leben, zuletzt noch dement werden und eurer Pflege und Fürsorge bedürfen, während euch kaum noch etwas bleibt, um für euer eigenes Alter vorzusorgen. Sorry, dass es uns zu anstrengend erschien, mehr Kinder zu haben. Sorry, dass wir kaum einen Krisenherd entschärft und das Entstehen neuer Herde nicht verhindert haben. Sorry, dass wir euch in ein Bildungssystem stecken, das euch nicht mehr zu mündigen Bürgern und charakterstarken Persönlichkeiten bilden, sondern zu Soldaten ausbilden will, die im globalen Krieg um Marktanteile zuverlässig funktionieren. Sorry für die vielen prekären Jobs, die wir euch zumuten. Sorry für unsere widerstandslose Hinnahme der Herrschaft von Amazon, Apple, Facebook, Google und der NSA. Sorry für die Überführung unserer westlichen Wertegemeinschaft in eine westliche Wertpapiergesellschaft. Sorry …

Ich habe in letzter Zeit oft an Stefan Zweig denken müssen, der sich einst darüber gewundert hatte, wie vollkommen verschieden sein Leben von dem seines Vaters und Großvaters verlaufen war. In seiner Autobiographie *Die Welt von gestern. Erinnerungen eines Europäers* staunt er über das Tempo, in dem eine seit Generationen bestehende, scheinbar dauerhafte Ordnung zerfallen und in Chaos, Mord und Krieg übergehen kann:

> »Ich bin 1881 in einem großen und mächtigen Kaiserreiche geboren, in der Monarchie der Habsburger, aber man suche sie nicht auf der Karte: sie ist weggewaschen ohne Spur … In dem einen kleinen Intervall, seit mir der Bart zu sprossen begann und seit der zu ergrauen beginnt, in diesem einen halben Jahrhundert hat sich mehr ereignet an radikalen Verwandlungen

> und Veränderungen als sonst in zehn Menschengeschlechtern ... So verschieden ist mein Heute von jedem meiner Gestern, meine Aufstiege und meine Abstürze, dass mich manchmal dünkt, ich hätte nicht bloß eine, sondern mehrere, völlig voneinander verschiedene Existenzen gelebt ... Ich allein bin Zeitgenosse der beiden größten Kriege der Menschheit gewesen und habe sogar jeden erlebt auf einer anderen Front, den einen auf der deutschen, den anderen auf der antideutschen ... Alle die fahlen Rosse der Apokalypse sind durch mein Leben gestürmt, Revolution und Hungersnot, Geldentwertung und Terror, Epidemien und Emigration; ich habe die großen Massenideologien unter meinen Augen wachsen und sich ausbreiten sehen, den Faschismus in Italien, den Nationalsozialismus in Deutschland, den Bolschewismus in Russland und vor allem jene Erzpest, den Nationalismus, der die Blüte unserer europäischen Kultur vergiftet hat.«

Dabei schien doch alles in der tausendjährigen österreichischen Monarchie auf »Dauer gegründet und der Staat selbst der oberste Garant dieser Beständigkeit« zu sein. Als »goldenes Zeitalter der Sicherheit« beschreibt Zweig die Zeit vor dem Ersten Weltkrieg. Man glaubte, sich, sein Leben und die Welt im Griff zu haben. Man fühlte sich als Herr seines Schicksals. Bis der Erste Weltkrieg begann. Von da an kamen Stefan Zweig und seine Generation ein halbes Jahrhundert lang nicht mehr zur Ruhe. Zuletzt überstiegen die Zumutungen solch eines Lebens seine Kräfte. Am 22. Februar 1942 nahmen er und seine Frau sich in Petrópolis bei Rio de Janeiro mit einer Überdosis Veronal das Leben.

Drei Jahre nach diesem Selbstmord in Brasilien, als Europa in Schutt und Asche lag, entwickelte sich aus dem europäischen Chaos eine neue Ordnung, und ich, im April 1951 geboren, war und bin einer ihrer Nutznießer. In jenem April 1951 unterzeichneten Frankreich, Italien, Deutschland, Belgien, die Niederlande und Luxemburg den Pariser Vertrag zur Gründung der Montanunion, der

Europäischen Gemeinschaft für Kohle und Stahl, die den Weg für die Römischen Verträge von 1957 und für die Europäische Wirtschaftsgemeinschaft bereiten sollte. Die Ordnung, die sich daraus entwickelte, ist heute die der Europäischen Union, steht nun im siebten Jahrzehnt, und die große Frage ist, ob wir sie für unsere Kinder und Enkel weitere sieben bis zehn Jahrzehnte aufrechterhalten können.

Wovon wird es abhängen, ob das gelingt?

Die einfache Antwort auf diese Frage lautet: von uns. Von jedem Einzelnen. Von unseren täglichen Entscheidungen und Nichtentscheidungen.

Schwieriger wird die Frage zu beantworten sein: Wie kriegen wir es hin, dass sich jeder Einzelne bewusst wird, wie sehr die Zukunft von seinen täglichen privaten Entscheidungen heute abhängt? Wie schaffen wir es, dass sich die Mehrheit bei ihren Entscheidungen im Letzten von etwas leiten lässt, das für alle gut ist?

Es gibt einen altbekannten kalenderspruchartigen Fünfzeiler, der, wenn man ihn nur um eine weitere Zeile ergänzt, ziemlich gut auf den Punkt bringt, warum ich dieses Buch schreibe. Der Fünfzeiler geht so:

> Achte auf deine Gedanken, denn sie werden deine Worte.
> Achte auf deine Worte, denn sie werden deine Handlungen.
> Achte auf deine Handlungen, denn sie werden deine Gewohnheiten.
> Achte auf deine Gewohnheiten, denn sie werden dein Charakter.
> Achte auf deinen Charakter, denn er wird dein Schicksal.

Mir fehlt da ein zweiter Vers, und der ergibt sich, wenn man den ersten nur geringfügig ändert:

> Achtet auf eure Gedanken, denn sie werden euer Schicksal.

Die »fahlen Rosse der Apokalypse«, die durch das Leben der Generation Stefan Zweigs galoppierten, hat nicht irgendein Teufel oder ein böser Geist geschickt, sondern waren eine menschliche Züchtung. Ihr apokalyptischer Sturm war weder das Ergebnis sinnloser Zufälle noch eine göttliche Strafe und auch nicht ein unvermeidliches Verhängnis, sondern das Resultat menschlichen Tuns und Lassens, genauso wie die sich anschließenden sieben Jahrzehnte der Freiheit und des Friedens.

Die apokalyptischen Rosse waren einmal Fohlen, geboren aus Gedanken des Nationalismus, Militarismus, Antisemitismus und Sozialdarwinismus. Nur weil versäumt wurde, diese Fohlen rechtzeitig einzufangen und zu zähmen, konnten sie sich zu Rossen der Apokalypse entwickeln.

Am Anfang jeder von Menschen verursachten Katastrophe stehen schlechte Gedanken, wie auch am Anfang jeder guten Entwicklung gute Gedanken stehen. Die Apokalypse in Deutschland hat damit begonnen, dass gute Gedanken verbrannt wurden, Gedanken des Friedens, der Völkerverständigung und der Demokratie, aufklärerische, freiheitliche, kritische Gedanken. Die Bücher, die am 10. Mai 1933 auf dem Berliner Opernplatz und in 21 anderen deutschen Universitätsstädten öffentlich verbrannt wurden, hatten das Gegengift enthalten gegen Nationalismus, Militarismus, Antisemitismus und Sozialdarwinismus, aber den Weg in die Köpfe der Mehrheit nicht gefunden. Der Weg dahin war verrammelt vom deutschen Gymnasium, der deutschen Politik, deutschen Kirchen, und am Ende wurde das Gegengift öffentlich und unter dem Jubel von Studenten und Professoren verbrannt.

Die Gifte sind auch heute noch da, aber in geringen Dosen, und sie werden einigermaßen sicher unter Verschluss gehalten. Heute ist es dringlicher, gegen den Pessimismus anzuschreiben und an die persönliche Verantwortung jedes Einzelnen zu erinnern. Das Bewusstsein dafür, dass wir es sind, die über unser Schicksal bestimmen, ist seit vielen Jahren im Schwinden begriffen. Eine fatalistische Stimmung greift um sich: »Das nützt ja doch nichts, da kann man eh nichts machen, das war doch schon immer so und wird nie anders sein.« Dieser Fatalismus hat Gründe, und dieses Buch handelt davon. Es handelt aber auch davon, wie wir aus dem Fatalismus herausfinden und unser Schicksal wieder zu unserer eigenen Angelegenheit machen.

Es ist ein Versuch, die Gründe dieses Fatalismus zu beschreiben. Es ist eine Verteidigung der Zivilgesellschaft. Es ist auch ein Versuch, Menschen und Entwicklungen bekannt zu machen, die in Richtung »Mittelmeerumfahrungsprojekt« steuern, und damit den Fatalisten Wind aus den Segeln zu nehmen und den Hoffnungslosen wieder Hoffnung zu geben. Und schließlich ist es ein Versuch, diese Menschen, die im Kleinen wirken, miteinander ins Gespräch zu bringen, auf dass sie sich vernetzen, verbünden und gemeinsam und organisiert handeln, um auch im Großen etwas zu bewirken.

Eine prosperierende Zone des Friedens und der Freiheit in ganz Europa und darüber hinaus erscheint von heute aus betrachtet wie ein utopischer Traum. Aber wenn wir es wollen, bleibt es kein Traum.

Einleitung – Abgefuckte Mythen

In meiner Kindheit und Jugend war ich, wie wohl die meisten meiner Generation, ein Amerikaner, optimistisch, vertrauensvoll, vom Glauben an den Fortschritt beseelt, mich auf der richtigen Seite der Geschichte wähnend. Heute muss ich täglich dagegen kämpfen, zum Zyniker zu werden.

Als John F. Kennedy im Juni 1963 in Berlin seinen berühmten Satz »Ich bin ein Berliner« sprach, waren alle Deutschen Amerikaner. Ich war es schon zwei Jahre früher. Ich wurde zum Amerikaner, als ich die Bilder vom Bau der Berliner Mauer gesehen und deren Bedeutung aus dem entsetzten Gesicht meines Vaters herausgelesen hatte. Da war ich zehn.

Von meinen Eltern kannte ich die Geschichte der Care-Pakete, die die Amerikaner nach Deutschland schickten, als der Krieg vorbei war und viele hungerten. In der Schule lernte ich, dass die Sowjets die Versorgungswege nach West-Berlin abschnitten und daraufhin die Amerikaner eine Luftbrücke eingerichtet hatten. Und natürlich wusste ich vom Marshallplan, den Krediten, Rohstoffen, Lebensmitteln und Waren, mit denen Amerika uns beim Wiederaufbau unseres Landes geholfen hatte.

In jenem Jahr, in dem Kennedy sich als Berliner bekannte, fuhr ich mit meiner Schulklasse in eine Jugendherberge in der Rhön. Der Aufenthalt wurde von der Regierung bezuschusst und an die Bedingung geknüpft, einen Ausflug zur »Zonengrenze« zu machen. Da standen wir dann vor der Grenze zur DDR, die damals noch SBZ genannt wurde (Sowjetische Besatzungszone), und blickten aus sicherer Entfernung auf den Stacheldrahtzaun, der Deutschland in »unsere Demokratie« und die »Diktatur da drüben« teilte.

Ja, dachte ich, wer so etwas baut, muss böse sein, und ich war froh, auf der richtigen Seite des Zauns zu stehen. So begann ich zu glauben, dass ich in einer »westlichen Wertegemeinschaft« lebe, die von den USA angeführt und zugleich beschützt wird. In meinem Vergleich der Systeme stand es 100 : 0 für den Westen. Und ich war damit einverstanden, dass zur Verteidigung der Guten gegen die Bösen die NATO erfunden worden war, die unter der Führung der USA unsere Freiheit verteidigte. Der Zuschuss der Regierung zu unserer Rhönreise hatte sich, zumindest in meinem Fall, gerechnet.

Zehn Jahre nach Kennedys Berliner Spruch sahen wir im Fernsehen US-Soldaten, die in Vietnam Wälder entlaubten, Napalmbomben auf Dörfer und Städte abwarfen und auf alles schossen, was ihnen vors Gewehr lief. Damit sollten wir, »die freie Welt«, vor dem Kommunismus beschützt werden. Zum Verteidigungsbündnis dieser Wertegemeinschaft gehörte Portugal, das von einem Obristenregime diktatorisch regiert wurde und bis in die 70er-Jahre Kolonialkriege in Afrika führte. Auch das NATO-Mitglied Griechenland wurde von einer Militärjunta beherrscht. Offenbar kannte der Westen also noch ein paar höhere Werte als Freiheit, Demokratie und Menschenrechte.

So bin ich erwachsen geworden und hatte im Lauf der Jahre gelernt, in der Beschwörung der »westlichen Wertegemeinschaft« die, wie ich damals schätzte, fünfzig Prozent Lüge und Propaganda zu erkennen, die damit transportiert wurden. Aber die andere Hälfte, so dachte ich, entspricht noch immer der Wahrheit. Immerhin wurde sowohl Franco aus Spanien als auch den Obristen aus Griechenland die Aufnahme in den Europarat verweigert, der 1949 als Forum westlicher Demokratien zur Abgrenzung von kommunistischen und faschistischen Diktaturen gegründet wurde. Mit seinem Gründungsdatum ist die Unterzeichnung der Europäischen Menschenrechtskonvention verbunden.

Und in meinem ganzen Leben machte und mache ich die Erfahrung: Ich darf lesen, was ich will, sagen, was ich denke, reisen, wohin ich will. Bei jeder Reise in die DDR musste ich an der Grenze den *Spiegel*, die *Zeit*, jedwedes »kapitalistische Propagandamaterial« abgeben. Bei der Ausreise hatten die DDR-Grenzer keine Einwände gegen das marxistisch-leninistische Propagandamaterial, das ich im Koffer nach Westdeutschland, in die »revanchistische BRD«, mitnahm. Die revanchistischen BRD-Grenzer hatten auch nichts dagegen, interessierten sich nicht einmal für den Inhalt meines Koffers.

Den kommunistischen Machthabern, die kein freies Wort zuließen, über Zeitungen, Radio und Fernsehen nur Lügen und Propaganda verbreiteten, Kritiker nach Bautzen, in die Psychiatrie oder in den Gulag steckten, ihre Völker hinter Stacheldraht sperrten, mit Waffengewalt an der Ausreise hinderten, schon Kinder als »junge Pioniere« zwangsmilitarisierten, Wehrdienstverweigerer schikanierten und noch nicht einmal in der Lage waren, die Konsumgüter des Alltags heranzuschaffen, traute ich jede Schandtat zu. Daher hatte ich kein Problem, zur Bundeswehr zu gehen und unser System notfalls mit Gewalt gegen diese Schergen zu verteidigen. So stand es immerhin noch 50 : 0 für den Westen, dachte ich …

Bis Ronald Reagan und Margaret Thatcher während der 80er-Jahre ihr neoliberales Programm starteten: Steuersenkungen für Reiche, Streichung von Sozialleistungen für Arme, Privatisierung staatlicher Einrichtungen, Entfesselung der Finanzmärkte. Da sank mein Glauben an die USA als Hüterin der westlichen Werte auf die 25-Prozent-Marke. Und schrumpft weiter, seit der neoliberale Glaube auch in Deutschland seine Wirkung entfaltet.

Mir wurde diese Wirkung erstmals bewusst, als im Jahr 1995 der damalige Wirtschaftsminister Otto Graf Lambsdorff von der Wochenzeitung *Die Zeit* zitiert wurde mit der Aussage, die Mobilität des Kapitals habe derart zugenommen, dass inzwischen »die internationalen Investoren unsere Jury« seien. Später zitierte dieselbe Zeitung einen ehemaligen Bundesbanker mit den Worten, das Vertrauen der Finanzmärkte in die Politik sei heute für die Regierungen mindestens ebenso wichtig wie das Vertrauen der Wähler. Seitdem bemühen sich die Regierungen um das Vertrauen der »Märkte« und verlieren im selben Maß das Vertrauen der Wähler.

Die Regierungen befreiten die ehemals demokratiekonformen Märkte von den Fesseln, die ihnen von den Verfassungen angelegt waren. Der Weg in die marktkonforme Demokratie begann, und ein großer Meilenstein dahin war eine Party im Jahr 1998 in einem der höchsten Hochhäuser Deutschlands. Über diese Frankfurter Veranstaltung war aus der *Frankfurter Rundschau* zu erfahren, was der damalige Dresdner-Bank-Vorstand Ernst-Moritz Lipp beim Blick auf rund 500 Finanzstrategen und Topleute aus der Wirtschaft gesagt hatte: »Deutschland ist ein Supertanker, aber im Führerhäuschen sitzt nicht der Bundeskanzler, sondern da sitzen die Leute, die hier auf dem Podium sind!«[1]

Da dachte ich zum ersten Mal: Diese Leute haben mein Land gekapert. Dieses Land ist nicht mehr mein Land. Tatsächlich wurde in den folgenden Jahren der von uns übers Parlament gewählte Bundeskanzler aus dem Führerhäuschen gedrängt und durch die lambsdorffsche Jury ersetzt. Diese, und nicht mehr das Volk, bestimmte und bestimmt seitdem überwiegend, wie wir in unserem Land zu leben und zu arbeiten haben.

Seitdem geht etwas zu Ende, das man am besten mit einem Lied erzählt, das am 18. Januar 2009 ein alter Mann in Washington vor dem Lincoln Memorial gesungen hat: »This land is your land, this land is my land«. Pete Seeger hieß der Mann, der das Lied schon oft gesungen hatte und es diesmal sang, weil mit Barack Obama der erste Schwarze ins Weiße Haus eingezogen war.

»Dieses Land ist dein Land, dieses Land ist mein Land«, getextet und komponiert von Woody Guthrie nach dem Krieg, wurde in den USA zum Hit an Lagerfeuern, auf Demonstrationen und Klassenfahrten. Es gilt inzwischen als alternative amerikanische Nationalhymne und ist eine Liebeserklärung an ein wunderbares Land, das »für dich und mich« gemacht wurde, Platz hat für alle und eigentlich jedem – egal ob schwarz oder weiß, Chinese oder Latino – sein Auskommen ermöglichen sollte. Es wurde zum Song derer, die sich bis auf den heutigen Tag nicht damit abfinden möchten, dass es noch immer Ungleichheit, Rassismus, Krieg und eine Spaltung in Arm und Reich gibt. Es ist der Protest des anderen Amerika jenseits der Rednecks, Waffenlobbyisten, Ölmilliardäre und der Teaparty-Bewegung. Es ist das Lied von Patrioten, die ihr Land kritisieren, weil sie möchten, dass es besser wird, damit sie es weiter lieben können.

Ich und zahlreiche Angehörige meiner, der 68er-Generation hatten das auch gesungen während der Zeit der außerparlamentarischen Opposition. Wo es erklang, wurde meist auch jenes Lied aus dem Kontext der schwarzen Bürgerrechtsbewegung angestimmt, das ebenfalls von Pete Seeger stammte, aber vor allem in der Version von Joan Baez weltberühmt wurde: »We shall overcome« – wir werden es überwinden.

2009, als Obama ins Weiße Haus einzog, schien sich die Hoffnung des Songs erfüllt zu haben. Aber vier Jahre später, nach Obamas Wiederwahl, sang Pete Seeger nicht mehr. Und zu Beginn des Jahres 2014 starb Pete Seeger 95-jährig. Die ZDF-Nachrichten sendeten an seinem Todestag ein älteres Interview mit ihm, an dessen Ende er ein 300 Jahre altes deutsches Volkslied in die Kamera sang: »Die Gedanken sind frei.«

Frei sind die Gedanken im Jahr 2014 immer noch, aber sie werden von den Geheimdiensten abgehört. Und wenn wir uns nicht bald zu einem Volksaufstand gegen diese Totalüberwachung aufraffen, wird der Tag kommen, an dem unsere Gedanken nicht mehr nur abgehört, sondern auch gesteuert werden.

Dass wir von den Machenschaften der Geheimdienste wissen, verdanken wir Edward Snowden, einem jungen Mann, der gesagt hat, in einer Welt, in der »so etwas möglich« ist, möchte er nicht leben. Deshalb hat er uns sein Geheimwissen erzählt, und nun wissen wir: Unsere garantierten Bürgerrechte – Briefgeheimnis, informationelle Selbstbestimmung, Recht auf Privatsphäre und Unverletzlichkeit der Wohnung – sind der paranoiden Angst vor Terrorismus, dem Allmachtstreben sich verselbständigender Polizeibürokratien und dem Kommerzinteresse der Viererbande Amazon, Apple, Facebook, Google geopfert worden.

Noch skandalöser ist: Snowden, der die Weltöffentlichkeit über diesen Fall von Staatskriminalität unterrichtet hat, gilt nun in den USA als kriminell. Die Aufdeckung des Verrats der westlichen Werte gilt den Verrätern als Verrat. Über Snowden schwebt jetzt eine Art amerikanischer Fatwa, weshalb er sich vor der CIA und der NSA verstecken muss wie Salman Rushdie vor den Killern der iranischen Ayatollahs. Möglicherweise erwartet Snowden nicht die Todesstrafe, aber gewiss Gefängnis, schätzungsweise 35 Jahre.

So viel bekam der US-Gefreite Bradley Manning, der Hunderttausende geheimer US-Dokumente aus den Kriegen im Irak und in Afghanistan an Wikileaks geschickt und dieses digitale »Enthüllungsportal« damit weltberühmt gemacht hatte. Eines der vielen Dokumente zeigt den Einsatz zweier US-Apache-Helikopter 2007 in Bagdad. Aus der Perspektive des Schützen ist zu sehen, wie 13 Menschen sterben. Angeblich, so stand es in einem Feldbericht, waren US-Bodentruppen von Irakern angegriffen worden. Es waren aber unbewaffnete Zivilisten, die da unten im Straßenstaub starben.

Bradley Manning, der sich heute Chelsea Manning nennt, weil er eine Frau sein will, begründete seinen »Verrat« ähnlich wie Snowden: Die Leute sollten die Wahrheit erfahren, weil die Öffentlichkeit ohne Information nichts entscheiden könne. Politik müsse durchschaubar sein, wie es Amerikas Verfassung garantiere.

In einer Deutlichkeit wie noch nie zeigt sich an Snowden und Manning die Kluft zwischen »denen da oben« und »denen da unten«. Für »die da unten«, also für jeden normalen Bürger der westlichen Demokratien, ist Snowden ein Held unserer Zeit. Nach der Ausstrahlung eines NBC-Interviews mit ihm fanden auch 61 Prozent der Amerikaner, Snowden sei kein Verräter, sondern ein Patriot. Die Mehrheit der Amerikaner sieht klarer als ihre Regierung.

Weltweit ist das so. Weltweit gingen für Snowden die »normalen Leute« auf die Straße und forderten, ihm Asyl zu gewähren. Auch in Deutschland hat sich in einer Umfrage eine Mehrheit dafür ausgesprochen, Snowden bei uns aufzunehmen.[2] Doch von »denen da oben« hat bis heute kaum einer auch nur einen Finger gerührt, und es ist nicht zu erwarten, dass sie es noch tun werden.

Die Frage, wie wir uns vor den Geheimdiensten unserer amerikanischen Freunde schützen können, ist etwas historisch Neues. Trotzdem werden weiterhin die alten Märchen erzählt: Wir, die Staaten des westlichen Verteidigungsbündnisses, sind eine Wertegemeinschaft. Wir sind eine parlamentarische Demokratie. Wir sind eine soziale Marktwirtschaft. Wir leben im besten aller möglichen Systeme.

Nichts davon hat je zu hundert Prozent gestimmt, aber doch zu fünfzig Prozent plus x. Heute stimmt fast nichts mehr an dieser westlichen Selbstbeschreibung. Nicht einmal das mit der Marktwirtschaft ist noch wahr, seit Banken risikofrei hohe Gewinne einfahren können und die Lobbyisten so mächtig sind, dass sie fast jedes Gesetz verhindern oder zumindest verwässern können.

Zur Enttarnung der Geschichte von der westlichen Wertegemeinschaft als Lügenmärchen hatte bisher noch kein anderer so viel beigetragen wie der ehemalige US-Präsident George W. Bush. Er führte sein Land in einen Krieg mit der Lüge über die Herstellung von Massenvernichtungswaffen im Irak, zog auch europäische Länder mit hinein und war sehr böse auf Gerhard Schröder und Joschka Fischer, die sich damals als Kanzler und Außenminister diesem sinnlosen, Billionen Dollar teuren Rachefeldzug verweigerten.

Die Vormacht dieser sogenannten Wertegemeinschaft hatte nicht nur eine Lüge benutzt, um einen völkerrechtswidrigen Krieg zu beginnen, sondern log auch noch weiter, diesen Krieg um der westlichen Werte willen zu führen, während es in Wahrheit um nichts anderes ging als um das, worum es dem Westen im Nahen Osten seit hundert Jahren schon immer gegangen ist: ums Öl. Man bezeichnete und bezeichnet bis heute solch eine Instrumentalisierung moralischer Werte für das eigene Interesse als »Realpolitik«.

Was wir uns darunter vorzustellen haben, wissen wir ziemlich genau seit dem 9. Dezember 2014. An jenem Tag hat der amerikanische Senat den bisher umfassendsten Bericht über die Verhörmethoden der CIA veröffentlicht und offiziell bestätigt, was man zwar schon wusste, was aber bis dahin von der US-Regierung geleugnet, geschönt, verschleiert, beschwiegen worden war: Der Geheimdienst der Vereinigten Staaten hat Gefangene auf der ganzen Welt gefoltert und misshandelt und zudem seine eigene Regierung jahrelang belogen und getäuscht. Der Bericht stellt klar, dass die Verhörmethoden der CIA schlimmer und brutaler waren, »als der Geheimdienst den Politikern und der Öffentlichkeit weisgemacht hat«.

Danach erfuhren wir die Details, zum Beispiel: Nicht alle folternden US-Soldaten verkrafteten ihren Job, mussten kotzen, wollten weg, baten um Versetzung, manche weinten. Die CIA-Oberen ersetzten diese Soldaten durch solche, die zuvor negativ aufgefallen waren: durch Übergriffe bei Vernehmungen, sexuelle Nötigung, Sadismus. Dieser neue Typus, dem es Freude bereitete, die Gefangenen zu quälen, übernahm nun die Arbeit.

Und wurde fürstlich entlohnt. Für Verhöre mit »erweiterten Techniken« zahlte die CIA den Folterern einen Tagessatz von 1 800 Dollar, viermal so viel wie für »Standardtechniken«. Die beiden CIA-Psychologen, die sich die neuen Methoden ausgedacht hatten, zogen ihr eigenes Folter-Business auf mit einer eigenen Firma, Dutzenden Foltereinheiten und mit bis zu sechzig Angestellten. Von der CIA bekamen sie in fünf Jahren 75 Millionen Dollar. So las man es in der komplett desillusionierenden Geschichte »Folter« von Thomas Gutschker in der *Frankfurter Allgemeinen Sonntagszeitung* vom 14. Dezember 2014.

In derselben Ausgabe zitierte Nils Minkmar den israelischen Autor Yishai Sarid, der früher selbst als Staatsanwalt amtierte und in seinem Thriller *Limassol* einen Vernehmungsoffizier beschreibt, der mit ähnlichen Methoden wie denen der CIA einen Palästinenser befragt. Er droht: Seine Frau werde man holen und sie vergewaltigen lassen. »Du denkst, das ist ein Scherz? Das machen wir nicht? Doch, das machen wir alles. Wir sind genau solche Schweine geworden wie ihr.« In jenen Tagen schwand in mir der letzte Rest der Illusion, dass die westliche Führungsmacht bei aller Kritik trotzdem noch immer das bessere, humanere, gerechtere Gesellschaftsmodell auf dieser Welt verkörpere.

Die Folterer des IS und der Al-Qaida tun es aus wahnhaftem Glauben. Die der USA tun es aus Lust und für Geld. Auf diesen kleinen Unterschied scheint es nun hinauszulaufen, und das hat weltpolitische Konsequenzen: Wenn westliche Staatsoberhäupter mal wieder mit ihren russischen und chinesischen Amtskollegen über die Verletzung der Menschenrechte in deren Ländern reden möchten, werden sie ein Lächeln ernten, das besagt: Kehr doch erst mal vor deiner eigenen Haustür!

Noch eine weitere Hoffnung wurde zur Strecke gebracht in den Jahren 2013 und 2014: die Hoffnung, dass es nur einen jungen, charismatischen Politiker brauche, um das Blatt zu wenden. Wir hatten diesen Charismatiker in Barack Obama. Er hat das Waterboarding verboten. Und er hat durchgesetzt, dass der CIA-Folterreport veröffentlicht wurde.[3] Die Folterer aber und deren Befehlshaber wird er nicht vors Gericht bringen. Guantánamo ist noch nicht geschlossen. Wie es den verbliebenen Gefangenen dort heute ergeht, wissen wir nicht. Der Senatsbericht über die CIA hatte nur den Zeitraum zwischen 2001 und 2009 untersucht.

Die alte Politprofi-Wahrheit, dass Staaten keine Freunde haben, sondern nur Interessen, wurde in der Vergangenheit von Politikern immer so sorgfältig und schön eingekleidet, dass sie die Bürger nicht erschreckte. Aber seit den Berichten des Whistleblowers

Edward Snowden über die Methoden der NSA und seit dem CIA-Folterbericht steht diese Wahrheit nun nackt vor unser aller Augen.

Und zwingt uns zu einem deprimierenden Eingeständnis: Unsere Selbstbeschreibung als »westliche Wertegemeinschaft« ist eine große Lüge, und die führende Nation dieser Lügengemeinschaft ist eine Nation, die sich selbst verabsolutiert, die ihren Interessen, besonders ihrem Sicherheitsinteresse, alles unterordnet, notfalls auch die Menschenrechte und überhaupt jegliches Recht. Eigentlich müssten die Amerikaner beim Hissen ihrer Flagge und all den patriotischen Anlässen, bei denen sie ergriffen ihre Hymne singen und die Hand aufs Herz legen, ehrlicherweise singen: US, US über alles, über alles in der Welt.

Darum reagiere ich inzwischen allergisch, wann immer einem Politiker das Wort von der westlichen Wertegemeinschaft aus den pathetisch aufgeblasenen Backen tropft. Eine 65 Jahre alte Geschichte ist – für mich – im Jahr 2014 zu Ende erzählt worden.

Das alles lässt eigentlich nur noch zwei mögliche Reaktionen zu: eine zynische, verbunden mit dem scheinbar abgeklärt vorgetragenen Satz: Was regst du dich auf, war doch schon immer so, wird immer so sein. Sei nicht so naiv, das mit der Wertegemeinschaft wörtlich zu nehmen. Das ist doch nur für die Dummen.

Die zweite Reaktion wäre die sensible: Doch, wir nehmen das mit der Wertegemeinschaft ernst und bestehen darauf, dass sie im Einklang mit dem Grundgesetz verwirklicht wird. Wohin eine Welt steuert, wenn sich fast alle damit abgefunden haben, dass es nun mal so ist, wie es ist, und sich nie ändern wird, beschreibt die amerikanische Fernsehserie *The Wire* (die auch hierzulande unter demselben Titel ausgestrahlt wurde). Sie erzählt von der in Antagonismen zerfallenden US-Gesellschaft, in der es keine Hoffnung mehr gibt, und das beste, treffendste und wahrste Wort für diesen Prozess ist das Wort »fuck«, von dem in dieser Serie ein exzessiver Gebrauch gemacht wird. Es gibt in der Serie eine Szene, in der zwei Ermittler fünf Minuten lang ihren gesamten Dialog mit dem einzigen Wort

»fuck« bestreiten. Eine andere TV-Serie, *House of Cards*, erzählt von Frank Underwood, einem skrupellos-zynischen Kongressabgeordneten, der so heißen muss, weil seine Initialen FU die Grundidee der ganzen Serie auf den Punkt bringen: Fuck you.

»Fuck the EU«, hatte Victoria Nuland, die Europabeauftragte des US-Außenministers John Kerry, in einem abgehörten Telefonat mit dem amerikanischen Botschafter in Kiew über die Ukrainepolitik der Europäischen Union gesagt. Unsere Kanzlerin war darüber verstimmt und hat vielleicht heimlich gedacht: Fuck the US.

Wer es bei »fuck« als letztem Wort nicht belassen und nicht zum Zyniker werden will, dem bleibt nur die Möglichkeit, sensibel darauf zu reagieren und dieser Geschichte von den westlichen Werten wieder zu ihrem Recht zu verhelfen. Und ich bin mir sicher: Das wäre der Wunsch der Mehrheit, wenn sie gefragt würde. Ich glaube, dass einer wachsenden Zahl von Menschen vor der Zukunft graut, die auf uns zukommt, wenn die Sensiblen nicht endlich beginnen, sich der Herrschaft der Abgefuckten zu erwehren.

Die Fronten verlaufen nicht mehr zwischen den Nationen, nicht mehr zwischen den Machtblöcken, vielleicht nicht einmal mehr zwischen Arm und Reich, die neue Front des 21. Jahrhunderts verläuft zwischen den Mitgliedern einer hochsensibilisierten Zivilgesellschaft und den alten Reptilienhirnen, die in nichts anderem denken können als in den Kategorien der Macht, in der Alternative von Hammer oder Amboss. Überall auf der Welt beginnen die Menschen, gegen diese Denke zu rebellieren. Sie lassen sich nicht mehr einschüchtern, als inkompetent und als naive Gutmenschen und ahnungslose Laienspielertruppen hinstellen von den Mächtigen. Deren sogenannte Realpolitik hat uns seit Menschengedenken immer nur jene unendliche Folge aus Verhängnissen und Katastrophen beschert, die wir die Weltgeschichte nennen. Darum ist es an der Zeit, die Mächtigen zu entmachten und ihnen unser Land zu entreißen.

Teil A

Dieses Land war mein Land

Dann ging Guido in den Container 01

Ungefähr ab Mitte der 90er-Jahre begann ich mich zu wundern, und heute staune ich nur noch, wie wenig wir aus dem Geschenk des Mauerfalls und Gorbatschows mutiger Politik in Europa gemacht haben. Die Fehlentwicklung begann mit einem relativ harmlosen, aber gewaltigen Irrtum.

Helmut Kohl und Theo Waigel hatten unmittelbar nach der Vereinigung der beiden deutschen Staaten, beraten von Koryphäen der Wirtschaft, behauptet, die Kosten der deutschen Einheit aus der Portokasse bezahlen zu können. Sie glaubten, ein sich selbst tragender Aufschwung in den neuen Bundesländern werde innerhalb kürzester Zeit blühende Landschaften hervorbringen. Wie die Kinder an den Nikolaus glaubten Kohl, Waigel und viele andere, die sich bis heute für besonders wirtschaftskompetent halten, an die Selbstheilungskräfte des Marktes.

Aber dann ging dem Staat auf geheimnisvolle Weise das Geld aus, und Waigel erfand den Solidaritätszuschlag. Mit dem füllen wir seine Portokasse bis zum heutigen Tag und, wie es aussieht, für immer. Ab 1993 folgten Erhöhungen der Mehrwert-, Mineralöl-, Versicherungs-, Tabak- und Erdgassteuer. Auch die Sozialabgaben stiegen. Gleichzeitig stieg die Arbeitslosigkeit. Alle paar Monate erfuhren wir von Massenentlassungen, und nach jeder Entlassungswelle stiegen die Aktienkurse. Was war da los?

Ich hatte ein paar Jahre gebraucht, um zu verstehen, dass gerade ein paar wichtige Spielregeln geändert worden waren. Und es war ein eher ephemeres Phänomen, durch das ich darauf aufmerksam wurde. Es hatte mit dem Wirtschaftsmagazin *Capital* zu tun, bei dem ich während der 80er-Jahre als Redakteur gearbeitet hatte. In jener Zeit veröffentlichten wir einmal pro Jahr eine Liste der größten Steuerzahler der Nation. Die ersten zehn Plätze machten regelmäßig Daimler, Siemens, die Deutsche Bank, BASF, Bayer, Hoechst, Bosch, BMW, VW und RWE unter sich aus.

Das aus heutiger Sicht Erstaunliche daran ist: Die Manager dieser Unternehmen waren damals stolz darauf, dass sie diese Liste anführten. Ebenso erstaunlich: Sie waren zufrieden mit ihrem Gehalt, das ungefähr das Zwanzigfache eines durchschnittlichen Arbeitnehmergehalts betrug. Und es war ihnen wichtig, dass auch die Arbeiter, Angestellten und Beamten ihr Auskommen hatten. Es gab Ungleichheit, aber das Maß an Ungleichheit war für alle erträglich, und alle, nicht nur die Gewerkschaften, achteten darauf, dass es in erträglichen Grenzen blieb. Und vor allem: Wer unten war, konnte sich durch Bildung, eigenen Fleiß und eigene Tüchtigkeit nach oben arbeiten.

Ungefähr 35 bis 40 Jahre lang, vom Kriegsende bis zum Ende der 80er-Jahre, hatte der Kapitalismus hierzulande ein menschliches Antlitz. Man nannte es soziale Marktwirtschaft, später auch rheinischen Kapitalismus. Seine Bürger hatten den an sich selbst gerichteten Anspruch, eine Wertegemeinschaft zu sein, ernst genommen und versucht, ihn so gut wie möglich zu erfüllen. Deshalb war dieses Land mein Land. Ich hätte es, wenn nötig, mit der Waffe in der Hand verteidigt.

Aber ungefähr ab Mitte der 90er-Jahre fiel mir dann auf, dass *Capital* irgendwann aufgehört hatte, die Liste der größten Steuerzahler der Nation zu drucken. Stattdessen druckte das zwischenzeitliche Konkurrenzmagazin aus dem Burda-Verlag, die deutsche Lizenzausgabe des US-Magazins *Forbes*, Listen mit den reichsten Leuten der Welt. Nichts Gravierendes, dachte ich, jedoch: Mit diesen Krösussen, die vor allem in den USA beheimatet waren, verglichen sich jetzt die reichsten deutschen Unternehmer und kamen sich ärmlich vor. Auch deren Angestellte, die Manager, lasen die Tabellen und waren plötzlich nicht mehr zufrieden mit ihren Gehältern.

Und ihr Stolz auf die Steuergelder, mit denen ihre Unternehmen dem Staat die Kasse füllten, verlor sich. Auf einmal entwickelten sie den Ehrgeiz, die Steuerlast so weit wie möglich zu drücken. Steuern sparen, Steuern vermeiden, Steuern am Fiskus vorbei ins Ausland schleusen: Das war schon während der 80er-Jahre ein wichtiges Ziel, aber während der 90er-Jahre entwickelte es sich zum Volkssport.

Damals begann in großem Stil jene Steuerhinterzieherei, von der wir heute durch den staatlichen Ankauf von Steuer-CDs erfahren. Und damals begann der Standortwettbewerb, der Wettbewerb um die besten Investitionsbedingungen, die Konkurrenz aller gegen alle. Ein Teil dieses Wettbewerbs war der Steuerwettbewerb. Senkt eure Gewerbe- und Unternehmenssteuern – und wir kommen und schaffen Arbeitsplätze, flüsterten Unternehmer, Manager und Investoren den Bürgermeistern, Landräten, Ministerpräsidenten und Ministern ins Ohr.

Diesen Wettbewerb haben die größeren Länder, die viel in Infrastruktur, Bildung und Kultur investieren mussten, gegen die kleineren Länder verloren. Noch kleinere Länder wie die Schweiz, Luxemburg, die Niederlande und Liechtenstein entwickelten sich im Lauf der Jahre immer mehr zu Komplizen der Steuerhinterzieher und Steuerminimierer, indem sie den Steuerbetrug so legalisierten, wie das beispielsweise unter der Verantwortung des heutigen EU-Kommissionspräsidenten Jean-Claude Juncker in Luxemburg praktiziert wurde, als der noch Ministerpräsident dieser Steueroase war.

Wie es dabei zuging und wie das funktionierte, wissen wir seit dem 5. November 2014. An jenem Tag erfuhr die Welt das Ergebnis einer monatelangen Recherche von weltweit 80 Reportern, die 28 000 Seiten bislang geheimer Unterlagen ausgewertet hatten.[4] Seitdem ist erwiesen, dass so gut wie alle internationalen Konzerne ihre Abgabenlast durch Umwege über Steueroasen kleinrechnen. Eine besonders beliebte Oase war Luxemburg, wo sich Beratungsunternehmen wie PricewaterhouseCoopers (PwC) mit Regierungsbeamten zusammensetzten, um maßgeschneiderte Steuersparmodelle zu erarbeiten. Manchen Unternehmen gelang es damit, die Gewinne, die sie beispielsweise in Deutschland erwirtschaftet hatten, in Luxemburg mit lediglich 0,1 Prozent zu versteuern. Die Steuerberater von PwC mutierten zu Steuerhinterziehungsberatern, die Regierungsbeamten des Landes Luxemburg zu Steuerhinterziehungsgehilfen.

Die EU-Kommission hat die Einnahmeausfälle durch Steuerflucht und Steuervermeidung auf rund eine Billion Euro geschätzt.[5] Dieses Geld fehlt in den betrogenen Ländern für die sozial Schwachen, die Bildung, Infrastruktur und Kultur. Die Steuervermeider nutzen in den betrogenen Ländern die Luft-, See- und Landwege, Flughäfen, Bahnhöfe, die Rechtssicherheit, die gute Ausbildung der Mitarbeiter, die hohe Kaufkraft der Konsumenten, die Internetkommunikation und alles, was gut und teuer ist, aber an deren Kosten beteiligen sie sich kaum mehr.

Wissen können hätte man es viel früher. Ich – obwohl kein Betriebswirt und kein Steuerfachmann – wusste es ja auch. In meinem Buch *Die Machtwirtschaft* hatte ich schon 1999 geschrieben, man müsste »einfach mal eine ganz schlichte Infografik herumzeigen, eine Grafik, die etwas Grundlegendes über die Wirklichkeit in unserem Lande aussagt und eigentlich jede Woche auf den Titel von *Focus* gehört. Sie gehört regelmäßig ins Fernsehen, und sie gehört millionenfach plakatiert, damit sie auch in jeder Ecke unseres Landes gesehen wird. Die Grafik zeigt, dass sich die einkommensstarken Schichten – nennen wir sie ruhig: die Reichen – legal und vermutlich auch illegal aus ihren Bürgerpflichten davongestohlen haben und dass deshalb die Hauptlast den einkommensschwächeren Schichten aufgebürdet wird. Die Grafik zeigt: Dem Staat geht nur deshalb das Geld aus, weil die Reichen keine Steuern mehr zahlen.«

Die Behauptung wurde gestützt von Zahlen des Wiesbadener Bundesamts für Statistik. Die Grafik zeigte, wie sich der Staat immer mehr aus der Lohnsteuer der Arbeitnehmer finanziert und der Anteil aus der Einkommensteuer der gut verdienenden Manager, Freiberufler und Unternehmer immer mehr zurückgeht.

Man hätte also, was man heute weiß, schon vor anderthalb Jahrzehnten wissen und man hätte schon damals gegensteuern können. Aber das Gegenteil geschah. Ganz offen und massiv wurden Steuererleichterungen für Unternehmen und Besserverdiener gefordert und durchgesetzt.

Das wirkte sich unmittelbar auf die Kassen jener Orte aus, in denen die Wohlhabenden wohnen, in Starnberg zum Beispiel, einer der Gemeinden mit der höchsten Millionärs- und Villendichte. Rund 900 Millionäre lebten dort 1997, aber seit 1994 sanken die Einnahmen der Stadt, vor allem deshalb, weil das Finanzamt Geld an die Reichen auszahlen musste. »An sechs Monaten waren unsere Rückzahlungen höher als unsere steuerlichen Einnahmen«, berichtete Finanzamtschef Tilmann Reuss.[6]

Da war es ein Segen, dass es wenigstens die Vermögenssteuer noch gab. Die Einnahmen aus dieser Steuer hatten sich in Starnberg innerhalb von drei Jahren auf 45 Millionen Mark verdoppelt. Doch auch diese Quelle versiegte, und es war die rot-grüne Bundesregierung, die die Reichen von der »Neidsteuer« erlöste. Auch den Vorschlag des Bundesfinanzhofpräsidenten, Steuersünder zu amnestieren und die Besteuerung auf Kapitalerträge zu mildern, realisierte die rot-grüne Regierung im Wesentlichen. Gedankt haben es ihr die Reichen nicht. Je weniger sie zahlten, desto lauter jammerten sie über die Steuerlast. Jeder Versuch, eine Diskussion über Gerechtigkeit oder soziale Ungleichheit zu führen, wurde mit dem Wort »Neiddiskussion« niederkartätscht.

Ein Prototyp der neuen Mentalität war der Daimler-Chef Jürgen Schrempp. Bei einer Berlin-Exkursion mit Haushaltsexperten des deutschen Bundestages im Jahr 1996 – also noch zu Zeiten der schwarz-gelben Regierung Kohl – trumpfte er gegenüber den Abgeordneten bei einem Abendessen auf: »Von uns kriegt ihr nichts mehr.« Bis zur Jahrtausendwende werde sein Unternehmen in Deutschland keinen Pfennig Ertragsteuern zahlen. »Peinlich berührt schauten die Abgeordneten auf ihre Teller«, berichtete der *Spiegel*. »Am Tag zuvor war das Bonner Sparpaket verkündet worden, das Rentnern, Kranken und Arbeitslosen neue Lasten aufbürdet.«[7]

Daimler war nicht das einzige Steuerspar-Unternehmen. Die Commerzbank verdoppelte ihren Gewinn und halbierte ihre Steuerlast. BMW zahlte 1988 noch 545 Millionen DM an das Finanzamt. 1993 holte sich BMW trotz gestiegener Gewinne 32 Millionen DM vom Finanzamt zurück. Siemens machte 1994/95 rund 2,1 Milliarden DM Gewinn. Davon bekam der Staat weniger als fünf Prozent, ein Jahr später gar nichts mehr.

Bundeskanzler Gerhard Schröder und Außenminister Joschka Fischer, die in ihren jungen, radikalen Jahren mal die »Belastungsfähigkeit der deutschen Wirtschaft« testen wollten und damit Karriere machten, begannen nun, da sie die Macht dafür gehabt hätten, die Belastungsfähigkeit des deutschen Sozialstaats zu testen. Sie machten der Wirtschaft weitere Geschenke. Es gab eine Steuerbefreiung für »Gewinne aus der Veräußerung von Anteilen, die eine Kapitalgesellschaft an einer anderen Kapitalgesellschaft hält«. Rund 24 Milliarden Euro betrug der Wert dieses Geschenks für Unternehmen, die sich von Unternehmensanteilen trennten.

Der Spitzensteuersatz lag während der letzten Jahre der Regierung Kohl bei 53 Prozent. Rot-Grün senkte ihn auf 43 Prozent. Und trotzdem wurden jedes Jahr Milliarden und Abermilliarden am Finanzamt vorbei in die Schweiz, nach Luxemburg, Liechtenstein, Monaco und in die Steueroasen in der Karibik verschoben.

Wer das damals beschrieb und aussprach, bekam »von unten« Zustimmung und »von oben« Prügel. Als ich 1999 – und ich hatte das Glück, wenigstens im Feuilleton der *Süddeutschen Zeitung* noch gedruckt zu werden, für den *Spiegel* und die *Frankfurter Rundschau* war ich bereits zu links – einmal in einem Artikel auf den Umstand aufmerksam machte, dass Arbeitslose als »Sozialschmarotzer« beschimpft wurden, die es sich »in der sozialen Hängematte bequem machen«, während gleichzeitig die Frage nach den Steuern der Reichen als »Neiddiskussion« abgetan wurde, fühlte sich ein Bundesfinanzhofpräsident a. D. berufen, dem Autor in einem Leserbrief totale Ahnungslosigkeit zu bescheinigen.[8] »Klassenkämpferischer Vulgärmarxismus« wurde mir damals vorgeworfen, nicht nur von den Privilegierten, das war ja normal. Aber was mich erschütterte, war, dass solche Vorwürfe auch von Leuten aus der SPD kamen, zum Teil von solchen, die zwei Jahrzehnte zuvor noch auf der Straße gegen die »Ausbeutung der Arbeiter« demonstriert hatten. Einige von ihnen hatten inzwischen bei Springer ihr Auskommen gefunden.

Heute geißelt der Wirtschaftsminister Sigmar Gabriel die Steuervermeidungsmentalität der Konzerne mit harten Worten, arbeitet sich aber zugleich zum neuen Genossen der Bosse empor. Diese haben von ihm so wenig zu befürchten wie Jean-Claude Juncker, der mithilfe der Sozialdemokraten EU-Kommissionspräsident geworden ist und sich gegen die Vorwürfe der Luxemburger Steuerpraktiken mit dem unwiderlegbaren Argument verteidigt: Es haben doch alle die ganze Zeit über alles gewusst. Keiner der 28 Staats- und Regierungschefs der EU hat in der Vergangenheit einen Vorstoß unternommen, um die Legalisierung des Steuerbetrugs zu beenden.

Das stimmt. Nur wird dadurch die Sache nicht besser, sondern 28-mal schlimmer.

Entlastung der Oberen, Belastung der Unteren – dabei blieb es nicht. Der Daimler-Chef Schrempp machte sich in jenen Jahren für ein neues betriebswirtschaftliches Konzept namens Shareholder Value stark. Wirtschaftsprofessoren, Manager und Unternehmensberater hielten damals langwierig-unverständliche Vorträge über dieses Konzept und würzten ihre Erläuterungen mit Vokabeln wie »Unternehmenswertsteigerung«, »diskontierte freie Cashflows«

und »Leverage-Effekte«. Sie meinten alle dasselbe, bloß hatte es Schrempp schon viel verständlicher ausgedrückt: »Von uns kriegt ihr nichts mehr.«

Mit »ihr« waren nicht nur die Politiker, der Staat und die Kommunen gemeint, sondern auch die Arbeitnehmer. Mit dem Shareholder Value wurde dem Staat, der Gesellschaft und den Arbeitnehmern von den Kapitaleignern die Solidarität gekündigt. Seitdem gilt: Soziale Marktwirtschaft war gestern, ab jetzt machen wir Marktwirtschaft pur. Damals begann der neoliberale Durchmarsch. Seitdem kommt mir mein Land abhanden.

Vorbei war es mit dem Konsens des rheinischen Kapitalismus. Ab jetzt habe das Management allein dem Eigentümerinteresse zu dienen. So verkündeten es Manager wie Jürgen Schrempp, aber auch Wirtschaftswissenschaftler, Journalisten und sogar Politiker. Der Konsens, der über 40 Jahre das wirtschaftliche und soziale Fundament der Bundesrepublik war und dem Land sozialen Frieden und Massenwohlstand beschert hatte, wurde von Leuten wie dem damaligen BDI-Chef und heutigem AfD-Mitglied Hans-Olaf Henkel als »Konsenssoße« abgetan. Ein weiterer Strang der Erzählung von der westlichen Wertegemeinschaft war abgeschnitten. Der Weg in die Wertpapiergesellschaft hatte begonnen.

Die Öffentlichkeit aber schlief. Die Mainstream-Medien feierten Schrempp, und Henkel war Dauergast in Sabine Chistiansens Sonntagnacht-Talkshow. Die Journalisten spekulierten fröhlich an den Börsen. Die Alt-68er erbten die Häuser und Vermögen ihrer Eltern und lasen dankbar im flugs erweiterten Wirtschaftsteil ihrer *Frankfurter Rundschau* die Tipps zur Geldanlage.

Die Mehrheit des Volkes glaubte in kollektivem Wahn den Börsenphantasien über neue Technologien. Die Aktieneuphorie des Neuen Marktes trieb ihrem Höhepunkt entgegen und wurde genährt von Bankern, Volkswirtschaftlern, promovierten und habilitierten Harvard-Absolventen und Silikon-Valley-Gurus, die vorbeteten, was bis in die hintersten Winkel der Provinz von jedem kleinen Bankangestellten nachgebetet wurde: Den neuen Technologien wohne die Kraft inne, aus sich selbst heraus einen immerwährenden Boom ohne Ende zu generieren. Eine New Economy sei im Entstehen, in welcher die Gesetze der herkömmlichen Wirtschaft ihre Gültigkeit verlören.

Lieschen Müller, der Lehrling, jede Oma, alle, die über ein paar Ersparnisse verfügten, investierten in Start-up-Unternehmen, lächerliche Internetklitschen, deren Versprechungen umso großartiger klangen, je größer die Verluste waren, die sie produzierten. Sie ließen sich von ihren Bankfilialleitern riskante Aktien, Zertifikate, Optionen und Derivate aufschwatzen, die sie nicht verstanden, aber für Zaubermittel hielten, die sie über Nacht reich machen sollten.

Der Traum vom schnellen Reichtum an der Börse befeuerte die Spaßgesellschaft. Guido Westerwelle fuhr mit dem Guidomobil durch den Wahlkampf, ging in den Big-Brother-Container, biederte sich bei den RTL-Guckern an und kam sich sehr avantgardistisch vor, als er es ganz locker nahm, dass das Privatfernsehen damit begann, kleinen Leuten die Würde abzukaufen und mit ihrer öffentlichen Vorführung Geld zu verdienen. Eine gewisse Verona Feldbusch spulte damals in ihrer Fernseherotikshow *Peep!* Sexfilmchen ab, führte schlüpfrige Gespräche, wurde damit berühmt, bis sie genug Geld verdient hatte, um als Verona Pooth die Businessfrau zu geben und ins seriöse Fach zu wechseln. Nebenbei kokettierte sie mit ihrem Mangel an Bildung und hatte einer ganzen Generation von Kindern suggeriert, dass man sich nicht in der Schule anstrengen, nichts lernen muss, um so reich und schön und berühmt zu werden wie sie.

Die totale Ökonomisierung der Welt hatte begonnen und zuletzt auch jene Institutionen erreicht, die eigentlich prädestiniert gewesen wären, diesem Tanz ums Goldene Kalb ihren erbitterten Widerstand entgegenzusetzen: die Kirchen beider Konfessionen. Sie hätten sich als die einzige globale Gegenkraft der Unterwerfung der Welt unters ökonomische Prinzip entgegenstemmen können. Stattdessen tanzten sie mit.

Bei den Kirchen gingen damals die Berater von McKinsey ein und aus und missionierten die Bischöfe, lehrten sie, die Kirche als Unternehmen zu verstehen, das sich als Weltanschauungskonzern auf dem Markt der Sinnproduzenten durchzusetzen habe. Ihre Kirchenmitglieder sollten sie als Kunden betrachten und Jesus als eine altbewährte Marke, die nur einen Relaunch brauche und modern verpackt und möglichst professionell an den Konsumenten weitergereicht werden müsse.

Die Missionare rieten den leitenden Managern des Hochtheologiekonzerns Kirche, ihre Pfarrer zu Verkäufern umzuschulen und ihre Gemeinden in Serviceagenturen zu verwandeln, und die Manager nahmen den Rat an, denn er war teuer, also musste er gut sein. Außerdem hatten sie schon alles probiert, und nichts hatte die Kirchenaustritte, den Rückgang der Gottesdienstbesucher und das galoppierende Desinteresse der Leute an der Kirche stoppen können. Und so designten die Bischöfe samt ihren smarten Nachwuchstheologen die Botschaft vom Kreuz zu einer Wellness-Religion für Spiritualitätskonsumenten um, wie es ihnen die McKinsey-Leute geraten hatten. Auch meine Kirche ist mir damals abhandengekommen.

Das für mich Erschreckendste daran war, dass junge Pfarrer, mit denen ich darüber sprach, mein Entsetzen gar nicht mehr verstanden. Das ökonomistische Denken hatte auch Kirchenleute schon so sehr vereinnahmt, dass sie gar nicht mehr imstande waren, den Verrat zu erkennen, den das Vorhaben bedeutete, die Verkündigung zur Verkaufe, den Gläubigen zum Konsumenten und Jesus zur Marke herabzuwürdigen.

Einer dieser jungen Pfarrer, die ich persönlich kannte, wechselte später in ein Unternehmen, wo er leitenden Mitarbeitern Ethik beibrachte. Der Unternehmer, der ihn anheuerte, kam sich sehr auf der Höhe der Zeit vor, als er mir in aller Unschuld erklärte, Ethik und Christentum seien schließlich »auch eine Ressource«, die es selbstverständlich für seinen unternehmerischen Erfolg zu verwerten gelte. Er betrachtete sich deshalb nicht nur als guten Unternehmer, sondern auch als guten Menschen.

Auch Menschlichkeit muss sich rechnen – so lautet das neue Gesetz in dem Land, das nicht mehr meines ist und doch meines bleibt.

Von der Bonner Republik zur Wertpapiergesellschaft 02

Das Codewort hieß Friedland. Unter diesem Geheimwort konstruierten sich 1999 ein paar sehr gewitzte Herren in Düsseldorf goldene Fallschirme für den Fall eines Change of Control, eines Verkaufs des Mannesmann-Konzerns, den sie als Vorstände regierten. Sie wussten, dass sie ihre Sessel würden räumen müssen, wenn es dazu käme. Und sagten sich: Wenn es uns schon als Opfer einer Übernahme trifft, möchten wir wenigstens finanziell als Sieger aus der Schlacht hervorgehen.

Es war die Zeit der Fusionen, Megafusionen, Gigafusionen, der Aufkäufe und feindlichen Übernahmen. Die Kriegskassen waren gut gefüllt, und plötzlich schienen alle vor der Wahl zu stehen, zu schlucken oder geschluckt zu werden. Deshalb sorgten die Mannesmann-Manager vor für den Tag danach, ließen sich in ihre Verträge für den Fall des Falles unanständig hohe Summen hineinschreiben, und weil sie wussten, was sie taten, taten sie es unter dem Geheimwort Friedland. So hieß das Land, das dem Kriegsherrn Wallenstein im Dreißigjährigen Krieg durch taktische Heirat zugefallen war.

Dieser Fall des Falles kam dann schneller als erwartet. Plötzlich tauchte das britische Mobilfunkunternehmen Vodafone auf und machte Mannesmann ein Angebot. Die Vorstände, an der Spitze Klaus Esser, hätten eigentlich – wegen ihrer Versicherung im Rücken – locker einschlagen können. Esser hätte nur die für diesen Fall vorgesehenen 30 Millionen Mark in Empfang nehmen und ein paar Monate pausieren müssen. Danach wäre er rasch wieder in einem anderen Unternehmen in leitender Funktion untergekommen. Aber Esser und seine Kollegen waren kaltblütig. Sie lehnten ab.

Daraufhin geschah, was sie einkalkuliert hatten. Vodafone versuchte eine »feindliche Übernahme«, was hieß, alle auf dem Markt befindlichen Mannesmann-Aktien aufzukaufen. Das ließ den Kurs der Aktie steigen.

In der Arbeiterschaft des Unternehmens regte sich Protest. Sie wollten sich und ihr florierendes Unternehmen, das wettbewerbsfähig war, nicht schlucken lassen. Bei Mannesmann fühlten sie sich sicher. Was nach einer Übernahme aus ihnen werden würde, war unsicher. Zu oft schon hatten sie in der Zeitung gelesen, dass nach einer Fusion oder Übernahme erst einmal Arbeitnehmer massenhaft entlassen wurden. Das Management stellte sich scheinbar schützend vor seine Arbeiter, wehrte sich mit allen Mitteln, kaufte Aktien zurück, schaltete große Anzeigen in allen großen Zeitungen, um seine Entschlossenheit zu bekunden, diese Übernahme abzuwehren. Der Kurs der Aktie stieg weiter.

Nun schaltete auch Vodafone großformatige Anzeigen, trat noch aggressiver auf, kaufte jede Aktie weg, und Deutschland und Europa erlebten eine der größten Übernahmeschlachten der Wirtschaftsgeschichte. Der Kurs der Aktie stieg und stieg.

Normalerweise fließt bei einer Schlacht Blut. Hier floss Geld. 400 Millionen Mark verpulverten beide Konzerne für Anzeigen und Werbung. Aber das rechnete sich. Innerhalb von sechs Monaten hatte sich der eh schon hohe Kurs der Mannesmann-Aktie verdoppelt. Die Wertverdopplung beruhte nicht auf einer gewinnträchtigen Erfindung des Konzerns, nicht auf einer Reihe innovativer Produkte oder genialer Ideen des Managements, sondern gründete nur in der Erwartung einer Fusion, von der nicht klar war, wie je das Geld verdient werden könne, das diese Wertsteigerung rechtfertigt.

Die Spekulation hat besonders einen einzelnen Mann reich gemacht: Mannesmann-Großaktionär Li Ka-shing, der seit einem halben Jahr zehn Prozent aller Aktien besaß. In jenen sechs Monaten ist dessen Aktienpaket um zehn Milliarden Mark teurer geworden. Shing wusste: Die Schlacht konnte nicht ewig so weitergehen, sie steuerte auf eine Entscheidung zu. Danach würde der ungerechtfertigt hohe Kurs der Aktie – unabhängig vom Ausgang – wieder sinken. Um den größtmöglichen Gewinn einzustreichen, musste Li sein Paket kurz vor dem Höhepunkt verkaufen.

Was also tat er? Er ging zum Mannesmann-Vorstandsvorsitzenden Klaus Esser und versprach ihm 30 Millionen Mark, wenn er die Schlacht nun beende und dafür sorge, dass Lis Paket zum Höchstkurs verkauft werden könne.

Esser musste nicht lange überlegen. Die Schlacht gegen Vodafone war nicht mehr zu gewinnen, dank der Geheimaktion Friedland standen ihm nach seiner Abdankung 30 Millionen Mark Abfindung zu. Dazu kamen die 30 Millionen von Li. Eigene Aktien besaß er sicherlich auch in großer Zahl, dazu sein Millionen-Manager-Gehalt – welch ein Geschäft.

Als Klaus Esser dann am 3. Februar 2000 per Handschlag die Mannesmann AG an Vodafone-Chef Chris Gent abtrat, glaubte alle Welt, Esser habe die Schlacht verloren. Tatsächlich hatte er in diesem Moment 60 Millionen Mark gewonnen. Und Li hatte zehn Milliarden »verdient«. Seine 30 Millionen für Esser – eigentlich ein Klacks – stammten aber nicht etwa aus seinem Milliardengewinn, sondern aus dem Vermögen von Mannesmann.

Auch die anderen Vorstandsmitglieder samt der Gewerkschaftsfunktionäre kamen auf ihre Kosten. Insgesamt wurden rund 112 Millionen Mark an aktive und ehemalige Vorstandsmitglieder des Mannesmann-Konzerns ausgezahlt. Der längst pensionierte Arbeitsdirektor Josef Murawski von der IG Metall erhielt eine Pensionsabfindung in Höhe von knapp vier Millionen Mark, die ihn jedoch nicht zufriedenstellte. Der 72-Jährige verwies auf seine um zwanzig Jahre jüngere Frau – wie soll sie mit so wenig Geld auskommen? Er erhielt weitere 770 000 Mark aus der Mannesmannkasse.[9] Für welche Leistung? Darauf gibt es keine Antwort, außer: That's Business. Oder den alten FDP-Spruch: Leistung muss sich wieder lohnen.

Später sollte Esser aus seinem 60-Millionen-Gewinn circa zwei Millionen Mark Kirchensteuer zahlen. Er weigerte sich, die Kirche gab nach und erließ ihm die Hälfte der Steuerschuld.

Mannesmann war kein Einzelfall, sondern einer unter vielen, aber einer der spektakulärsten. Die Epoche der Gier hatte begonnen.

Unternehmen waren jetzt keine sozialen Gebilde mehr, in der Menschen mit unterschiedlichen Interessen dennoch gemeinsam am Erfolg beteiligt und interessiert waren. Unternehmen waren nicht mehr etwas, womit sich die in ihnen Arbeitenden identifizierten und worauf sie stolz waren. Unternehmen waren nicht mehr Institutionen, die ihre Verantwortung für die Beschäftigten, Kunden, Lieferanten und ihr soziales Umfeld erkannten und wahrnahmen. Nein, sie waren jetzt anonyme Geldverdienmaschinen im Besitz anonymer Aktionäre, die damit verfahren durften wie mit einer toten Sache. Diese konnte verkauft, zerlegt, zerschlagen und von Arbeitskräften freigesetzt werden, wenn nur die Rendite danach wieder stimmte. Das Schicksal der in diesen Unternehmen Arbeitenden spielte keine Rolle mehr. Die Shareholder-Value-Herrschaft hatte begonnen.

So war der Wechsel von der Bonner zur Berliner Republik mit einem Wechsel von einer Wertegemeinschaft zu einer Wertpapiergesellschaft verbunden. Eine grundlegende Änderung der Spielregeln hatte ihn bewirkt. Zum Teil wurde diese Regeländerung bewusst und zielstrebig verfolgt von einigen Interessierten, zum größeren Teil ergab sie sich als Nebenwirkung der total veränderten Weltlage seit 1989/90.

Die »Interessierten«, diejenigen, die schon immer gesagt hatten, dass Marktwirtschaft gut und Planwirtschaft böse ist, fühlten sich als Sieger. Und schlussfolgerten: Da sich nun erwiesen hat, dass der Markt gut ist, wäre dann nicht mehr Markt noch besser? Also forderten sie mehr Markt und weniger Staat, und als sie ihren Willen bekommen hatten, wollten sie noch mehr Markt und noch weniger

Staat. Überall in Europa wurde nun verschlankt, dereguliert und privatisiert.

Doch in vielen Fällen führte das nicht zu mehr Markt, sondern zu mehr Macht und mehr Geld für einige wenige, zu weniger Macht und weniger Geld für den Staat, zu niedrigeren Löhnen und mehr Arbeitslosen. Der Wechsel von der Bonner zur Berliner Republik war auch ein Wechsel von der Markt- zur Machtwirtschaft. Nicht mehr der Tüchtigste wurde belohnt, sondern die Mächtigsten belohnten einander.

Die neue Weltlage schien das zu erzwingen. Die Mauer weg, der Kommunismus weg, die nationalen Grenzen zumindest fürs Kapital weg, das Internet da und eine Milliarde Chinesen plus eine Milliarde Inder plus Lateinamerikaner, Russen, Osteuropäer, Türken da – insgesamt knapp drei Milliarden neue Konkurrenten für die alten Industriegesellschaften Westeuropas. Massenarbeitslosigkeit während der ganzen 90er-Jahre und darüber hinaus war die Folge. Diese neue Realität entmachtete die Arbeitnehmerseite und verschaffte der Kapitalseite fast diktatorische Möglichkeiten.

Anlegern, Investoren, Unternehmern stand plötzlich eine viel größere Welt offen, weswegen Investitionsentscheidungen noch einmal neu durchgerechnet wurden. Dabei ergab sich, dass man mit seinem Kapital in Osteuropa oder in Asien ganz andere Renditen erzielen konnte als in Mitteleuropa. Billige Arbeitskräfte standen massenhaft zur Verfügung, viele sogar gut ausgebildet, willig, fleißig, hungrig, mobil, flexibel, anspruchslos, gewerkschaftlich kaum organisiert. Niedrige Sozialstandards, kaum Kosten für Kranken-, Renten-, Arbeitslosenversicherung, keine Lohnfortzahlung im Krankheitsfall, wenig Urlaub – das alles lud dazu ein, die Produktion aus Deutschland und Mitteleuropa nach Osteuropa oder gleich nach Asien zu verlegen.

Der Besitzer von Kapital war nun in der Lage, dem deutschen Arbeitnehmer die Pistole auf die Brust zu setzen und wie ein Erpresser zu sagen: »Du, Ware Arbeitskraft, bist mir zu teuer geworden.

Mach dich also billiger, wenn ich dich weiterhin kaufen soll. Und sei bitte auch ein bisschen flexibler und mobiler. Wenn du für mich noch interessant sein willst, dann musst du bereit sein, wenn ich dich rufe, auch am Wochenende, in der Nacht und im Urlaub, auch an anderen Orten, weit weg von deiner Familie. Und wenn ich dich nicht mehr brauche, sollst du dich nicht beklagen, sondern warten, bis ich wieder rufe. Und noch etwas: Es hat keinen Sinn, sich dagegen zu wehren. Waren wie dich finde ich überall auf der Welt. Arbeit ist auf der Welt billig wie Dreck.«

Auch die Politiker wurden erpresst. Sie bekamen zu hören: »Andernorts nimmt man es nicht so genau mit dem Umweltschutz. Man umwirbt uns mit billigen Grundstücken, niedrigen Steuern, niedrigen Energiepreisen. Lasst euch also etwas einfallen, wenn ihr wünscht, dass wir bleiben.«

Der globale Standortwettbewerb war ausgerufen. In jedem Winkel der Erde wurde die Heimat der Menschen zum Industriestandort planiert. Steuern waren jetzt einfach deshalb zu senken, weil sie zuvor in anderen Ländern auch schon gesenkt worden waren. Seine Majestät der Investor diktierte den Regierungen die Bedingungen, unter denen man vielleicht bereit sei, hier eine Fabrik zu bauen, dort eine Zeit lang zu produzieren.

So machte jede Regierung ihr Land fit für den Wettbewerb. Und so taten alle dasselbe: Steuern senken für Reiche, soziale Netze beschneiden, Investoren subventionieren, Märkte deregulieren, Staatseigentum an Vermögende verkaufen, um die Schulden zu bezahlen, die man bei den Vermögenden hatte. Den Rest besorgten die Unternehmen: Kernbelegschaften ausdünnen, Arbeitnehmer entlassen und sie als Leiharbeiter, Subunternehmer oder mit Zeit- und Werkverträgen zu schlechteren Bedingungen wieder einstellen.

Wo ein deutscher Arbeitnehmer nicht mitspielen wollte, fand sich rasch ein Pole, Ungar oder Rumäne, der bereit war, sich billiger zu verdingen. Wo ein deutscher Handwerksmeister zu teuer war, war zuverlässig ein Osteuropäer zur Stelle, der es mithilfe von

Subunternehmern und Sub-Subunternehmern bis hin zu illegalen Einwanderern billiger machte. Ausbeutungsverhältnisse blieben nicht eine Spezialität südostasiatischer Schwellenländer, sondern hielten auch in Europa Einzug, besonders in Deutschland.

Am unteren Ende der Arbeit entstanden nun fließende Übergänge zur Sklaverei. 880 000 Menschen arbeiten mittlerweile in der EU unter sklavenähnlichen Bedingungen, sagte Beate Andrees von der Internationalen Arbeitsorganisation (ILO).[10] Ihr zufolge werden rund 30 Milliarden Euro auf dem europäischen Sklavenmarkt umgesetzt, das meiste davon illegal im Menschenhandel und in der Prostitution, halb legal auf dem Arbeiterstrich, aber auch ganz legal in den deregulierten Arbeitsmärkten, wie sie in Deutschland auf dem Bau oder in der Schlachthofbranche üblich sind.

Hier wird rücksichtslos die Not der Ärmsten ausgenutzt, und im Gegensatz zu früher ist dafür oft nicht einmal die Peitsche nötig, es reicht meistens schon der Entzug des Reisepasses. Beate Andrees berichtete von Portugiesen, die sich als Brasilianer ausgeben, um sich als Nicht-EU-Bürger günstiger auf dem Arbeitsmarkt anzubieten. Je aussichtsloser ihre Lage ist, desto erpressbarer sind sie, desto größer ist ihre Hoffnung auf eine winzige Verbesserung ihres Lebens, und das liefert diese Menschen ihren späteren Ausbeutern aus.

In der legalen, normalen Wirtschaft waren die Manager nun in der Lage, global zu produzieren, dort zu investieren, wo sie ihre Produkte zu günstigsten Bedingungen herstellen konnten. Das Internet ermöglichte es ihnen, ihre weltweit etablierten Unternehmenseinheiten rund um die Uhr zentral zu steuern. Alles wurde billiger. Das war und ist bis heute das Rechtfertigungsargument für das globale Investieren, Produzieren und Verteilen.

Aber, seltsam, im Geldbeutel des europäischen Arbeitnehmers machte sich das nicht bemerkbar, denn sein Lohn stieg kaum noch oder verringerte sich, während sich seine Steuern, Sozialabgaben, die Miete und die kommunalen Gebühren erhöhten. Irgend jemand musste schließlich für die Kosten des Lohndumpings, billiger Produkte und der Massenarbeitslosigkeit bezahlen.

Freuen konnten sich die Aktionäre. Ihr Geld »arbeitete« jetzt in Asien. Dort begann die Musik zu spielen, deshalb waren und sind Wohlhabende so begeistert von der Globalisierung und können gar nicht verstehen, wie man gegen Wettbewerb, Freihandel und den Markt sein kann. Die Vermögenden hierzulande verdienen daran, dass indische und chinesische Arbeiter ausgebeutet werden wie im Manchesterkapitalismus des 19. Jahrhunderts. Sie legen europäischen Arbeitnehmern nahe, sich doch ein Beispiel an diesen fleißigen, bescheidenen, genügsamen, gehorsam-geschmeidigen Asiaten zu nehmen. Und sie finden es in Ordnung, dass Leih- und Saisonarbeiter aus Osteuropa auf den Schlachthöfen, auf dem Bau, in der Gastronomie, im Einzelhandel und im Internet-Versandhandel zu Löhnen und Bedingungen arbeiten, die denen in ostasiatischen Textilfabriken gleichen.

Die Globalisierungsapologeten wenden hier gerne ein, dafür sei doch der Wohlstand in den ehemals armen Ländern gestiegen. Stimmt natürlich, aber erstens ging dieser Wohlstandszuwachs mit einem Verlust des Wohlstands der Arbeitnehmer in den alten Industriegesellschaften einher, zweitens ist der neue Wohlstand in den sogenannten Schwellenländern höchst ungleich verteilt, und drittens sind die Wohlhabenden dieser Welt die mit Abstand größten Profiteure dieser Entwicklung. Und zu den größten Verlierern zählen die Demokratien und die Umwelt in den Schwellenländern und in den armen Ländern, wo unser Wohlstandsmüll landet.

Die Möglichkeit, die ganze Welt mithilfe des Computers nach attraktivsten Anlagemöglichkeiten zu durchkämmen, plus der Druck, in kürzester Zeit die jeweils maximale Rendite zu erzielen, führte ohne Putsch und ohne ausdrücklichen Willen eines Diktators, scheinbar wie von selbst, zu einem Anschlag auf die Demokratie. Niemand wollte das, aber der Anschlag ergab sich als Nebenwirkung des sich selbst organisierenden Willens von Millionen anonymer Anleger, ihr Geld zu vermehren. Jeder Kleinsparer baut diesen Druck mit auf. Jeder, der ein bisschen Geld zur Seite legt, um sich später ein Haus zu bauen, um die Ausbildung seiner Kinder zu sichern, um für sein Alter vorzusorgen, um seinen Kindern etwas zu vererben, jeder dieser kleinen Anleger freut sich, wenn das Ersparte schneller wächst als die Inflation. Kleinsparer haben hier durchaus dasselbe Interesse wie Großinvestoren. Daher tanzt die Welt wie von selbst nach der Pfeife der Wohlhabenden. Diese müssen gar keine Gewalt ausüben.

Das legitime Interesse, aus Geld mehr Geld zu machen, gab es schon immer, aber noch nie mit der Nebenwirkung der Demokratiezerstörung, weil diesem Interesse bis ungefähr 1990 Grenzen gesetzt waren: nationale Grenzen, Zollschranken, Hemmnisse für ausländisches Kapital, beschränkte Marktzugänge, Intransparenz der Märkte, vor allem aber auch konkurrierende Interessen, wie das Interesse der Arbeitnehmerseite an hohen Löhnen, sozialer Sicherheit und menschenwürdiger Arbeit, das Interesse der Staaten an Steuereinnahmen, einer intakten Umwelt und an funktionierenden Medien. Vor 1989/90 hatten Arbeitnehmer die Möglichkeit, ihrem Interesse durch Streikandrohung Nachdruck zu verleihen und notfalls wirklich zu streiken. Vor 1989/90 waren die nationalen Volkswirtschaften noch nicht so eng verflochten wie heute, war das Betätigungsfeld auch für multinationale Konzerne kleiner, überschaubarer, auch für die Regierungen, und dadurch war es für die Konzerne auch schwieriger, sich ihren Steuerpflichten zu entziehen.

Das ist jetzt vorbei. Seit 1990 sitzt die Kapitalseite am längeren Hebel und spielt ihre Macht aus. Der US-Investor Warren Buffett wiederholt seit 2004 fast monoton einen Satz, der eigentlich ungeheuerlich ist. Er sagt, in seinem Land herrsche Klassenkrieg, und es sei seine Klasse, »die Klasse der Reichen, die Krieg führt«, und diese Klasse sei dabei zu gewinnen. Buffett wundert sich, dass die andere Klasse so ruhig bleibt und das hinnimmt.

Vermutlich liegt es daran, dass diese andere Klasse zu lange geglaubt hat, es sei ein unveränderliches Schicksal, was ihr widerfuhr und weiter widerfährt. Viele glauben noch immer, sich dagegen aufzulehnen, sei so sinnlos wie der Versuch, gegen Ebbe und Flut zu protestieren. Aber das Schicksal der absteigenden Klassen beruht nicht auf Naturgesetzen, sondern auf jenen Regeländerungen, für die Investoren, Aktionäre, Banken, Versicherungen, Hedgefonds und Manager schon immer gekämpft hatten. Der Fall der Mauer ermöglichte ihnen den Sieg. Seitdem pflügen sie fast widerstandslos die Welt um.

Über dieses Wirken der neoliberalen Truppen des »digitalen Kapitalismus« hatte der frühere SPD-Politiker Peter Glotz in den 90er-Jahren gesagt: »Sie marschieren wie ein gottverdammter SA-Sturm, der alles in Scherben haut.«

Heute sind die Trümmer und Scherben überall zu besichtigen, und das tut mir besonders leid für die Ossis. Sie hatten nie die Chance, das Land kennenzulernen, das Deutschland vor dieser Zertrümmerung gewesen war. Sie dachten, vom Kommunismus in die Freiheit und in eine soziale Marktwirtschaft zu kommen. Angekommen sind sie in einer verkauften Demokratie.

Durch die neue Weltlage wurden Arbeitnehmer, Gewerkschaften und Staaten geschwächt und teilentmachtet. Die Kapitalseite nutzte ihre Chance, und die Marktwirtschaft mutierte zur Machtwirtschaft, in der inzwischen 147 Konzerne die Welt dominieren, wie Forscher der ETH Zürich 2011 in einer Studie publiziert haben.[11] Unter der Leitung von Stefano Batiston, einem führenden Erforscher komplexer Systeme, hatten sie aus 37 Millionen Unternehmen, die in der Unternehmensdatenbank Orbis gelistet sind (Stand 2007), zunächst 43 000 multinationale Konzerne herausgefiltert, welche durch wechselseitige Aktienanteile miteinander vernetzt sind. Unter diesen fanden sie 1318 Unternehmen, die über ihre gestreuten Aktienpakete große Teile der Realwirtschaft kontrollieren.

Innerhalb dieses Netzwerks stießen sie auf eine weitere Einheit von 147 Konzernen, die noch stärker vernetzt sind. Diese Konzerne haben nicht nur eine fast vollständige Kontrolle über sich selber, sie beherrschen auch rund 40 Prozent der übrigen Wirtschaft. Rund drei Viertel der Mitglieder dieser Supereinheit gehören der Finanzindustrie an. Im Zentrum stand damals, 2007, der britische Finanzmulti Barclays. Heute, so ist zu vermuten, dürfte diese Spinne im Netz auf den Namen Goldman Sachs hören.

Wir sprechen hier im Westen immer gerne abfällig von den russischen Oligarchen, die ihr Land beherrschen. Wir sollten aber ehrlicherweise auch von westlichen Oligarchen sprechen, denn hinter dem Geflecht der 147 weltbeherrschenden Konzerne stecken überwiegend europäische, amerikanische und japanische Milliardäre, die natürlich genauso Einfluss nehmen auf die Politik wie die russischen Oligarchen.

Nur 1,7 Prozent der multinationalen Unternehmen kontrollieren laut dieser ETH-Studie 80 Prozent der Umsätze. Seit 2007, dem Jahr, auf dem die Analyse beruht, haben sich wahrscheinlich Verschiebungen ergeben. Die Konzentration des Machtkartells dürfte aber wegen einiger zwischenzeitlich eingetretener Bankpleiten (wie etwa Lehman Brothers) eher noch zu- als abgenommen haben.

Nicht untersucht wurden in dieser Studie die Verflechtungen zwischen Politik und Wirtschaft. Hier fällt besonders die US-Investmentbank Goldman Sachs auf, die für zahlreiche »Exzesse und Entgleisungen der Finanzspekulation« steht. Sie soll gegen den Euro spekuliert, die griechische Staatsschuldenbilanz mithilfe komplexer und undurchsichtiger Währungsgeschäfte geschönt und sich »durch hochspekulative Geschäfte mit der Zahlungsunfähigkeit der amerikanischen Privathaushalte« bereichert haben.[12]

Zahlreiche ehemalige Mitarbeiter dieser Bank nahmen später politische Schlüsselpositionen in den USA und der EU ein, aber auch in umgekehrter Richtung von der Politik zur Bank herrscht viel Bewegung. Mario Draghi, Chef der Europäischen Zentralbank, war ebenso ein führender Manager von Goldman Sachs wie Mario Monti, Premierminister von Italien (2011–2013), Romano Prodi, einer seiner Vorgänger (1996–1998, 2006–2008) und zudem Präsident der Europäischen Kommission (1999–2004). Zwischen 2009 und 2013 hatten Vertreter dieser Bank die mit Abstand meisten Kontakte zu Mitgliedern und Vertretern der Bundesregierung.[13]

Etliche Goldman-Sachs-Mitarbeiter »beraten« europäische Regierungen. Man muss nicht gleich eine Goldman-Sachs-Verschwörung an die Wand malen. Es genügt schon, sich vorzustellen, wie einander persönlich bekannte Führungskräfte ähnlicher Herkunft, ähnlicher Prägung, ähnlichen Geistes und mit gemeinsamen Interessen ihnen genehme Lösungen der Finanzkrise erarbeiten.

Wenn es diesen Leuten samt den mit ihnen verbandelten 147 Banken und Konzernen schon in Demokratien gelingt, ihre Interessen durchzusetzen, kann man sich ausmalen, wie rücksichtslos sie ihre Interessen dort durchsetzen, wo sie auf schwache Regierungen treffen, auf korrupte Politiker, gekaufte Medien, Systeme ohne Rechtsstaat, ohne funktionierende Justiz, ohne demokratische Kontrolle. Dort – und das ist der größere Teil der Welt – leben Milliarden Menschen, die im Gegensatz zu uns noch nicht einmal eine Erinnerung daran haben, dass es früher mal funktionierende Demokratien gegeben hat.

Diese Menschen werden von anonymen Mächten in den Urwald geschickt, um ihn zu roden. Sie werden in illegale unregulierte Bergwerke und Minen gejagt, um sich dort für Hungerlöhne die Gesundheit zu ruinieren. Diese Mächte verseuchen das Grundwasser, scheren sich einen Dreck um die Umwelt, entwurzeln Einheimische und machen sie heimatlos.

Die Macht der 147 Konzerne durchkämmt systematisch den gesamten Planeten nach Gold, Diamant, Rohstoff, Öl, Fisch, Fleisch, Land, billiger Arbeit, und wenn sie fündig wird, greift sie zu, räumt jeden Widerstand aus dem Weg, besticht Politiker, kauft die Justiz, nimmt notfalls Krieg mit Kindersoldaten in Kauf, beutet aus, bis es nichts mehr auszubeuten gibt. Dann zieht sie weiter, hinterlässt Armut und ruinierte Landstriche und nennt ihr Zerstörungswerk »Wettbewerb« und »Freihandel«.

Die Beherrschung der Welt durch kommerziell agierende Mächte trägt inzwischen totalitäre Züge, unter denen Regierungen zu ausführenden Organen dieser kommerziellen Mächte werden. Wie in einer Kriegswirtschaft wird – besonders in den führenden Wirtschaftsnationen – alles dem einen Kriegsziel unterworfen: Wettbewerbsfähigkeit. Wie man früher ängstlich die Militärausgaben mit denen konkurrierender Nationen verglichen hat, so vergleicht man heute die Ausgaben für Forschung und Entwicklung. Wie man früher Panzer, Kanonen, Raketen und Soldaten gezählt hat, so zählt man heute Innovationen, Patente, Schlüsseltechnologien, Ingenieure, Abiturienten und Wissenschaftler. Wir sind nicht mehr demokratische Staatsbürger, sondern Produzenten und Konsumenten, bewohnen nicht mehr unsere Heimat, sondern hausen in Industriestandorten, und Bürger sind wir allenfalls noch in dem Sinn, dass wir für die Schulden der Kasinokapitalisten und abgewirtschafteten Regierungen bürgen.

Auch in Bereichen, in denen der Wettbewerb allenfalls – wenn überhaupt – die zweite oder dritte Geige spielen sollte, spielt er die erste: in der Arbeitswelt, der Bildung, in den Medien, der Kunst, dem Sport, der Kultur und dem Sozialen. Konkurrenz, Selbstvermarktung, Erster sein auf welchem Gebiet auch immer, Funktionieren wozu auch immer, sich stromlinienförmig an die Gesetze des Marktes anpassen, nicht mehr nach dem Sinn fragen, sondern nach dem Nutzen und Ertrag – diese totale Ökonomisierung des Denkens und Handelns durchdringt unsere Gesellschaft durch jede Pore und durch alle Fugen und Ritzen.

Alles, was einst der von Natur aus barbarischen Wirklichkeit mühsam abgetrotzt und als kultureller Fortschritt etabliert werden musste und wir uns etwas haben kosten lassen, um eine Wertegemeinschaft zu werden, gilt nun als teurer Sozialluxus und als abzuschaffendes Wettbewerbshindernis, das den Kapitalverwertungsinteressen im Wege steht.

Die Arbeit, zum Beispiel, hatte in einer Wertegemeinschaft ihre eigene Würde. In einer Wertpapiergesellschaft ist sie nur noch eine Ware, deren Preis beliebig gedrückt werden darf. Der arbeitsfreie Sonntag ist keine soziale und kulturelle Errungenschaft mehr, sondern ein verlorener Verkaufs- und Arbeitstag, dessen Wert errechnet und als Verlust verbucht wird.

Hohe Löhne, Mitbestimmung, Lohnfortzahlung im Krankheitsfall, Kündigungsschutz, bezahlter Urlaub und das Verbot der Sonntagsarbeit gelten nicht mehr als gesellschaftlicher Fortschritt, sondern nur noch als Wettbewerbsnachteil. Gewerkschaften und Arbeitnehmer, die sich dagegen verwahren, werden als Besitzstandswahrer kritisiert von Unternehmern und Managern, die ihr Einkommen und ihren Besitz explosiv gesteigert haben. Kritik an

Erben, denen leistungslos große Vermögen in den Schoß fallen, wird als Neid abgetan von Vermögenden, die ihr Geld ins Ausland schaffen, zugleich den Sozialmissbrauch brandmarken und fordern, Leistung müsse sich wieder lohnen.

Die Hochqualifizierten mit Studium und guten Jobs stehen unter so hohem Konkurrenzdruck, dass sie es nicht wagen, auf die vertraglich vereinbarte Arbeitszeit von 38,5 oder 40 Stunden zu pochen, sondern sie machen Überstunden, arbeiten oft auch am Wochenende, sind in der Familie nur selten zu sehen. Zahlreiche Männer würden gern ihren Anspruch auf Elternzeit realisieren, aber riskieren es nicht, weil sie fürchten, bei der nächsten Beförderung nicht, aber bei der nächsten Entlassungswelle ganz gewiss dabei zu sein.

Paare, die Eltern werden, würden gerne beide im Beruf bleiben, aber nur noch 30 Stunden pro Woche arbeiten, um mehr Zeit für ihre Kinder zu haben. Doch dafür hat ein im globalen Wettbewerb kämpfender Manager kein Verständnis. Zwar stellt jedes Unternehmen in seinen hochglanzbroschierten Grundsätzen und Selbstverpflichtungen den Menschen in den Mittelpunkt, aber im Alltag wird dieser Mensch als Kostenfaktor an den Rand gedrängt. Regierungen betonen den hohen Stellenwert der Familie, doch wo immer wirtschaftliche Interessen mit deren Bedürfnissen kollidieren, setzen sich die vermeintlichen Sachzwänge und wirtschaftlichen Notwendigkeiten gegen das Familienleben durch. Das geht bis hin zur finanziellen Benachteiligung der Familien.

Im Herbst 2012 veröffentlichte die Bundesregierung den vierten Reichtumsbericht. Obwohl er geschönt worden war, stand darin, dass sich die Schere zwischen Arm und Reich weiter öffnet, dass besonders immer mehr Kinder und Alleinerziehende unter die Armutsgrenze fallen. Das hatte allerdings auch schon im dritten Reichtumsbericht gestanden, im zweiten, im ersten, und es wird voraussichtlich auch im fünften und sechsten wieder stehen, egal, wer gerade regiert. Schon vor Jahren hat einer gesagt, dass es in

Deutschland eine Umverteilung von unten nach oben gebe. Der das gesagt hat, war nicht irgendein Linker, sondern der konservative Verfassungsrichter Paul Kirchhof.

Der totale Wettbewerb macht schon Kinder zu seinen Opfern. Weil allgemein geglaubt wird, dass es in Deutschland und Europa vor allem darauf ankomme, gegen die Chinesen bestehen zu können, darf Schule nicht mehr ein lebendiger Ort für Bildung sein, sondern muss in eine Fabrik verwandelt werden, in die man vorne ein Kind hineinschiebt und hinten einen Ingenieur oder Betriebswirt herauszieht. Schulen sollen nicht mehr bilden und erziehen, sondern Kindern und Jugendlichen jene marktgängigen Fähigkeiten antrainieren, die sie brauchen, um als Soldaten im Krieg um Marktanteile bestehen zu können.

Zwar versuchen engagierte Lehrerinnen und Lehrer, die ihnen anvertrauten Kinder vor diesem Zugriff zu schützen, so gut es eben geht, aber dem Lehrplan sind auch sie unterworfen. Die Lehrpläne werden von Bürokraten unter dem Eindruck jener OECD-Berichte gemacht, in denen den Regierungen vorgerechnet wird, um wie viel Prozent die Wirtschaftsleistung steigen könnte, wenn die Kinder in der Schule ein paar PISA-Punkte mehr schafften. Gegen solch ein Denken sind auch die Lehrer machtlos, zumal viele Eltern genauso denken.

Die Erziehung zu kritischer Widerständigkeit, zum mündigen Bürger, der sein Eigeninteresse auf intelligente Weise wahrzunehmen versteht und versucht, es mit dem Gemeinwohl zur Deckung zu bringen, hat ausgedient in solch einem System. Bildung war in unserer überkommenen Wertegemeinschaft oft Sand im Getriebe – produktiver Sand. Heute, in der Wertpapiergesellschaft, hat Bildung Öl im Getriebe zu sein und Treibstoff für den Konjunkturmotor. Solch ein Bildungsverständnis auch nur infrage zu stellen wäre schon ein Wettbewerbsnachteil.

Wenn es in der Bildung nicht mehr um Bildung geht, sondern nur noch um Wettbewerbsfähigkeit, erscheint es als ökonomisch sinnvoll, schon so früh wie möglich mit der Auslese des Menschenmaterials zu beginnen, und in Bayern und einigen anderen konservativen Bundesländern geschieht dies entlang der Kennziffern von 2,33, 2,66 und 3,0. Diese drei Zahlen entscheiden, durch welche Schicksalstür ein Kind gehen darf. Erreicht es am Ende seiner Grundschulzeit einen Notendurchschnitt von 2,33 oder besser, darf es die Grundschule durch die Tür verlassen, die ins Gymnasium führt, und von dort am wahrscheinlichsten ins Offizierskasino.

Bis 2,66 bekommt es die Chance, noch einmal eine Prüfung abzulegen. Versagt es, ist es noch nicht ganz verloren, denn es darf immerhin – wie alle, die unter 3,0 liegen – durch die Tür, die in die Realschule und ins Unteroffizierskasino führt. Der Aufstieg zu den Offizieren ist schwierig, aber noch nicht ganz verschlossen. Der Abstieg in die Mannschaftskabinen ist aber ebenfalls möglich.

Wer unter 3,0 liegt, wird durch eine Tür geschubst, die an einen Ort führt, der früher Hauptschule hieß. Heute heißt er Mittelschule. In ein paar Jahren wird man ihm einen noch schöneren Namen geben. 96 Namen für Schultypen hat die frühere Bildungsministerin Annette Schavan mal gezählt. Wie immer der Ort noch heißen wird, er bleibt, was jeder glaubt, was er in Wahrheit sei: Restschule, Problemschule, Verliererschule.

Die Lehrer dort sind hochengagiert. Wer sich für eine Arbeit in dieser Schulform entscheidet, tut das oft ganz bewusst in der Absicht, jenen aufgegebenen Kindern doch noch zu einem glücklichen Start ins Leben zu helfen. Aber regelmäßig macht so ein Lehrer die Erfahrung, dass er nicht Elternersatz sein kann für 20 Problemschüler, zumal er vom Staat, der Wirtschaft und der Gesellschaft allein gelassen wird. So ist über das Schicksal der Kinder, die er ins Leben entlässt, oft schon entschieden, noch bevor sie überhaupt die Schule verlassen.

Ökonomisch ist diese frühzeitige Selektion nicht. Im Gegenteil. Viel »Material«, das Potential für spätere Verwendbarkeit in sich trüge, wird vorzeitig aussortiert. Infolge der voreiligen Etikettierung als »kriegsuntauglich« verkümmert dieses Potential schnell. Und dann wird das Aussortierte noch nicht einmal zum Wertstoffhof gebracht, sondern endgelagert in Hartz-IV-Deponien, wo es nur noch Kosten verursacht. Ein System, das auf restlose Verwertung von allem programmiert ist, auch auf Abfallverwertung, leistet sich ausgerechnet bei seiner wichtigsten Ressource, dem »Humankapital«, den Luxus der Verschwendung.

Mancher mag diese Ausdrucksweise als zu drastisch empfinden, ja als zynisch, aber es sind die Verhältnisse, die so sind. Ihre Änderung beginnt mit ihrer Benennung. Diese Ausdrucksweise ist nötig, um das Abnorme unserer Zeit bewusst zu machen, das von großen Teilen unserer Eliten und auch vieler Eltern als vernünftig und normal beschrieben wird.

Die Eltern müssten eigentlich auf die Barrikaden gehen, stattdessen geben sie ihren Kindern Ritalin, Beruhigungsmittel, Antipsychotika. 34 Kilo Ritalin wurden 1993 verschrieben, 1839 Kilogramm waren es im Jahr 2012. Ein Jahr später ging der Verbrauch leicht zurück auf 1803 Kilogramm. Doping ist nicht mehr auf Leistungssportler beschränkt, Doping wird zunehmend ein Mittel für Kinder und normale Arbeitnehmer, um scheinbar wieder Herr über das eigene Schicksal zu werden.

Wettbewerbsorientierte Karriere-Eltern trainieren mit ihren Kindern den Ellenbogeneinsatz und bringen ihnen bei, dass Fairplay etwas für Weicheier ist. Und werden darin oft genug bestätigt, so etwa von Fußballweltmeister Paul Breitner, der in seinem Buch *Ich will kein Vorbild sein* schrieb: »Bevor ich dem Gegner erlaube, ein Tor zu schießen, muss ich ihn mit allen Mitteln daran hindern – und wenn ich das nicht mit fairen Mitteln tun kann, dann muss ich es eben mit einem Foul tun.«[14]

Die Botschaft ist inzwischen bei Trainern angekommen, die Kindern und Jugendlichen das Fußballspielen beibringen. Da erzählt einer, der Zehnjährige trainiert, fast stolz: »Ich habe einen hervorragenden Spieler, der leider nicht bereit ist, notfalls ein Foul zu begehen. Ich lade ihn deshalb nicht mehr zu Auswahllehrgängen ein.«[15]

Das Abnorme wird normal, aber keiner merkt es, weil man ja über viele Jahre hinweg daran gewöhnt wurde. Die für den Markt zugerichteten Schüler kommen dann auf der Uni gar nicht mehr auf die Idee, von der Freiheit eines Studenten Gebrauch zu machen und alles radikal infrage zu stellen. Sie passen sich vielmehr ein in eine Universität, die nicht mehr der Ort der Freiheit von Forschung und Lehre ist, sondern eine Infrastruktureinrichtung, die marktnahen Technologietransfer und Humankapital für die Schlacht auf den Weltmärkten zu produzieren hat.

Die Wissenschaftler dort fragen nicht mehr »Was ist wahr?«, sondern »Was ist nützlich?«. Und womit verschaffe ich mir Aufmerksamkeit, Drittmittel, neue Planstellen und viele Studenten? Erforscht wird weniger, was zu wissen gesellschaftlich und politisch wichtig wäre, sondern eher, was schnelle ökonomische Erfolge verspricht. Die technische Entwicklung folgt nicht mehr der Frage, was für den Menschen gut sei, sondern, womit sich in kurzer Zeit viel Geld verdienen lässt. Konzerne wie Amazon, Apple, Facebook und Google setzen Standards nach ihren kommerziellen Bedürfnissen, und die Universitäten orientieren sich daran.

Auch die Medien wurden inzwischen weitgehend systemkonform eingepasst. Sie sind nicht mehr primär dazu da, mündigen Bürgern Aufklärung, Information und Bildung zu vermitteln, sondern um Werbebotschaften möglichst kostengünstig und zielgruppengenau an Konsumenten zu bringen. Als gut gilt, was erfolgreich ist. Hat Trash Erfolg, ist Trash gut. Qualität, die keine Quote bringt, fliegt raus. Trash, der das Volk vor der Glotze versammelt, kommt ins Hauptprogramm. Politik, Kritik, Aufklärung, Information wird auf schlechte Sendeplätze verschoben, in Spartenkanäle ausgelagert oder ganz gestrichen. Journalisten mutieren zu Werbeumfeldgestaltern und Unterhaltungsdienstleistern.

Dem Wettbewerb unterworfen sind allerdings nur wir, die

»normalen Bürger«, Menschen wie du und ich. Die Eigentümer jener 147 Konzerne, die alles dominieren, sind des von ihnen ausgehenden totalen Wettbewerbs enthoben, und auch der Bildung bedürfen sie nicht, denn sie haben ja die Macht und das Geld. Wozu sollten sie sich anstrengen? Der Rest der Welt hat sich anzustrengen für sie, und damit das geschieht, lassen sie schon Kinder gegeneinander antreten. Lehrer, Eltern, Professoren, Politiker spielen mit, weil sie wissen, dass es sich um einen Ausscheidungswettbewerb handelt. Wer ihn nicht besteht, ist schnell raus aus dem Spiel und beraubt sich seiner Lebenschancen.

Aber auch unter den 147 Machthabern gibt es noch ein kleines Oberhaus. Darin residieren jene Banken, die für systemrelevant gehalten werden. Sie unterliegen nicht nur keinem Wettbewerb mehr, sondern sind jeglicher Mühsal enthoben.

Seit diese Banken entdeckt haben, dass sie nicht pleite gehen können, selbst wenn sie größte Fehler gemacht haben, zocken sie unkontrolliert mit fremdem Geld drauflos, streichen hohe Gewinne ein, wenn ihre Wetten glücken, und lassen sich vom Staat retten, wenn ihre Wetten schiefgehen. Dieses Privileg verteidigen sie mit Zähnen und Klauen. Jeden geringsten Versuch, sie für selbst eingegangene Risiken haftbar zu machen, jede zaghafte Maßnahme der Politik, sie an den Kosten der von ihnen verursachten Schäden zu beteiligen, wehren sie ab mit der ganzen Macht ihres organisierten Interesses.

Diktatoren arbeiten gerne mit dieser Macht zusammen. Sie beuten im Auftrag dieser Macht die Rohstoffe und die Arbeitskräfte ihres Landes aus und werden dafür so fürstlich entlohnt, dass ihre ganzen Clans bestens davon leben können.

Demokratien schaffen es nicht, sich dieser Macht zu erwehren. Die Finanzindustrie in England, den USA und zahlreichen anderen Staaten zählt zu den größten Sponsoren der Abgeordneten und Parteien, formuliert ihnen schon mal ganze Gesetzestexte vor, beschäftigt die ausgefuchstesten Anwälte und leistet sich die teuersten und besten Lobbyisten.

Auf deren Expertise sind die Regierungen angewiesen. Längst schon haben sie es aufgegeben, selber genügend eigene unabhängige Experten zu beschäftigen. Deshalb müssen die Politiker die Nähe der Lobbyisten suchen, denn nur diese verfügen über das Spezialwissen, ohne das eine komplexe, global vernetzte Hochtechnologiegesellschaft nicht mehr zu steuern ist. Deshalb wird es üblich, dass Lobbyisten an Gesetzen mitschreiben oder gleich selbst Platz nehmen in den Ministerien und Abgeordnetenbüros.

Was wir Kapitalismus nennen, ist aber nicht allein die Weltherrschaft von 147 Konzernen. Es ist auch die Herrschaft der Kurzfristdenker, und diese ergänzt sich gut mit der Regierungsform der Demokratie. Ein Familienunternehmer denkt an die nächste Generation, ein Dax-Manager an die nächsten Quartalszahlen und seinen nächsten Karriereschritt, ein Politiker an seine Wiederwahl und sein eigenes Fortkommen.

Das klingt nach moralischer Verurteilung der Manager und Politiker, ist es aber nicht, sondern nur die Beschreibung eines Systemzwangs. Wenn ein Manager viermal hintereinander schlechte Quartalszahlen abliefert, wackelt sein Stuhl. Man kann von ihm nicht erwarten, um langfristiger, teurer, mutiger und zukunftsträchtiger Ziele willen hier und jetzt eine Reihe schlechter Ergebnisse abzuliefern. Man kann nicht einmal erwarten, dass all seine Entscheidungen immer ethisch einwandfrei sind. Er weiß, dass seine Konkurrenten zu jedem Foul bereit sind, und hat daher nur die Wahl zwischen dem Gefeuertwerden oder der Bereitschaft, notfalls auch mal eine schmutzige Entscheidung zu treffen. Und dass einer über das Genie verfügt, sowohl kurz- als auch mittel- und langfristig immerzu erfolgreich zu sein und dabei auch noch sauber zu bleiben, dürfte die große Ausnahme sein.

Dasselbe gilt für Politiker. Zwar erwarten wir von einem guten Politiker, dass er Entscheidungen trifft, die vielleicht wehtun und unpopulär sind, aber sich erst nach seiner Amtszeit auszahlen, doch dieser Politiker muss erst noch geboren werden. Und wenn es ihn gäbe, hätten wir nicht lange Freude an ihm, denn seine aktuellen Umfragewerte würden sinken, und nach kurzer Zeit wäre er von seinen Partei-»Freunden« abserviert. Wer in der Politik etwas werden will, braucht innerhalb einer Legislaturperiode sichtbare Erfolge und nicht erst in zwölf Jahren oder mehr. Da fahren dann andere die Ernte ein.

So bewegen wir uns ohne Plan, ohne Ziel, nur von politischen und ökonomischen Kurzfristinteressen gesteuert, in eine Zukunft, die am Ende niemand gewollt haben wird. Alle haben gemäß ihrer Funktion funktioniert wie gut geölte Rädchen im Getriebe, aber später wird niemand schuld gewesen sein.

Diese totale Ökonomisierung der Welt ist das Unökonomischste, was man sich denken kann, denn sie macht Menschen kaputt, zerstört soziale Beziehungen, betreibt Raubbau an der Natur, schneidet die Armen von Bildung ab, verhindert eine gesunde Entwicklung von Kindern, generiert Kriege, Flüchtlingsströme, soziale Unruhen und Gewalt.

Alle Wutbürger, zeitweilig boykottierenden Konsumenten, politisch korrekt einkaufenden LOHAS,[16] gut informierten, mündigen Bürger, Verbraucherschutzorganisationen, NGOs, Attac, Occupy und die Flut kritischer Zeitungsberichte und aufrüttelnder Bücher haben diese aus Milliardärsinteressen geschmiedeten Ketten bisher nicht zu sprengen vermocht. Und es sieht so aus, als ob sie noch lange hielten.

Der Kontrollverlust der Selfcontroller 04

Wir sind das Volk. Uns obliegt die Kontrolle über die Regierung, über das Leben in unserem Land und die Zukunft unserer Kinder. So steht es in der Verfassung.

Und dann erfahren wir, dass unsere Bundeskanzlerin nicht einmal die Kontrolle über ihr eigenes Handy hat. Und mir, dem Souverän, bleibt allenfalls noch die Kontrolle über meine Fitness und Figur, und das nennt man dann Selbstoptimierung.

Daher kommen mir die Nachrichten im Fernsehen zunehmend anachronistisch vor. Immerzu sehe ich tausend Kameras auf Ministerpräsidenten, Parteiführer, die Kanzlerin, ausländische Staatsoberhäupter gerichtet – so als ob es tatsächlich noch vor allem auf sie ankäme. Aber auf sie kommt es immer weniger an. Schön formuliert hat das der Journalist Gerald Braunberger:

> »Anachronismen lassen sich vielerorts beobachten, auch in Deutschland, aber nirgendwo werden sie anschaulicher zelebriert als bei den Pressekonferenzen François Hollandes im Elysée-Palast, einem Gebäude aus den Jahren um 1720. An einem Rande des Festsaals, dessen Interieur an eine längst vergangene Epoche erinnert, hat die Regierung Platz genommen wie früher die Höflinge des Sonnenkönigs in Versailles. Der Präsident lässt die Untertanen warten und beschreitet dann, von einem Lakaien geleitet, den Saal, wo er eine Rede hält, die wenige Taten verspricht. An den katastrophalen Sympathiewerten des einsamen Mannes in seinem Palast ändern diese Auftritte nichts, während zur gleichen Zeit auf der anderen Seite des Atlantiks leger gekleidete Nerds die Welt revolutionieren.«[17]

Diese Nerds erfinden andauernd Geräte und Dienste und Programme, die unsere Welt nachhaltiger verändern werden, als alle 28 Staatsoberhäupter der EU zusammen es je vermögen werden. Unter anderem haben die Nerds ein Trojanisches Pferd erfunden, mit dessen Hilfe einige wenige Mächtige fast jeden einzelnen Erdenbürger unter staatliche und kommerzielle Kontrolle zu bringen vermögen. Wenn man es nicht besser wüsste, wäre man versucht zu sagen: Das muss der Teufel erfunden haben. Und es gilt Goethes Mephisto-Satz: »Den Teufel spürt das Völklein nie, und wenn er sie beim Kragen hätte.«

Er liegt schön in meiner Hand, dieser flache, matt schwarz schimmernde Zauberquader, und sieht wirklich sehr smart aus. Ich kann damit nicht nur telefonieren, mailen, simsen, im Web surfen, sondern auch mein Bankkonto verwalten, mich zu jeder beliebigen Adresse lotsen lassen, die TV-Nachrichtensendungen abrufen, Musik hören, einen Film gucken, ein Buch oder die Zeitung lesen, mir Restauranttipps geben oder in einer fremden Stadt sagen lassen, in welche U-Bahn ich steigen muss. Und natürlich ermöglicht er mir, mein Essen zu fotografieren und auf Facebook zu posten, und sogar meinen Puls kann er messen, meine Schritte zählen und meine körperliche Bewegung in verbrauchte Kalorien umrechnen.

Nur das wirklich Wichtige und Wesentliche, das bekomme ich mit diesem Zauberding nicht unter Kontrolle. Im Gegenteil. Andere bekommen mit seiner Hilfe mich unter Kontrolle. Darin liegt sein wahrer Zauber. Dieses Gerät setzt andere in die Lage, mich zu überwachen, zu verfolgen, zu manipulieren, mit meinen Daten Geld zu verdienen und Macht und Herrschaftswissen zu erlangen.

Mein teures Smartphone ist eine freiwillig angelegte elektronische Fußfessel. Es verfügt über Funktionen, die ich gerne abschalten würde. Aber ich kann nicht. Der Hersteller verwehrt mir das. Ich, der Kunde, bin nicht König, sondern Anhängsel einer Maschine, die es den leitenden Managern der Firmen Amazon, Apple,

Facebook, Google ermöglicht, mich auszuforschen, zu melken und wie ihr Privateigentum zu behandeln.

Ich kann nicht verhindern, dass dieses Gerät Informationen über mich an seinen Hersteller und irgendwelche »Diensteanbieter« sendet. Ich bekomme nicht mit, wann das Gerät dies tut, welche Informationen das sind und was die Adressaten damit machen. Sobald ich es einschalte und nutze, werde ich sofort von tausend unsichtbaren Augen verfolgt. Jede Website, die ich öffne, wird notiert, es wird beobachtet, wie lange ich auf einer Website bleibe und was ich während dieser Zeit mache, was ich lese, was ich kaufe, mit wem ich telefoniere, wem ich eine SMS schicke.

Meine Möglichkeiten, mich dieser Schnüffler zu erwehren, sind begrenzt. Ich zähle auf meinem iPhone 75 Apps, die meinen Aufenthaltsort abrufen möchten, meine Adressen, meine Fotos. Ich kann natürlich die Funktion Ortungsdienste abschalten, den Zugang zu meinen Fotos und Adressen verschließen, dann entgeht den 75 hinter den Apps stehenden Dienstleistern, wie ich mich durch Raum und Zeit bewege und wer zu meinem persönlichen Umfeld gehört. Ich kann dann aber auch die 75 Apps nicht oder nur eingeschränkt nutzen, denn der Deal lautet immer: Unsere Dienstleistung für deine Daten. Ich würde für die Dienstleistung lieber zahlen, aber solche Angebote gibt es kaum. Meine Daten sind das Schutzgeld, das ich an meine Erpresser abzuführen habe.

Wer das nicht will, müsste alles verschlüsseln und seinen Internetbrowser mit Programmen versehen, die ihn anonymisieren, seine Cookies regelmäßig von der Festplatte putzen und Spionen das Leben schwer machen, aber das kostet unverhältnismäßig viel Zeit. Permanent müsste man sich informieren über neue Sicherheitslücken, die zugehörigen neuen Updates und Schutzprogramme und über deren Effizienz – man begäbe sich in ein technisches Wettrüsten, das für den Einzelnen nicht zu gewinnen ist gegen Mächte, die dank ihres Geldes und ihres Know-hows immer einen Schritt voraus sein werden.

Und selbst wenn ich technisch sehr versiert wäre und alle mir zur Verfügung stehenden Möglichkeiten nutzte, wenn ich in meinem iPhone alles abschaltete, was ich abschalten kann, dann stünde ich zumindest vor einer Macht weiterhin nackt und bloß da: vor Big Brother himself, dem US-Geheimdienst NSA. Und wenn es nicht die NSA ist, ist es eben der britische Geheimdienst GCHQ, der Europa und Afrika überwacht. Für Südasien sind die Australier zuständig, für den Westpazifik Neuseeland, und die Kanadier haben sich auf das Abhören der Kommunikation zwischen den Botschaften aller Länder spezialisiert. Diese »Five Eyes« beobachten die Welt und tauschen die Ergebnisse ihrer Durchleuchtung der Bürger untereinander aus.[18]

Und der deutsche Bundesnachrichtendienst partizipiert daran, nutzt die Daten der Five Eyes und steuert selbst eigene Erkenntnisse bei. Auch der BND liest mit, hört ab, schnüffelt dem Mailverkehr hinterher. Als Einzelner gegen diese Macht in einen Verschlüsselungswettbewerb eintreten zu wollen ist so naiv wie aussichtslos.

Die NSA hat eine geheime Abteilung, die Spezialausrüstung herstellt: Spähsoftware für Rechner und Handys, Mobilfunk-Horchposten, manipulierte USB-Stecker und unsichtbare Wanzen. Die NSA habe 2013 mehr als 250 Millionen Dollar ausgegeben, um Verschlüsselungstechniken zu knacken, berichtete die *Washington Post*. Der NSA und ihren vier Hilfsbrüdern entkomme ich kaum. Sie entschlüsseln alles.

Jacob Appelbaum, Spezialist für Computersicherheit, berichtete Ende Dezember 2013 beim 30. Chaos Communication Congress (30C3) in Hamburg von einem Spähprogramm mit Namen DROPOUTJEEP, das es der NSA erlaube, auf iPhones Kurznachrichten abzufangen, Adresslisten einzusehen, iPhones zu lokalisieren, Sprachnachrichten abzuhören und unbemerkt Kameras und Mikrofone der Geräte zu aktivieren. Appelbaum berief sich auf publik gewordene Geheimdokumente über die NSA.

Apple bestritt, dass es hier eine Zusammenarbeit mit der NSA gebe, aber gewiss ist: Die NSA kennt die in meinem Gerät eingebaute Technik bis in die letzte Verästelung. Das Pentagon finanziert die Grundlagenforschung und ist bei der Entwicklung neuer Hard- und Software von Anfang an dabei. Man kann davon ausgehen, dass die entsprechenden Regierungsstellen selbstverständlich versuchen, führende Technologieunternehmen dazu zu bewegen, geheime Türchen für die US-Geheimdienste einzubauen. Und ich vermute: Diese Geheimtürchen stecken in jedem Smartphone, sie stecken in Google und Facebook, vermutlich auch in Skype, und Microsoft ist eh dafür bekannt, dass es Sicherheit höher einstuft als Freiheit.

Wo sich Unternehmen dagegen verwahren, Türöffner für Geheimdienste zu sein, findet die NSA andere Mittel und Wege. So ist sie beispielsweise in der Lage, auf fremden Computern unbemerkt kleine Programme zu installieren, die es ihr ermöglichen, auch dann auf diese Computer zuzugreifen, wenn sie vom Netz abgeklemmt oder sogar ausgeschaltet wurden. Mithilfe von Radiowellen gelinge es so der NSA, auch in Computer zu kommen, die von Gegenspielern oder auch Partnern der USA eigentlich gegen Spionage und Cyberattacken geschützt worden sind.[19] Wenn die NSA irgendwo einbrechen will, tut sie das. Sie verfügt über jedes nötige Werkzeug.

Laut Edward Snowden entwickelt die NSA derzeit einen Supercomputer, der so gut wie alle Verschlüsselungen etwa bei Banken, in der Forschung und von Regierungen knacken können soll. Die Arbeit für den sogenannten Quantencomputer sei Teil eines mit etwa 80 Millionen Dollar finanzierten Forschungsprogramms namens Penetrating Hard Targets (in harte Ziele eindringen).

Schon heute versteht die NSA es, meinem Gerät selbst dann noch Informationen zu entlocken, wenn es ausgeschaltet ist. Ich müsste es schon ausgeschaltet in den Kühlschrank legen, um vor den Nachstellungen der NSA sicher zu sein, aber dann könnte ich mein Telefon auch gleich in die Donau werfen. Und an einen PC dürfte ich mich auch nie mehr setzen. Es liegt nicht in meiner Macht, meine Geräte von den Funktionen zu befreien, die der NSA und anderen ermöglichen, mich auszuspionieren.

Auch mein Staat kann mir nicht helfen. Es ist ihm nicht möglich, diese Schnüffler dingfest zu machen und vor Gericht zu stellen, obwohl sie längst vor Gericht gestellt gehörten, denn sie begehen täglich millionenfachen Hausfriedensbruch. Sie dringen in unsere Wohnungen ein und durchwühlen unsere digitalen Schreibtische und Schränke, und die deutschen Behörden können sie weder daran hindern noch sie vor Gericht bringen. Mehr noch: Sie wollen es auch gar nicht wirklich. Der eigene Geheimdienst, der BND, arbeitet als »Bruder zweiter Klasse« mit den fünf Brüdern erster Klasse zusammen und würde zu einem minderen Bruder fünfter Klasse absteigen, wenn ihm untersagt würde, was er an der Grenze zur Legalität tut. Auch die Franzosen, Schweden, Italiener und die Israelis kooperieren mit den Five Eyes, alle natürlich nur zu unserem eigenen Schutz und unserem eigenen Wohl.

Selbst wenn das wahr wäre, bliebe es ein permanenter Verfassungsbruch. Es ist aber noch nicht einmal wahr. Den Anschlag auf das World Trade Center am 11. September 2001 haben die Dienste weder vorhergesehen noch verhindern können. Vom plötzlichen Auftauchen der Armee des Islamischen Staates in Syrien und im Irak wurden die Dienste genauso überrascht wie wir. Die Terrorhysterie und die paranoiden Träume von Unverwundbarkeit sind daher nur der eine Grund für unsere Überwachung. Der andere Grund, warum unsere Smartphones, iPads und Notebooks rund um die Uhr für ausländische Geheimdienste geöffnet sein müssen, liegt im Streben nach Herrschaft. Wer weiß, was andere vorhaben, kann mit dem Informationsvorsprung die eigene Vorherrschaft sichern und ausbauen. Und wer dabei ein bisschen mithilft wie die Briten, Kanadier, Neuseeländer und Australier, für den fallen auch ein paar Brocken vom Tisch des Herrn ab.

Mit der Praxis, die digitale Technik als Waffe gegen die eigenen Bürger einzusetzen, wird ein weiteres Versprechen der sogenannten westlichen Wertegemeinschaft gebrochen: das Versprechen, dass Wissenschaft, Forschung und Technik dem Menschen dienen und dessen Freiheitsspielräume vergrößern sollen. Aber seit einem Vierteljahrhundert erleben wir nun, wie mit dieser Technik das Gleichgewicht von Kapital und Arbeit ausgehebelt wird. Und jetzt gelingt es großen Unternehmen und Institutionen wie Facebook, Google, der NSA und praktisch allen Geheimdiensten dieser Welt auch noch, unsere Privatsphäre aufzuheben und uns zu manipulierbaren Objekten ihrer Interessen zu machen.

Und dabei ist es gerade mal ein Vierteljahrhundert her, dass ausgerechnet die digitale Technik in den USA als Befreiungstechnologie ausgerufen wurde. Als »Technik für den Menschen«, mit der dieser sich politisch emanzipieren und die Demokratie stärken könne, ist uns 1984 von Apple der erste Macintosh-PC verkauft worden. »Information at your Fingertips« hatte Bill Gates zehn Jahre später, 1994, versprochen und darunter die Realisierung eines alten Menschheitstraums für das Jahr 2005 in Aussicht gestellt. Jedermann sollte in der Lage sein, mit einem einzigen Gerät das gesamte Wissen der Welt abzurufen, und zu jeder beliebigen Zeit jede beliebige Information auffinden können. Als Selbstermächtigungstechnologie wurden die Computer von Apple und die Software von Microsoft angepriesen.

Im Jahr 2005 holperte es noch ein bisschen mit der Einlösung dieses Versprechens, aber danach klappte es immer besser, und heute gehört Googeln zum Alltag von Millionen Menschen in aller Welt. Zwar verfügt noch niemand über das gesamte Wissen dieser Welt, ein großer und wichtiger Teil des vorhandenen Wissens ist auch noch nicht digitalisiert, liegt nur auf Papier in analoger Form vor, aber es ist doch verblüffend, was man alles recherchieren kann, wenn man sich auf die Kunst digitalen Abfragens versteht.

Verblüffend ist aber auch, was andere über mich selbst recherchieren können. Verblüffend ist, wie einige wenige aus dem Wissensdurst der vielen Wissen über die vielen konstruieren und zu jeder beliebigen Zeit jede beliebige Information über jeden Einzelnen abrufen können.

»Wir wissen, wo du bist. Wir wissen, wo du warst. Wir können mehr oder weniger wissen, was du gerade denkst«, sagte Google-Chef Eric Schmidt bereits im Jahr 2010. Sie wissen es, weil sie sich rücksichtslos über die Grundrechte jedes Einzelnen hinwegsetzen, jedem hinterherspionieren, seine Netzaktivitäten protokollieren, seine E-Mails mitlesen, sein Konsumverhalten analysieren. Sie gehen vor wie einst die weißen Siedler, die sich in Amerika einfach das Land nahmen, den dort ansässigen indianischen Ureinwohnern keinerlei Rechte zubilligten und sie mit ihren Gewehren aus dem Weg räumten, wenn sie Widerstand leisteten.

Dem Unternehmen Google stellen sich keine Indianer in den Weg, sondern Verfassungen, Grundrechte, Gesetze, Richter, Staatsanwälte und Medien. Sie alle werden als störend empfunden, und der harmlos wirkende Larry Page sprach das 2013 auch sehr deutlich aus: »Es gibt eine Menge Dinge, die wir gern machen würden, aber leider nicht tun können, weil sie illegal sind, weil es Gesetze gibt, die sie verbieten. Wir sollten ein paar Orte haben, wo wir sicher sind. Wo wir neue Dinge ausprobieren und herausfinden können, welche Auswirkungen sie auf die Gesellschaft haben.«

An dieser Bildung rechtsfreier Räume wird bereits gearbeitet. In internationalen Gewässern, zwölf Seemeilen vor der kalifornischen Küste, will ein amerikanisch-bosnischer Unternehmer Blueseed gründen. Auf schwimmenden Plattformen – mit Palmen, Sonne und Swimmingpool – soll eine Kolonie der erfolgreichsten Unternehmer der Welt entstehen, ohne einengende Gesetze, Steuern, Visumspflicht, staatlichen Vorgaben.

Die neoliberale Schizophrenie der Silicon-Valley-Libertinage – wir wollen keinerlei staatlichen Einfluss, keine Steuern zahlen, keine Kontrollen, keine Beschränkungen, keine Gewerkschaften, keine

Vorschriften, aber die Forschungsgelder vom Pentagon für die Entwicklung unserer Produkte und das verbilligte Flugbenzin der NASA für unsere Firmenjets nehmen wir gern, und wir arbeiten auch gern mit der NSA und mit Diktaturen zusammen, wenn es unseren Geschäften dient – treibt weiter ihre Blüten. Es genügt einem Unternehmen wie Google nicht, in einem Staat zu agieren, der, wie die USA, schon weitgehend dem neoliberalen Ideal entspricht, nein, man möchte am liebsten selber ein Staat sein, ein kleines staatsähnliches supranationales Imperium, das den Rest der Welt unter seine Kontrolle bringt.

Auf dem Weg zu diesem Ziel ist Google schon weit vorangekommen. Sein Martkanteil bei Suchmaschinen beträgt in Deutschland deutlich über 90 und weltweit über 70 Prozent. Tendenz weiter steigend.

Die nächstgrößte Suchmaschine, Baidu, hat 16,4 Prozent und ist nicht nur wegen des geringen Marktanteils kein echter Konkurrent, sondern auch deshalb, weil Baidu die chinesische Suchmaschine ist. Niemand legt auf deren Nutzung Wert, auch die Chinesen selbst nicht, denn in Baidu wird nur gefunden, was dem diktatorischen Regime in Peking recht ist.

Wäre Google nur ein Suchmaschinenmonopolist – die Welt könnte es vielleicht verkraften. Aber auch Youtube, die weltgrößte Videoplattform, die gleichzeitig die zweitgrößte Suchmaschine ist, gehört Google. Chrome, der Browser mit dem weltgrößten Marktanteil, gehört Google, ebenso Gmail, der meistgenutzte E-Mail-Dienst, und Android, das meistgenutzte Betriebssystem für mobile Geräte. Auch Google Maps nimmt bereits eine marktbeherrschende Stellung ein, und mit Macht arbeitet der Konzern daran, sich im Haus, im Auto, beim Fernsehen, an den Universitäten, bei Gesundheitsdiensten zuerst nützlich und später unentbehrlich zu machen. Google möchte in unserem Alltag allgegenwärtig sein, um alles über uns zu erfahren und uns so gut zu kennen, dass unser Verhalten vorhersagbar wird. Wenn das gelingt, wird Google in allen Geschäftsfeldern die Instanz sein, ohne die kein Geschäft mehr läuft.

Für die werbetreibende Wirtschaft hat das Unternehmen den Status der Alternativlosigkeit schon fast erreicht. Sein Anteil am Online-Werbemarkt in Deutschland liegt derzeit bei rund 60 Prozent, Tendenz steigend, und nicht nur in Deutschland, sondern weltweit. Und es ist weit und breit kein Unternehmen in Sicht, das gegen Google noch mit einiger Aussicht auf Erfolg konkurrieren könnte.

Im Gegenteil. Google bringt immer mehr andere Unternehmen in seine Abhängigkeit, ist nun in der Lage, seine marktbeherrschende Stellung zum eigenen Vorteil zu missbrauchen, und tut es auch. Das Unternehmen »kann inzwischen bestimmen, was im Netz und in der Welt wichtig, relevant und wahr ist«, schreibt der Medienwissenschaftler Siva Vaidhyanathan in seinem 2011 erschienenen Buch *The Googlization of Everything. And Why We Should Worry*. Und der mächtige Springer-Chef Mathias Döpfner bekannte 2014 in erstaunlicher Offenheit, wie ohnmächtig er sich gegenüber Google fühlt:

> »Wir kennen keine Alternative, die auch nur ansatzweise vergleichbare technologische Voraussetzungen zur automatisierten Werbevermarktung bietet. Und wir dürfen auf diese Einnahmequelle nicht verzichten, weil wir das Geld dringend für technologische Zukunftsinvestitionen brauchen. Weshalb immer mehr andere Verlage das Gleiche tun. Wir kennen auch keine Suchmaschinen-Alternative zur Sicherung oder Steigerung unserer Onlinereichweite. Ein großer Anteil journalistischer Qualitätsmedien erhält seinen Traffic überwiegend via Google. In anderen, vor allem nichtjournalistischen Bereichen findet der Kunde sogar fast ausschließlich durch Google den Weg zum Anbieter. Das heißt im Klartext: Wir – und viele andere – sind von Google abhängig.«[20]

Wir haben in Deutschland einmal darüber gestöhnt, dass Springer über so viel publizistische Macht verfügt. Jetzt gibt es mit Amazon und Google zwei Konzerne, die weltweit über viel mehr Macht verfügen und für die Springer eine unter vielen Kühen ist, die man melken kann. Wir haben in Deutschland auch einmal darüber gestöhnt, dass sich das Buch- und Zeitungsgeschäft in wenigen Konzernen wie Bertelsmann, Holtzbrinck, Springer konzentriert. Wir haben darüber gestöhnt, dass große Buchhandelsketten wie Hugendubel, Thalia, Weltbild die kleinen Buchläden plattmachen, und darüber, dass Mediamarkt, Saturn, Real, Rewe, Aldi, Lidl & Co. die kleinen Einzelhändler und Fachgeschäfte ruinieren und so zur Verödung der Innenstädte beitragen, und jetzt sind all diese ehemals Großen kleine Fische, die von Amazon und Google in Fischfarmen gehalten werden.

Längst müssten wir alle kollektiv gegen diese Überwältigung protestieren und uns widersetzen, stattdessen gehen wir den Fischfangflotten freiwillig ins Netz, finden das sogar noch cool, laden uns deren Selbstoptimierer- und Selfcontroller-Apps aufs Handy und produzieren damit den Kaviar, der sie reich und mächtig macht: unsere Daten.

Davon, dass wir die Realisierung der schönen Vision von »Information at your Fingertips« mit »Stalking at your Fingertips« bezahlen, hatte Gates nichts gesagt. Und auch nichts davon, dass wir mit unseren Smartphones Trojanische Pferde in unser Leben holen, die uns einer Fremdkontrolle unterwerfen, und dafür auch noch Geld ausgeben. Und nichts davon, dass in den Labors gegenwärtig die Hard- und Software entwickelt wird, die uns demnächst rund um die Uhr in unseren Wohnungen, auf Straßen und Plätzen, in Parkhäusern, im Auto und in den Arztpraxen und öffentlichen Einrichtungen überwachen wird.

Dass mit PC und Internet die wahre Demokratie auf Erden ausbrechen würde, hatte ich noch nie geglaubt und meiner Skepsis schon ab Mitte der 90er-Jahre in der *SZ* in einer Reihe von Artikeln

Ausdruck verliehen. Computer und Internet als Befreiungstechnologie – das war schon immer eine zu schöne Verheißung. Aber dass sich das Ganze zu einer Verfolgungs- und Überwältigungstechnologie und zum glatten Gegenteil des Verheißenen entwickeln würde, das hätte ich noch bis vor wenigen Jahren auch nicht für möglich gehalten.

Von der Befreiung der Welt zu ihrer Verwanzung 05

Es geschah am 22. Januar 1984. Rund 96 Millionen Zuschauer verfolgten vor ihren Bildschirmen das etwas langweilige Football-Endspiel zwischen den Los Angeles Raiders und den Washington Redskins. Dann, zu Beginn des dritten Viertels dieses 18. Super-Bowl-Finales, wurden die Zuschauer aus ihrer Lethargie gerissen. Sie sahen einen merkwürdigen Werbeclip, über den die ganze Nation noch Tage danach diskutierte und der in den Nachrichtensendungen noch oft in voller Länge abgespielt wurde.

In dieser Werbeminute sahen die Zuschauer eine Masse uniformierter, wie geklont aussehender Menschen im Gleichschritt durch Röhren in einen riesigen Saal einmarschieren. Während des Einmarsches der gleichförmigen Masse erscheint auf einem Riesenmonitor das finstere Gesicht eines Diktators, der seine Untertanen mit Donnerstimme über die »Vereinigung der Gedanken« indoktriniert.

Mehrmals hineingeschnitten in die Abfolge aus Diktatorengebrüll, marschierenden und sich setzenden Klonen ist eine junge Frau im Sportdress. Mit einem Hammer in der Hand sprintet sie durch das von Ridley Scott gestaltete, düster-futuristische, an *Blade Runner* erinnernde Ambiente. Schwer bewaffnete, martialisch aussehende Polizisten stürmen hinterher, aber noch ehe sie zugreifen können, schleudert sie kraftvoll den Hammer in Richtung des Diktators und zertrümmert den monströsen Bildschirm. Grelles Licht blendet die Zuschauer, die Untertanen erstarren vor Schreck, während eine Stimme aus dem Off feierlich verkündet: »Am 24. Januar wird Apple Computer ›Macintosh‹ vorstellen. Und du wirst sehen, warum 1984 nicht wie ›1984‹ sein wird.«

Man findet den Spot auf Youtube.[21]

Wer, wie ich, schon etwas älter ist und die Entwicklung der digitalen Technologie von ihren Anfängen bis heute beobachtet hat, zeitweise sogar in sie involviert war, staunt über das bisherige Ergebnis dieser Entwicklung mehr und ist darüber entsetzter als ein Zwanzigjähriger, der es nicht anders kennt. Ich erinnere mich an den Spot und noch besser an die fast messianischen Hoffnungen, die Amerikaner meines Alters während der 80er- und 90er-Jahre an diese Technologie geknüpft hatten. Sie hatten geglaubt, eine Selbstermächtigungstechnologie in die Hand zu bekommen, die es ihnen ermöglichen würde, sich der Macht der Konzerne und Regierungen zu erwehren. Nie hätten sie sich träumen lassen, dass das glatte Gegenteil passieren würde.

Damals, 1984, als dieser legendäre Spot über die Bildschirme flimmerte – vielleicht der intellektuellste, den es je gab –, hatte nicht jeder auf Anhieb verstanden, worum es ging, beeindruckt waren aber alle. Der Diktator, das war Big Brother. Die junge Frau, das war Apple. Der Hammer in ihrer Hand war der Macintosh, die Befreiungstechnologie, und der zertrümmerte Bildschirm, das war IBM.

Drei ganz unterschiedliche Geschichten wurden miteinander verknüpft und zu einer einzigen Geschichte verwoben, die zunächst auf jene Unheilsgeschichte anspielt, die George Orwell in seiner Dystopie *1984* erzählt. Der zweite Erzählstrang läutet eine neue Heilsgeschichte ein, die Geschichte der Befreiung durch Personal Computer für jedermann. Vorbei ist es – so lautet der dritte Erzählstrang – mit der Herrschaft des Technikdiktators IBM.

In Orwells Welt unterliegt jeder Bürger einer totalen Überwachung durch die Behörden. Der Große Bruder ist omnipräsent und omnipotent und verfolgt die Bürger bis in die intimsten Bereiche ihres Lebens. Eine Gedankenpolizei spürt sogar den Vorgängen in jedem Kopf nach und bestraft den, der verbotene Gedanken entwickelt.

Als dann das reale 1984 immer näher rückte, füllten sich weltweit die Zeitungen mit Schreckensszenarien über den »gläsernen Bürger«. Damals war die Technik aber noch viel zu primitiv, um jeden einzelnen Bürger auszuspionieren. Dennoch stieß eine für 1983 in Deutschland geplante Volkszählung der Bundesregierung auf so erhebliche Proteste, dass sie verschoben und aufgrund eines verfassungsgerichtlichen Urteils anders durchgeführt werden musste als geplant. In diesem Urteil vom 15. Dezember 1983 formulierte das Bundesverfassungsgericht das Grundrecht auf informationelle Selbstbestimmung, das sich aus der Menschenwürde und dem Recht auf freie Entfaltung der Persönlichkeit ableitet.

Die Stimmung der Angst vor dem gläsernen Bürger und die Diskussionen über Orwells vieldiskutierten Roman bildeten 1984 den Hintergrund für den Apple-Werbespot, dem es primär natürlich um den Verkauf des frisch entwickelten Apple Macintosh Computers ging und zugleich um einen Schlag gegen IBM. Trotz dieses Kommerzinteresses lag etwas Wahres, gesellschaftlich Relevantes in dieser Werbung.

Big Brother, das war auch IBM. Die Frau – eine Frau! –, das war Apple. Jetzt sollte sich erfüllen, wovon Computerfreaks und Garagenbastler während der 70er-Jahre geträumt hatten. Damals, in den Siebzigern, umgab Computer die Aura des Geheimnisvollen, Mächtigen, fast Unheimlichen. Die wenigsten hatten damals die Chance, einen Computer wirklich zu sehen, anzufassen, ihn gar zu bedienen. Man machte sich seine Vorstellung vom Computer aus den Fernsehbildern vom Kontrollzentrum der NASA in Houston, diesem Panorama von flimmernden Bildschirmen, oder aus Science-Fiction-Filmen wie etwa Stanley Kubricks *2001: Odyssee im Weltraum*. Darin treibt ein Computer namens HAL 9000 sein unheimliches Wesen. H, A, L – das sind die Buchstaben, die der Folge I, B, M vorausgehen.

Das sei aber Zufall, sagte sein Erfinder, der Schriftsteller Arthur C. Clarke. An IBM habe bei der Namensgebung niemand gedacht, auch Kubrick nicht. Vielmehr stehe HAL als Abkürzung für »*H*euristic *AL*gorithmic«, also für einen heuristisch-algorithmisch programmierten Computer.

Wenn das stimmt, dann war es zumindest ein sinniger Zufall, denn IBM war nach Kriegsende bis weit in die 70er-Jahre hinein ein Synonym für Computer. Unternehmen, die damals mit Informationstechnologie zu tun hatten, gehörten entweder IBM oder überlebten von IBMs Gnaden, umgaben die Zentralmacht wie Vasallen und durften sich von den Krumen ernähren, die IBM ihnen ließ. Der elitäre, geheimnistuerische, vor Selbstbewusstsein strotzende Koloss wurde geführt wie eine Armee, und diese Unternehmenskultur spiegelte sich im wichtigsten IBM-Produkt, dem Mainframe, dem alles beherrschenden Zentralrechner, an dem viele Hundert oder Tausend »dumme« Terminals hingen. Solche Ungetüme, die ganze Räume füllten, hat IBM damals verkauft und noch lieber vermietet, um die Kontrolle darüber zu behalten. Und nach der Vorstellung dieses Kolosses sollte das für immer so bleiben.

Aber dann kamen die 68er-Bewegung, der weltweite Jugendprotest, die Massendemonstrationen gegen den Vietnamkrieg. Die schwarze Bürgerrechtsbewegung ging auf die Straßen und kämpfte für Gleichberechtigung. In allen westlichen Ländern begannen die Frauen, Lesben und Schwulen ihren Kampf um Gleichstellung. Hippies forderten: »Make love, not war.«

Unter den Protestierenden marschierte, besonders in Kalifornien, eine Spezies, die es in Europa nicht gab und die darum auch kaum wahrgenommen wurde: politisierte Computerfreaks, denen es nicht passte, dass sie an ihren Universitäten betteln mussten, um Rechenzeit von den Mainframes zugewiesen zu bekommen. Aber vor allem waren sie durchdrungen von der Überzeugung, dass Technik für den Menschen da zu sein habe und nicht für Konzerne und Profitinteressen.

In ihrer Hackerzeitschrift *People's Computer Company* schrieben sie: »Computer werden meistens gegen Menschen eingesetzt anstatt für Menschen; um Menschen zu kontrollieren, anstatt sie zu befreien.« Computer würden von Konzernen und Regierungen benutzt, um riesige Mengen von Information über Menschen zu speichern. Information werde von zentralisierten Institutionen – Presse, Fernsehen, Radio etc. – kontrolliert und fließe stets von oben nach unten. Jetzt sollte die Fließrichtung umgedreht werden. Überhaupt müsse diese ganze Herrschaft durch Technik ein Ende haben.

Sie wollten eine »Computerwissenschaft für das Volk«, Technik als Mittel der Emanzipation. Dieser Gedanke stand als treibende Kraft hinter der Entwicklung des Personal Computers. Der Mikroprozessor, die technische Voraussetzung für so einen Volkscomputer für jedermann, war gerade erfunden worden. Überall in Kalifornien keimten nun Zellen einer elektronischen Volksbewegung. Die ersten Garagenbastler lernten einfache Programmiersprachen, kauften sich elektronische Bauteile, schrieben kleine Computerprogramme und tauschten ihr Können und Wissen und ihre selbstgebastelten Maschinchen aus.

Niemand dachte damals daran, mit Software Geld zu verdienen, außer Bill Gates, der wusste es schon immer. Von ihm abgesehen verband sich damals unter dem Einfluss von Rockmusik und Drogen die Hippiekultur mit der politischen Protestkultur zu einem seltsamen Amalgam aus Esoterik, New Age, Buddhismus, einer Begeisterung für digitale Technik und einer Zurück-zur-Natur-Bewegung. Mitten unter ihnen: Steve Jobs und Steve Wozniak, die Gründer von Apple. Sie sahen aus wie Hippies, dachten wie Hippies, aber lebten im Gegensatz zu diesen nicht nur mit Drogen, sondern auch mit Daten.

Was in Deutschland nie zusammengefunden hat – hier die Technophilen, dort die Naturromantiker, dazwischen die Basisdemokraten und Verkünder der Emanzipation –, in Kalifornien ging's zusammen. In Deutschland wurde hauptsächlich nur über die Hippies, Antivietnamdemonstranten und über die Rockstars und deren Drogenkonsum berichtet. Wer damals in Deutschland links war, studierte Politik, Soziologie, Philosophie, Psychologie. Wer dagegen Physik, Ingenieurwissenschaften oder gar Betriebswirtschaft studierte, war nicht links.

Daher entgingen uns hier die politisierten Garagenbastler. Und uns entging der Altair 8800, der Vorläufer eines Personal Computers, ein unendlich primitives Ding, das noch nicht mal über eine Tastatur verfügte, sondern nur über einen Kippschalter. Natürlich fehlten ihm auch Monitor, Festplatte, Diskettenlaufwerk. Es ließ sich eigentlich nichts mit ihm anfangen, doch wurde der Altair massenhaft verkauft im Jahr 1975, hauptsächlich über den Whole-Earth-Katalog, zusammen mit Holzöfen, Wigwams, Lederkleidung, Hebammenwerkzeug für Hausgeburten und Gartengeräte. So primitiv das Ding auch war, in ihm steckte die Hoffnung auf die künftige Ermächtigungstechnologie für jedermann.

Im Gegensatz zu meinen Genossen Jungsozialisten verfolgte ich diese Entwicklung in den USA aufmerksam, denn ich war in meiner Jugend nicht technophob, sondern technophil. Zwischen 1967 und 1970 machte ich eine Lehre als Physiklaborant und lernte dadurch die Basistechnologie des heutigen Internetzeitalters, die Mikroelektronik, in ihrem frühesten Stadium kennen. Das Labor, in dem ich arbeitete, entwickelte Halbleiter, Klötzchen aus Piezokeramik, mit denen sich nicht viel mehr anfangen ließ, als aus ihnen elektrische Funken zu schlagen. Wir bauten auch Informationsspeicher aus kleinen magnetisierbaren Ferritringen. In einem rund zehn mal zehn Zentimeter großen Rahmen ließen sich 64 Bit speichern. Es war uns damals völlig unklar, wozu das gut sein sollte, aber wir ahnten schon, dass irgendein Potential darin steckte, das sich weiterentwickeln und irgendwann auch zu irgendetwas nutzen ließe.

Das Unternehmen meiner Lehrzeit gibt es heute immer noch, hat zwar mehrfach den Namen und den Besitzer gewechselt, aber lebt heute als CeramTec in meiner Heimatstadt Lauf an der Pegnitz weiter. Während meines Wahlkampfs 2013 – ich bewarb mich im fränkischen Wahlkreis Roth als SPD-Kandidat für ein Bundestagsmandat, wovon später noch die Rede sein wird – hatte ich das Unternehmen besucht, um zu sehen, was aus unseren Laborentwicklungen von damals geworden ist. Das Ergebnis war beeindruckend. Eine Vielzahl kleiner unscheinbarer Produkte auf Basis jener Piezo-, Medizin- und Industriekeramik, die wir damals in unserem Labor entwickelt hatten, wird heute in alle Welt verkauft. Aktoren und Sensoren verrichten ihr Werk in Autos, wo sie uns beim Einparken helfen und mit Abstandswarnmeldungen verhindern, dass wir auf ein anderes Auto auffahren. Piezokeramische Bauteile ermöglichen Ultraschallortung in der Sonartechnik, Abstandsmessung, zerstörungsfreie Materialprüfung, medizinische Diagnostik und vieles mehr, wovon wir uns Ende der 60er-Jahre keine Vorstellung machen konnten.

Und demnächst, so ist zu befürchten, werden wir auf Straßen, Plätzen, in Gebäuden, Kneipen, Restaurants, Parkhäusern und in der eigenen Wohnung und im Auto umzingelt sein von diesen unscheinbaren Elementen und der ganzen Welt der toten Gegenstände Sinnesorgane verleihen. Diese werden uns beobachten, auf alles reagieren, was wir sagen und tun und daraus Daten generieren und weiterleiten und uns gläsern machen.

Nach meiner Lehrzeit wandte ich mich zwar den Geisteswissenschaften zu. Aber an der Entwicklung der Naturwissenschaft und Technik bin ich immer drangeblieben, zumal ich Mitte der 80er-Jahre als Textchef eines Wirtschafts- und Technologiemagazins namens *highTech* die Fortschritte der Mikroelektronik hautnah miterlebte. Zweimal besuchte ich zwischen 1986 und 1990 das Silicon Valley, interessierte mich nicht nur für die technisch-wirtschaftlichen Implikationen der Siliziumindustrie, sondern ebenso für die politisch-gesellschaftlichen. Ende der 90er-Jahre arbeitete ich an *Konr@d* mit, einem bei Gruner+Jahr entwickelten Lifestylemagazin, das ein deutsches *Wired* werden sollte, aber nie die Chance bekommen hatte, es zu werden, und darum kurz vor der Jahrtausendwende wieder eingestellt wurde.

Aber diesen Erfahrungen verdanke ich, dass ich früher merkte als andere, wie sich der Kapitalismus unter den neuen Technologien zu etwas Neuem transformierte. An meiner Nähe zu Wirtschaft und Technik lag es, dass mir frühzeitig jene politisierten Technofreaks auffielen, die sich im Silicon Valley zu einer aufklärerisch-emanzipatorischen Elite entwickelten und mit digitaler Technik mehr Demokratie realisieren wollten. Davon war ich einerseits fasziniert. Andererseits war ich sehr skeptisch, glaubte der Freiheitsrhetorik nicht. Viele meiner Gesprächspartner dort erlebte ich als technikverliebt, fachlich als Hard- und Softwarespezialisten hochkompetent, sehr selbstbewusst, aber politisch naiv, unkritisch gegenüber ihren Kapitalgebern, dankbar gegenüber dem Pentagon, das viele Forschungsvorhaben finanzierte.

Warum das Pentagon ihr unbekümmertes Drauflosforschen finanzierte, kümmerte sie nicht, das wollten sie gar nicht wissen. Sie wollten in ihren Labors nur spielen und sehen, was dabei herauskäme. Meine Fragen nach dem Motiv des Pentagons fanden sie merkwürdig. Das interessierte sie nicht. Sie erinnerten mich an meine früheren Kameraden bei den Heeresfliegern, die zur Bundeswehr gingen, weil sie unbedingt fliegen wollten. Wer das will, muss die Bundeswehr eben in Kauf nehmen. Und wer an einer US-Universität forschen will, muss eben das Pentagon in Kauf nehmen.

Meine Skepsis gegenüber den Technikenthusiasten und deren Glauben an die Befreiungstechnologie wurde mir durch eine neuerliche Werbung demonstriert, abermals von Apple, diesmal Mitte der 90er-Jahre. In einer *Newsweek*-Sondernummer hatte Apple die gesamte Werbefläche gekauft und wieder die Demokratie für den Verkauf von Apple-Computern eingespannt unter dem Motto »Eine Person, ein Computer, das Prinzip der Demokratie, angewandt auf die Technologie« – Technik als Mittel der Emanzipation.

Aber illustriert wurde dieser sehr sympathische Gedanke nicht mit einer Geschichte von Freiheit und Demokratie, sondern von kommerziellem Erfolg. Seitenlang ging es um einen Yuppie, der ein Unternehmen gründet, dieses mit Apple-Computern ausstattet und dadurch sein Business – den Verkauf von Babynahrung – zum Erfolg führt. Apple für deinen Geschäftserfolg, das war die eigentliche Botschaft des neuen Spots. Die Demokratie war nur der Büttel, der die Botschaft zu transportieren hatte. Die Naiven glaubten daran, die Zyniker benutzten diese Naivität.

Schon damals hätte man erkennen können, dass nicht mehr viel übrig geblieben war vom einst jugendlichen Enthusiasmus für eine bessere Welt. Die ehemaligen Hippies waren jetzt normale Geschäftsleute mit dicken Bankkonten. Aber es gab noch ein paar Alt-Hippies, die ihren Traum weiterträumten und nun im Internet das neue Heilsinstrument zu erkennen glaubten.

Einer von ihnen, John Perry Barlow, ehemaliger Viehzüchter, Songtexter und Bürgerrechtler, mutierte jetzt zum Netzaktivisten und verkündete 1996 mit gewaltigem Pathos weltweit und unter großem Aufsehen seine »Unabhängigkeitserklärung des Cyberspace«. »Regierungen der industriellen Welt, ihr müden Riesen aus Fleisch und Stahl, ich komme aus dem Cyberspace, der neuen Heimat des Geistes«, so begann er seine Rede. Im »Namen der Zukunft« bat er darin die Regierungen, diese »Vertreter einer vergangenen Zeit«: »Lasst uns in Ruhe! Ihr seid bei uns nicht willkommen. Wo wir uns versammeln, besitzt ihr keine Macht mehr.« Barlow erklärte »den globalen sozialen Raum, den wir errichten, als gänzlich unabhängig von der Tyrannei, die ihr über uns auszuüben anstrebt. Ihr habt hier kein moralisches Recht« mehr.

Das war die kalifornische Ideologie: staatsfeindlich, liberal, neoliberal, ja libertär und schrecklich naiv. Es war ein fast religiös zu nennender Glaube an Markt und Technik, der in der damals gegründeten Zeitschrift *Wired* sein publizistisches Zentralorgan fand. Das neue Magazin wollte nicht nur mit Nachrichten und Reportagen über das Internet, neue Technologien und neue Märkte das Entstehen einer neuen Branche begleiten, sondern auch dem Lebensgefühl einer neuen Techno-Elite der Nerds Ausdruck verleihen. Man verstand sich als Teil einer neuen Netzkultur, wohnte real noch als »Citizen« ganz »analog« an einem konkreten geografischen Ort, aber bewegte sich virtuell und digital als »Netizen« im globalen Raum des »Cyberspace«.

Die Journalisten von *Wired* versuchten, ein neues Reich der Freiheit herbeizuschreiben – ein Reich frei von Regierungen, Zwängen, Zensur, Aufsicht, Herrschaft. Die Abschaffung der Staaten und der Herrschaft von Menschen über Menschen stand unmittelbar bevor, glaubten die Enthusiasten unter ihnen. Die Journalistin, Bloggerin und Buchautorin Esther Dyson forderte, nicht mehr Politiker, Behörden und Gerichte sollten das Zusammenleben regeln und organisieren, sondern die Einzelnen über die Mechanismen des Marktes und mithilfe des Internets. Gesetzgebung, Kontrolle, ja sogar moralische Prinzipien solle man dem Markt überlassen, werde man ihm über kurz oder lang sowieso überlassen müssen, denn in einer globalen Wirtschaft spielten nationale Regelungen keine Rolle mehr. Wenn es erst einmal keine Staaten und Politiker mehr gebe, werde auch das Militär überflüssig, also komme es dann zu keinen Kriegen mehr. Allenfalls Polizei sei noch nötig für den Schutz des Einzelnen, aber auch dafür brauche man keinen Staat. Das könnten private Sicherheitsdienste genauso erledigen. Krankheiten werde die Gentechnik heilen oder gar nicht erst aufkommen lassen. Später werde es die Nanotechnologie ermöglichen, ganze Heere winzig kleiner Roboter in den Körper zu schleusen, um dort beschädigte Zellen zu reparieren. Alter und Tod seien dann kein unausweichliches Schicksal mehr. Und wenn es mithilfe der Gentechnik gelingen sollte, die eigene Intelligenz oder sein Aussehen zu verbessern, so habe kein Papst und keine Ethikkommission der Welt das Recht, dem Einzelnen dieses zu verbieten. Die Nachfrage nach diesen Technologien werde gewaltig sein, gigantische neue Märkte entstünden, stetiges Wirtschaftswachstum, Reichtum und Wohlstand seien die zwangsläufige Folge.

So, in etwa, lautete während der 90er-Jahre der neue Glaube aus dem Land der unbegrenzten Möglichkeiten. Ungläubig staunend musste ich zur Kenntnis nehmen: Der Unsinn wurde auf der ganzen Welt geglaubt.

Während Internet-Chiliasten wie Barlow die »alten Mächte« für entmachtet erklärten, arbeiteten diese schon längst an Konzepten, um das Internet unter ihre Kontrolle zu bringen, es zu kommerzialisieren, als Marktplatz und neuen Verkaufskanal zu etablieren und die visionären Spinner in Nischen für Sektierer abzudrängen. Heute kann man sagen: Das Ziel wurde erreicht. Die alten Mächte hatten sehr schnell gelernt, das Internet für die eigene Machterhaltung und -ausweitung zu benutzen. Die naiven Technikenthusiasten wurden entweder ausgeschaltet oder mit lukrativen Verträgen an- und damit ruhiggestellt.

Mir war es von Anfang an ein Rätsel, wie man auf die abenteuerliche Idee kommen konnte, ausgerechnet das Internet zum Instrument für eine Weltbürger-Selbstverwaltung auszurufen. Schon ab Mitte der 90er-Jahre hatte ich diese Euphorie in etlichen Artikeln in der *Süddeutschen Zeitung* kritisiert. Mit geringem Echo. Deutschlands Intellektuelle hörten weg, wenn sie es mit den Wörtern Computer und Internet zu tun bekamen.

Die erstaunliche Tatsache war die, dass ausgerechnet die libertäre Techno-Elite, die Nerds, die Internetapostel, die Apologeten des totalen Markts und alle, die wie Barlow den Staat als ihren Gegner, als etwas Störendes, Böses, Abzuschaffendes angesehen hatten, am Tropf dieses Staates hingen wie kaum eine andere Gruppe in den USA. Das gesamte US-Hightech-Business war schon immer und ist bis heute aufs Engste verflochten mit dem amerikanischen Staat und seinen Institutionen. Von Anfang an spielte das Internet eine zentrale Rolle in den Planungen der US-Militärs und -Geheimdienste. Keine technische Neuerung blieb dem Pentagon verborgen.

Von Anfang an hatten die USA die Kontrolle über das World Wide Web, lief der gesamte globale Datenverkehr über amerikanische Leitungen, durch amerikanische Knoten und amerikanische Server. Amerikanische Unternehmen und Konsortien setzten die Standards, vergaben die Domains, behielten die Kontrolle über die Leitungen. Und was heute in der Cloud, also scheinbar in den Wolken des Himmels, gespeichert ist, befindet sich physisch auf Servern, die zumeist in riesigen Hallen auf US-Territorium untergebracht sind.

Diese Festplatten und Server unterliegen dem Zugriff der Geheimdienste. Und nicht nur sie. Die US-Behörden fühlen sich sogar ermächtigt, auf Server amerikanischer Unternehmen zuzugreifen, die sich nicht auf dem Boden der USA befinden. Für Ermittlungen in einer Drogensache verlangten US-Behörden nach Daten, die in der irischen Dependance von Microsoft gespeichert sind. Microsoft weigerte sich, diese Daten herauszurücken, wurde in den USA verklagt und von einem Bundesbezirksgericht in New York verurteilt, die Daten zu liefern.[22] Die Cloud, der Himmel über der Welt, gehört uns, meinen die US-Behörden.

Die dort gespeicherten Daten werden im 21. Jahrhundert Konzerne wie Google so reich machen, wie es die Ölkonzerne im 20. Jahrhundert waren. Zusätzlich aber werden die Daten den Konzernen eine Macht verleihen, wie sie die Ölkonzerne nie hatten. Wenn wir Big-Data-Konzerne weiterhin so gewähren lassen wie bisher, züchten wir damit Big-Brother-ähnliche Gebilde.

Es wiederholt sich nun in größerem Stil und mit viel mehr Betroffenen, was wir schon einmal vor rund anderthalb Jahrzehnten erlebt hatten: die Entlarvung eines Versprechens als grandiose Illusion. Damals sind Menschen verarmt, denen weisgemacht worden war, die digitale Technologie werde sie reich machen. Ihre Ersparnisse wurden in Rauch aufgelöst von den Geldverbrennern der New Economy und des Neuen Marktes.

Nun hat sich das Versprechen von der Befreiungstechnologie in Rauch aufgelöst. Dass es übertrieben war, wusste ich immer. Aber dass es sich ins glatte Gegenteil verkehren würde, hätte ich vor 20 Jahren nicht für möglich gehalten. Zu groß war damals noch mein Vertrauen in die amerikanischen Freunde, in deren Wertschätzung der Freiheit, der Demokratie und der Respektierung der Grundrechte.

Die kommerzgetriebene Technologieentwicklung ist eine Folge der Gleichgültigkeit, Uninfomiertheit und des Nichtwissenwollens, mit dem wir uns die demokratische Kontrolle über die Welt aus der Hand reißen ließen. Eine abstrakte Bedrohung, wie sie vom Big-Data-Business ausgeht, wird nicht so richtig als real empfunden. Gerade das macht sie so gefährlich.

Dass die fröhlichen Nutzer von Tablets und Smartphones immer nur eine Wischgeste davon entfernt sind, sich selbst zum Werkzeug fremder Mächte zu machen, ist vielen noch nicht bewusst. Je länger sie solchermaßen bewusst-los in den virtuellen Welten agieren, desto tiefer verheddern sie sich in den aus der Cloud gesteuerten Schleppnetzen der Fangflotten des digitalen Kapitalismus. Technischer »Fortschritt« bedeutet dann ein Voranschreiten in die Verfolgungs- und Versklavungstechnologie.

Die Ohnmacht der Wähler und die Ohnmacht der Gewählten 06

Kapitalismus ist, wenn das Weltmeistertrikot 80 Euro kostet, die Näherin des Trikots weniger als einen Euro bekommt, ihre Gesundheit ruiniert, unter Lebensgefahr arbeitet und der Entwicklungshilfeminister Gerd Müller mir, dem Konsumenten, die Verantwortung dafür aufbürdet. So gesehen bei Frank Plasberg in seiner Polittalkshow *Hart aber fair.*[23]

Der Entwicklungshilfeminister empörte sich über die Differenz zwischen dem Verkaufspreis des DFB-Fan-Artikels und dem Lohn der Näherin und rechnete alle paar Minuten der Textilindustrie vor, dass sie doch wohl kaum ärmer würde, wenn statt des einen Euro zwei bei der Näherin hängenblieben. Damit sprach er allen aus dem Herzen, auch mir – nur: Wozu brauche ich einen Minister, der sich mit mir empört, aber den Grund der Empörung nicht aus der Welt schafft?

Wir statten unsere Politiker durch demokratische Wahlen mit Macht aus, damit sie die Probleme lösen, die wir als Einzelne nicht zu lösen vermögen. Doch während der letzten 25 Jahre haben sie diese Macht hauptsächlich genutzt, um sich selbst zu entmachten. Die Macht ging über auf »die Märkte«, also an die Eigner von Kapital. Die üben jetzt die Macht aus und lösen damit ihre Probleme, aber nicht unsere und schon gar nicht die der Näherin von Bangladesch.

Über ein Vierteljahrhundert lang haben unsere Politiker dem Mantra des Kapitalismus gehuldigt: freier Handel, offene Grenzen für Waren und Dienstleistungen, Markt ist gut, und Staat ist schlecht, Kontrollen sind ganz schlecht, freie Fahrt für freie Unternehmer, Freihandel macht alle wohlhabend, Globalisierung ist toll.

Heute sehen wir die Politiker in den Talkshows die Folgen ihrer Selbstkastration beklagen. Die grenzenlose unternehmerische Freiheit macht einige wenige grenzenlos reich, beschert uns grenzenlos billige Jeans für 9,99 Euro bei Primark und T-Shirts für 1,99 Euro bei KiK, aber dafür mussten im Jahr 2013 mehr als 1100 Menschen in Bangladesch sterben, als ein grenzenlos marodes Fabrikgebäude in sich zusammenstürzte und die Arbeiterinnen erschlug. »Wer ein T-Shirt für zwei Euro kauft, muss wissen, dass jemand anderes den Preis dafür bezahlen muss«, sagt Hubertus Thiermeyer von der Gewerkschaft Verdi.

Für den Reichtum der Wenigen und die Billigjeans für die Masse malochen in China, Indien und Südostasien Kinder, Frauen und Männer in 16-Stunden-Tagen unter gesundheitsschädigenden Bedingungen, ohne Arbeits- und Kündigungsschutz für Löhne im Cent-Bereich. Damit die Textildiscounter KiK oder Primark eine Hose für 9,99 Euro in Deutschland verkaufen können, muss in China erlaubt sein, was hier verboten ist: der Einsatz von giftigem Hypochlorit und Kaliumpermanganat und Sandstrahl zum Bleichen und Färben sowie eine grenzenlose Ausbeutung der Menschen.

Soll ich also 20 Euro fürs T-Shirt und 100 für die Hose ausgeben? Leider, so erfuhr man in Plasbergs Sendung, werden unter diesen Bedingungen auch Hosen hergestellt, die bei uns 100 Euro kosten. Ein höherer Preis ist keine Garantie für höhere Löhne bei den asiatischen Fabrikarbeitern. Das Geld bleibt woanders hängen, im Designerladen, beim Importeur, beim Spediteur, beim Besitzer der Fabrik, bei den Subunternehmern und den Sub-Subunternehmern, die dem Fabrikherrn die billigen Arbeitskräfte heranschaffen, bei den Models, Agenturen und Medien, die für die Hose werben, und bei den europäischen Modeunternehmen und deren Aktionären.

Wäre es wirklich so schlimm, wenn Europas Unternehmen dafür sorgten, dass bei der Näherin zwei Euro hängen blieben statt nur einer? Die Hose kostete dann eben 10,99 Euro bei KiK und

101 Euro im Designerladen. So fragte der Minister in der Talkshow und erntete das Kopfschütteln des Herrn Genth. Stefan Genth, Hauptgeschäftsführer des Handelsverbands Deutschland (HDE), sah keinen Anlass, den Einsatz der Industrie für die Näherin von einem auf zwei Euro zu verdoppeln, weil es ja der Handel so schwer hat in Deutschland – die Mieten, die Löhne, die Sozialleistungen, die harte Konkurrenz durch den Online-Versandhandel.

Außerdem: Zehn Euro sind bei KiK natürlich eine psychologisch wichtige Hürde. Von einer 9,99-Euro-Hose kauft man locker auch mal zwei oder gar drei. Kostet sie 10,99 Euro, bleibt es bei einer, und es schwindet das Gefühl, bei KiK bekomme man seine Sachen quasi für fast umsonst.

Aber wie wäre es, fragte der Minister hartnäckig und geduldig bittend weiter, wenn alle, die in Deutschland mit der Herstellung und dem Verkauf von Textilien zu tun haben, gemeinsam vereinbarten, dass von der Baumwollernte bis zum Verkauf der Hose oder des T-Shirts existenzsichernde Löhne, mehr Sicherheit am Arbeitsplatz und mehr Umwelt- und Gesundheitsschutz realisiert werden würden? Tatsächlich lud der Minister kurze Zeit später alle dafür infrage kommenden Entscheider ein und legte ihnen einen Aktionsplan für ein Bündnis für nachhaltige Textilien vor, dessen Ziele die Beteiligten gut fanden, aber nicht alle unterschreiben wollten, denn, so sagte Jan Eggert, Hauptgeschäftsführer der Außenhandelsvereinigung des deutschen Einzelhandels (AVE): »Eine lückenlose Überwachung sämtlicher Produktionsstufen ist unrealistisch.«

Produzenten, Händler und Verkäufer überblicken ihre eigenen Lieferketten nicht mehr. Der Weg eines T-Shirts von der Baumwollplantage über die Fabrik in Malaysia zum KiK-Kunden in Köln-Porz ist so kompliziert, dass er nicht mehr zu ermitteln und daher auch nicht mehr zu kontrollieren ist. Unkontrollierbarkeit, Freiheit von staatlicher Kontrolle und gesetzlichen Auflagen – das ist es, was alle neoliberalen Globalisierungsideologen schon immer im Sinn hatten, wenn sie die unternehmerische Freiheit rühmten.

Das war stets ihr Ziel. Nun haben sie es erreicht. Nicht nur bei Textilien. Auch Bohrmaschinen, TV-Geräte, Fotoapparate, Computer und Smartphones werden zu Niedrigstlöhnen und unter – aus europäischer Sicht – unzumutbaren Bedingungen in zahlreichen Fabriken Südostasiens und Chinas produziert. Das taiwanesische Unternehmen Foxconn, das Apples überteuertes iPhone zu geringsten Kosten fertigt, geriet 2010 weltweit in die Schlagzeilen, nachdem sich eine Reihe von Arbeitern das Leben genommen hatte.

Nach dieser Selbstmordwelle gelobte Apple Besserung. Aber vier Jahre später berichteten BBC-Reporter, dass die Rechte der Fabrikarbeiter noch immer grundlegend und auf verschiedenen Ebenen verletzt würden. Sie recherchierten in der chinesischen Fabrik, in der Apples iPhone 6 produziert wird: Überstunden seien offiziell freiwillig, doch wer nicht zustimme, werde nicht eingestellt. Arbeiter müssten 18 Tage am Stück, zwölf Stunden pro Tag produzieren. Überfüllte Schlafräume, einbehaltene Ausweise, erschöpfte Arbeiter, die im Stehen am Fließband einschlafen und am Ende ihrer Schicht nicht einmal mehr genug Energie hätten, um noch etwas zu essen – so sehe der Alltag derer aus, die für uns die neuen iPhones produzieren.[24]

Was soll der Konsument dagegen unternehmen? Statt eines iPhone ein Android-Smartphone einer anderen Firma kaufen? Die lässt in denselben oder ähnlichen Fabriken produzieren, wo die Arbeiter genauso ausgebeutet werden. Würde ich ein Smartphone zum Beispiel von Samsung kaufen, dann würde ich eben ein koreanisches Firmenkonglomerat füttern, das Waffen produziert, in Korruptions- und Bestechungsaffären verwickelt war, mit Kinderarbeit Geld verdient und sich wenig bis nicht um Arbeitnehmerrechte und um die Gesundheit ihrer Beschäftigten schert.

Android, das Betriebssystem der Samsung-Telefone, kommt von Google. Wer sich also von Apple befreite, geriete in die Gefangenschaft von Google. Es gibt kein Entrinnen, und künftig gerate ich immer noch tiefer in die Abhängigkeit einer Handvoll weltbeherrschender Konzerne.

Amazon, Apple, Google und Big-Data-Entwickler arbeiten gegenwärtig mit Macht daran, auch unsere Kühlschränke, Rollläden, Kaffeemaschinen, Backöfen, Rauchmelder, Dampfgarer, Fahrräder und Autos zu Datenlieferanten zu machen. Straßen, Plätze, Parkhäuser, Kaufhäuser, Fitnessstudios, Schwimmbäder, Theater, Konzerthallen und öffentliche Einrichtungen wollen sie verwanzen, um immer mehr Daten über uns zu sammeln. Der Staat, die EU, die von uns gewählten Politiker haben diesen globalisierten Datendealern bisher nichts entgegenzusetzen.

Die Ohnmacht geht aber noch weiter: Für die Herstellung unserer Mobiltelefone braucht es 30 verschiedene Metalle und seltene Erden, darunter Gold, Kobalt, Kupfer, Zinn. Ein Teil dieser Rohstoffe kommt aus kongolesischen Minen, die von Warlords kontrolliert werden. Rund ein Drittel der Arbeiter in so einer kongolesischen Mine sind Kinder und Jugendliche, die dort in einer giftverseuchten Umgebung die Rohstoffe aus der Erde holen. Andere Kinder werden von diesen Warlords in Kriege geschickt. In der genannten BBC-Sendung über die Produktion des iPhone 6 wurde berichtet, dass das verarbeitete Zinn zu großen Teilen aus illegalen Minen in Indonesien stamme. Dort arbeiteten Kinder unter Gefahr für Leib und Leben.

Sind die Mobiltelefone alt und kaputt, kehren sie zu einem großen Teil als Giftmüll wieder nach Afrika zurück und landen auf Halden, wo wiederum Kinder in dem giftigen Schrott nach verwertbarem Material suchen und ihrer Gesundheit schaden.

Ich möchte nicht schuld sein am Tod von Kindersoldaten. Ich möchte nicht, dass wegen meines iPhones Kinder krank werden oder gar sterben. Ich möchte nicht mit dem Kauf eines Smartphones indirekt irgendwelche Warlords und Bürgerkriege in Afrika finanzieren. Ich möchte, dass ein starker Staat solche Dinge verhindert.

Aber anscheinend kann er es nicht. Ein nach dem Zinn befragter Mitarbeiter einer Apple beliefernden Schmelzerei sagte den

BBC-Reportern, das Unternehmen bezöge Zinn aus allen möglichen großen und kleinen Minen. »Es ist unmöglich zu wissen, was legal ist und was illegal.«

Im Grunde bleibt mir also nur der Verzicht auf ein Smartphone. Dann kann ich mich aber gleich aus der modernen Welt eines Großstädters verabschieden und mich aufs Land zum Schafezüchten zurückziehen. Nur weiß ich dann nicht, wie ich das Studium meiner Kinder finanzieren soll. Und nützen würde es auch nichts, denn es ist unwahrscheinlich, dass Milliarden Menschen meinem Beispiel folgten. Es wäre nicht einmal wünschenswert, denn so viele Schafzüchter bräuchten wir nicht.

Ich weiß: Es gibt das Fairphone und das Blackphone. Zu denen komme ich später, in Kapitel B.13: »Wie wir Facebook schlagen können«.

Zunächst möchte ich noch einen Blick in den Warenkorb werfen, den ein durchschnittlicher Europäer vor sich herschiebt. Mit jedem Produkt, das ich in den Korb hineinlege, löse ich Kaskaden von Vorgängen aus, die ich nicht überschauen und nicht steuern kann. Vielleicht ruiniert sich am Ende so einer Kaskade ein Kind in Bangladesch für einen Hungerlohn seine Kindheit und seine Gesundheit. Vielleicht trage ich mit meinem Kauf zur weiteren Abholzung des Regenwaldes am Amazonas bei. Vielleicht ermuntere ich die Lebensmittelmafia, ein in Bulgarien geschlachtetes Pferd so lange durch ganz Europa zu verschieben, bis es sich auf wundersame Weise in Rinderlasagne verwandelt hat. Und ganz gewiss hinterlasse ich beim Bezahlen an der Kasse Daten, die ein von mir unkontrollierbares Eigenleben entwickeln.

Mit jedem Kauf produziere ich Müll, den ich zwar sauber trenne, aber was mit ihm passiert, entzieht sich meiner genauen Kenntnis. Dass Mobiltelefone auf Giftmüllhalden in Afrika landen, habe ich zufällig aus der Zeitung erfahren.

Als ich im April 2013 von den 1127 Toten in der Textilfabrik in Bangladesch hörte, fühlte ich mich mitschuldig und unschuldig zugleich, aber vor allem ohnmächtig. Als Konsument hänge ich mit drin in solchen Wertschöpfungsketten, an deren Ende ein einstürzendes Fabrikgebäude die darin arbeitenden Menschen erschlägt. Andererseits bin ich ohne jeden Einfluss auf die in fremden Ländern geltenden Bauvorschriften, auf die Erbauer, Statiker und Besitzer dieser Fabrik und auf die darin herrschenden Produktionsbedingungen.

Anfang 2014 streikten Textilarbeiter in Kambodscha für eine Erhöhung ihres Monatslohns auf 115 Euro. Statt dieser Forderung nachzugeben, ließ die Regierung – wie in früheren Jahrhunderten – auf die Streikenden schießen. Drei Menschen starben. Ich wäre sehr dafür, dass die Textilarbeiter mehr verdienen, aber das steht nicht in meiner Macht. Und die Politiker in Straßburg und Brüssel sind offenbar so ohnmächtig wie ich.

Der Entwicklungshilfeminister legt mir nahe, vor dem Kauf einer Hose oder eines Hemdes jedem Label im Internet hinterherzurecherchieren. Versuchte ich das, erführe ich in 95 Prozent der Fälle, was der AVE-Lobbyist, wie oben zitiert, gesagt hat: »Wir überblicken unsere eigenen Lieferketten nicht.« Wie soll dann ich die Sache überblicken?

Und wenn ich jedes Produkt, das ich in meinen Korb legen möchte, erst herumdrehen würde, um auf der Rückseite das Kleingedruckte zu lesen, dessen Wahrheitsgehalt ich eh nicht überprüfen kann, käme ich zu nichts anderem mehr. Genau aus diesem Grund macht das kaum jemand, und eben darum würde ich durch die einsame Änderung meines privaten Konsumverhaltens kaum eine Änderung der Lage herbeiführen.

Nun gibt es inzwischen den fairen Handel, und es gibt die Kampagne für Saubere Kleidung (auch Clean-Clothes-Kampagne oder Clean Clothes Campaign, CCC), eine NGO, die sich für bessere Arbeitsbedingungen und die Rechte der Arbeiter in der internationalen Textil- und Bekleidungsindustrie einsetzt. Es gibt unzählige NGOs, die sich weltweit an solchen Problemen abarbeiten, die auch

Siegel vergeben, hier ein Papperl für faire Produktion, dort eines für ökologische Herstellung, da eines für klimaschonende Verteilung, aber darin steckt das nächste Problem: Es sind so viele Organisationen, ich kenne die Menschen nicht, die für solche NGOs arbeiten, ich habe sie nicht gewählt – wie kann ich ihnen trauen? Wer sagt mir, dass hier nicht in großem Stil Greenwashing betrieben wird?

Und: Jedes Produkt ist problematisch. Mein zehn Jahre alter Kühlschrank verbraucht bestimmt mehr Strom als einer dieser neuen mit den vielen Ökosiegeln. Aber keines dieser Siegel sagt mir, ob es für die Umwelt, das Klima und den Ressourcenverbrauch besser ist, einen neuen Kühlschrank zu kaufen oder den alten so lange zu behalten, bis er kaputt ist. Für die Herstellung eines neuen Kühlschranks müssen Energie und Ressourcen verbraucht werden. Und die Entsorgung des alten verschlingt ebenfalls Energie und Ressourcen.

Was für den Kühlschrank gilt, gilt für jedes andere Produkt, und je komplexer es ist, desto schwieriger ist es für mich zu beurteilen. Ein Hybrid- oder Elektroauto wird mit sauberer Energie betrieben, falls auch der Ladestrom aus der Steckdose sauber ist. Aber wie für das Smartphone werden für das Auto zahlreiche Materialien benötigt – seltene wie Lithium, exotische wie Neodym und gewöhnliche wie Eisen, Kupfer, Aluminium. Dafür muss in empfindliche Ökosysteme und bisher unberührte Natur eingegriffen werden.

Und vermutlich ist das ganze Rohstoffgeschäft auch wieder mit allerlei Ausbeutung, Gesundheitsgefährdung, Kriminalität und Korruption verbunden. Wenn ich mir bewusst mache, was ich der Welt antue allein durch die bloße Tatsache meiner Existenz, wäre Selbstmord die konsequenteste Form des Klima-, Umwelt- und Tierschutzes. Aber selbst das stellte einen noch vor die Frage, ob Erd- oder Feuerbestattung dem Planeten weniger schadet.

Zwar fühle ich die Pflicht, meinen täglichen Konsum zu überdenken, aber viel dringlicher erscheint mir eine Antwort auf die

Frage: Wozu wählen wir eigentlich Politiker? Warum zum Teufel können die nicht internationale Standards durchsetzen, die mich von der Pflicht entbinden, per Konsumentscheid die Welt zu retten?

Stattdessen bin ich immer schon geladen, kaum dass ich einen Supermarkt betreten habe. Ich möchte brüllen: »Na, ihr Bescheißer, was dreht ihr mir denn heute für ein tolles Sonderangebot an, Hormonfleisch aus der Kälberfabrik, zehn Eier für 99 Cent aus der Käfigeierlegemaschine? Will ich nicht! Ich hätte gerne Fleisch, Wurst, Milch, Eier aus artgerechter Tierhaltung, Obst und Gemüse aus der Region, möglichst vom Biobauern, und Fisch, der nicht zu den überfischten Arten gehört. Euer Angebot an Bio- und Regionalprodukten ist jämmerlich!« Natürlich schlucke ich meine Wut hinunter, weil ich weiß, ich wäre lächerlich und mein Gebrüll für die Katz.

In meinem Rewe-Supermarkt, in dem ich hauptsächlich einkaufe, weil er für mich fußläufig zu erreichen ist, bekomme ich hauptsächlich Wurst und Fleisch vom Großhändler Wilhelm Brandenburg. Der erzählt mir auf seiner Homepage viel über »eine moderne, hygienische und nachhaltige Produktion. Sämtliche Erzeugnisse werden von Meisterhand und unter Einhaltung höchster Qualitätsstandards zubereitet. In der Fertigung an den vier modernen Produktionsbetrieben verwenden wir nur ausgewählte und sorgfältig geprüfte Rohstoffe.«

Jedoch: Wie es um die Lebensqualität der Tiere vor ihrer Schlachtung bestellt ist, wie sie gehalten werden, woher sie kommen, womit sie gefüttert wurden, wie weit ihr Weg vom Stall zum Schlachthof gewesen ist, wird mir nicht erzählt, und die Verkäufer im Supermarkt wissen es auch nicht. Sie können mir nicht einmal sagen, ob ihre Wurst und ihr Fleisch frei sind von Antibiotika und Hormonen, und falls nicht, mit wie viel ich zu rechnen habe.

Der Kunde ist König? Als Demokrat wäre ich schon froh, wenn zwischen Rewe und mir ein Verhältnis auf Augenhöhe bestünde. Doch für Rewe – wie auch für Real, Lidl, Edeka und wie sie alle heißen – bin ich ein zu manipulierender Geiz-ist-geil-Konsument, der am Nasenring durch den Laden zu führen ist und an der Kasse sein Geld abzugeben hat. Sie fluten meinen Briefkasten mit Papier, auf denen »billig, billig, billig!« steht. Sie sind überzeugt, dass der Preis ihrer Waren das Einzige ist, was ihre Kunden interessiert. Und das Schlimme ist: In mehr als 90 Prozent aller Fälle haben sie recht.

Also stellen sie bei Rewe Büsumer Feinkost-Louisiana-Flusskrebse in ihr Regal, die nicht teuer, aber so vertrauenerweckend gut und hochwertig verpackt sind, dass man glaubt, wirklich etwas Gutes zu erstehen, denn vorne prangt ein gemütlicher Nordseekutter auf dem Deckel, dazu das Logo »Büsumer Feinkost«. Büsum, Nordsee, ein alter Kutter, das erweckt Vertrauen. Man denkt an Fischer, Krabben, Wattwanderung und greift zu.

Aber im Unterbewussten arbeitet irgendetwas, und daheim steigt plötzlich die Frage ins Bewusstsein: Flusskrebse aus Büsum? An welchem Fluss liegt Büsum? Ich sehe mir das sehr Kleingedruckte auf der Rückseite der Verpackung an und entziffere mühsam: Diese Krebse kommen aus chinesischen Flüssen.

Aus welchen Flüssen genau sie stammen, wie stark diese Flüsse mit toxischen Abwässern belastet sind, steht natürlich nicht im Kleingedruckten. Auch nicht, wie viel von dem entrichteten Kaufpreis bei jenen hängen bleibt, die die Krebse aus dem Fluss holen, die wahrscheinlich weniger bekommen als der Grafiker, der den Nordseekutter auf die Verpackung gezaubert hat. Aber auch das steht natürlich nicht drauf, genauso wenig, warum in Mainz Flusskrebse aus China verkauft werden müssen.

Was tun? Auf den Wochenmarkt gehen, im Bioladen einkaufen oder bei Alnatura? Ja – wenn ich die Zeit dafür hätte und den Bioläden vertrauen könnte. Hieß es nicht kürzlich, einige Ökokapitalisten beuteten ihre Mitarbeiter genauso aus wie die gewöhnlichen Kapitalisten? Ist nicht auch der Biohandel schon längst von undurchschaubaren Handelsketten und Betrügern infiltriert?

Außerdem verwirrt mich die Vielfalt der Biosiegel. Es gibt ein deutsches und ein europäisches und dazu noch mindestens acht deutsche Verbandssiegel. Ich habe nicht im Kopf, was sie bedeuten, weiß nicht, wer wie oft und wie zuverlässig die Einhaltung der an das Siegel geknüpften Norm kontrolliert. Ob die Biopute wirklich ein so viel besseres Leben führen durfte als die Fabrikpute, ist keineswegs in jedem Fall sicher. Schon gar nicht weiß ich das, wenn das Bioprodukt aus Italien, Osteuropa, der Türkei oder Ägypten kommt, und ob es überhaupt sinnvoll ist, Bioprodukte aus Afrika einzufliegen.

Wieder ist es mein Problem, eine Antwort zu finden und das Problem zu lösen, und das ist der allgemeine Trend: Politische Missstände sind von mir entweder hinzunehmen oder privat zu lösen. Ich soll nicht nur jedem Produkt meines Warenkorbs hinterherrecherchieren, sondern mich auch über Verschlüsselungstechniken informieren und meine Privatsphäre selber schützen. Ich soll mein Haus und meine Computer diebstahl- und einbruchsicher machen, den Medienkonsum meiner Kinder kontrollieren, ihre Hausaufgaben überwachen oder ihnen Nachhilfe bezahlen. Und ich soll immer brav zu jeder Wahl gehen und ehrlich mein Einkommen versteuern, damit die Gewählten in Brüssel und Berlin ihr Auskommen haben, aber niemals fragen, wozu wir uns Parlamente nach Straßburg und in 28 europäische Hauptstädte wählen und 28 nationale Regierungen und unzählige Verbraucherschutzpolitiker leisten, wenn diese es nicht schaffen, uns vor Flusskrebsen aus chinesischen Giftbrühen zu verschonen.

Warum können sie die externalisierten Kosten unserer Lebensmittelproduktion und -verteilung nicht einpreisen in die Produkte? Dann wäre nämlich bio und regio billiger als die mit Kunstdünger, Giftspritzen und Pharmacocktails erzeugte Massenware unseres Agrobusiness.

Was wir bräuchten, wäre eine Deglobalisierung und Regionalisierung. Aber wie es aussieht, bekommen wir mit dem Freihandelsabkommen TTIP (das steht für Transatlantic Trade and Investment Partnership) zwischen der EU und den USA das Gegenteil. Die Lieferketten werden dann noch undurchschaubarer. Arbeitsplätze, die an einer Stelle entstehen, werden an anderer Stelle verlorengehen, denn was wir billiger aus den USA importieren, wird verdrängen, was bisher in der EU produziert wurde. Weiter steigen wird das Verkehrsaufkommen, wachsen wird der Ressourcen- und Energieverbrauch, beschleunigen wird sich die Klimakillerei, verdienen werden Unternehmen und deren Aktionäre. Und wenn denen ein Gesetz nicht passt, können sie dagegen klagen und Schadenersatz fordern. Weiter bergab gehen wird es mit der Demokratie.

Damit kommen die Ideologen des Neoliberalismus nahe an das Ideal, das sie anstreben: den Nachtwächterstaat, der sich raushält aus allen Geschäften, sich aber nützlich macht als Beschützer des Privateigentums, Erbauer von Infrastruktur, Lieferer von Humankapital, Spender von Subventionen und Türöffner für Auslandsgeschäfte.

Es war der Papst, der unser unkontrolliertes, globalisiertes Produzieren und Konsumieren in einem Lehrschreiben namens *Evangelii gaudium* (Freude des Evangeliums) am 24. November 2013 mit einem einzigen Satz auf den Punkt brachte: »Diese Wirtschaft tötet.«

In den Ketten der Machtwirtschaft 07

Durch das Internet geistert seit geraumer Zeit das Foto eines Schimpansen, der sich mit dem Finger auf die Stirn tippt und zu uns sagt: »Also die Regierungen retten Banken, indem sie bei Banken Kredite aufnehmen, um sie den Banken zu geben? – Sagt mal: Sind wir wirklich mit euch verwandt?«

Kürzer, treffender und prägnanter kann man nicht mehr auf den Punkt bringen, wohin uns die Verabsolutierung des ökonomischen Prinzips gebracht hat. Das ökonomische Prinzip, also das Bestreben, die Güter dieser Welt so kostengünstig wie möglich zu produzieren und zu verteilen, ist ja an und für sich etwas durch und durch Vernünftiges. Aber wann immer man ein vernünftiges Prinzip verabsolutiert und es von der Konkurrenz anderer, ebenfalls vernünftiger Prinzipien befreit, endet die Sache im Wahnsinn.

Es hat lange gedauert, bis die Massen den Wahnsinn bemerkten. Und noch länger, bis sie sich dagegen empörten. Zuerst, ungefähr ab dem Jahr 2008, wachten die Journalisten auf und rieben sich verwundert die Augen, als der Staat die Banken retten musste und jenen libertären Zeitgeist widerlegte, für den der Staat das letzte noch abzuschaffende Wettbewerbshindernis war. Seitdem hagelt es Kapitalismuskritik auch in den bürgerlichen Feuilletons, und dort ist diese Kritik oft sogar ätzender als in den traditionell eher linken Medien.

Vielleicht hängt das mit der Enttäuschung darüber zusammen, dass man ein halbes oder ganzes Leben lang geglaubt hat, Familie, Anstand, individuelle Freiheit, Markt, Einkommen nach Fleiß, Leistung und Tüchtigkeit, bürgerliche Tugenden und Moral gehörten zusammen. Und nun erlebt das wertkonservative und liberale

Bürgertum, dass genau diese Werte von den eigenen Leuten zerstört wurden.

Dann kamen die Bücher. Wie ein Fanal wirkte *Empört Euch!*, der Essay des ehemaligen französischen Widerstandskämpfers und UN-Diplomaten Stéphane Hessel. Massenhaft gelesen wurde auch das schwer verständliche *Gespenst des Kapitals* des Philosophen Joseph Vogl. Buchtitel wie *Bankster*, *Wieviel Bank braucht der Mensch*, *Zerschlagt die Banken*, *Des Bankers neue Kleider*, *Bank-Räuber*, *Manager außer Kontrolle* brachten das Ansehen der Banken auf null.

Inzwischen ist Kapitalismuskritik derart en vogue, dass selbst komplizierte Bücher wie David Graebers *Schulden*, Tomáš Sedláčeks *Die Ökonomie von Gut und Böse* und Thomas Pikettys *Das Kapital im 21. Jahrhundert* zu Bestsellern avancieren. Die in ihnen enthaltene Kritik ist anscheinend bereits Common Sense und gehört zum guten Ton jeder Talkshow – nur ändert diese Kritik nichts.

Auch die Proteste änderten den Lauf der Welt bisher nicht. Fast schon verzweifelt wählen sich die Völker immer neue Regierungen, probieren neue Parteien, Koalitionen und Politiker aus – aber es endet jedes Mal in einer Enttäuschung, die zu weiterer Wut führt, zu Randale auf der Straße, zum stetigen Sinkflug der Wahlbeteiligung und zur Hochkonjunktur von immer neuen populistischen Parteien und der Belebung der radikalen Szene. Im günstigsten Fall gehen daraus Protestbewegungen wie Attac, Occupy und NGOs hervor, die auf jene Missstände und Krisen aufmerksam machen. Aber auch sie ändern nichts.

Attac wurde 1998 gegründet und tritt heute öffentlich kaum noch in Erscheinung. Seine engagierten, fachkundigen Mitglieder bevölkern zahlreiche NGOs, beliefern die Öffentlichkeit mit wichtigen Informationen und kritischen Kommentaren, die aber meistens im Geflecht der Institutionen hängen bleiben, vielleicht noch in die Wissenschaft einfließen, gelegentlich in die Medien durchsickern, aber selten bis zu Otto Normalbürger vordringen. Attac bildet heute ein nützliches und wertvolles Gegengewicht zu den

Finanz- und Wirtschaftslobbyisten, kann Entscheidungen verzögern, krasse Fehlentwicklungen lindern, manchmal korrigierend eingreifen, die Öffentlichkeit informieren – alles wichtige Funktionen, aber die Übermacht der Kapitalseite brechen kann Attac nicht.

Populärer war zwischenzeitlich die Occupy-Bewegung, die im September 2011 in der Nähe der New Yorker Wall Street ihren Anfang nahm und sich in kurzer Zeit auch in Europa ausbreitete. Aber heute hören wir nicht mehr viel von ihr. Ihre Zeltlager in den Bankenvierteln haben die Banken nicht zum Einsturz gebracht, die Camps sind längst geräumt, und die von Arbeitslosigkeit betroffenen jungen Spanier demonstrieren nicht mehr, sondern wandern nach Deutschland aus.

Man sieht auch nur noch selten die weißen Guy-Fawkes-Masken von Anonymous. Diese Bewegung versorgte die Weltöffentlichkeit mit Informationen über die Proteste in arabischen Ländern und wurde deshalb schon als Urheber einer Twitter-Revolution beschrieben, mit deren Hilfe die Aufstände in arabischen Ländern ausgelöst wurden. Wahrscheinlich wurden sie überschätzt, und vielleicht wurden sie sogar gezielt überschätzt von der NSA, welche das Webkollektiv zur unmittelbaren Bedrohung für die nationale Sicherheit erklärt hatte – was zu Verhaftungen und Festnahmen führte. Führende Hacker der Bewegung sind in den USA vor Gericht gestellt und zu hohen Geldstrafen und mit Gefängnis verurteilt worden, einer von ihnen, Jeremy Hammond, sogar zu zehn Jahren. Seitdem ist es still geworden um Anonymous, und die NSA beherrscht das Internet wieder allein.

Es gab einen Aufruf international bekannter Schriftsteller und Wissenschaftler gegen die Okkupation des Internets durch die Geheimdienste und Big-Data-Sammler. Der Ruf drang über die Seiten der Feuilletons kaum hinaus. Wirtschaftsminister Sigmar Gabriel verkündete großspurig, Google zerschlagen zu wollen, und schaffte es damit in die Medien, aber das wird vermutlich die einzige Wirkung bleiben. Das EU-Parlament empfahl der EU-Kommission,

Google zu entflechten. Auch bei dieser Empfehlung wird es wohl bleiben.

Praktisch verschwunden sind die Piraten. Sie haben teilweise die richtigen Fragen gestellt, aber sich in ihrer politischen Unerfahrenheit selbst zerlegt. Die Medien haben dabei lustvoll zugesehen und mit ihrer Berichterstattung und ihren Kommentaren die Selbstzerfleischung beschleunigt. Die Chance, durch eine kritische Kraft im Parlament die verkrusteten Strukturen unseres politischen Systems aufzubrechen, wurde verspielt. Stattdessen sitzt jetzt die rechtspopulistische AfD in den Parlamenten, durch die nichts besser, aber manches schlimmer wird. Die Fremdenfeindlichkeit nimmt wieder zu und geht unter der xenophoben Fahne Pegida (Patriotische Europäer gegen die Islamisierung des Abendlands) auf die Straße.

Noch funktioniert die Zivilgesellschaft. Auch sie geht auf die Straße, wenn rechtsradikale und rechtspopulistische Kräfte überhandzunehmen scheinen. Sie zeigt sich zuverlässig seit Jahrzehnten auf jedem Kirchentag und jedem Katholikentag, wo die Wertegemeinschaft beschworen und die Wertpapiergesellschaft stets heftig kritisiert, aber nicht verhindert wird. Nach jedem Kirchen- und Katholikentag dreht sich die Welt einfach unbeeindruckt weiter wie bisher nach den Interessen der Wohlhabenden und Mächtigen.

Politiker schwören auf solchen Veranstaltungen regelmäßig, die Ängste der Menschen und die Kritik der gesellschaftlichen Gruppen an den gegenwärtigen Zuständen ernst zu nehmen. Sie versprechen mehr Bürgerbeteiligung und mehr Demokratie, anschließend kehren sie zurück in ihre Büros, vor deren Türen bereits die Lobbyisten der Wirtschaft warten, um den Politikern von der Angst vor schlechten Geschäften zu erzählen, von Arbeitsplatzverlusten, Wachstumsdellen, und dann tun diese Politiker alles, was den Lobbyisten die Angst nimmt.

Auf den G8-Gipfeln gerieren sich die Staatsoberhäupter als Führer, die entschlossen die Armut in der Welt halbieren, die Umwelt schützen, die Rechte des Einzelnen stärken und den Klimawandel stoppen werden. Sie versprechen, die Finanzmärkte zu regulieren, die Steueroasen auszutrocknen, die Krisenherde dieser Welt zu entschärfen. Tatsächlich aber erschöpfen sich G8-Gipfel, Weltklimakonferenzen und Weltfinanzgipfeltreffen in PR-Effekten für die Teilnehmer und dem Ausstoß der üblichen Kommuniquéphrasen, die keinen weiteren Zweck haben, als im Fernsehen wiedergekäut zu werden.

In der Regel passiert nach dem Kreißen der Gipfel nichts oder das Gegenteil dessen, was vereinbart wurde. Würden die Politiker zu Hause wirklich ihre Versprechen wahr machen wollen, müssten sie Privilegien beschneiden, ganze Branchen zurechtstutzen, die Lobbyisten aus ihren Büros werfen, auf Wahlkampfspenden aus der Wirtschaft verzichten, den Waffenexport schärfer kontrollieren, ihre korrupten Kollegen hinter Gitter bringen, den Export subventionierter landwirtschaftlicher Produkte in arme Regionen verhindern und stattdessen die eigenen Märkte für Produkte armer Länder öffnen. Das tun sie nicht, denn wie sagte der bereits zitierte Bundesbanker Mitte der 90er-Jahre? Das »Vertrauen der Finanzmärkte in die Politik« sei heute für die Regierungen mindestens ebenso wichtig wie das Vertrauen der Wähler. Inzwischen ist das Vertrauen der »Märkte« schon längst wichtiger als das Vertrauen der Wähler.

Ganz ungeniert hat Kanzlerin Merkel im Sommer 2013 in Brüssel schärfere Abgasvorschriften für Autos verhindert und damit den Willen der deutschen Autoindustrie erfüllt. Sie hat dies getan, obwohl bereits 2008 alle EU-Mitgliedstaaten, also auch Deutschland, dem Ziel zugestimmt hatten, den CO_2-Ausstoß im Autoverkehr zu reduzieren. Von 2020 an, so hatte es die EU-Kommission vorgeschlagen, sollten die Fahrzeugflotten eines jeden Autoherstellers nur noch 68 bis 78 Gramm CO_2 pro Kilometer emittieren dürfen – was gerade in den Vorstandsetagen der deutschen Konzerne Mercedes, BMW und Audi Panikreflexe verursachte. Merkel war zu Diensten, und alle Kritik von Umwelt- und Klimaschützern perlte an ihr genauso ab wie die Kritik an der von ihr geprägten Wortschöpfung »marktkonforme Demokratie«.

Die marktkonforme Demokratie ist der geheime Konsens der G8-Staatenlenker zwischen Washington, London, Paris, Brüssel, Berlin und Tokio und zugleich auch die Entsprechung des marktkonformen Kommunismus der Chinesen. Daran hat das ganze Bombardement an Kapitalismuskritik und Volkszorn bis heute nichts geändert. Die Proteste und Wutaktionen prallen ab wie Tennisbälle an einer Betonwand. Jeder Konflikt zwischen ökonomischen Interessen und dem Allgemeinwohl endet mit der Durchsetzung des Profitinteresses, dem der Volkswille so egal ist wie der Zustand der Welt in vierzig Jahren.

Warum ist das so? Warum ändert sich nichts? Zwei Bestandteile dieser Betonwand wurden schon beschrieben: der Zwang zum schnellen Erfolg, unter dem Politiker wie Manager gleichermaßen stehen, und die Macht der 147 weltbeherrschenden Konzerne. Den dritten Bestandteil, die Verkettung wirtschaftlicher Interessen, will ich am Beispiel der Landwirtschaft erläutern, der Basis jeder Volkswirtschaft.

Vernünftig und dem Gemeinwohl dienlich wäre es, die Landwirtschaft von konventionell auf Öko und Regio umzustellen. Ökologisch erzeugte Produkte, die über kurze Wege regional vermarktet werden, täten dem Klima gut, der Umwelt, dem Grundwasser, den Tieren, der Gesundheit, den Steuereinnahmen des Staates, der Wertschöpfung im eigenen Land. Alles spricht für Öko und Regio. Und wenn die Bundesbürger über die Frage abzustimmen hätten, ob die Landwirtschaft auf diese Weise umgestellt werden soll, würde wohl eine satte Zweidrittelmehrheit mit Ja stimmen. Aber die Bürger haben in dieser Frage nichts zu entscheiden, die Politiker tun nichts, und das Interesse der Bauern, ihre konventionelle Landwirtschaft auf Öko umzustellen, ist gering. Die Umstellung wäre zeitaufwendig, kostete Geld, erforderte Umlernen, es winkten nicht einmal höhere Subventionen, und ob es sich am Ende auszahlte, wäre ungewiss. Solange sein konventionelles Modell funktioniert, wird kein Bauer es ändern und nicht wollen, dass ihm die Politiker etwas anderes vorschreiben.

Die Politiker könnten natürlich trotzdem eine öko-regionale Landwirtschaft erzwingen. Die Zahl der Bauernstimmen, die sie dadurch bei Wahlen verlören, würden sie mehr als wettmachen durch den Zugewinn an Verbraucherstimmen. Warum also scheuen sie sich, das Vernünftige durchzusetzen?

Es ist nicht nur die mächtige Agrarlobby, vor der sie sich fürchten, sondern es ist der gesamte agrarindustrielle Komplex, mit dem es jeder Landwirtschaftsreformer zu tun bekäme. Der einzelne Bauer ist nur das Rädchen eines gewaltigen Getriebes, und wer in die Landwirtschaft eingriffe, griffe in dieses Getriebe ein.

Der Bauer braucht Kunstdünger, Herbizide, Fungizide, Insektizide. Die liefert ihm gerne die Chemieindustrie. Sie hat kein Interesse, dass ihr Kunde auf Öko umsteigt. Es sind also schon zwei, die weitermachen wollen wie bisher.

Für seine Rinder, Kälber, Schweine, Hühner, Puten braucht der Massentierhalter regelmäßig Impfungen, Hormonspritzen und Antibiotika. Die liefern ihm gerne die Tierärzte und die Pharmaindustrie. Auch die haben kein Interesse daran, dass ihr Kunde auf Öko umstellt. Nun sind es vier, mit denen es die Regierung zu tun bekäme, wenn sie eine Änderung erzwingen wollte.

Von der Entwicklung neuer Medikamente für Tiere, neuer Unkraut- und Schädlingsbekämpfungsmittel und gentechnischer Produkte lebt ein ganzer Zweig der Forschungsindustrie. Daran hängen Professuren, Planstellen für wissenschaftliche Mitarbeiter und Aktionäre, die eine Rendite für ihr eingesetztes Risikokapital erwarten. Ein Teil dieser Wissenschaft und Forschung beschäftigt sich ausschließlich mit dem Versuch, nachzuweisen, dass eine ökologische Landwirtschaft die Welt nicht ernähren kann. Fünf.

Milch, Eier, Schlachttiere, Gemüse, Obst, Getreide – massenhaft fabriziert – müssen transportiert werden, vieles davon quer durch Deutschland, Europa, sogar noch weiter. Das freut die Logistikindustrie (6), Lastwagenhersteller (7), Reeder (8), Schifffahrt (9), Airlines (10), Flughafenbetreiber (11). Sie alle haben kein Interesse an einer regionalen Vermarktung ökologisch erzeugter Produkte.

Die Molkereien (12), Lebensmittelkonzerne (13), Großschlachtereien (14), Großbäckereien (15) möchten ebenfalls, dass alles so bleibt, wie es ist, zumindest solange der Markt, also der Verbraucher, nicht etwas anderes will. Und der will auch nicht. Zwar sind alle für Tierschutz und Bio und Öko, aber wenn es an den Geldbeutel geht, greift der Geiz-ist-geil-Charakter dann doch lieber zum Käfighuhnei. Die Lebensmittelindustrie, die Milch, Eier, Fleisch, Gemüse, Obst zu Backwaren und Fertiggerichten weiterverarbeitet, verwendet sowieso immer das Billigste. Und der Konsument, statt sich selbst etwas zu kochen aus frischen Zutaten und Produkten der Region, holt sich lieber die Fertiglasagne ins Haus, die dann halt manchmal aus Pferd ist statt aus Rind und mit allerlei Chemie so etwas wie Geschmack und gutes Aussehen verpasst bekommt.

Die ganze Herstellung der Lebensmittel, ihre Weiterverarbeitung und ihr Transport zum Endverbraucher muss finanziert und versichert werden. Das übernehmen gerne die Banken (16) und Versicherungen (17).

Die Aufzählung ist nicht komplett. Es gibt noch mehr, die ein Interesse daran haben, dass in der Landwirtschaft alles so bleibt, wie es ist, die Bürokratie beispielsweise, die hocheffizient ihre Routinen abarbeitet, aber ins Schlingern kommt, wenn Änderungen von außen den gewohnten Ablauf stören, wenn umgelernt werden muss, wenn unbekannte Probleme auftauchen, für die es keine Standardlösung gibt. Oder die Hersteller von Massentierhaltungsställen oder die Hersteller und Lieferanten von Tierfutter – sie alle haben ein gemeinsames Interesse daran, dass der Bauer brav im Käfig bleibt.

So, auf diese Weise, verketten sich die verschiedensten Interessen von rund zwei Dutzend Branchen zu dem einen Gesamtinteresse am Erhalt der industriellen Landwirtschaft. Dieses schier undurchdringliche, milliardenschwere Geflecht übt über die Medien, PR-Agenturen, Lobbyisten und Verbände so viel Macht und Druck aus, dass jeder Politiker, der sich ihm widersetzt, geradezu zermalmt wird.

Und so, wie es sich mit der Landwirtschaft verhält, verhält es sich mit allen anderen Branchen. Sie haben ihre Organisationen und Verbände und Lobbyisten, die nichts anderes tun, als Politiker und Journalisten so zu bearbeiten, dass sie in der Spur bleiben. Allein 1700 Finanzlobbyisten sind in Brüssel unterwegs, das sind zwei für jeden EU-Abgeordneten, sechzig für jeden EU-Kommissar, und alle anderen Branchen haben ebenfalls ihre Leute in Brüssel. Überall regieren Interessen. Die mit dem meisten Geld im Rücken setzen sich am stärksten durch, und – das kam in den letzten zwei Jahrzehnten noch erschwerend hinzu – die Kräfte derer, die eigentlich dazu da sind, im Kampf der Interessen dagegen zu halten, schwinden, die Medien zum Beispiel.

Seit die Anzeigen- und Verkaufserlöse der Zeitungen und Zeitschriften einbrechen, muss in den Redaktionen gespart werden. Die Zeit, die dem einzelnen Redakteur für eine gründliche Recherche bleibt, schrumpft. Die Zahl der Spezialisten, die sich eine Redaktion leisten kann, geht zurück. Die Versuchung, vorgefertigte Artikel von Pressestellen und PR-Agenturen nur leicht redigiert zu übernehmen, steigt. Ein Redakteur, der sich in einen komplizierten Sachverhalt einarbeiten muss, findet kaum mehr neutrale Gesprächspartner, bekommt es fast nur noch mit Fachleuten zu tun, die in irgendjemandes Sold stehen, denn ähnlich wie den Medien geht es der Wissenschaft: Sie muss sich ihr Geld durch Einwerbung von Drittmitteln zunehmend selbst verdienen. Selbst wenn der einzelne Wissenschaftler dem Ethos der Wahrheit und Objektivität treu zu bleiben versucht, schwindet das Ethos der Wissenschaft als Gesamtheit einfach dadurch, dass dem Wissenschaftsbetrieb das Geld für die wirklich unabhängige Forschung immer mehr abhandenkommt.

Zu guter Letzt sind es auch die Parteien und Regierungen, denen die unabhängige Expertise abhandenkommt. Unsere globalisierte Hightechwelt ist so komplex geworden, dass sich Parteien, Regierungen und Behörden nicht mehr für jedes Spezialgebiet einen Fachmann leisten können, und in diese Lücke springen die Lobbyisten. Sie erklären den Politikern die Welt, und natürlich sind diese Erklärungen interessengefärbt. Oft sitzen die Lobbyisten in den Ministerien und schreiben an den Gesetzen mit.

Und manchmal, wie im Fall der Finanzkrise, blicken auch die Experten nicht mehr durch. Manche Finanzinnovationen, die Warren Buffett als »Massenvernichtungswaffen« bezeichnet hat, haben am Ende nicht einmal deren Erfinder noch verstanden, aber dieselben Leute wurden von den Politikern zur Lösung der Krise zurate gezogen. Mögen diese Finanzberater auch ihr eigenes Geschäft nicht mehr verstanden haben, so werden sie dennoch ihr eigenes Interesse noch gekannt und verstanden haben, es zu wahren.

Seit einem Vierteljahrhundert sitzt das Kapitalinteresse am längeren Hebel. Deshalb haben wir noch immer keine Finanztransaktionssteuer und keine Bankenregulierung, die diesen Namen verdient. Deshalb verschieben multinationale Konzerne ihre Gewinne noch immer nach Belieben in Steuerparadiese. Deshalb bekommen wir unser verlorenes Recht auf informationelle Selbstbestimmung nicht mehr zurück, und deshalb werden die externalisierten Kosten des Agrobusiness nicht in die industriell erzeugten Äpfel, Kartoffeln, Eier, Hähnchenschenkel und Schweinelenden eingepreist.

Die Vernunft hat keine Chance. Wo einzelne Politiker doch einmal versuchen, ihr zum Durchbruch zu verhelfen, leisten die

Interessenverbände so lange hinhaltenden Widerstand, bis Wahlen anstehen und ein neuer Minister wieder von vorne beginnen muss oder gleich resigniert.

Zur Macht der 147 weltbeherrschenden Konzerne, deren verketteten Interessen und dem Kurzfristdenken unserer Funktionseliten kommt in Europa noch ein Viertes hinzu: die schwerfällige Entscheidungsfindung. Ein deutscher Minister mag guten Willens sein, aber wenn er etwa die Hühnerhaltung grundlegend ändern will, braucht er dazu in Brüssel Ministerkollegen, die das auch wollen. Ändert er nur die Hühnerhaltung in Deutschland, ziehen die deutschen Hühnerhalter über die Grenze nach Holland oder Polen und zahlen dort ihre Steuern. Den Landkreisen und Gemeinden, in denen die Tier- und Eierfabriken stehen, entgehen Steuereinnahmen und Arbeitsplätze, wenn die Besitzer der Fabriken auswandern.

Die Vernunft hätte nur dann eine Chance, wenn jeder der 28 Landwirtschaftsminister und Regierungschefs und jedes Mitglied der EU-Kommission den Mut fände, das Gemeinwohl und die Empathie mit Tieren über das Geflecht aus eigenen und fremden Interessen zu setzen – eine sehr unwahrscheinliche Konstellation. Mindestens einer schert immer aus. Und wenn sich doch alle 28 EU-Länder einig wären, würde flugs ein Händler billigere Eier und Masthähnchen aus Russland, China, den USA oder Lateinamerika importieren, und schon entstünde wieder ein Druck auf die Politiker, es mit dem Tier- und Umweltschutz nicht so genau zu nehmen.

Der Gegendruck, den engagierte Bürger, Wissenschaftler und Natur- und Tierschützer ausüben, ist zu gering und daher nicht wahlentscheidend. Die Masse der Wähler und Konsumenten hat andere Sorgen, verhält sich daher neutral, indolent, gleichgültig. Der Druck der milliardenschweren organisierten und verketteten Interessen ist daher stets stärker. Politiker, die meist den Weg des geringsten Widerstands gehen, geben dem Druck nach, der stärker ist. So funktioniert Machtwirtschaft, aber sie wird weiterhin Marktwirtschaft genannt oder »Neue soziale Marktwirtschaft«.

Deshalb ändert sich nichts, deshalb geht es immer so weiter, deshalb kommt es zu Fehlentwicklungen, die umso schwerer zu korrigieren sind, je länger sie andauern. Wo sich einmal eine bestimmte Industrie etabliert hat, arbeitet sie mit organisierter Macht an ihrer Selbsterhaltung und ihrem weiteren Wachstum, auch wenn dieses Wachstum volkswirtschaftlich in Wahnsinn und Absurdität mündet.

Mit einem Beispiel, an dem die Mechanismen von absurder Machtwirtschaft besonders deutlich zu erkennen sind, will ich dieses Kapitel beenden.

Als unter dem marktgläubigen Ronald Reagan in den USA begonnen wurde, den Staat durch Privatisierungen zu entmachten, wurden auch Gefängnisse privatisiert. Seitdem wächst eine Branche heran, die ein Interesse an hoher Kriminalität hat. Sie kann nur weiter wachsen, mehr Gefängnisse bauen und höhere Gewinne machen, wenn auch die Kriminalität wächst. Und wenn diese nicht wächst, müssen eben mehr Menschen kriminalisiert und verurteilt werden. Deshalb nimmt die Branche Einfluss auf die Gesetzgebung, bekämpft die Legalisierung von Drogen, plädiert für härtere Strafen bei Drogendelikten und Bagatellkriminalität, bekämpft die Liberalisierung des Einwanderungsrechts, will Illegale länger hinter Gitter bringen. »Ein kapitalistischer Betrieb, der auf der Grundlage menschlichen Elends gedeiht und alles dafür unternimmt, dass nichts getan wird, um dieses Elend zu lindern«, schrieb der *New Yorker*. Die Aktienkurse der Gefängnisbetreiber Geo Group und Corrections Corporation haben sich seit 2002 versiebenfacht.

Die USA stellen nur fünf Prozent der Weltbevölkerung, aber 25 Prozent der globalen Gefängnispopulation. Die Ausgaben der Bundesstaaten für den Strafvollzug entwickelten sich parallel zu den Aktienkursen der Gefängnisbetreiber. 70 Milliarden Dollar überweisen die USA pro Jahr an die Privatknäste. Die Ausgaben sind in den vergangenen 20 Jahren sechsmal so schnell gestiegen wie die Hochschulinvestitionen.

An der Resozialisierung der Gefangenen hat »der Markt«, also die Gefängnisbesitzer, natürlich kein Interesse. Sie möchten, dass ihre Gewinnbringer so bald und so oft wie möglich wiederkommen. Für jeden Häftling kassieren die Gefängnisbetreiber 160 Dollar pro Tag. Je mehr sie an Personal sparen, an der Qualifikation ihres Personals, der Qualität der baulichen Einrichtungen, an Toiletten, an der Heizung, Belüftung, der Klimaanlage, der Einrichtung der Zellen, am Essen, kurz: Je schlechter sie ihre Gefangenen behandeln, desto höher ihr Profit.

Investierte man die 160 Dollar pro Tag nicht in die Verwahrung und Verrohung der Häftlinge, sondern in deren Bildung, sänke die Kriminalität innerhalb kurzer Zeit auf ein normales Maß. Und sie sänke noch weiter, wenn Drogen legalisiert und illegale Einwanderer eingebürgert würden. Dann wäre zwar die Gefängnisindustrie pleite, aber die Lebensqualität und Bildung der Amerikaner gestiegen.

Es sind solche Entwicklungen, solche Beispiele kapitalistisch organisierten Wahnsinns, die den neoliberalen Schlachtruf »Markt ist gut, und mehr Markt ist besser« als so absurd überführen.

Der *Homo anna* und der *Homo oeconomicus* 08

Anna D. aus Kiel hatte sich an einer Kreuzung falsch eingeordnet, was einen Fahrer hinter ihr zu einer Vollbremsung zwang. Hinter dem Vollbremser reagierte eine Studentin zu spät und fuhr drauf. Totalschaden. Nach dem Gesetz war Anna D. schuldfrei. Dennoch fühlte sie sich mitschuldig, und darum ersetzte Anna D., obwohl als Künstlerin knapp bei Kasse, der Studentin einen Teil des Schadens. Nun fragte sie Rainer Erlinger vom Magazin der *Süddeutschen Zeitung*: »Bin ich, wie Freunde sagen, zu sensibel?«

Von solchem Stoff lebt Erlingers Kolumne »Gewissensfrage«. Da macht sich einer einen Kopf, weil er mit einer Fahrkarte, die nicht entwertet wurde, ein zweites Mal, also eigentlich schwarz, mit der Straßenbahn fuhr. Als noch skrupulöser erweist sich Angela S. aus Dachau, die auf ihrer Streifenfahrkarte versehentlich nicht den nächsten, sondern gleich den übernächsten freien Streifen abgestempelt hat und nun fragt, ob es moralisch gerechtfertigt sei, auf der nächsten Fahrt keinen Streifen abzustempeln. Ein anderer zerbricht sich den Kopf über sein Altpapier, das er »am fernen Ort nicht fachgerecht zum Recycling geben kann« – soll er es also wieder mit nach Deutschland zurücknehmen?

Wer in Gefahr ist, seinen Glauben an die Menschheit zu verlieren, der lese diese Kolumnen im Netz hintereinander weg, und er wird seinen Glauben zurückgewinnen, auch wenn man sich denken kann, dass es wohl eine kleine Minderheit ist, die hier ihre Gewissensfragen ablädt. Aber die Tatsache, dass Erlinger nun schon seit 2004 Woche für Woche der Stoff nicht ausgeht, deutet darauf hin, dass in Deutschland doch sehr viele sensible, anständige, freundliche Menschen leben, die sich jeden Tag aufs Neue bemühen, mit einem guten Gewissen einzuschlafen.

Allerdings warte ich seit Jahren auf den Banker, dem es leidtut, die Steuerzahler ausgeraubt, eine Oma um ihr Erspartes gebracht oder den Staat betrogen zu haben, und der jetzt fragt, wie er Wiedergutmachung leisten könne. Von all den »Masters of the Universe«, die den Libor-Zins, die Währungskurse und den Goldpreis manipuliert haben, hat sich bis heute noch kein einziger einen Kopf gemacht. Jene CSU-Politiker, die auf Kosten bayerischer Steuerzahler für zehn Milliarden Euro eine Pleitebank auf dem Balkan kaufen ließen, scheinen ein so ruhiges Gewissen zu haben, dass sie Erlinger nicht behelligen müssen. Und auch von denen, die zu verantworten haben, dass der Berliner Flughafen und die Hamburger Elbphilharmonie nicht fertig werden und die Kosten explodieren, wird wohl nie auch nur einer eine Gewissensfrage nach München schicken.

Wir haben also auf der einen Seite Menschen wie Anna D. und die Minderheit all der Sensiblen, die den Kolumnisten des *SZ-Magazins* mit ihren Selbstzweifeln beschäftigen, und auf der anderen Seite die Minderheit derer, die keinen Zweifel daran lassen, dass sie es für normal halten, sich auf Kosten anderer durchzusetzen, zu bereichern, die eigenen Interessen zu bedienen und für gemachte Fehler nicht geradestehen zu müssen. Zwischen beiden Minderheiten befindet sich die große Mehrheit der Normalbürger, die sich meist überwiegend anständig und korrekt verhalten, aber auch nicht bereit wären, sich wie Anna D. selbst mehr abzuverlangen, als man ihnen abverlangen kann.

Unser aller Elend besteht nun darin, dass die große Mehrheit der Skrupulösen und Normalen überwiegend von der kleinen Minderheit der Skrupellosen beherrscht wird. Ein anschauliches Beispiel dafür, geradezu ein Gleichnis, findet sich in der nämlichen Ausgabe des *SZ-Magazins*, in der Erlinger die Frage von Anna D. beantwortete, ob sie zu sensibel sei. In diesem Beispiel geht es um

Menschen, die Unmoralisches tun, aber nie auf die Idee kämen, ihr Tun infrage zu stellen, weil es ihnen als völlig rational, selbstverständlich und richtig erscheint. Die Geschichte dreht sich um den Pharmahersteller Sanofi und dessen Medikament MabCampath, das rund ein Jahrzehnt lang Patienten mit einer bestimmten, eher seltenen Variante von Leukämie geholfen hat.

Dasselbe Medikament, so stellte sich plötzlich heraus, könnte aber möglicherweise auch bei der Behandlung von Multipler Sklerose (MS) helfen. Da es viel mehr MS- als Leukämiepatienten gibt, tat sich quasi über Nacht für die Sanofi-Manager ein viel größerer Markt auf, und dass sie sich darüber freuten, kann ihnen niemand verübeln.

Irgendjemand begann dann zu rechnen. Das Resultat führte zu der Entscheidung, das Krebsmedikament aus dem Markt zu nehmen und es unter neuem Namen zum vierzigfachen Preis an die 43-fach größere Zahl von MS-Patienten zu verkaufen. Das ergibt allein für Deutschland rechnerisch die Möglichkeit einer 1720-fachen Umsatzsteigerung. Tatsächlich ist der Umsatz noch gewaltiger, denn Sanofi vermarktet sein Medikament weltweit.[25]

Wie sind sie auf die vierzigfache Preiserhöhung gekommen? Hat einer das Sechzigfache, ein anderer das Zwanzigfache vorgeschlagen, und man hat sich auf die Mitte geeinigt? Warum war ihnen das Sechzigfache zu hoch? Setzten etwa hier erste Skrupel ein? Oder hatte man einfach nur Angst, Probleme mit den Behörden und mit den Krankenkassen zu bekommen, wenn man zu sehr überzieht? Wir werden das nie erfahren, aber man stelle sich vor, das Sanofi-Management hätte zu einem Viertel aus Menschen bestanden, die so gestrickt sind wie Erlingers Anna D. aus Kiel. Was wäre passiert?

Die Anna-D.-Menschen hätten selbstverständlich für eine Preissenkung plädiert. Sie hätten gesagt: Das Produkt hat seine Entwicklungskosten längst eingespielt, wir verdienen Geld damit und helfen den Leukämiekranken. Wenn sich nun andeutet, dass es auch MS-Kranken hilft, verdienen wir umso mehr, also können wir den

Preis senken, denn man soll aus der Not von Menschen keinen übermäßigen Profit schlagen.

Daraufhin wäre ihnen von den Sechzigfach-Menschen der Vogel gezeigt worden. Sie hätten gesagt: Wir müssen für viele Milliarden neue Produkte entwickeln, aber vor allem unsere Aktionäre bedienen, die ihr Geld abziehen, wenn wir uns den Luxus des Anna-D.-Gutmenschentums leisten, deshalb brauchen wir hohe Gewinne. Einige hätten sogar moralisch argumentiert und gesagt: Wir arbeiten mit Geld, das uns nicht gehört. Es ist uns anvertraut worden, um es zu vermehren. Daher ist es verdammt noch mal unsere Pflicht, jede Chance zu nutzen, die sich uns bietet. Wir sind unseren Geldgebern verantwortlich und wären unser eigenes Geld nicht wert und würden zu Recht gefeuert, wenn wir uns so eine Chance, wie sie das MS-Medikament bietet, entgehen ließen. Aber natürlich soll man dabei nicht übers Ziel hinausschießen und sich möglicherweise Probleme einhandeln, daher sei das Vierzigfache wohl eher angemessen.

Früher, vor ungefähr einem Vierteljahrhundert, vor Beginn der Alleinherrschaft der Shareholder-Value-Mentalität, hätte darauf vielleicht ein Vorstandsmitglied erwidert: Natürlich sind wir unseren Aktionären verpflichtet, diesen aber nicht allein. Es gibt auch noch den Staat, die Gesellschaft und die Arbeitnehmer, die hohe Medikamentenpreise über hohe Beiträge für die Krankenkassen bezahlen müssen. Diese Erwiderung wird man in heutigen Vorstandssitzungen nicht mehr hören.

Die Anna-D.-Menschen aber wären unglücklich nach Hause gegangen, hätten ihren Familien davon erzählt, gestöhnt, dass sie unter solchen Bedingungen nicht länger arbeiten möchten, und nach der dritten, vierten oder fünften Entscheidung dieser Art hätten sie gekündigt und sich zum Malen nach Kiel zurückgezogen – was aber eine reine Fiktion ist, denn in der Realität würde ein Anna-D.-Mensch kaum ins Sanofi-Management streben, und falls doch, dann dort niemals ankommen. Das System würde so einen gar nicht erst hineinlassen, und wenn versehentlich doch, dann rasch wieder ausspucken.

Natürlich: Der Zweck von Regierungen und Unternehmen ist nicht Altruismus. Darum verlangen wir von den Entscheidern lediglich, dass sie ihre Machtpositionen, Gewinne, Marktanteile, Quoten, Erfolge auf anständige Weise erringen. Selbst das ist offenbar zu viel verlangt, denn das Sanofi-Beispiel zeigt, dass solche Manager von Ethik, Moral, Anstand und Tugend nichts verstehen, weil ihnen nichts anderes als Gewinnmaximierung einprogrammiert wurde. Entsprechend verhalten sie sich, und wenn die Politik nicht auf sie aufpasst, richten sie Unheil an. Daher ist nicht das Raubtier schuld, wenn etwas passiert, sondern dessen Dompteur, die Politik.

Sich im Wirtschaftsleben wie ein Tier zu verhalten, wird legitimiert mit einem Philosophen des 17. Jahrhunderts, der einst behauptete, es sei möglich, ein System zu konstruieren, das unabhängig vom Charakter der handelnden Personen funktioniert und sogar dann, ja gerade dann automatisch das Gemeinwohl produziert, wenn allesamt rücksichtslos, selbstsüchtig und egoistisch ihre eigenen Ziele verfolgen. »Nicht vom Wohlwollen des Metzgers, Brauers und Bäckers erwarten wir das, was wir zum Essen brauchen, sondern davon, dass sie ihre eigenen Interessen wahrnehmen«, lautet der erste Glaubensartikel des kapitalistischen Systems, formuliert von Adam Smith, einem schottischen Moralphilosophen, in seinem berühmten Buch *Wohlstand der Nationen*.

Mögen die Metzger, Brauer, Bäcker im Privatleben auch allesamt Schufte sein, lehrte Smith, auf dem Markt unterliegen sie Gesetzen, von denen sie sofort bestraft würden, wenn sie versuchten, ihren Kunden schlechte Ware zu überhöhten Preisen und mit rüpelhaftem Verhalten anzudrehen. Deshalb sind sogar schlechte Charaktere gezwungen, quasi wider ihre Natur beste Produkte zu günstigstem Preis möglichst freundlich an den Mann zu bringen. Und dieser Mechanismus funktioniere am besten, wenn von außen, etwa durch den Staat oder andere Mächte, möglichst nicht eingegriffen wird. Gerade dadurch, dass jeder sein eigenes Interesse verfolge, fördere er das Wohl der Gesellschaft nachhaltiger, als wenn er wirklich beabsichtige, es zu tun, behauptete Smith.

Mit vielen Liberalen teile ich die Überzeugung, dass Adam Smith hier eine epochemachende Wahrheit entdeckt hat. Auf den natürlich vorhandenen Egoismus zu setzen statt auf Altruismus, Wohltätigkeit und Moral, ist tatsächlich eine Ursache des Erfolgs des Kapitalismus und unseres Wohlstands. Er funktioniert, weil er mit dem Menschen arbeitet, wie er ist, und nicht, wie er sein soll. Auf den Menschen zu setzen, wie er sein soll, wurde im Kommunismus versucht. Daher musste er gewaltsam umerzogen werden, aber alle Gewalt, Bespitzelung und Gängelei hat nichts geholfen. Nach siebzig Jahren scheiterte das Experiment an der Unveränderlichkeit der menschlichen Natur.

Smith' Prinzip dagegen funktionierte, und tut es unter bestimmten Bedingungen noch heute, sogar auf globalisierten Märkten, wo Menschen, die sich nicht kennen, keine gemeinsame Sprache sprechen und unterschiedlichsten Religionen und Weltanschauungen anhängen, dennoch zum Vorteil aller Beteiligten miteinander agieren. Aber die Betonung liegt auf »unter bestimmten Bedingungen«, und da beginnt die Kritik am neoliberalen Glauben.

Smith, dieser Mann des frühen 18. Jahrhunderts, war davon ausgegangen, dass jeder Marktteilnehmer bei der Verfolgung seines wirtschaftlichen Vorteils erstens auch auf seine Kaufmannsehre und sein Ansehen in der Gesellschaft bedacht sei und sich zweitens an geschriebene und ungeschriebene Gesetze halte. Das erschien ihm so selbstverständlich, dass er es gar nicht extra erwähnte.

Eine dritte Bedingung hatte er selbst formuliert: dass die Marktteilnehmer keine Preisabsprachen verabreden und keine Kartelle und Monopole bilden dürfen. Darüber zu wachen sei Aufgabe des Staates, sagte Smith. Eine vierte Bedingung hatte er übersehen: dass die Marktteilnehmer einander ebenbürtig und annähernd gleich stark sein müssen, wenn sich aus dem freien Spiel der Kräfte wie durch Zauberhand das Gemeinwohl ergeben soll.

Das ist aber so gut wie nie der Fall. Es gibt nicht, wie bei einem Fußballspiel, einen Anfang mit für allen gleichen Bedingungen, und diejenigen, die gegeneinander antreten, gehören auch nicht allesamt derselben Liga an. Der Schwache unterliegt sofort. Der Mittelstarke spielt eine Weile mit und wird dann geschluckt oder scheidet aus. Ein paar Starke bleiben übrig, manchmal nur einer.

Wenn es so wäre, dass ein freier Markt von sich aus Wohlstand und Gemeinwohl schaffen würde, dann dürfte es zwischen marktwirtschaftlich organisierten Ländern kaum ein Wohlstandsgefälle geben. Es gibt aber ersichtlich große Unterschiede zwischen England, Frankreich, Deutschland, Polen, Japan, Brasilien, Argentinien, Indien, den USA und so fort. Wir haben innerhalb der EU ein Wohlstandsgefälle, und wir haben es sogar innerhalb der einzelnen Länder. Italiens Norden ist relativ wohlhabend, Italiens Süden relativ arm. Südbayern und das Rhein-Main-Gebiet prosperieren, Länder wie Bremen oder das Saarland gehen an der Krücke.

Verteidiger der Marktwirtschaft wissen sofort eine endlose Folge von Gründen ins Feld zu führen, warum das Wirken des unsichtbaren Händchens nicht überall gleichermaßen segensreich ausfällt: andere Mentalität, schlechteres Bildungssystem, unfähige Regierung, geographische Benachteiligung, schlechtes Klima, historische Altlasten, unterentwickelte Infrastruktur, ungeklärte Rechtsverhältnisse, instabile Währung, ineffiziente Verwaltung, korrupte Justiz, zu hohe Steuern, zu wenig Forschung, starre Klassenschranken, Nepotismus, dauerhafte Innovationsschwäche, religiöse Einflüsse und so weiter und so weiter.

Stimmt alles. Nur: Die Aufzähler dieser Litanei merken gar nicht, wie sie mit jedem weiteren Grund, den sie anführen, ihr Marktargument immer weiter schwächen. Die Litanei bestätigt, was jeder Sozialdemokrat schon immer gewusst hat: Marktwirtschaft und Wettbewerb sind eine notwendige, aber keine hinreichende

Bedingung für Wohlstand, soziale Gerechtigkeit und Demokratie. Es braucht dazu auch noch all das, was in der Litanei steht und sogar noch ein paar Posten mehr, die gern vergessen werden: Familien, die sich umeinander kümmern, die Erziehungs- und Betreuungsarbeit von Eltern und Großeltern, die häusliche Pflege. Es braucht die vielen freiwillig Engagierten, die sich für Gotteslohn ums Gemeinwohl kümmern. Es braucht eine kritische Presse, die Alarm schlägt, wenn Korruption, Monopole, Misswirtschaft und Politikversagen überhandnehmen. Es braucht Kirchen und Vereine, in denen unterschiedlichste Menschen einander kennenlernen und vertrauen. Und es braucht starke Gewerkschaften, die dafür sorgen, dass Produktivitätsgewinne einigermaßen gerecht verteilt werden und damit für Kaufkraft sorgen.

Wenn all diese soeben aufgezählten Posten vorhanden sind und funktionieren, dann kann man tatsächlich dem Egoismus des Einzelnen freie Bahn lassen. Er wird immer wieder an Grenzen stoßen und daher keinen Schaden anrichten, sondern wider Willen zum Gemeinwohl beitragen.

Im letzten Vierteljahrhundert jedoch sind diese Grenzen geschleift worden. Die Gier stieß auf immer weniger Widerstand, wurde durch unglaubliche Gewinne belohnt, steigerte sich und produzierte die größte Weltwirtschaftskrise der letzten hundert Jahre. Danach versuchten die Profiteure der neuen grenzenlosen Freiheit uns weiszumachen, es handle sich um einen schwer auffindbaren Fehler in den Tiefen des Systems. Sie würden ihn suchen, das könne aber dauern, und solange man nichts finde, müssten sie vorläufig so weitermachen wie gehabt. Dass sie den Zustand risikoloser Spekulation noch möglichst lange erhalten möchten, kann man verstehen, aber nach einem Fehler im System zu suchen wäre Zeitverschwendung. Es gibt ihn nicht. Das System selbst ist der Fehler.

Das System selbst ist der Fehler, weil sich aus der Maxime, den Egoismen auf dem Markt ihren freien Lauf zu lassen, das Leitbild eines rein egoistisch handelnden Menschen entwickelt hat, der gemeinhin als *Homo oeconomicus* bezeichnet wird. Das ist einer, der nicht nur automatisch immer seinen Vorteil zu realisieren sucht, sondern stets voraussetzt, dass dies jeder andere ebenfalls tut und es daher eines Schutzes durch einen Staat oder eine Gewerkschaft nicht bedürfe. Jeder gegen jeden, der Stärkere soll siegen, und das sei gut für alle – so lautet die neue Regel, die mit der des alten Adam Smith nichts mehr zu tun hat. Aber jedem Kritiker der neuen Regel wird der alte Adam um die Ohren gehauen.

Zum Glück gibt es auf dieser Welt nicht nur die kalten, egoistischen, marktkonformen Vertreter des *Homo oeconomicus*, sondern auch noch die liebenswerten, vielleicht sogar naiven Vertreter des *Homo anna*. Wann immer so ein *Homo oeconomicus* auf so eine arglose Anna D. trifft, wird diese in kürzester Zeit übervorteilt, an die Wand gespielt, ausgetrickst, marginalisiert und ausgebeutet.

Der Effekt ist, dass der *Homo anna*, will er überleben, selbst zum *Homo oeconomicus* werden muss, und das heißt: dem anderen misstrauen, ihn abtasten, ihn berechnen, gegen ihn um jeden Vorteil kämpfen, auch tricksen, auch mal unanständig sein, denn der andere ist es auch, und darum, weil unanständiges Verhalten vorausgesetzt werden darf, ist es nicht mehr unanständig, sondern: professionell.

Ganz oben, im Leistungssport genauso wie in den Medien, im Gesundheitswesen, in der Wirtschaft und in der Politik, wird nach diesen Regeln der Professionalität gespielt. Die erste Regel lautet: Kümmere dich nicht mehr um gut und böse, wahr und unwahr, schön und hässlich, sondern nur noch um gut und schlecht. Aber mit »gut« ist nicht Qualität oder gar Herzensgüte gemeint, sondern gut im Sinne von erfolgreich, und mit »schlecht« schlecht im Sinne von erfolglos.

Die zweite Regel lautet: Foulspiel ist im Prinzip erlaubt. Es kommt nur darauf an, Rote Karten zu vermeiden. Daher hat man es sportlich zu nehmen, wenn man gefoult wird. Und wenn einer mit einem taktischen Foul die Notbremse zieht, gibt es zwar einen Freistoß oder Elfmeter, aber das ist nichts Schändliches, sondern Ausweis von Professionalität. Nur Amateure, Gutmenschen, naive Laienspieler und Menschen wie Anna D. regen sich darüber auf.

Der 2014 gestorbene Frank Schirrmacher beschrieb diese Herausbildung des *Homo oeconomicus* aus der Theorie und seine fast endemische Ausbreitung in seinem Buch *Ego*. Und er behauptete: Die Egoisierung unseres Systems wird gerade in die Software unserer technischen Systeme implementiert. Am Ende dieses Prozesses wird der *Homo oeconomicus* als nicht mehr von uns steuerbare Maschine über uns herrschen.

Dieser Maschine kann es egal sein, wer gerade mal wieder als Präsident, Premierminister, Ministerpräsident oder Bundeskanzler gewählt worden ist. Darum wird es auch für uns, die Wähler, zunehmend egal. Und viele der Gewählten und von den Göttern des Erfolgs Erwählten verhalten sich bereits so, als ob es egal sei.

»Stattdessen logen wir morgens, nachts und abends« 09

Sein Name ist heute weitgehend vergessen. Aber 2006 fragte er: »Was wäre, wenn wir unsere Popularität nicht deswegen verlieren, weil wir Arschlöcher sind, sondern weil wir große gesellschaftliche Aufgaben vollbringen wollen?«

Der ungarische Ministerpräsident Ferenc Gyurcsány hatte eine Rede gehalten, die sich ernsthaft um die Frage drehte, ob es nicht besser sei, ganz aufrecht und amateurhaft dem Volk die Wahrheit zu sagen und dafür abgewählt zu werden, als es endlos zu belügen. Auf längere Sicht, so meinte er, würden die Belogenen sich jener erinnern, die ihnen von Anfang an reinen Wein eingeschenkt hatten, und sie wieder wählen. Dann könnte man anfangen, ohne Lügen wirklich zu regieren, und tun, was nötig ist.

In diesem Geist fuhr er fort: »Wir haben offensichtlich in den vergangenen anderthalb bis zwei Jahren von Anfang bis Ende gelogen … Und im Übrigen haben wir vier Jahre lang überhaupt nichts getan. Gar nichts. Ich kann euch keine einzige Regierungsmaßnahme nennen, auf die wir stolz sein können … Ich bin fast daran verreckt, anderthalb Jahre lang so tun zu müssen, als ob wir regiert hätten. Stattdessen logen wir morgens, nachts und abends.« Überall würden Potemkinsche Dörfer errichtet werden. Seit der Name seiner Mutter bekannt sei, erhalte sie eine bessere Krankenversorgung und frage ihn: »›Ist das Gesundheitswesen verbessert worden, mein Sohn?‹ Und ich sage: ›Einen Scheißdreck, Mutti! Die Wahrheit ist, dass dein Name erkannt wird.‹ Und das ist ein Skandal.«

Hätte Gyurcsány dies alles öffentlich gesagt, wäre er als erster Whistleblower der Politik in die Geschichte eingegangen. Aber seine Rede war nicht für die Öffentlichkeit bestimmt, er hielt sie während einer Fraktionssitzung seiner Partei im Badeort Balatonöszöd am Plattensee. Europaweites Aufsehen erregte sie trotzdem, denn sie wurde mitgeschnitten, dem ungarischen Rundfunk zugespielt und von diesem gesendet. Danach kam es in Ungarn zum gewalttätigsten Massenprotest seit der Wende 1989/90. Das Volk hatte die Wahrheit erfahren und reagierte wie von Gyurcsány erwartet.

Politiker, die amateurhaft die Wahrheit sagen und lieber nicht gewählt werden wollen, als professionell zu lügen, zu vertuschen und schönzufärben, kommen im politischen Geschäft nicht weit, daher fehlen sie nicht nur in Ungarn, sondern in der ganzen Europäischen Union und im Rest der Welt. Politiker sind wie alle Profis, in erster Linie interessengeleitet und erfolgsorientiert. Ihrem Interesse und ihrem Erfolg ordnen sie alles andere unter, auch ethische Normen, Anstand, Wahrheit.

So hat sich im Lauf der Zeit eine politische Klasse entwickelt, in der Lügner Lügner Lügner nennen und damit die Wahrheit sagen. Regierungs- und Oppositionsparteien unterscheiden sich nicht mehr prinzipiell voneinander. Jede neu gewählte Regierung tut plötzlich, was sie kurz zuvor in der Opposition noch kritisiert hat. Die Opposition verdammt, was sie selbst getan hat, als sie noch in der Regierung saß. Eine Folge dieses Politprofessionalismus ist die Fülle ungelöster Probleme, die von einer Politikergeneration an die nächste weitergegeben werden.

Eine Persönlichkeit wie Willy Brandt, der Vernunft, Moral, Charisma und die Vision von einer besseren Welt zu verbinden wusste, gibt es in der Politik anscheinend nur alle hundert Jahre einmal. Die Visionen des Normalpolitikers, der in jungen Jahren als Stadt- oder Gemeinderat irgendwo mal angefangen hat, erschöpfen sich in einem Ministeramt mit Dienstwagen, Referenten, Macht, Einfluss und Bodyguards. Wenn einer das nach jahrzehntelanger Ochsentour erreicht hat, ist er zufrieden, möchte es nicht mehr missen und wird alles tun, um es für sich zu erhalten.

Wenn sich ein Minister damit zufriedengibt und nicht etwa auch noch finanzielle und andere Vorteile für sich und seine Freunde aus dem Amt saugen will, ist das schon fast ein Glück. Der Typ des verlogen-opportunistischen Normal-Korruptis ist die Ursache für Politikverdruss, Politikabstinenz und wachsende Sehnsüchte nach dem starken Mann, der aufzuräumen in der Lage ist. Längst schon ist das Volk überzeugt: Politiker sind entweder unfähig oder verlogen oder korrupt, meist alles zusammen, man kann sie alle in einen Sack stecken, und wenn man draufhaut, trifft es immer den Richtigen. Das Schlimme an dieser primitiven Stammtischparole ist, dass sich die Wirklichkeit in erschreckendem Tempo tatsächlich ihrer Beschreibung durch die Stammtische nähert.

Es ist derzeit in ganz Europa kein einziger Politiker zu sehen, der, wie einst Willy Brandt, Politik und Moral miteinander zu versöhnen verstünde. Aber gäbe es irgendwo in Europa einen neuen Willy Brandt – er hätte wohl keine Chance, gewählt zu werden. Es würden sofort falsche Gerüchte und Verschwörungstheorien in die Welt gesetzt, denen von einer wachsenden Zahl grundverdrossener Bürger heutzutage bereitwilliger geglaubt wird als den »Mainstream-Medien«. Es fehlt inzwischen auch an Orientierung und an mündigen, gut informierten Bürgern. Aber von deren Existenz hängt das Überleben der Demokratie ab.

10 Zwischen Fleischerbeil und Siegertreppchen – wir und die anderen

Zu Beginn dieses Buches habe ich die zwei gegensätzlichen Bilder aus England erwähnt, die innerhalb eines Jahres um die Welt gingen. 2012 das Bild der drei bunten Gold-Briten auf dem Siegertreppchen bei den Olympischen Spielen: ein rothaariger Weitspringer, britischer Ureinwohner, eine Siebenkämpferin mit jamaikanischen Eltern, ein aus Somalia eingewanderter Langstreckenläufer – ein Bild, das die Zeitungen auf der Insel als Symbol für die Integrationskraft ihres Landes interpretierten. Dann das andere Bild, nur ein Jahr später: Michael Adebolajo und Michael Adebowale blutverschmiert auf einer Londoner Straße, Messer und Fleischerbeil noch in der Hand, der weiße Soldat Lee Rigby tot in seiner Blutlache liegend. Die Mörder Kinder nigerianischer Einwanderer, in Großbritannien geboren, aufgewachsen als Christen, konvertiert zum Islam, von Hasspredigern radikalisiert und darüber zu Schlächtern geworden.

Beide Bilder waren auf dem Kontinent schon vergessen, als am 7. Januar 2015 in Paris zwei Maskierte in die Redaktionsräume der Satirezeitschrift *Charlie Hebdo* eindrangen und zwölf Menschen erschossen, darunter vier prominente Karikaturisten der Zeitschrift. Während ihrer Flucht ermordeten die Täter einen Polizisten. Am 9. Januar verbarrikadierten sie sich in Dammartin-en-Goële, wo sie von der Polizei erschossen wurden. Schon vorher waren sie identifiziert worden als die Brüder Saïd und Chérif Kouachi, französische Staatsbürger, die sich zu Al-Qaida im Jemen bekannt hatten. Am 8. Januar wurde im Süden von Paris eine Polizistin von einem weiteren schwerbewaffneten Täter erschossen. Dieser überfiel am

Tag darauf einen Supermarkt für koschere Waren im Pariser Osten, tötete vier Menschen und nahm weitere als Geiseln. Der Täter bekannte sich telefonisch zum Islamischen Staat und erklärte, sein Vorgehen stehe in Verbindung mit dem Anschlag auf *Charlie Hebdo*. Er wurde bei der Erstürmung des Supermarktes durch die Sicherheitskräfte erschossen. Wenige Tage später erschoss in Belgien die Polizei zwei mutmaßliche Terroristen, entdeckte Lager mit Kriegswaffen und nahm 13 Verdächtige fest.

Im Januar 2015 ist der Dschihad auf dem europäischen Kontinent angekommen und wird ihn verändern. Seine Ankunft fiel in eine Zeit, in der in Dresden seit Monaten unter dem Begriff Pegida (Patriotische Europäer gegen die Islamisierung des Abendlands) an jedem Montag Politikverdrossene, Unzufriedene, Zukurzgekommene, Sektierer, Verschwörungstheoretiker, Ausländerhasser und Rechtsradikale demonstrieren und ihre Wut und ihren Hass hinausbrüllen. Es ist ein Hass, der in Deutschland Tradition hat. Ortsschilder wie Hoyerswerda, Rostock-Lichtenhagen, Solingen oder ein Wortbild wie die sogenannten Dönermorde für rechtsradikale Angriffe auf Ausländer, Muslime, Schwarze stehen für diese jahrzehntelang praktizierte, geduldete, ja politisch beförderte Fremdenfeindlichkeit.

Roland Koch hatte 1999 – mit Unterstützung von Wolfgang Schäuble und Edmund Stoiber – seinen Landtagswahlkampf in Hessen für die CDU mit einer Unterschriftenkampagne gegen die doppelte Staatsbürgerschaft gewonnen. In den Fußgängerzonen fragten Passanten, wo man hier gegen die Ausländer unterschreiben könne. Ein Youtube-Video zeigt, welche Parolen damals von CDU- und CSU-Politikern für normal und demokratisch gehalten wurden.[26] Martin Hohmann, ein CDU-Bundestagsabgeordneter aus Fulda, fiel auf durch antisemitische Äußerungen. Die ganze Hessen-CDU schien damals von Antisemitismus durchseucht zu sein, und ob sie heute, wo sie ausgerechnet mit den Grünen in Wiesbaden eine Koalition bildet, tatsächlich geläutert oder nur geschickter darin geworden ist, ihren Antisemitismus zu verbergen, wage ich nicht zu beurteilen.

Thilo Sarrazin versuchte in seinem Buch *Deutschland schafft sich ab* mit großem statistischem Aufwand, aber zweifelhaften Methoden zu beweisen, dass Deutschland durch Migranten, besonders muslimische, dümmer würde, und diese nur die deutschen Sozialsysteme ausnutzten. Das Buch gehört zu den meistverkauften Sachbüchern seit der Gründung der Bundesrepublik Deutschland. Dass hier ein großes Wählerreservoir abzuschöpfen ist, zeigt auch der Erfolg von Akif Pirinçcis Bestseller *Deutschland von Sinnen. Der irre Kult um Frauen, Homosexuelle und Zuwanderer.*

Die Begeisterung für beide Bücher rührt aus dem Umstand, dass »mal einer sagt«, was die Begeisterten schon lange fühlen, aber mangels Sprachkompetenz nicht zu formulieren verstanden und was zu sagen angeblich verboten sei. Pirinçci sagt es im Gegensatz zu Sarrazin in einer Sprache, die dann auch in den spracharmen Milieus verstanden wird. Daher wimmelt es nur so von Hurensöhnen, Pimmeln, Schwänzen, Schwuchteln, Wichsern und Lesbentittengesauge. Das Buch liest sich wie ein endlos in die Länge gezogener Rap von Sido oder Bushido, die ja auch mit großem Erfolg mal offen, mal unterschwellig in vulgärer Sprache sexistische, rassistische, homophobe, gewaltverherrlichende und rechtsextreme Gedanken verbreiten.

Begeisterung rief natürlich auch die Tatsache hervor, dass mit Pirinçci ein Migrantensohn vor Migranten und der »Machtübernahme des Islam« warnt. In der begeisterten Stammtischeinigkeit wird dann leicht übersehen, wie wenig sich Pirinçci um stringente Argumentation kümmert. Er sagt nicht nur eine Machtübernahme des Islam voraus, sondern auch eine der Gleichstellungsbeauftragten, was dann wohl auf ein feministisch-islamisches Duodezfürstentum hinausläuft. Man weiß bei Pirinçci nicht, ob er alles selber glaubt, was er sagt, aber Tatsache ist, dass viele, die ihn lesen und hören, es glauben und ernst nehmen und nicht merken, wie verlogen die Opferrolle ist, die Pirinçci und seinesgleichen spielen.

Etwas auszusprechen, was in unserer »politisch korrekten Gutmenschendiktatur« angeblich unterdrückt und zensiert wird und nicht ausgesprochen werden darf, sich deshalb als verfolgtes Opfer zu stilisieren und gleichzeitig mit diesem Unaussprechlichen auf der Bestsellerliste zu landen, in allen Medien präsent und allen Talkshows vertreten zu sein – das ist die Masche aller Rechtspopulisten. Damit haben sie Erfolg. Ihre Anhänger merken die Widersprüche nicht und hören immer nur das heraus, was sie hören wollen. Die Rechtspopulisten liefern, was gewünscht wird, und immer mehr wütende Bürger scharen sich um sie.

Sie sind für Europa und dagegen, liberal und antiliberal, nationalistisch und internationalistisch. Sie geben sich tolerant und sticheln gleichzeitig gegen Minderheiten. Ihren Antisemitismus tarnen sie als Antikapitalismus und Kritik an den USA, Israel und dem internationalen Finanzkapital. Islamophobie wird feministisch begründet, Frauenverachtung mit gesundem Menschenverstand, Misstrauen gegen die »Lügenpresse« mit Artikeln aus der Presse – wenn überhaupt versucht wird, etwas zu begründen. Meist wird nur behauptet. Sie sind gegen die Berufspolitiker und wollen selber welche werden. Sie sind für die Emanzipation der Frauen und sähen sie doch lieber am Herd und bei den Kindern. Sie sind klerikal und antiklerikal, für die Freiheit und dagegen, für die Gleichheit und dagegen, für NPD-Parolen und dagegen – je nachdem, vor welchem Publikum sie gerade reden. Sie sind gebildeter, wohlhabender, schillernder und einflussreicher als die Prolo-Nazis der NPD und darum gefährlicher.

Typische Szene: Vor der Festhalle im bayerischen Osterhofen, wo die AfD ihren politischen Aschermittwoch zelebrierte, stand stumm ein kleiner Mann mit Pappschild vor der Brust. Aufschrift: »AfD hetzt mit perfiden und infamen Lügen gegen Euro und Kinderlose!« Bernd Lucke schritt unter großer Beachtung der Journalisten mit weit ausgestreckter Hand auf ihn zu, eine Geste der Toleranz, die Fotografen fotografierten dankbar. Aber als Lucke außer

Sicht war, sprang ein AfD-Mann aus einem Bus, entriss dem Kerlchen das Plakat und zertrat es auf dem Boden wie ein Wahnsinniger. Die Polizisten, die eigentlich die Halle sichern sollten, eilten herbei, um den kleinen Mann zu beschützen.[27]

Die CSU ist mit dieser Doppelstrategie jahrzehntelang gut gefahren. Immer hat sie in München kritisiert, was sie in Berlin selbst mitbeschlossen hatte. Immer hat sie gegen Minderheiten gestichelt und sich zugleich als liberal inszeniert. Immer ist sie gegen Europa gewesen und zugleich dafür. Auch den Europawahlkampf 2014 hat sie nach diesem Rezept bestritten, ist diesmal aber damit baden gegangen. Mit 40,5 Prozent der Stimmen hat sie das schlechteste Ergebnis seit 60 Jahren erreicht. Die Wähler haben plötzlich ein besseres Original: die AfD. Die ist in Bayern auf fast acht Prozent gekommen. Bei den letzten Landtagswahlen in Sachsen, Brandenburg und Thüringen sind es dann zehn Prozent und mehr gewesen.

Jetzt ist es die AfD, die von diesem Schillern in alle Richtungen profitiert. Sie sammelt jetzt die Modernitäts- und Globalisierungsverlierer ein, die gern im Namen der Freiheit gegen die Freiheit polemisieren und Toleranz für ihre Intoleranz verlangen. Sie ist jetzt die Anlaufstelle für all die Verunsicherten, denen die Politisierung des Privaten als Anschlag auf die individuelle Freiheit erscheint.

Vieles, worauf sich die Zivilgesellschaft als vernünftig geeinigt hat, erscheint ihnen als Diktatur. In öffentlichen Gebäuden nicht mehr rauchen zu dürfen – die Diktatur der Nichtraucher. Ausstieg aus der Atomenergie und steigende Strompreise – Ökodiktatur. Rücksicht auf Minderheiten – Herrschaft der Minderheiten über die Mehrheit. Ein Veggieday, an dem einmal pro Woche auf Fleisch verzichtet wird – ich lasse mir doch von niemandem vorschreiben, was ich zu essen habe. Die politisch-korrekte, geschlechtsneutrale oder geschlechtergerechte Sprache – ich lasse mir von niemandem vorschreiben, wie ich zu reden habe.

Besonders die Veränderungen der Geschlechterrollen rühren an archaische Ängste, die von den Rechtspopulisten ausgebeutet werden. Der Mann fürchtet die Frau, die nicht mehr zu ihm aufblickt, nicht seinen Namen annehmen will, um seinen Arbeitsplatz konkurriert, seine Chefin wird, mehr Geld verdient, ihn auf allen Gebieten herausfordert und ihn damit in seiner Männlichkeit kränkt. Seine Urangst, in den Augen der anderen Machos als Pantoffelheld dazustehen, seine Frau nicht im Griff zu haben, in einer Partnerschaft zu leben, in der sie die Hosen anhat, macht ihn aggressiv gegen alles Feministische.

Vielen Menschen, auch solchen aus der Mitte der Gesellschaft, gehen die Zumutungen, Rücksichtnahmen und Toleranzforderungen der globalisierten, multiethnischen, multikulturellen Hightechgesellschaft inzwischen schon längst viel zu weit. Es ist ihnen zu kompliziert geworden, sie kommen nicht mehr mit, fühlen sich überfordert und werden anfällig für Verführer, die versprechen, mit allem aufzuräumen.

Aber zum Glück: Es gibt auch das andere Deutschland, das gegen das rechtsradikale Geschrei auf die Straße geht. In Köln reagierten Tausende auf die Ausschreitungen bei der vorherigen Kundgebung der Hooligans gegen Salafisten; auf Pegida, dieses Dunkeldeutschland, folgen bundesweit Demonstrationen unter dem Motto »Licht aus für Rassisten«. Auch Deutschland liefert Siegertreppchenbilder. Sie zeigen Deutsche und Türken, wie sie während der Fußballeuropa- und -weltmeisterschaften auf den Straßen feiern. Oder die deutsche Nationalmannschaft, deren Spieler Namen tragen wie Jérôme Boateng, Mario Gomez, Ilkay Gündogan, Sami Khedira, Miroslav Klose, Mesut Özil, Lukas Podolski, Sidney Sam. Sie sind Kinder von Einwanderern aus Polen, Spanien, der Türkei, Tunesien, Ghana und Nigeria. Die Gegenbilder zeigen Politiker, Wissenschaftler, Unternehmer und Journalisten mit Migrationshintergrund. Sie zeigen deutsch-islamische Gesprächskreise, christlich-islamische, christlich-jüdische und ökumenische Dialoge und zahlreiche normale Bürger, die einfach auf Ausländer und Menschen mit Migrationshintergrund zugehen und sich um Verständigung bemühen.

Sie zeigen gebildete Zuwanderer aus dem Iran, Afghanistan und dem Irak, von denen jeder Dritte Abitur hat.

Das bisher eindrucksvollste Bild kam aus Paris. Nach den Anschlägen auf die Redaktion von *Charlie Hebdo* demonstrierten 1,5 Millionen Menschen sowohl gegen den Anschlag auf unsere Werte als auch gegen Ausländerhass und Religionskriegerei. Juden, Christen, Muslime und Säkulare reichten einander die Hände, marschierten gemeinsam für ein Miteinander in Frieden und Freiheit und nahmen jene Zukunft vorweg, von der wir insgeheim träumen: von einem Land, das dadurch zu »unserem Land« wird, dass wir in ihm gefahrlos ums ganze Mittelmeer herumfahren und dabei durch eine einzige Zone des Friedens, der Freiheit und des Wohlstands kommen, in dem alle freundlich miteinander leben und arbeiten. Doch davon sind wir weit entfernt.

Die neoliberale Saat geht auf

11

Wie weit entfernt wir von einer guten Zukunft sind, lehrt ein Blick auf die Gegenwart in den Pariser Banlieues, in Berlin-Neukölln, in englischen Städten. Als im Sommer 2011 wochenlang Jugendliche in britischen Städten randalierten und Kaufhäuser plünderten, sah man sozial Deklassierte große Flachbildfernseher aus den Geschäften tragen. Sie nahmen sich, was sich zwei Jahre zuvor britische Abgeordnete über ihre Spesenabrechnungen auf Kosten der Steuerzahler genehmigt hatten.

Das sei der »Aufstand der Arbeiterklasse«, sagte in London ein 28-jähriger Plünderer, »wir verteilen den Wohlstand um«.[28] Doch so politisch, wie dieses Statement suggeriert, war dieser Aufstand in Wahrheit nicht. Wer da wochenlang randalierte und plünderte, war keine organisierte Gruppe mit Klassenbewusstsein und einer politischen Theorie im Kopf, es waren auch nicht Schwarze, Migranten oder benachteiligte Frauen, sondern es war ein bunter Querschnitt der Abgehängten, darunter auch Kriminelle und Jugendliche mit bloßer Lust an Randale.

»Es geht hier nicht in erster Linie um Rasse, Religion oder Klasse«, sagte der Sozialwissenschaftler Mike Hardy, sondern um Menschen, »die sich von der Gesellschaft ausgeschlossen fühlen«. Ähnlich John Pitts, Kriminologe der Universität Bedfordshire: Es sei die »Perspektivlosigkeit« – niedrige Einkommen, Arbeitslosigkeit, geringe oder keine Aussichten auf eine gute Zukunft –, was die Randalierer auf die Straße getrieben habe.

Der Fisch stinkt immer vom Kopf her. Was oben vorgemacht wird, wird unten nachgeahmt. Wenn »die da oben« Steuern hinterziehen und den Staat betrügen und wenn sich Politiker schamlos bereichern, werden »die da unten« eben schwarzfahren in der U-Bahn, sich bis zum 40. Lebensjahr mit einem Studentenausweis die Leistungen der Krankenkassen erschwindeln, es sich in der sozialen Hängematte so bequem wie möglich machen oder ab und zu ein bisschen plündern und randalieren.

England ist seit Maggie Thatcher das Mutterland des Neoliberalismus und der sozialen Kälte in Europa. In kaum einem anderen europäischen Land wurde so früh und so radikal privatisiert und dereguliert, wurden die sozialen Netze so beschnitten und die Steuern für Reiche so gesenkt wie unter Maggie Thatcher und ihrem sozialdemokratischen (!) Nachfolger Tony Blair. Und in kaum einem anderen Land bekamen die Folgen dieses Programms die unteren Schichten in solcher Härte zu spüren wie in England. Getroffen wurden sie nicht nur finanziell, sondern auch durch die Sparmaßnahmen bei der Bildung, im Gesundheitssystem, im öffentlichen Nahverkehr.

Es gibt diese Kluft zwischen wenigen Privilegierten und vielen »Abgehängten« überall in Europa. Die Ursachen dafür sind von Land zu Land verschieden, aber eine ist allen Ländern gemein: die gewollte Verschärfung des Wettbewerbs unter Arbeitnehmern, das massenhafte Outsourcing, die Umgehung von Tarifverträgen durch Subunternehmen, Leiharbeit, Zeitverträge, Lohndrückerei, Kürzung sozialer Leistungen, Steuersenkungen für Reiche. Den Eignern von Kapital ist es gelungen, ihre Interessen durchzudrücken. Die Folge: Ganze Bevölkerungsschichten driften ab in prekäre Verhältnisse. Überschuldung und Altersarmut nehmen zu, die Jugend findet keine Jobs. Und während sich der Wettbewerb bis in die Mittelschichten immer weiter verschärft, sind andere Gruppen, wie etwa die Bonusbanker und Verursacher der Finanzkrise oder die politische Klasse, des Wettbewerbs enthoben.

Die Zukunft wird daher von sozialen Spannungen und Unruhen bestimmt sein. Die UN-Arbeitsorganisation ILO erwartet gewalttätige Proteste unter anderem in Zypern, Griechenland, Portugal,

Slowenien, Italien und Tschechien.[29] Diese Länder leiden noch immer unter den Folgen der seit 2008 schwelenden Finanzkrise. Nur in fünf EU-Mitgliedstaaten, darunter Deutschland, liege die Beschäftigung wieder über dem Niveau von vor der Finanzkrise, berichtet die ILO. Deutschland sei das einzige Land, in dem die Jugendarbeitslosigkeit seit 2008 gesunken sei. Insgesamt seien in der EU 26 Millionen Menschen arbeitslos – 10,2 Millionen mehr als 2008. Die Zahl der Langzeitarbeitslosen liege bei elf Millionen, in etwa doppelt so viele wie 2008. Viele hätten die Jobsuche längst aufgegeben.

Es war daher keine Überraschung, dass bei der Europawahl im Mai 2014 die Rechtspopulisten und Rechtsextremen triumphierten, besonders in zwei der wichtigsten Länder der EU: in Frankreich 25 Prozent für den rechtsradikalen Front National der Marine Le Pen, in Großbritannien 28 Prozent für den rechtspopulistischen Nigel Farage mit seiner UKIP. Zu diesen Wahlergebnissen kamen erschreckend niedrige Wahlbeteiligungen. Bei rund 43 Prozent lag der EU-Durchschnitt, nur 13 Prozent der Slowaken hatten sich beteiligt, im Nachbarland Tschechien waren es 19,5 Prozent, in Slowenien 21, in Polen 23 und in Kroatien 25.

Solche Zahlen sind ein Ausdruck der Enttäuschung über die gesamte politische Klasse. Der Effekt aber ist, dass im neuen EU-Parlament jetzt zahlreiche Abgeordnete sitzen, die nationalistisch, islamophob, homophob, xenophob, antisemitisch und europafeindlich sind. Der Verdruss über schlechte Politiker hat dazu geführt, dass noch schlechtere ins Europaparlament geschickt wurden.

Und zugleich marschieren nun auf Deutschlands Straßen die Anhänger der Pegida-Bewegung und spielen die Armen gegen die Ärmsten aus, setzen die Lüge in die Welt, dass dem Flüchtling mehr geholfen werde als der alleinerziehenden deutschen Hartz-IV-Empfängerin. Statt gegen die zu demonstrieren, die dafür verantwortlich sind, dass dem Staat das Geld fehlt für die Armen, senden die Pegida-Marschierer Drohbotschaften an die Ärmsten. Die neoliberale Saat ist aufgegangen.

12 Mare Nostrum – eine Fahrt ums Mittelmeer

Der Blick auf den Zustand der EU am Ende des Jahres 2014 nährt nicht die Hoffnung, dass das »Mittelmeerumfahrungsprojekt« mittelfristig eine Chance auf Realisierung hat. Und wenn man über Europas Grenzen hinausblickt, wird man gewahr, wie weit entfernt davon wir tatsächlich sind.

Wer von Südspanien kommend an der Mittelmeerküste Richtung Osten führe, käme über Tausende von Kilometern durch Länder, die, von der Finanzkrise gebeutelt, von Schulden und Arbeitslosigkeit geplagt, mit Korruption zu kämpfen haben und unter der Auswanderung junger qualifizierter Bürger leiden. Aber er käme doch einigermaßen sicher ohne Gefahr für Leib und Leben von Spanien bis nach Griechenland, er würde gut essen und trinken, immer eine Tankstelle finden, ein Hotel und einen Internetanschluss. Und er käme durch bezaubernde Landschaften und träfe auf viele freundliche und hilfsbereite Menschen.

Verließe er dann Europa an der griechischen Grenze und führe über den Bosporus in die Türkei, wäre er noch immer weitgehend sicher, träfe auch hier auf freundliche Menschen, entdeckte weiterhin schöne Landschaften und zahlreiche beeindruckende antike Stätten. Aber er durchreiste nun ein Land, das zerrissen ist zwischen Europa und dem Orient, dessen Zukunft vermutlich noch ungewisser ist als die mittel- und nordeuropäische.

Jahrelang wollte die Türkei in die EU, dann orientierte sie sich mehr in Richtung Orient und Islam, legte unter Recep Tayyip Erdogan einen beeindruckenden Wirtschaftsaufschwung hin, aber inzwischen bläst Erdogan der Wind heftig ins Gesicht. Im Sommer 2013 demonstrierten in Istanbul und anderen türkischen

Großstädten Zehntausende über Monate hinweg gegen die als autoritär empfundene Politik seiner islamisch-konservativen Regierungspartei AKP. Wochenlang besetzten Demonstranten in Istanbul den Gezi-Park. Er wurde am 15. Juni von der Polizei gewaltsam geräumt. Nach offiziellen Angaben nahmen während der ersten drei Monate mehr als 3,5 Millionen Menschen an rund 5000 Protestaktionen teil. Von mehr als 5000 Personen, die verhaftet wurden, waren – nach Angaben türkischer Sicherheitsbehörden – fast 80 Prozent Aleviten.

Um den weiteren Weg des Landes streiten die verschiedensten Gruppen. Die jungen, gut ausgebildeten westlich orientierten Türken denken säkular, streben weiterhin in die Europäische Union und sehnen sich nach den für uns selbstverständlichen Freiheiten, die ihnen von religiösen Gruppen und von Erdogan noch immer beschnitten werden. Innerhalb der religiösen Gruppen gibt es Bestrebungen, die Bindung an die EU wieder zu lockern und sich lieber an die islamischen Länder zu halten.

Zu Beginn des Jahres 2014 geriet Erdogan erneut in Bedrängnis durch einen Korruptionsskandal. Drei Ministersöhne und mehrere Geschäftsleute wurden verhaftet. Die Polizei öffnete Schränke, in denen Schuhschachteln voller Geld steckten. Erdogan selbst steht im Verdacht, korrupt zu sein, und einer seiner Söhne erhielt für seine Stiftung eine Spende in Höhe von 100 Millionen Dollar. Die Herkunft der Spende ist unbekannt, ihr Zweck ebenfalls, und mit Erdogans Saubermannimage ist es vorbei. Er reagierte mit massenhaften Entlassungen in der Justiz und wie ein Diktator mit Twitter- und Youtube-Sperrung und Eingriffen ins Telekommunikationsnetz. Er bezichtigte den in den USA lebenden türkischen Islamprediger Fethullah Gülen, eine Verschwörung gegen ihn angezettelt zu haben.

Der Skandal zeitigt bereits Folgen. Kapital fließt ab, die Währung verliert an Wert. Die Krise gebiert Instabilität. Erdogans AKP ist zwar aus den Kommunalwahlen und er selber aus der Präsidentschaftswahl als Sieger hervorgegangen. Aber nun droht er seinen Gegnern mit Verfolgung »bis in die hinterletzten Verstecke« und gebärdet sich zunehmend wie ein Diktator, an dem sich studieren lässt, wie Macht korrumpiert, die Persönlichkeit verändert und der Kontakt zur Wirklichkeit verloren geht.

Umgeben ist die Türkei von lauter problematischen Nachbarn, und im Vergleich zu dem, was sich südlich ihrer Grenze, in Syrien und im Irak abspielt, ist sie fast ein Hort des Friedens und der politischen Stabilität. Südlich der Türkei zerfallen Staaten, führt Syriens Diktator Baschar al-Assad einen brutalen Krieg gegen sein eigenes Volk, lässt Zivilisten abschlachten und Frauen und Kinder verhungern. Zugleich schlagen in Syrien so viele unterschiedliche Gruppen aufeinander ein, dass ein Sturz Assads kaum ein Problem lösen würde. Das Schlachten dort ginge ohne Assad vermutlich genauso weiter. Seit März 2011 kamen laut UN weit mehr als 100 000 Menschen ums Leben.

Wer kann, verlässt das Land. Schon zwei, vielleicht drei Millionen Flüchtlinge haben sich zu Beginn des Jahres 2014 in den angrenzenden Ländern – Libanon, Irak, Jordanien, Türkei – niedergelassen. Allein in Libanon mit seinen vier Millionen Einwohnern wurden rund 900 000 syrische Kriegsflüchtlinge registriert – rund ein Viertel der Gesamtbevölkerung. Umgerechnet auf Deutschland wären das 20 Millionen Menschen, die versorgt werden müssten.[30]

Weiter im Süden unternimmt das von seinen Feinden umzingelte Israel nichts, um einem Frieden in der Region näher zu kommen. Stattdessen setzt die politische Führung auf Waffen, Macht, Abschottung und Siedlungsausbau. Man hat fast den Eindruck, das Land brauche die tödliche Bedrohung von außen, denn ohne sie flöge es möglicherweise auseinander, weil zwischen den säkularen Israelis und den sich seit Jahren ausbreitenden fundamentalistischen Orthodoxen und rechtsextremen Siedlern keine Verständigung mehr möglich zu sein scheint.

Von Syrien über den Irak und Iran bis Pakistan und Afghanistan ist die islamische Welt in Aufruhr. Von Jordanien über Ägypten, Libyen und Algerien bis nach Zentralafrika regiert der Hass. Der Hass gegen Israel. Der Hass gegen die USA. Der Hass gegen den gesamten Westen, seine Werte, sein politisches System. Der Hass zwischen Sunniten und Schiiten. Der Hass zwischen Muslimen und Christen. Der Hass zwischen Säkularen und Religiösen. Dschihadisten, Salafisten, Islamisten, die Taliban, Al-Qaida, Hisbollah, Hamas, der Islamische Staat und Boko Haram scheinen in einen Brutalitätswettbewerb eingetreten zu sein, versklaven Männer, demütigen Frauen, töten Kinder, überziehen ihre eigenen Regionen, aber auch die Welt mit Orgien von Gewalt. Vom Frieden ist diese Region Lichtjahre entfernt.

In Ägypten will nach dem Sturz Mubaraks ein Teil des Volkes einen islamischen Staat unter der Führung der Muslimbrüder, ein anderer Teil will eine richtige Demokratie, und faktisch beherrscht werden beide Teile wieder von den alten Militärs, die sich echten demokratischen Reformen verweigern. Das Land scheint in seine Clans und Stämme zu zerfallen, und eine Einigung zwischen Muslimbrüdern, gemäßigten Muslimen, Säkularen und westlich orientierten Demokraten scheint nicht mehr möglich zu sein. Und Ägyptens westlicher Nachbar Libyen droht gar in mehrere Teile zu zerfallen. Dort gibt es keine wirkliche Zentralmacht mehr, verschiedene Milizen bekämpfen sich, verschiedene ethnische Gruppierungen pochen auf ihre Souveränität, kriegerische und auch ganz gewöhnliche kriminelle Gewalt sind an der Tagesordnung.

Der einzige Lichtblick weit und breit ist derzeit Tunesien. Zu Beginn des Jahres 2014 hat es sich mit großer Mehrheit die liberalste Verfassung aller arabischen Länder gegeben. Die Scharia ist dort keine Grundlage staatlichen Handelns, Folter gilt als »unverjährbares Verbrechen«. Hingegen sind die freie Religionsausübung, die Meinungs- und Pressefreiheit, das Streikrecht für Gewerkschaften und die Gleichheit aller Menschen einschließlich gleicher Rechte für die Frauen jetzt verfassungsrechtlich garantiert. Skeptiker meinen zwar, Gesetze und die Verfassung zählten in Tunesien nicht viel. Wer immer die Macht habe, werde das Gesetz im Sinn seiner Interessen auslegen, und den Sexismus und Fundamentalismus in den Köpfen werde eine neue Verfassung nicht austreiben. Dennoch: Gegenüber den Verhältnissen vor der Revolution hat Tunesien einen großen Sprung nach vorn gemacht. Und was vielleicht am wichtigsten ist und beispielsweise in Ägypten nicht geklappt hat: Die Islamisten haben dieser Verfassung zugestimmt. Sie haben sich mit den Säkularen auf diese Verfassung geeinigt.

Ob der tunesische Weg zu einer echten Demokratie erfolgreich sein wird, ist offen, aber im Nachbarland Algerien würden sich vermutlich viele freuen, wenn sie auch so eine Verfassung und solche Verhältnisse bekämen wie in Tunesien. Doch davon ist Algerien weit entfernt. Hier regiert de facto das Militär, und an dessen Spitze bereichert sich eine undurchsichtige Clique. Menschenrechtler berichten von Folterungen und Misshandlungen durch den Militärgeheimdienst. Hoffnungslos klingt, wie der algerische Schriftsteller Rachid Boudjedra sein Land beschreibt: »Es gibt kaum eine gebildete Mittelschicht, keinen Bürgersinn. Die Gesellschaft ist noch weitgehend traditional und feudal, voller Irrationalität und Autoritarismus. Es dauert noch hundert Jahre, bis wir für die Demokratie reif sind.« Das Land sei vergiftet von Korruption, vom Recht des Reicheren, und es werde eher immer noch schlimmer als besser.[31]

Aus Marokko berichtet Amnesty International von stark eingeschränkten Rechten auf Meinungs-, Vereinigungs- und Versammlungsfreiheit. Verhaftungen, Folterungen, Misshandlungen gebe es aber nicht. Wenigstens keine Folterungen. Wenn sich das über ein Land sagen lässt, können wir schon zufrieden sein.

Aber die Vorstellung, als Tourist mit dem Auto gefahrlos das ganze Mittelmeer zu umfahren, liegt in weiter Ferne.

Schon lange, aber gegenwärtig besonders heftig, spürt Europa die Folgen der jahrzehntelang gemachten Fehler des Westens in der

Nahost- und Afrikapolitik, und zwar an seinen Grenzen. Ähnlich wie die USA ihre Grenze zu Mexiko verrammeln – ein Ergebnis der über Jahrzehnte falschen Politik gegenüber Lateinamerika –, zieht auch die EU eine Mauer hoch, um sich gegen Flüchtlinge aus Afrika, Syrien, Afghanistan, Irak, Iran abzuschotten. Mehr als 51 Millionen Flüchtlinge, Asylsuchende und Binnenvertriebene hat das UN-Flüchtlingskommissariat UNHCR im Jahr 2013 gezählt – der höchste Stand seit dem Zweiten Weltkrieg. Viele von ihnen drängen nach Europa, riskieren dabei ihr Leben und mästen mit ihrem letzten Geld die Menschenhändler.

Statt zu einer friedlichen Mittelmeerumfahrung begeben sich die Menschen auf eine mit tödlicher Gefahr verbundene Mittelmeerüberquerung. Seit Europa seine Grenzen auf dem Festland immer besser abdichtet, kommen die Flüchtlinge auf Booten. Wer einer Schleusermafia sein ganzes Geld gegeben hat, um auf so einem alten überfüllten Boot nach Europa zu gelangen, muss fürchten, dort nie anzukommen, weil das Boot vorher absäuft. Manchmal kommt es bis kurz vor die Küste und sinkt dann, die Küstenwache sieht es, aber rührt keinen Finger, den Ertrinkenden zu helfen. Oder die Küstenwache fängt das Boot ab, schleppt es wieder aufs Meer hinaus. So geschehen im Januar 2014 in der Ägäis. 28 Menschen waren von Izmir in Richtung Griechenland gestartet. Ihr Boot wurde abgefangen, aufs Meer geschleppt, das Boot lief voll Wasser. Die Menschen auf dem Boot schrien um Hilfe, streckten der Küstenwache ihre Kinder entgegen, damit wenigstens diese überleben sollten. Doch statt zu helfen, kappten die griechischen Uniformierten das Abschleppseil und brausten davon. Zwölf Menschen starben, die anderen überlebten und erzählten die Geschichte.[32]

Oft überlebt niemand, daher erfahren wir auch nur von einigen Dramen, die sich Tag für Tag vor Europas Küsten abspielen. Es interessiert hier auch kaum, wenn es irgendwo im Mittelmeer wieder ein paar Afrikaner nicht geschafft haben. Nur wenn es einmal 350 auf einen Schlag sind, die unter den Blicken europäischer Beamter ertrinken, wie im Oktober 2013 vor der Küste von Lampedusa, dann werden die Toten geborgen, ihre Särge aufgereiht, auf dass die Politiker sich davor verneigen. »Was wollen uns diese Bilder eines postumen Humanismus sagen?«, fragte Dirk Schümer. »Dass diese Menschen eigentlich in Europa willkommen sind, aber durch ein kleines nautisches Versehen leider vorher absoffen? Dass sie es besser auf einem anderen Weg versucht hätten? Dass die Schleusermafia gesetzlich gezwungen werden soll, in Zukunft genügend Rettungsringe an Bord mitzuführen? Oder dass die vielen Toten es besser gar nicht versucht hätten?«[33]

Mare Nostrum, unser Meer, nannten die Römer das Mittelmeer. Als Mare Nostrum betrachten auch europäische Urlauber ihr Meer, das so gut wie alle an Sonne, Strand, Wein, Oliven, warme Nächte und mediterrane Lebensart denken lässt. Aber dieses Mare Monstrum hat in den vergangenen 20 Jahren circa 20 000 Bootsflüchtlinge verschlungen.[34] Und wir hier wissen nicht, wie wir darauf reagieren sollen. Lassen wir all die Millionen herein, die hereinmöchten, krachen unsere Sozialsysteme zusammen, dann zieht die Dritte Welt hier ein, und an den Rändern unserer Städte entstehen Slums. Halten wir die Flüchtlinge draußen, kommen wir uns herzlos und egoistisch vor und schämen uns vor uns selbst. Und so lavieren die europäischen Regierungen zwischen beiden Extremen, feilschen um die Zahl der Flüchtlinge, die sie freiwillig aufnehmen, fürchten sich vor den Rechtspopulisten und Rechtsextremen, die mit ihrer Hetze gegen Armutsflüchtlinge und Asylsuchende auf Stimmenfang gehen.

So wird es noch lange bleiben, denn das, was jetzt als Lösung immer vorgeschlagen wird – die Lebensumstände der Menschen in ihrer Heimat verbessern, fairen Handel ermöglichen, gegen Schlepper vorgehen –, wird schon seit Jahrzehnten vorgeschlagen und ist nie realisiert worden. Was so lange falsch gemacht wurde, kann nicht in kurzer Zeit korrigiert werden. Bis es korrigiert sein wird, werden wir weiter lavieren und viele Flüchtlinge vor unseren Grenzen draußen halten, im Meer ertrinken lassen und darüber streiten, wie wir mit ihnen umgehen sollen. Und solange werden wir uns eingestehen müssen: »Wir lassen die Verzweifelten tröpfchenweise und unter Todesopfern herein, nur damit wir uns hinterher ein bisschen human fühlen können.«[35]

Europa – eine Wertegemeinschaft?

13 Die alte Leier der Geschichte

Kurz nach dem Fall der Mauer und dem Zusammenbruch der kommunistischen Diktaturen veröffentlichte der US-Politikwissenschaftler Francis Fukuyama sein Buch *Das Ende der Geschichte*. Damit war gemeint, dass sich Demokratie, Marktwirtschaft und Rechtsstaatlichkeit nun überall auf der Welt endgültig durchsetzen würden, in einigen Regionen früher, in anderen später.

Damals, 1992, hatte ich das auch geglaubt. Ich dachte, Osteuropa würde sich schnell verwestlichen, und mit einer boomenden Wirtschaft im Rücken ließen sich die Rechts- und Lebensverhältnisse rasch angleichen, der Weg in die Vereinigten Staaten von Europa sei geebnet. Ich hielt es sogar für möglich, dass sich Russland integrieren oder, wenn nicht, sich zu einem befreundeten Nachbarn entwickeln würde, wirtschaftlich und politisch eng mit dem Westen verzahnt. China und die restliche Welt würden sich diesem Demokratisierungsprozess nicht entziehen können, die Utopie des Weltfriedens schien plötzlich in sichtbare Nähe gerückt.

Heute, ein Vierteljahrhundert später, müssen wir schon froh sein, wenn wir ohne großen Krieg davonkommen. Was ist da schiefgelaufen? Für mich sind das vor allem zwei Ursachen.

Erstens hatten die jungen Demokratien Osteuropas versäumt, die alten kommunistischen Kader vollständig zu entmachten. Sie hätten nicht nur ihre Führer, sondern auch deren Vasallen von allen Machtpositionen entfernen und ihnen den Prozess machen müssen mit neuen, unbelasteten Richtern und Staatsanwälten. Das unterblieb, und so waren zahlreiche Mitglieder der alten Kader bald wieder obenauf und nutzten ihr Herrschaftswissen, sich unter der neuen kapitalistischen Freiheit maßlos zu bereichern. Statt

Demokratie und Rechtsstaat erhielten die Osteuropäer korrupte Oligarchensysteme – mit heimlicher Billigung der EU-Kommission, die an einer raschen Aufnahme der neuen Staaten stärker interessiert war als an Demokratisierung. Ob sie in Brüssel dachten, das werde sich schon alles von selbst regeln, wenn die Länder erst mal in der EU seien, oder ob es darum ging, schnell Tatsachen zu schaffen, bevor sich wieder der Einfluss aus Moskau bemerkbar mache, vermag ich nicht zu beurteilen. Vermutlich war es eine Mischung aus beidem.

So aber bekamen die Osteuropäer sehr schnell die brutale Härte des marktwirtschaftlichen Wettbewerbs zu spüren, ohne dass sie dafür hätten Wohlstandsgewinne einstreichen können. Die Folge: Das Modell »Demokratie« verlor im Lauf der Jahre bei den Bürgern Osteuropas seinen Glanz, und es verliert noch mehr, seit auch die alten Demokratien unter der Knute der Finanzmärkte und durch die Fehler der politischen Klasse immer schlechter funktionieren.

Die zweite Ursache liegt im galoppierenden Glaubwürdigkeitsverlust des Anführers der westlichen Demokratien. Als die USA Deutschland von Hitler befreit und das Land besetzt hatten, erwiesen sie sich als Sieger, die mit einer Mischung aus Großmut, Hilfe und intelligent praktiziertem Eigeninteresse die Besiegten für sich einnahmen. Während die Russen als brutale Räuber und Vergewaltiger erlebt wurden, vor denen die Menschen entsetzt nach Westen flohen, verteilten die Amerikaner Kaugummis, hörten coole Musik, praktizierten einen lässigen Lebensstil, der bis dahin in Europa unbekannt war. Als Kennedy erschossen wurde, weinte ganz Deutschland. Dass sich auch knallharte Interessen hinter der Freundlichkeit der Amerikaner verbargen, wurde von den Besiegten und Gedemütigten lange nicht wahrgenommen. Sie empfanden die Amerikaner als echte Freunde, Verteidiger der Freiheit, Lehrer der Demokratie.

Erste Risse bekam diese Freundschaft während des Vietnamkriegs. Weitere Risse fügte ihr Ronald Reagan mit seiner Konfrontationspolitik gegenüber Russland und seiner Begünstigung der reichen Oberklasse hinzu, und als George W. Bush die westliche Welt mithilfe von Lügen in seinen sinnlosen Krieg gegen den Terror hineinzog, begannen die Dämme zu brechen. Den letzten Rest erledigten die Spitzel der NSA und die Folterer der CIA.

Der ehemalige Freund wird jetzt als paranoid, machtbesessen und eigensüchtig erlebt. Die US-Außenpolitik seit George W. Bush war keine partnerschaftliche Politik des intelligent verstandenen Eigeninteresses mehr, sondern einfach nur dumm, ideologisch, gepaart mit verlogener Selbstgerechtigkeit. Auch die republikanisch geprägte US-Innenpolitik mit Positionen, die man bei uns als rechtsextrem bezeichnen würde, hat uns den ehemaligen Freund entfremdet. So wuchs in Europa ein Amerikahass heran, der Putin als das kleinere Übel empfindet.

Für mich persönlich sind noch immer Putin und Xi Jinping die größeren Übel, die jetzt aller Welt weismachen wollen, ihre jeweiligen Kapitalismen ohne Demokratie seien die besseren Systeme. Aber der Hass ist nun mal da, und die USA haben in den letzten Jahren viel getan, um diesen Hass zu nähren und westliche Ohren zu öffnen für Putins Propaganda. Als der die Krim annektierte, hat er das getan in der Haltung: Was wollt ihr, Amerika macht es doch nicht anders.

Für diese Haltung findet er viel Verständnis in Europa, interessanterweise auch bei den Rechtspopulisten. Denen gefällt der russische Umgang mit Homosexuellen, der autoritäre Nationalismus und die Indienstnahme des Christentums für Xenophobie. Mit dieser Politik, so glaubt der US-Historiker Timothy Snyder, suche Putin den Schulterschluss mit der extremen Rechten in Europa, in der Türkei und in Asien.[36]

Es wäre ein mächtiges Bündnis. Russland, die gesamte islamische sowie große Teile der katholischen Welt, die religiöse Rechte in den USA, christlich-konservative und christlich-orthodoxe Gruppen in Europa säßen alle mit Putin in einem Boot. Und nicht nur

Homophobie hätte er für diese Gruppen im Angebot, sondern auch Sexismus, Nationalismus, die Wiederbelebung des alten Bündnisses von Thron und Altar zum beiderseitigen Nutzen – eben alles, was die Verächter der Zivilgesellschaft so schätzen.

Für die vielen verunsicherten Männer und Frauen dieser Welt dreht Putin das Rad zurück in die Zeit, in der noch klar definiert war, was ein echter Kerl ist und was ein schwächliches Weib. Die trostlose russische Wirklichkeit versucht er zu kompensieren mit der Wiederbelebung des Traums vom großrussischen Zarenreich, und für jene Realisten, die nicht mitträumen wollen, greift er zu einem altbewährten Diktatorenmittel: der Konstruktion eines äußeren Feindes, den es zu bekämpfen gilt.

Das bringt eine willkommene Abwechslung in das triste Leben der jungen Männer, die keine oder nur eine schlecht bezahlte Arbeit und vor allem keine Zukunftsperspektive haben. Jetzt, als Soldaten auf der Krim und an der Grenze zur Ukraine, sind sie plötzlich als Kerle gefragt, wird ihr Leben interessant, werden sie mit Waffen, Uniformen, Geld und Macht ausgerüstet und gut verpflegt und dürfen in der Heldenrolle andere kujonieren. Wobei dasselbe auch für junge ukrainische Männer gilt und überhaupt für alle, die keine Zukunftsperspektive sehen in ihren Ländern, sei es die Ukraine, sei es Russland, seien es arabische und afrikanische Länder. Sie, diese jungen Männer ohne Zukunft, ohne Chancen und ohne Perspektive sind heute die kriegführenden Freicorps, die in der Welt Angst und Schrecken verbreiten.

Ob russisch-orthodoxe oder islamische Männer – es gefällt ihnen, wenn der verweichlichte Westen mit seinen Schwulen, Lesben, Veganern, politisch korrekten Intellektuellen und kastrierten Kerlen, die ihre Babys wickeln und in komplizierten Patchworkfamilien leben, als dekadent und im Niedergang begriffen gezeichnet wird. Sie glauben, demnächst ein Land kampflos erobern zu können, deren zierliche Verteidigungsministerin ihre Soldaten lieber mit Kitas statt Kanonen versorgt. Da brauche es nur einen Kerl, der den Mut hat, im rechten Moment zuzuschlagen, und danach könne die Welt wieder eingenordet werden.

Die nächsten Jahre werden daher ungemütlich werden, auch für Europa. Russland und die NATO bezeichnen einander wieder wechselseitig als Bedrohung, also als Feind. Die Konflikte im Nahen Osten, in Teilen Afrikas und am Hindukusch werden sich verschärfen. Und auch in der Region zwischen Indien, China und Japan zeichnet sich schon heute ab, dass dort künftig eine härtere Gangart eingelegt werden wird.

Statt in Fukuyamas *Ende der Geschichte* treiben wir zurück in jenen Normalzustand, der schon immer die alte Leier der Geschichte war: Verhängnisse und Katastrophen, Elend und Krieg, Flucht, Not und Vertreibung.

14 Wie den Parteien die Realität verloren geht

Ein gern geglaubtes und darum vielzitiertes Sprichwort lautet: »Jeder ist seines eigenen Glückes Schmied.« Leider ist das nur eine Halbwahrheit. Die zweite Hälfte der Wahrheit lautet: Auch alle anderen schmieden am Glück eines jeden mit. Insbesondere die von diesen anderen gemachten oder zugelassenen politischen Verhältnisse haben einen erheblichen Einfluss auf das Glück jedes Einzelnen. Dass es in so gut wie jeder europäischen Familie mindestens einen Weltkriegstoten und in so gut wie jeder jüdischen Familie mindestens einen im KZ Ermordeten gibt, ist eine direkte Folge der politischen Verhältnisse zwischen 1918 und 1945 in Deutschland.

Deshalb beobachte ich die politischen Entwicklungen seit meiner Jugend mit großer Aufmerksamkeit – und seit rund zwei Jahrzehnten mit wachsender Verzweiflung. Mit derselben Verzweiflung frage ich mich: Was kann ich als einzelner Bürger dieses Landes denn tun?

Eine einfache Antwort lautet: Wenn du Kinder hast, erziehe sie zu mündigen Bürgern. Es reicht nicht, sie so zu erziehen, dass sie irgendwann imstande sind, ihr eigenes Glück zu schmieden, obwohl schon viel gewonnen ist, wenn das gelingt. Aber auf Dauer wirklich gut gehen wird es deinen und meinen Kindern nur, wenn es auch den Kindern der anderen einigermaßen gutgeht. Daher sollte man die eigenen Kinder so erziehen, dass sie sich auch für das Glück der anderen interessieren und Verantwortung nicht nur für sich selbst übernehmen, sondern ebenso für ihr Gemeinwesen. Wenn das gelingt, dann ist das die größte politische Leistung, die man als Bürger einer Demokratie erbringen kann.

Dennoch fragt sich, wer das getan hat: Sind es denn nicht vor allem die Politiker, die jetzt endlich einmal etwas tun müssten? Ja, schon, aber von Jahr zu Jahr glauben immer mehr Bürger: Die taugen doch alle nichts, diese Politiker.

Es war diese blindwütige, pauschal alles niedermachende Wutbürgerei, die mich ab ungefähr 2011 zunehmend wütend werden und mich fragen ließ: Und du, Wutbürger, was taugst du? Wenn du meinst, dass es egal ist, wen du wählst oder ob du überhaupt noch wählst, weil sowieso alle Politiker gleichermaßen unfähig, verlogen und korrupt sind, warum tust du dann nicht, was in einer Demokratie deine Pflicht wäre: in eine Partei gehen und dafür sorgen, dass uns bei künftigen Wahlen fähige, wahrhaftige, integre Persönlicheiten präsentiert werden?

Nur rund 1,36 Millionen Deutsche sind Mitglied einer demokratischen Partei, circa zwei Prozent der Wahlberechtigten. Aus diesem kleinen Reservoir werden diejenigen ausgewählt, die über die Zukunft der restlichen 98 Prozent entscheiden. Diese 98 Prozent halten sich offenbar für zu klug, zu vornehm und zu gut, um sich in einer Partei zu engagieren, oder sind schlicht zu bequem. Jedenfalls überlassen sie die Entscheidung über ihre Zukunft den in ihren Augen Ungeeigneteren. Wer das tut, hat eigentlich kein Recht, sich zu beschweren.

Vielleicht wäre es klüger gewesen, mich mit meiner Wut über die Wutbürger etwas zurückzuhalten, denn im Dezember 2011 hatte es plötzlich mich erwischt. Mein fränkischer Heimat-SPD-Ortsverein hatte mich eingeladen zu seiner Weihnachtsfeier und Mitgliederehrung. Unter den zu Ehrenden sei auch ich, wurde mir mitgeteilt, und die Ehrennadel für ein 40-jähriges Leiden an der SPD liege schon für mich bereit. In Silber. Gold gibt's erst nach 50 Jahren.

Ich fuhr 240 Kilometer von Mainz nach Lauf an der Pegnitz, um mir das Nädelchen abzuholen. Als ich in derselben Nacht die 240 Kilometer wieder zurückfuhr, hatte ich nicht nur diese kleine Nadel am Revers, sondern auch eine große Frage im Gepäck: Willst du für uns kandidieren? Thomas Beyer, damals stellvertretender

Fraktionsvorsitzender der SPD im bayerischen Landtag, hatte mir diese Frage mit auf den Heimweg gegeben, und ich neigte zu der Antwort: Ach was, von Mainz aus in Franken für den Bundestag kandidieren – Schnapsidee, vergiss es. Am nächsten Tag erzählte ich es meiner Frau. Sie hielt es ebenfalls für eine Schnapsidee.

Im März 2012 zog unser 19-jähriger Sohn aus, um in Berlin sein Studium zu beginnen. Unsere Tochter hatte uns schon drei Jahre zuvor verlassen. Anfang April starb unser Hund. Da sagte ich zu meiner Frau: »Die Kinder aus dem Haus, der Hund tot – sollte ich nicht doch …?«

Sie antwortete: »Mir ist die ganze Zeit schon klar, dass du das machen willst. Ich verstehe das, und ich bin die Letzte, die dir da Steine in den Weg legen wird, nachdem es in den letzten 22 Jahren hauptsächlich immer um mich gegangen ist und du immer Rücksicht auf meinen Job nehmen musstest.«

»Es wird nicht einfach sein«, sagte ich, »besonders für dich nicht, du wirst oft ganz allein im Haus sein, nur in Gesellschaft unseres Katers. Auch finanziell wird's schwierig werden. Ich werde kaum noch etwas verdienen, wenn ich im Wahlkampf bin, aber erhöhte Kosten haben wegen ständiger Fahrten zwischen Mainz und Franken. Ich werde mir eine Wohnung nehmen müssen im Wahlkreis, wenn es richtig losgeht, und die Partei wird mir das nicht bezahlen, die hat kein Geld.«

»Ich trage es mit«, sagte sie. »Mach es.«

Ich rief Thomas Beyer an und sagte: »Wenn ihr wollt, dass ich das mache, dann mach ich es.«

Beyer war damals noch ein politisches Schwergewicht in der bayerischen SPD und hatte Macht und Einfluss. Dennoch hätten all seine Macht und sein Einfluss nicht ausgereicht, um mich einfach als Kandidaten durchzudrücken. Das lässt sich eine stolze Partei nicht gefallen. Vorläufig war ich daher nichts weiter als ein möglicher Kandidat für eine Kandidatur. Um wirklich nominiert zu werden, muss der Kandidaten-Kandidat die Partei von sich überzeugen, was heißt: »Vorsingen«, Tour durch die Basis und die Instanzen – Unterbezirksvorstand, viele Ortsvereine, Unterbezirksdelegiertenkonferenz.

Das »Vorsingen« begann am 11. Juni 2012. Die Entscheidung darüber, ob die Partei mich oder einen anderen ins Rennen schicken wolle, war auf den 6. November 2012 terminiert. Ich hatte also fünf Monate Zeit.

Zwar stellte sich rasch heraus, dass es keinen Gegenkandidaten geben würde, meine Nominierung also gesichert war. Ich musste mich trotzdem anstrengen, die Partei hinter mich zu bringen, denn wenn ich mit weniger als 70 Prozent nominiert werden würde, schrieben die Zeitungen, sei ich ein Kandidat, von dem nicht einmal seine eigene Partei hundertprozentig überzeugt ist. 90 Prozent der Stimmen wollte ich schon haben.

Ich bekam an jenem 6. November 2012 dann 116 von 117 Stimmen, 99,1 Prozent, und schwebte einen Meter über der Erde. Die Delegierten des SPD-Unterbezirks Roth und Nürnberger Land waren begeistert von mir.

Gewonnen war damit aber noch nichts. Gegen die Kandidatin der CSU, Marlene Mortler, die das Mandat seit 2002 ununterbrochen direkt gewonnen hatte, meistens mit über 50 Prozent, würde ich keine Chance haben. Sie ist eine angenehme, sympathische Zeitgenossin, anständig, solide, seriös, weder geldgeil noch korrupt – und: Sie ist im ganzen Wahlkreis allen seit Jahrzehnten wohlbekannt. Ich dagegen hatte damit zu kämpfen, dass mich kaum jemand kannte. Wie sollte ich ihr das Mandat abnehmen? Aussichtslos.

Es konnte nur klappen mit einem sicheren Listenplatz. Um den zu bekommen, musste ich zwei Instanzen überzeugen: den Vorstand des SPD-Bezirks Mittelfranken und die Delegierten dieses Bezirks.

Kann eigentlich nicht so schwer sein, dachte ich. Die müssten sich doch alle freuen, dass sie den Wählern mal einen Kandidaten präsentieren können, der nicht dem üblichen Politikerklischee entspricht: kein graues Funktionärsgewächs, sondern einer, der auf ein Leben außerhalb der Politik zurückblickt, an dessen Leben sich ablesen lässt, wofür er steht, einer, der anschaulich reden, argumentieren und glaubwürdig überzeugen kann, einer, der in den vergangenen zwei Jahrzehnten zwei Kinder großgezogen und an jedem Tag für sie gekocht hat und nun nach langer Elternzeit eine zweite Karriere startet – kannte man bis dato nur von Frauen. Eigentlich der ideale Kandidat für alle Wutbürger und Politikverdrossenen und für Frauen und Feministinnen. Welche Partei hat schon so einen Kandidaten?

Das Problem war nur: Der SPD-Bezirk Mittelfranken wird mehrheitlich dominiert von den großen Städten Nürnberg, Fürth und Erlangen. Die führenden Funktionäre dieser drei Städte hatten die sicheren Plätze längst unter sich ausgekungelt. Ich war für sie keine Freude, sondern eine Störung. Die Leute in meinem Unterbezirk wollten trotzdem dafür kämpfen, dass der Störer Platz 3 der mittelfränkischen Bezirksliste bekäme. Und warum nicht Platz 1, 2 oder 4?

Platz 1 war schon für Martin Burkert reserviert, und die meisten werden jetzt fragen: Martin wer? Obwohl Bundespolitiker, ist er den meisten Deutschen so unbekannt wie viele andere auch. Nur innerparteilich ist er eine bekannte Größe: ehemaliger Eisenbahner, Mitglied des Vorstands der Eisenbahn- und Verkehrsgewerkschaft, Vorsitzender der Betriebsgruppe Bahn der Arbeitsgemeinschaft für Arbeitnehmerfragen (AfA) in Bayern, Stadtrat in Nürnberg, Vorstandsmitglied des SPD-Unterbezirks Nürnberg, Mitglied im Bundesvorstand der AfA der SPD, stellvertretender Landesvorsitzender der Bayern-SPD, Bundestagsabgeordneter seit 2005 und Vorsitzender der bayerischen Landesgruppe in der SPD-Bundestagsfraktion – die übliche Ämter- und Postenhäufung. Das ist das Kapital eines Berufspolitikers. Darin steckt seine Vernetzung mit allen wichtigen Leuten der Partei, der Medien und der Verbände in der Region. Aus ihr erwächst eine Hausmacht, die ihn zum Platzhirschen in der mittelfränkischen SPD erhebt und ihm den Zugriff auf den besten Platz sichert. Zusammen mit weiteren Hirschen entscheidet er auch über die Besetzung der übrigen Plätze.

Wenn auf Platz 1 ein Mann kommt, muss Platz 2 mit einer Frau besetzt werden. So sind die Regeln. Also günstigstenfalls Platz 3 für mich. Problem: Dafür hatten Burkert und eine Handvoll Funktionäre aus Nürnberg, Fürth und Erlangen schon einen Fürther Stadtrat auserkoren. Gegen ihn musste ich antreten. Verlöre ich, käme ich auf Platz 5, weil 4 ja wieder für eine Frau reserviert ist. Nur die auf den ersten vier Plätzen hatten aber eine realistische Chance, über die Liste in den Bundestag zu kommen. Platz 5 war aussichtslos.

Diesen Platz 3 zu bekommen kann doch nicht so schwer sein, sagte ich zu meinen Leuten. Doch, es werde schwer werden, widersprachen sie, sehr schwer, eigentlich fast unmöglich, denn: Dein Rivale hat die Platzhirsche, deren Netzwerke und die Mehrheit der Mitglieder hinter sich, du dagegen hast nur uns, deinen Unterbezirk, eine rechnerische Minderheit. Wir haben im Parteivorstand acht Stimmen, die anderen haben 15, und so wird die Abstimmung voraussichtlich ausgehen: 8:15 gegen dich. Danach wirst du auch die entscheidende Abstimmung auf der Delegiertenkonferenz verlieren.

Ich weigerte mich, das zu glauben. In diesem Vorstand musste es doch unabhängige, selbständig denkende Menschen geben. Denen musste doch klar sein, dass meine Wahl ein kräftiges Statement der Partei wäre, ein Signal an alle Politikverdrossenen mit der Botschaft: Seht her, hier haben wir mal einen, der ganz anders ist als die üblichen Parteikarrieristen, einen normalen Bürger, einen Nichtpolitiker, der außerhalb der Partei seinen Mann gestanden hat.

Mit diesen Argumenten ging ich am 16. November 2012 in das Duell. Nach dem Alphabet war ich zuerst dran mit meiner Rede.

Ich hatte nur zehn Minuten, brannte mein Feuerwerk ab, würzte meinen kurzen Text mit Humor und Anekdoten und bekam freundlichen Beifall. Danach der Fürther Stadtrat. Sein Vortrag bestand im Wesentlichen aus einer Aufzählung seiner bisherigen Parteiämter und Vereinsmitgliedschaften. Dass er gut vernetzt sei und gerne nach Berlin ginge, sagte er. Freundlicher Applaus.

Die Abstimmung ergab dann: 15:8. Für mich.

Nun schwebte ich zehn Meter über dem Boden und dachte: Das ist der Beweis. Man kann, wenn man wirklich gut begründete Argumente hat und sie rüberzubringen versteht, sogar Mehrheiten drehen.

Aber noch immer war nichts entschieden. Das Votum des Parteivorstands bedeutete nur, dass er mich am 1. Dezember den Delegierten des Bezirksparteitags als Kandidat für Platz 3 vorschlagen würde, aber das Votum war für diese Delegierten nicht bindend. Ich war mir sicher: Die würde ich schon auch noch packen.

Am Tag der Entscheidung war wieder ich zuerst dran mit meiner Rede. Diesmal hatte ich etwas mehr Zeit, 15 bis 20 Minuten. Ich wurde oft vom Beifall aller Delegierten unterbrochen, hatte zahlreiche Lacher, auch aus den Reihen der Nürnberger, Fürther, Erlanger. Danach erfüllte mein Gegenkandidat den Saal mit gähnender Langeweile.

Dieses Rennen habe ich auch gewonnen, dachte ich, während die Delegierten in die Wahlkabinen gingen und ihre Kreuzchen machten. Die Auszählung der Stimmen ergab: Der Fürther Stadtrat hatte mit großer Mehrheit gewonnen. Ich war aus dem Spiel.

Was war passiert?

In jenen 14 Tagen zwischen dem 16. November und 1. Dezember hatten in Mittelfranken die Drähte geglüht. Die leitenden Funktionäre aus Nürnberg, Fürth, Erlangen bearbeiteten ihre Mitglieder und die Delegierten. Besonders der Vorsitzende der Nürnberger SPD war sehr rührig und schrieb sogar einen Brief, in dem er die Delegierten beschwor, am 1. Dezember »alles richtig zu machen«.

Das hieß: Sorgt dafür, dass unser Plan aufgeht. Der Plan lautete: Die Abgeordnetenmandate haben in Nürnberg, Fürth und Erlangen zu bleiben. Keine anderen Gründe. Keine weiteren Ziele. Keine inhaltlichen Argumente. Für uns Großstädter alles und für die Landpomeranzen nichts. Keine Erörterung der Frage, ob ein Kandidat namens Nürnberger nicht auch in Nürnberg, Fürth, Erlangen für Stimmenzuwächse sorgen könnte.

Stattdessen: Erhalt der Pfründe. Ein Mandat hat hohen Wert für den Parteiapparat. Daran hängt vieles, vor allem Geld. Der Abgeordnete zwackt einen nicht geringen Teil seiner Bezüge ab für die Parteikasse. Er unterhält – auf Staatskosten – ein Büro und beschäftigt Mitarbeiter im Wahlkreis und in Berlin. Er ist in den Medien präsent, lenkt die Aufmerksamkeit auf seine Partei, organisiert Reisen für die Basis ins Berliner Parlament, ist für die Vereine wichtig und überall dabei, wo irgendeine Veranstaltung von öffentlichem Interesse stattfindet. Deshalb verteidigen Parteifunktionäre so ein Mandat, wenn sie es einmal haben, mit Zähnen und Klauen. Daher hatte das Abstimmungsergebnis im Grunde nichts mit mir zu tun. Die geballte Funktionärsmacht hätte auch den Papst auf einen hinteren Platz verwiesen. Niedergeschlagen war ich trotzdem.

Ich gratulierte dem Sieger, ging ans Rednerpult und sagte tapfer: »Dann gewinne ich jetzt halt das Direktmandat.« Großer Beifall von denen, die genau wussten, dass es unmöglich ist, das Direktmandat zu holen.

So stand also bereits am 1. Dezember 2012 fest, dass ich im September 2013 nicht unter denen sein werde, die nach Berlin gehen. Hatte es unter diesen Umständen überhaupt Sinn, weiterzumachen?

Ein paar Parteifunktionäre hatten mich rausgekickt. Konnten sie von mir verlangen, ein Jahr lang auf eigene Kosten Wahlkampf zu machen und auf ein ganzes Jahreseinkommen zu verzichten? Nein, die gut verdienenden, bestens abgesicherten, hauptamtlichen Funktionäre, deren Gehalt während des Wahlkampfs weiterlief, deren Reisekosten die Partei übernahm, deren Büros, Spesen und

Dienstwagen aus Partei- und Steuergeldern bestritten wurden, konnten das nicht von mir verlangen.

Aber die Genossen meines Wahlkreises, die mich mit 99 Prozent zu ihrem Kandidaten gemacht hatten, die an mich glaubten – die konnten das verlangen. Und ich selbst habe das von mir verlangt. Man schmeißt nicht beleidigt hin, wenn man verloren hat. Ich habe vorher gewusst, worauf ich mich einlasse. Es war von vornherein klar, dass ich ohne Netz und doppelten Boden antreten würde. Ich verlange von Politikern die Bereitschaft, auch mal gegen ihre eigenen elementaren Interessen zu handeln, wenn es das Gemeinwohl erfordert. Das kann ich aber nur fordern, wenn ich selbst diesem Anspruch genüge.

Und schließlich verschaffte mir dieses Weitermachen auf verlorenem Posten eine große Freiheit gegenüber meiner Partei. Sie konnte mir gegenüber keinerlei Loyalitätsansprüche geltend machen. Ich war ihr gegenüber zu nichts verpflichtet, musste nicht permanent das Parteiprogramm herauf- und herunterbeten, die Partei im Allgemeinen und einzelne Funktionäre über den grünen Klee loben, sondern konnte mein eigenes Ding durchziehen, meine eigenen Themen setzen, und wenn ein Wähler dieses oder jenes an der Partei kritisierte und ich fand, dass er mit seiner Kritik recht hatte, konnte ich frank und frei sagen: Stimmt, das finde ich auch schlecht, und das will ich ändern.

So zog ich befreit in den Wahlkampf, schrubbte in meinem großen ländlichen Wahlkreis 20 000 Kilometer herunter, stand morgens um sechs auf zugigen Bahnhöfen und verteilte Brezeln und Flyer, stand um Mitternacht in der Kälte vor angesagten Locations und diskutierte mit Jugendlichen und sagte den Wutbürgern und Politikverdrossenen: Kommt in die Partei und mischt sie auf!

Die Wähler verschafften mir dann am 22. September 2013 einen ehrenvollen Abgang. Als ein im Wahlkreis ziemlich unbekannter Quereinsteiger ohne Amt und Mandat hatte ich 4,5 Prozent mehr Zweitstimmen geholt als die gesamte Partei in Bayern, und bei den

Erststimmen lag ich um 5,6 Prozent darüber. Von der Partei auf Platz 33 versteckt, hatten mir die Wähler ein Erststimmenergebnis beschert, mit dem ich unter den bayerischen SPD-Kandidaten den Rang 9 einnahm. Von den 22 Abgeordneten, die es dank ihrer guten Listenplätze in den Bundestag schafften, hatten nur fünf ein besseres Erststimmenergebnis als ich, und von denen kommen die meisten aus Großstädten, wo es für Sozialdemokraten leichter ist, gute Ergebnisse zu erzielen. Hätten nicht Parteifunktionäre, sondern allein die Wähler über mich entschieden, säße ich jetzt im Bundestag. Und wäre heute darüber ziemlich unglücklich.

Ich wäre heute, wenn es mit meiner Wahl nach Berlin geklappt hätte, ein sehr isolierter Außenseiter in der SPD-Fraktion. Ich hätte gegen die Große Koalition gestimmt, gegen Horst Seehofers Ausländermaut, gegen die Rente mit 63, und dem Freihandelsabkommen mit den USA hätte ich mich ebenfalls verweigert. Aus mir wäre nichts geworden in Berlin. Ich hätte auf die Partei ungefähr so viel Einfluss bekommen wie ich heute habe: null.

So bin ich nun wieder um eine Illusion ärmer und eine Erkenntnis reicher: Parteieintritt ist auch keine Lösung. Meine Aufforderung an die Wutbürger, sich doch gefälligst in einer Partei zu engagieren, nehme ich zurück.

Nicht nur die SPD, alle alten Parteien sind geschlossene Gesellschaften, in denen weit überwiegend diejenigen reüssieren, die seit ihrer Jugend über viele Jahre hinweg in allen Gremien mitgearbeitet, bei Wahlkämpfen geholfen, Plakate geklebt und Parteiämter und Mandate gesammelt haben. Wer sich mit Mühe sein Amt und Mandat erkämpft hat, lässt sich die Frucht seiner jahrelangen Kärrnerarbeit nicht einfach streitig machen von einem, der plötzlich von außen kommt. So einer wird gar nicht erst hereingelassen oder rasch wieder ausgespuckt.

Dass Funktionäre so funktionieren, ist logisch. Ebenso logisch ist, dass sie sich mit ihrer zuverlässig funktionierenden Abwehr ihre eigenen Gräber schaufeln, weil sie genau jene Inzucht von Parteikarrieristen produzieren, von der sich die Bürger mit Grausen abwenden.

Die Inzucht ist eine Folge der perfekt eingespielten Professionalisierung: Das frühe Geschliffenwerden der Jungpolitiker durch die immergleichen Rhetorikseminare, Kommunikationstrainings, Stilberatungen, das ständige Zusammensein mit ihresgleichen, den Seilschaften, Konkurrenten, Förderern und Verhinderern, die Unterwerfung unter die Gesetze der Parteimaschine, die opportunistische Geschmeidigkeit, die sie wie nebenbei erlernen und sie im Lauf der Zeit vollkommen gleichgültig werden lässt gegenüber politischen Inhalten, die dadurch antrainierte Fähigkeit, politische Positionen und Überzeugungen je nach Situation zu wechseln wie das Hemd – das alles bringt jenen Parteikarrieristentypus hervor, der in jeder Partei, jeder Hierarchie und jedem System zuverlässig funktioniert, aber zunehmend innerhalb eines geschlossenen Systems lebt. Sein Kontakt zur Außenwelt geht verloren, auch wenn er dauernd Hände schüttelt, Grußworte spricht, Bäumchen pflanzt und erste Spatenstiche setzt. Je länger er das tut, desto fremder erscheint er dem normalen Bürger, desto gleichgültiger wird er ihm, und wenn sich der Politiker etwas zuschulden kommen lässt, wofür schon kleine Anlässe genügen, schlägt die Gleichgültigkeit in Verachtung um.

Dieser Verachtung stellt er sich nicht. Stattdessen zieht er sich in seine Gremien zurück, in denen die garstige Realität von draußen nur noch gefiltert wahrzunehmen ist und gleich in viel milderem Licht erscheint. Wenn er dann wieder hinausgeht und wunderlich-weltfremde Sätze in die Kameras spricht, kann es vorkommen, dass er ausgelacht wird.

»Die Berliner CDU ist wieder da«, hat der CDU-Spitzenkandidat Friedbert Pflüger gesagt, als er bei der Landtagswahl 2006 das zweitschlechteste Ergebnis der CDU in Berlin seit 1946 eingefahren hatte. »Ab heute wird geliefert«, hat der FDP-Vorsitzende Philipp Rösler im November 2011 auf dem Parteitag in Rostock versprochen – knapp zwei Jahre vor dem Konkurs des Lieferservice bei der

Bundestagswahl 2013. »Die Mauer wird in 50 und auch in 100 Jahren noch bestehen bleiben«, hatte Erich Honecker ein dreiviertel Jahr vor dem Mauerfall verkündet.

Es gibt Phasen in der Entwicklung von Parteien, in denen der normale Realitätsverlust der handelnden Personen in einen galoppierenden übergeht. Dieser Übergangspunkt rückt umso näher heran, je stärker sich eine Partei nach außen verschließt. Sie ist dann von außen nicht mehr zu korrigieren und von innen erst dann, wenn es dafür, wie im Fall der FDP oder SED, zu spät ist.

Die nächste Partei, die sich auf diesen Punkt zubewegt, ist die SPD. Ihre Erfolge bei den Landtagswahlen – zuletzt 12,4 Prozent in Thüringen, aber da darf sie mitregieren – trüben den Blick der Parteiführung für die Tatsache, dass genau dieses Sich-ans-Regieren-Klammern ihren weiteren Verfall beschleunigen wird.

Regieren besteht heutzutage in der Verwaltung des Mangels. Regieren heißt: entweder weiter Schulden machen und Zins und Tilgung künftigen Generationen aufbürden oder sparen und nichts mehr gestalten können. Regieren heißt, den Rentnern, Pflegebedürftigen, Hartz-IV-Empfängern, prekär Beschäftigten, Lehrern, Ärzten, Krankenschwestern, Sozialarbeitern, Polizisten, Altenpflegern zu sagen: Wir haben kein Geld. Regieren heißt, dem Volk zu erklären, dass zwar die Steuereinnahmen seit Jahren in immer größere Höhen steigen, aber man trotzdem den Soli nicht abschaffen kann und trotzdem das Geld fehlt für die Sanierung maroder Brücken und kaputter Straßen. Regieren heißt, von Brandherd zu Brandherd zu eilen und zu löschen. Regieren heißt, sich im täglichen Klein-Klein zu verschleißen bis zur Besinnungslosigkeit und darum nicht den Schimmer einer Idee zu haben, wie Regieren wieder werden könnte, was es eigentlich sein sollte: die Gestaltung einer guten Zukunft.

Wer heute zum Regieren verdammt und noch bei Verstand ist, müsste eigentlich eine starke Sehnsucht nach Opposition entwickeln, um mal Zeit zu haben zum gründlichen Nachdenken,

Antworten zu finden auf die wirklich wichtigen Fragen unserer Zeit sowie mittel- und langfristige Lösungen zu entwickeln für die großen ungelösten Probleme. Aber alles, was man sieht, sind Funktionäre, die Minister werden und bleiben wollen. Warum eigentlich? An der Bezahlung kann es nicht liegen. Vermutlich funktionieren sie nur noch besinnungslos vor sich hin. Die nächste Wahl muss halt einfach gewonnen werden, egal warum. Immerhin fließt ja Staatsknete in die Kassen, umso mehr, je mehr Stimmen gewonnen wurden.

Der Realitätsverlust, der bei der heutigen SPD-Führung schon zu erkennen ist, wird auch die CDU spätestens dann ereilen, wenn Angela Merkel aufhört. Sie hat die CDU sozialdemokratisiert, und die Partei ist ihr gefolgt nicht aus innerer Überzeugung, sondern aus Berechnung. Seit Merkel erkannt hat, dass die Wähler eigentlich das SPD-Programm vorziehen, macht sie SPD-Programm, und zwar so ruhig, verlässlich und maßvoll, dass die Wähler keine Notwendigkeit sehen, den unberechenbaren, quirligen Sigmar Gabriel und seine SPD damit zu beauftragen. Aber wenn Merkel aufhört, ist die CDU an dem Punkt, an dem ihre Erosion beginnen wird.

Die Erosion der Grünen wird beginnen, wenn sie im Bund mit der CDU koaliert. Sie wird dann eine normale Altpartei sein, die einmal entstanden ist aus dem Protest gegen die Atomkraft und dem Widerstand gegen den Bau der Startbahn West am Frankfurter Flughafen. Die Atomkraft ist kein Thema mehr, der Flughafen kein Streitpunkt mehr. Im Aufsichtsrat der Frankfurter Flughafen AG sitzen jetzt auch Vertreter der Grünen, die dort allenfalls noch die Aufhebung des kurzen Nachtflugverbots verhindern. Den Grünen gefällt es inzwischen auch, Minister zu werden. Wenn sie es sind, haben sie kaum mehr zu bieten als hier eine kleine Korrektur, da eine kleine Verhinderung und dort ein Windrädchen mehr.

Die CSU bezieht ihre noch vorhandene Stärke schon lange nicht mehr aus eigener Kraft, sondern aus der Schwäche der SPD. Das wird nicht mehr ewig funktionieren. Über Antworten, Lösungen,

Visionen von der Gestaltung einer besseren Zukunft verfügt die CSU so wenig wie die anderen.

Die Linke hat den anderen nichts Überzeugendes entgegenzusetzen. Ihre Antworten und Rezepte sind unter den herrschenden Bedingungen weder finanzierbar noch praktikabel. Daher müssten die Linken zuerst die herrschenden Bedingungen ändern. Doch dafür haben sie kein Konzept.

Schließlich die AfD, die sich selbst als Alternative bezeichnet, aber keine ist. Gegründet als eurokritisch-liberaler FDP-Ersatz, ist sie heute ein populistisches Sammelbecken für wutbürgerliche Protestwähler, Sektierer, Xenophobe, Homophobe, fromme Rechte, Nationalkonservative und unchristliche Verteidiger des Abendlandes gegen eine eingebildete Islamisierung. Das beste Mittel, sie schnellstens zu entzaubern, wäre, sie an möglichst vielen Regierungen zu beteiligen. Dann müsste auch sie den Mangel verwalten, unpopuläre Entscheidungen fällen, Farbe bekennen. Darüber würde sie sich rasch zerstreiten und zerlegen.

Daraus folgt nun aber ein Schluss von großer Tragweite: Es hat keinen Sinn mehr, darauf zu warten, dass die vorhandenen Parteien unsere Probleme lösen. Das werden sie in diesem Leben nicht mehr tun.

Das derzeit wichtigste politische Problem in Europa ist daher nicht die Schuldenkrise, nicht der Euro, auch nicht der Klimawandel, die Energiewende oder die Flüchtlingswelle. Es ist nicht die Demographie oder die mangelnde Integration. Die Bildung ist es nicht, nicht das Geschlechterverhältnis und nicht die wachsende soziale Ungleichheit. Das wichtigste Problem aller Demokratien ist die Demokratie selbst. Diese funktioniert in kaum einem der Land der Welt noch richtig.

Die dringlichste Frage lautet deshalb, wie unter den Bedingungen globalisierter Hightech-Ökonomien des 21. Jahrhunderts demokratische Spielregeln und Werte wie Freiheit, Gleichheit, Bildung für alle, soziale Sicherheit, Umweltschutz, Tierschutz und soziale

Gerechtigkeit noch zu realisieren sind. Innerhalb der EU lautet die Frage: Wie können nationale Parlamente und das transnationale EU-Parlament Volkes Willen durchsetzen? Gibt es das überhaupt, den »Willen des Volkes der EU«? Gibt es eine europäische Öffentlichkeit, und wenn nein, wie soll sie entstehen?

Wenn wir und die Parteien es weiterhin unterlassen, uns diese Hauptfrage zu stellen, geschweige denn sie zu klären, brauchen wir uns um die Lösung aller anderen Fragen und Probleme gar nicht mehr zu kümmern, denn die werden automatisch alle von dem vielbeschworenen Markt gelöst werden, und das heißt: vom Recht der Stärkeren. Wir werden natürlich weiterhin unsere Volksvertreter in die Parlamente wählen, aber die werden dort, wie es zum Teil schon jetzt geschieht, alle möglichen Interessen vertreten, nur nicht mehr die des Volkes.

Woraus letztlich folgt: Wir müssen es tatsächlich selber machen. Es nützt nichts, sich darüber aufzuregen, dass Politiker in den Talkshows uns und der Wirtschaft die Verantwortung für alles aufbürden, statt selbst zu handeln. Die Verantwortung liegt bereits bei uns. Wir, die Bürger, müssen jetzt wirklich selber das Heft in die Hand nehmen. Wie das geht, wissen wir noch nicht. Wir werden es herausfinden müssen.

Teil B

Hol dir dein Land zurück

Wir Glückskinder der Weltgeschichte 01

Die erste Hälfte dieses Buches war im Grunde eine deprimierende Bestandsaufnahme über den Zustand unserer Welt. Gibt es trotzdem noch Hoffnung? Gibt es irgendetwas Positives, das wir in die andere Waagschale werfen können, um das Gewicht des Negativen auszugleichen?

Ich hätte dieses Buch niemals geschrieben, wenn ich ohne Hoffnung wäre. Was mir Hoffnung macht, sind ganz verschiedene und zahlreiche Dinge, Entwicklungen, Gedanken, Tatsachen, einzelne Menschen und Gruppen. Von ihnen soll nun in der zweiten Hälfte die Rede sein.

Als Erstes möchte ich eine so einfache wie gewichtige These aufstellen, die das bisher Beschriebene entscheidend zurechtrückt. Die These lautet: Die Welt ist besser als ihr Ruf.

Und hier kommt die Begründung.

Nur ein kleiner Teil unserer Weltkenntnis speist sich aus eigener Anschauung und eigenem Erleben. Der große Rest wird uns vermittelt durch die Medien, also Buch, Zeitung, Zeitschrift, Hörfunk, Fernsehen, Internet. Das Bild, das wir uns von der Welt machen, ist das Bild, das uns von Journalisten vorgezeichnet wird. Die aber konzentrieren sich aufs Negative. Das wird ihnen auch immer wieder zum Vorwurf gemacht, jedoch zu Unrecht. In einer Demokratie ist es ihre Aufgabe, zu berichten, was schlecht ist, schiefläuft, nicht sein soll, denn dadurch, dass berichtet wird, was nicht hätte passieren dürfen, ein Skandal ist, die Gesundheit, das Leben, die Welt gefährdet, wird es öffentlich und kann korrigiert werden, und die Verantwortlichen können benannt und zur Rechenschaft gezogen werden.

Hinzu kommt: Eine Zeitung, die nur das Positive berichtete, hatten wir schon einmal in diesem Land, *Neues Deutschland* hieß sie, die bekannteste Zeitung der DDR. Darin las man beispielsweise: »›Bergbaukombinat Stein, Kohle, Erden‹ hat schon wieder sein Plansoll übererfüllt.« Dass dort wegen Sicherheitsmängeln ein Stollen einbrach und ein Dutzend Bergleute unter sich begrub, las man hingegen nicht.

Medien in der Diktatur berichten hauptsächlich Positives. Medien in der Demokratie berichten hauptsächlich Negatives, und erst recht tun sie das in einer Marktwirtschaft, in der unterschiedlichste Medienerzeugnisse miteinander um die Leser, Hörer, Zuschauer konkurrieren und die Erfahrung machen: Negatives verkauft sich besser. Man stelle sich nur zwei Zeitungsständer vor. Links lautet die Schlagzeile: »Schon wieder alle 99999 Flugzeuge sicher gelandet.« Rechts lautet sie: »Airbus abgestürzt! 300 Tote!« Nach welcher Zeitung werden die Leser greifen? Eben.

Mit einer Mischung aus Entsetzen und grusligem Schauer werden sie nun also den Bericht über den Flugzeugabsturz lesen – und vergessen, was sie ja eigentlich genau wissen: dass die anderen 99999 Flugzeuge wieder sicher gelandet sind, wie üblich. Es wäre sehr wichtig, sich beim Lesen jedes Absturzberichts die 99999 anderen Flugzeuge dazuzudenken. Tut man meistens nicht. Sollte man aber.

Und man sollte sogar noch weiter gehen und sich fragen: 300 Tote? Wirklich? Nicht 297 oder 289?

So gut wie alle um die Leser konkurrierenden Journalisten leiden unter der gleichen Berufskrankheit: der Neigung zu übertreiben. Wer 300 Tote meldet, erhält mehr Aufmerksamkeit als einer, der nur 289 zu bieten hat. Wer von einer Flutkatastrophe berichtet, erhält von seinem Chefredakteur mehr Platz und von den Lesern mehr Aufmerksamkeit als der, der nur eine Überschwemmung zu melden hat. So sind nun mal die Regeln des Geschäfts. Und ab welcher Wassermenge eine Überschwemmung zur Flut und eine Flut zur Flutkatastrophe wird, ist nirgends definiert.

Deshalb müssen wir uns alle davor hüten, das Bild, das die Medien von der Wirklichkeit zeichnen, für die Wirklichkeit selbst zu halten. Es ist äußerst wichtig, sich stets bewusst zu machen, dass die Welt da draußen meistens viel besser und normaler ist, als sie in der Zeitung oder im Fernsehen abgebildet wird, weil die Medien nur das Negative bringen und dabei auch noch übertreiben. Und deshalb muss ich an dieser Stelle sagen: Es stimmt zwar alles, was ich in der ersten Hälfte des Buches geschrieben habe, aber es kann nicht die ganze Wahrheit sein.

Da draußen in der Welt passiert bestimmt auch viel Gutes, nur erfahre ich es nicht. Aus eigenem Erleben weiß ich: In meiner kleinen überschaubaren Welt funktioniert das meiste ordnungsgemäß, gehen die Menschen im Allgemeinen friedlich, höflich und rücksichtsvoll miteinander um, sind Ärzte in der Regel keine Betrüger und nicht alle Banker Zocker. Ich kenne Manager, die nicht von Gier getrieben sind. Ich kenne zahlreiche katholische Priester, von denen nicht einer sexuell übergriffig war oder ist. Und mir sind sogar etliche Politiker persönlich bekannt, die nicht unfähig, verlogen, korrupt und nur auf ihren eigenen Vorteil bedacht sind, sondern ordentliche Arbeit leisten – es wird nur nie berichtet. Also muss ich vermuten: Im Rest der Welt könnte es vielleicht auch teilweise so sein.

Mit dieser Überlegung im Kopf sollte man sich hierzulande dem nächsten Gedanken öffnen: Wir, die Nachkriegsgeborenen der westlichen Hemisphäre, sind die Glückskinder der Weltgeschichte. Wir haben den weltgeschichtlich günstigsten Zeitpunkt und günstigsten Ort erwischt, den man sich denken kann, um auf diese Welt zu kommen und in ihr aufzuwachsen. Daher verfügen wir über die besten Voraussetzungen, um dafür zu sorgen, dass die weltgeschichtlich einmaligen Bedingungen, in denen wir leben, auch für künftige Generationen erhalten bleiben und auch Menschen außerhalb unserer Hemisphäre in den Genuss dieser Bedingungen kommen.

Gleich mehrere einst utopisch erscheinende Ziele, die im 19. Jahrhundert, teils noch früher, formuliert wurden, sind zwischen 1945 und heute tatsächlich erreicht worden – eigentlich lauter Wunder. Das erste, größte und wichtigste Wunder besteht darin, dass wir in Europa, genauer: in der Europäischen Union, die viele Jahrtausende alte Institution des Krieges überwunden haben.

Dass Deutsche, Engländer und Franzosen jemals wieder aufeinander schießen, ist heute unvorstellbar, trotz der Unkenrufe von Jean-Claude Juncker. Die größte Leistung der heute so geschmähten Europäischen Union ist, dass ihre 28 Mitgliedsländer zwar untereinander streiten und schachern und ihren Vorteil suchen, aber voraussichtlich keinen Krieg mehr gegeneinander führen werden. Wer das vor hundert Jahren prophezeit hätte, wäre als Utopist und Traumtänzer lächerlich gemacht worden.

Dann fiel uns 1990 auch noch die deutsche Einheit in den Schoß, verschwand die kommunistische Bedrohung aus dem Osten und damit auch der Zwang des Wettrüstens, und wir erwarteten die Friedensdividende. Seit rund anderthalb Jahrzehnten gehört nun auch Osteuropa dazu. Heute leben wir in einer Friedenszone, die sich von Irland bis in die Ägäis erstreckt, vom Nordkap bis zum Felsen von Gibraltar – eine historische Novität!

Ein zweites Ziel, ebenfalls eine historische Novität, ist schon seit so vielen Jahrzehnten realisiert, dass uns sein ursprünglich utopischer Charakter gar nicht mehr bewusst ist: die Befreiung der Arbeiterklasse aus Armut und politischer Entmündigung. Das, was sich die ersten Arbeitervereine vor 150 Jahren als Ziele in ihre Programme geschrieben haben – Wahlrecht, Teilhabe am politischen und gesellschaftlichen Leben, Pressefreiheit, Achtstundentag, Frauenwahlrecht, Schutz vor den finanziellen Risiken von Krankheit, Alter und Arbeitslosigkeit, Streikrecht, Bildung für alle, menschenwürdige Arbeitsbedingungen und ordentliche Löhne –, erschien den Zeitgenossen von damals als phantastisch und unrealisierbar. Heute ist es Realität, und es hätte schon viel früher realisiert werden können, wenn sich die Völker Europas nicht in zwei Weltkriegen gegenseitig umgebracht hätten.

Erst nach dem Zweiten Weltkrieg konnte an diese gewerkschaftlichen, sozialdemokratischen und der katholischen Soziallehre entnommenen Traditionen wieder angeknüpft werden. Heute erfreuen wir uns eines historisch beispiellosen Massenwohlstands. Es gibt weiterhin Armut, aber sie ist die Ausnahme, und sie ist heute anders definiert als in früheren Zeiten und anderen Regionen der Welt.

Einer dritten historischen Novität sind sich nur wenige bewusst. Wenn man in einer x-beliebigen Fußgängerzone Passanten mit der Frage überfiele, was ihrer Meinung nach das größte neuere Ereignis der Weltgeschichte ist, würden sie vermutlich antworten: der Fall der Mauer, das Internet, die Globalisierung, der Computer, die Mondlandung, die Erfindung der Pille oder die Entschlüsselung des menschlichen Genoms. Vermutlich nur ganz wenige kämen auf das, das wirklich das größte neuere Ereignis der Weltgeschichte ist: die Emanzipation der Frau.

Das Patriarchat ist älter als die Kirche, älter als das Judentum, älter als die griechische Philosophie. Rund 10 000 Jahre lang wurde es gar nicht als solches benannt und erkannt, weil die Herrschaft des Mannes über die Frau als natürlich und gottgegeben betrachtet wurde von heidnischen Priestern, jüdischen, christlichen und muslimischen Theologen, von neuzeitlichen Philosophen und sogar den Frauen selbst.

Eine der ersten Frauen der Weltgeschichte, die ausgesprochen hatte, dass Frauen auch Menschen, also frei und gleich sind, war Olympe de Gouges. Sie verlangte während der Französischen Revolution gleiche Rechte für die Frauen – und wurde von den revolutionären Kämpfern für Freiheit und Gleichheit guillotiniert. Erst die Arbeiterbewegungen des 19. Jahrhunderts setzten die Frauenrechte wieder auf die Tagesordnung. Bis zur Gewährung des aktiven und passiven Wahlrechts vergingen in den meisten Nationen noch viele Jahrzehnte. In Deutschland führte es das erste demokratische

Parlament 1918 ein. Aber in den Köpfen regierte weiterhin das Patriarchat und tat dies erst recht unter Hitler. Danach wurde es nur langsam besser. Noch in den 60er-Jahren brauchte die Frau die Erlaubnis ihres Ehegatten, wenn sie einem Beruf nachgehen wollte.

Längst hatten sich die Sklaven befreit, hatten die Schwarzen die Apartheid besiegt, die kolonisierten Völker ihre Unabhängigkeit erkämpft, die Arbeiter ihre politische und wirtschaftliche Teilhabe durchgesetzt, als sich die letzte der unterdrückten Gruppen bewusst wurde, dass sie zwar die Hälfte der Menschheit ausmacht, aber diskriminiert wird wie eine Minderheit.

Der Kampf um die wirkliche Gleichberechtigung begann daher erst spät, eigentlich erst so ab 1968 herum, und bis heute vor allem nur in den westlichen Ländern. Dort wurde in den zurückliegenden vier Jahrzehnten die 10 000-jährige Männerherrschaft beendet. Natürlich ist dieser Kampf noch nicht vollendet, muss weitergehen, aber wenn man die letzten 100 Jahre, aber ganz besonders die letzten 40, vergleicht mit den letzten 10 000, dann ist in sehr kurzer Zeit unglaublich viel passiert. Denn parallel zur Emanzipation der Frauen erkämpften sich auch Schwule und Lesben ihre Gleichberechtigung. Schwule Bürgermeister, lesbische Fernsehmoderatorinnen und Ministerinnen, unterschiedlichste Lebenspartner- und Familienmodelle sind heute schon fast selbstverständlich in Deutschland und in weiten Teilen Europas.

Die Überwindung der Institution des Krieges, Massenwohlstand, Demokratie, Rechtsstaatlichkeit, Bildung für alle, Gleichstellung der Frauen, Schwulen und Lesben – das sind ganz neue, weltgeschichtlich junge Entwicklungen und Ausnahmeerscheinungen, noch weit davon entfernt, zum weltweiten Standard zu werden. Wir Nachkriegsgeborenen in Mitteleuropa und einigen anderen westlichen Ländern sind die ersten Nutznießer dieser Novitäten, und zwar schon so lange, dass wir sie irrtümlich für selbstverständlich halten.

Und es gibt noch eine weitere Novität: das vierte Lebensalter. Alle Generationen vor uns hatten nur drei: die Kindheit, das

Arbeitsleben, das Alter. Uns hingegen werden zwischen dem Ende der Arbeit und dem richtigen Alter im Durchschnitt 20 zusätzliche gute Jahre geschenkt. Die Lebenserwartung ist bei uns in nur 120 Jahren um 44 Jahre angestiegen. Und jedes Jahr nimmt die Lebenserwartung um weitere drei Monate zu. Anfang des neuen Jahrhunderts lebten hierzulande knapp 6000 über Hundertjährige, 2010 waren es mehr als 13 000.[37] Der Wohlstand, eine bessere Ernährung, die Fortschritte der Medizin, Sport, Freizeit und der allgemeine Versicherungsschutz für Krankheit und Alter haben zu dieser hohen Lebenserwartung geführt.

Und hier ist es nun wichtig zu betonen: Nichts davon ist uns schicksalhaft in den Schoß gefallen. Keine einzige dieser Novitäten, die wir zu Recht als große zivilisatorische Errungenschaften bezeichnen, würde heute zu unserem Leben gehören, wenn wir darauf gewartet hätten, dass sie uns in den Schoß fallen oder vom Markt beschert werden. Für jede dieser Errungenschaften ist gekämpft und gelitten worden. Unsere sieben Jahrzehnte Frieden, Freiheit, Wohlstand, Gleichberechtigung und steigende Lebenserwartung sind nicht das Ergebnis glücklicher Fügungen, sondern einer kollektiven Anstrengung. Sie sind dem normalen Gang der Geschichte abgetrotzt worden.

Das heißt aber, und eben dies ist einer der wichtigsten Schlüsse, die aus den sieben guten Jahrzehnten zu ziehen sind: Zukunft ist kein Schicksal, ist nicht etwas, das uns widerfährt und ohnmächtig hinzunehmen ist, sondern etwas Machbares. Sie hängt von uns ab, unseren Entscheidungen, unserem Verhalten, unseren Werthaltungen, Prioritäten und den Zielen, die wir uns setzen. Es heißt aber zugleich: Wir können auch alles wieder verspielen, was wir erreicht haben. Das muss nicht einmal aktiv betrieben werden. Es genügt schon, einfach nichts zu tun und zu glauben, es werde schon irgendwie von selbst immer so gut weitergehen. Das wird es nicht.

Es ist nötig, dass eine bestimmte Zahl von Bürgern in Europa sagt: Wir wollen erhalten, was wir erreicht haben, und das Erreichte so ausbauen, dass eine prosperierende europäische Demokratie über ihre Grenzen hinaus auf andere Regionen ausstrahlt. Wenn diese kollektive Willensbildung ausbleibt, wird der weltgeschichtliche Normalzustand nach Europa zurückkehren, der aus Armut, Krieg und Not besteht und dessen Konstanten Verfolgung, Vertreibung und das Recht des Stärkeren sind.

Heute deutet vieles darauf hin, dass wir im Begriff sind, das Errungene zu verspielen. Entpolitisiert, irgendwie bewusstlos, auf eine sehr fatalistische Weise geben wir uns dem Gefühl hin, nichts tun zu können, und lassen uns unser Land von Plünderern rauben.

Was tun? Raus aus dem System! 02

Europa – dieses Land ist unser Land. Es gehört den Bürgern, nicht den Konzernen, korrupten Politikern und der Mafia.

Dieses Land hat genug Platz für alle, genug zum guten Leben für alle. Zu unserem Land gehören Freiheit, Gleichheit, Solidarität mit Armen, Verfolgten, mit Flüchtlingen und Vertriebenen. In unserem Land ist Platz für unterschiedlichste Menschen unterschiedlichster Herkunft und unterschiedlichster Weltanschauungen.

Aber so ein Land entsteht nicht von selbst. Es muss dazu gemacht werden. Und noch zuvor muss es denen entrissen werden, die es sich angeeignet haben, um es zu plündern. Was zu tun nötig ist, um dieses Land zurückzuholen und dann so zu gestalten, dass wirklich jeder seines eigenen Glückes Schmied sein kann, das will ich jetzt einmal aufzählen, ganz subjektiv, im Wissen, dass ich mich irren kann, dass meine Liste nicht vollständig ist, dass ich hier und da Unglauben ernten werde und dass überhaupt über all diese Fragen endlos diskutiert werden kann. Also:

Das Land zurückholen heißt: Europa neu von unten aufbauen, nicht mehr um eine Bank herum und um eine Währung, sondern um eine Idee, die Idee der Freiheit, der Gleichheit und der Menschlichkeit. Sein Sinn kann nicht länger darin bestehen, aus Geld mehr Geld zu machen, Schüler schneller durchs Abitur zu bringen und Muttersauen in kürzerer Zeit mehr Ferkel werfen zu lassen, als sie Zitzen zum Trinken haben.

Das Land zurückholen heißt: Legt den Finanzmärkten wieder Fesseln an. Drosselt die Hochfrequenzspekulation, bringt den Handel mit windigen Finanzinnovationen zum Erliegen, setzt die Transaktionssteuer durch. Nehmt auch die Hedgefonds an die Kandare.

Zwingt multinationale Konzerne, ordentlich Steuern zu zahlen, und trocknet die Steueroasen aus. Den Marktegoismen müssen wieder Grenzen gesetzt, Banken reguliert und diesen eine ordentliche Eigenkapitalquote vorgeschrieben werden.

Unser Land zurückholen heißt: zurück zur sozialen Marktwirtschaft, Korrektur der sozialen Ungleichheit, europaweit. Schluss mit dem »The shareholder takes it all«. Was von allen erwirtschaftet wird – auch Familien, die Erziehungsarbeit und Altenpflege leisten, erwirtschaften etwas –, muss an alle gerecht verteilt werden.

Die nächste technische Innovationswelle – mit Robotern und Verlagerung höherer geistiger Funktionen ins Netz – wird wieder zu Massenentlassungen führen und diesmal auch qualifizierte, gut ausgebildete Arbeitnehmer treffen. Diese haben in der Vergangenheit mit ihrer Arbeit, ihren Steuern und Abgaben ermöglicht, in den Laboratorien die Technik zu entwickeln, die sie künftig arbeitslos macht. Daher kann es nicht mehr so weitergehen, dass diese Technik abermals von einer kleinen Gruppe vermögender Investoren eingesetzt wird, um den eigenen Reichtum zu mehren und die »Überflüssigen« in die Armut zu entlassen. Je mehr Menschen durch Technik ersetzt werden, desto mehr muss diese für alle arbeiten. Apple, Google und all die anderen Hightechkonzerne wären längst pleite, wenn sie die Kosten der vielen Millionen Mannjahre an Forschung, Entwicklung, Grundlagenforschung, Bildung, Erziehung und Familienarbeit zurückzahlen müssten, die in der Technik stecken, mit der sie ihr Geld verdienen.

Von der hohen Produktivität hochentwickelter Technik müssen daher künftig auch jene profitieren, deren Arbeit von den Betriebsblinden der Wirtschaft immer als nur wenig produktiv eingestuft und darum schlecht bezahlt wird. Erzieher, Lehrer, Krankenschwestern, Psychologen, Architekten, Handwerker, Künstler, Eltern und alle, die sich um Kinder, Jugendliche, Flüchtlinge, Alte und Pflegebedürftige kümmern, leisten eine Arbeit, die volkswirtschaftlich und gesellschaftlich wesentlich produktiver ist als die manch eines vermeintlich hochproduktiven Börsenspekulanten oder Datenschnüfflers. Die Löhne der gesellschaftlich Produktiven müssen daher rauf, drastisch.

Wir brauchen neue Lebensarbeitszeitmodelle, die der Komplexität unserer Gesellschaft entsprechen, der gestiegenen Lebenserwartung angepasst sind und der Individualität verschiedenster Lebensstile gerecht werden. Und wir brauchen eine Wirtschaft der kurzen Wege, eine Verzahnung von Arbeit, Familienzeit, Freizeit und eine entsprechende Wohn- und Büroarchitektur.

Einkommen aus Arbeit muss geringer besteuert werden, Einkommen aus Vermögen höher. Auf große Erbschaften müssen 50 Prozent Steuern fällig werden. Wo diese Steuer mittelständische Betriebe gefährdet, weil das ganze Geld im Unternehmen steckt, muss die Belegschaft zur Hälfte am Wert des Unternehmens beteiligt werden. Natürlich soll jedes Kind das Häuschen seiner Eltern steuerfrei erben dürfen. Aber drei, vier oder noch mehr Häuser müssen nicht mehr steuerfrei sein. Und wenn einem Kind leistungslos ein ganzes Unternehmen in den Schoß fällt, sollte es nicht murren, dass darauf 50 Prozent Steuern fällig werden, sondern dankbar sein, dass es so viel mehr Glück hat als die meisten anderen, die wenig bis nichts erben.

Wir müssen das Flüchtlings- und Einwanderungsproblem offensiv angehen. Einwanderer sollten schon an der Grenze freundlich empfangen, willkommen geheißen, gleichmäßig in der EU verteilt, versorgt und ausgebildet werden. In jeden Einwanderer muss investiert werden.

Die großen Summen, die dafür nötig sind, sind da. Sie fließen derzeit in Billionenhöhe in Kriege, in Aufrüstung, in Technik, die unserer Beherrschung und Manipulation dient, in nutzlose Börsenspekulation, die regelmäßig in Blasenbildung, Krisen und Kapitalvernichtung endet. Und viele Billionen liegen unproduktiv in den Steueroasen dieser Welt herum.

In einer Wertegemeinschaft ist das Eigentum sozialpflichtig.

Daher hat die EU das Recht, sich Zugriff zu verschaffen zu diesem nutzlos vagabundierenden Kapital, und die Pflicht, es in die Zukunft zu investieren, in Menschen, Bildung, Infrastruktur, Integration, Frieden und sozialen Ausgleich. Geld, das heute einem Reichen genommen würde, käme seinen Kindern, Enkeln und Urenkeln zugute.

Unser Land zurückholen heißt, die Kontrolle über die Produktion und Verteilung von Waren und Dienstleistungen zurückzuerlangen und dafür zu sorgen, dass alle Kosten, die dabei anfallen, in die Produkte eingepreist und nicht mehr auf Steuer- und Gebührenzahler abgewälzt werden.

Unser Land zurückholen heißt, es den Klauen der privaten und staatlichen Spionage-Industrie zu entreißen. Die Datensammelei muss geregelt und überwacht, die Kontrolle über die Geheimdienste zurückgewonnen werden. Eigene europäische, nichtkommerzielle Suchmaschinen und soziale Netzwerke ohne eingebaute Datenschnüffelei sind aufzubauen, wenn Google, Facebook und Konsorten weiter nicht gewillt sein sollten, europäische Grundrechte zu respektieren.

Unser Land zurückholen heißt: Reduktion der sozialen und ökologischen Kosten des grenzenlosen Freihandels und der Globalisierung. Stattdessen: deglobalisieren, raus aus der unkontrollierbaren, globalisierten Machtwirtschaft und rein in eine neue, ehrliche, überschaubare Regionalwirtschaft von unten, die sinnlose Wettbewerbe beendet, nicht allein auf Konkurrenz, sondern auch auf Kooperation und solidarisches Handeln setzt.

Eine große Zahl von Problemen liegt vor unserer Haustür. Dort, lokal vor Ort, können sie direkter, billiger und effizienter von normalen Bürgern gelöst werden als mit umständlicher Hilfe schwerfälliger Bürokratien in fernen Hauptstädten. Im Dorf, Stadtteil und in der Region können auch neue Lebens- und Politikmodelle erprobt werden, die viele verschiedene Probleme auf integrale Weise lösen.

Dafür braucht es keine Führer, die sagen, wo's langgeht, die wissen es eh nicht. Aber jeder Einzelne weiß sehr gut, was er an seinem Ort in seiner konkreten individuellen Situation selber tun kann und was nicht, was er tun will und was nicht.

Einen großen Teil dessen, was möglich und nötig ist, kann man auf den Begriff bringen: Exodus. Raus aus dem System. Die Überwindung des Systems und die Befreiung aus der Knechtschaft der Systemzwänge besteht im kollektiven Auszug aus diesem System.

Dieser massenhafte Auszug aus dem System bedeutet, ihm unser Geld zu entziehen durch Wechsel zu genossenschaftlich organisierten Regionalbanken und -versicherungen, Einkauf in Dorf-, Stadtteil- und Regionalläden, Stärkung des lokalen und regionalen Einzelhandels, der fairen Produktion und des fairen Handels, Boykott des Agrobusiness, Entmachtung der lobbyistengesteuerten Politiker durch Selbstorganisation der Bürger.

Der Auszug freier Bürger aus den Zwängen des Systems wird die Politiker zwingen zu tun, was nötig ist. Es wird sie zwingen, wieder für uns tätig zu werden, statt für sich selbst und die Lobbyisten. Der Druck auf die Politiker kann noch entscheidend erhöht werden, wenn sich die vielen Einzelnen, Gruppen und Grüppchen zu einer großen Bürgerbewegung organisieren, aus der sich eine neue politische Partei bildet. Bürgerliches, zivilgesellschaftliches Engagement wird auch die Konzerne zwingen, sich anders zu verhalten, anders zu produzieren und sich wieder an den Kosten des Gemeinwesens zu beteiligen.

Und, ganz am Rande, wenn auch nicht unwichtig: Unser Land zurückholen heißt, Edward Snowden Asyl zu gewähren, ihm zu helfen, hier eine neue Heimat zu finden, den Amerikanern zu bedeuten, dass wir ihn nicht für einen Verbrecher halten, sondern für einen Helden, zumindest für einen Menschen, dem wir zu Dank verpflichtet sind.

So ungefähr lautet mein Programm zur Rückeroberung unseres Landes und der Demokratie. Aber wer soll es umsetzen? Und wie?

Die Handlungsanleitung dazu fehlt. Das handelnde Subjekt existiert immerhin schon theoretisch. Wer es ist, ergibt sich aus der Logik des bisher Gesagten: das Volk selbst, also wir. Wir, die Bürger, sind es, die jetzt ranmüssen. Es ist wie in einem Unternehmen, in dem ein Geschäftsführer nach dem anderen versagt und gefeuert wird. Am Ende muss der Eigentümer selbst sein Unternehmen wieder zum Erfolg führen.

Wir sind der Souverän. Wir sind die Eigentümer Deutschlands und Europas. Wir bestimmen, wie hier gelebt und gearbeitet wird. Alle Macht geht vom Volke aus – so war es ursprünglich einmal gedacht, so ist es nicht mehr, und damit es wieder so wird, müssen wir die uns entwundene Macht zurückerobern.

So bleibt am Ende die schwierigste aller Fragen übrig: Wie soll sich ein aus unterschiedlichsten Nationen gemixtes 500-Millionen-Volk selbst regieren? Wie soll das gehen, sich kollektiv sein Land zurückholen?

Niemand weiß das, und es wäre anmaßend und absurd, hier einen Masterplan für die Weltenrettung liefern zu wollen. Aber was dieses Buch liefern kann, sind Vorschläge zur gemeinsamen Erarbeitung von Lösungen und die Vorstellung bereits existierender Lösungen. Daher werde ich in den folgenden Kapiteln versuchen, wenigstens Anstöße zu geben, Lösungsansätze und Projekte vorzustellen, die alle eine gemeinsame Stoßrichtung haben: Verdrängung von Fremdherrschaft, Etablierung von Volksherrschaft, Gestaltung der europäischen Zukunft durch die Bürger von Europa.

Alles gut und schön, aber … 03

… aber wer in unserer passiv vor sich hin alternden, wohlstandsverwöhnten Schlafwagen-Pullman-Gesellschaft soll sich denn für all die Dinge einsetzen, die ich im vorigen Kapitel aufgezählt habe? Meine Antwort lautet: eine weltweite Zivilgesellschaft, die längst existiert, aber sich ihrer Existenz noch nicht so richtig bewusst ist. Dass es sie gibt, wurde mir schlagartig klar durch ein eher banales Ereignis, das zwar durchs Fernsehen in alle Welt ausgestrahlt wurde, das aber zunächst an mir vorbeigelaufen war. Ich musste es am nächsten Tag in den Zeitungen nachlesen.

Was ich verpasst hatte, war einer jener seltenen Momente, in denen sich plötzlich ganze Gesellschaften ausrichten wie Eisenspäne im Magnetfeld. So ein Moment muss sich in der Nacht des 10. Mai 2014 in Kopenhagen ereignet haben. Dort hatte ein Mann in Frauenkleidern, aber mit Bart, eine Dragqueen mit dem seltsamen Namen Conchita Wurst, ganz Europa polarisiert. Sie wurde an jenem Abend zur Siegerin des Eurovision Song Contest (ESC) gekürt.

Tags darauf las ich in der Zeitung: »Europa wählt die Toleranz«, eine »Ohrfeige für alle Homophoben«, ein »Triumph von Herz, Humor und Toleranz«. Nicht nur eine tolle Stimme und eine überzeugende Präsentation habe diese Conchita Wurst geboten, sondern auch eine politische Botschaft. Sie lautete, dass es keine Rolle für den Wert eines Menschen spielt, welchen Geschlechts er ist und wen er liebt.

Nett, dass diese Selbstverständlichkeit jetzt auch mal auf so einer Veranstaltung ausgesprochen wurde, dachte ich. Aber warum die Aufregung?

Man hätte der Sache weit weniger Bedeutung beimessen können, wenn nicht plötzlich die Russen es getan hätten. Schon vor dem Wettbewerb hatten russische Politiker und Kleriker die Teilnahme solch einer Dragqueen als »eindeutige Propaganda für Homosexualität und geistliche Verderbnis« bezeichnet. Und als sie nicht nur teilgenommen, sondern auch noch gewonnen hatte, twitterte der russische Vizeregierungschef Dmitri Rogosin, das Ergebnis zeige »Anhängern einer europäischen Integration, was sie dabei erwartet – ein Mädchen mit Bart«. Der nationalistische Abgeordnete Wladimir Schirinowski sprach gar vom »Ende Europas« und kommentierte: »Da unten gibt es keine Frauen und Männer mehr, sondern stattdessen ein Es. Vor fünfzig (sic!) Jahren hat die sowjetische Armee Österreich besetzt. Das Land freizugeben war ein Fehler, wir hätten dort bleiben sollen.«

Die Dragqueen war ein Politikum. Ihr Bild ging um die Welt und schob sich für ein paar Tage in den Vordergrund, während sich im Hintergrund ominöse prorussische Kräfte Schlachten mit der ukrainischen Armee und Polizei lieferten.

Wie vermochte eine so harmlose Person Russlands Politiker zu provozieren? Conchita Wurst, der schwule Travestiekünstler, der als Thomas Neuwirth in einem österreichischen Dorf geboren worden war, hatte in Kopenhagen geäußert, sein Sieg bedeute für ihn, dass Europa sich dafür entschieden habe, in die Zukunft zu blicken. »Wir haben heute etwas gesagt. Europa will eine Zukunft mit Liebe, Akzeptanz und Frieden. Ich habe heute mehr als eine Trophäe bekommen.«

Und davor haben die Russen Angst? Nicht nur die Russen. Islamische Männer fürchten Homosexualität schon immer, erst recht fürchten sie sich vor so einem westlichen Dragqueen-Phänomen. Aber auch im Westen selbst rührt das Phänomen an archaische Ängste eines bestimmten Typs Mann. Diese Männer, auch bestimmte Frauen, sind offen für die Botschaften aus Russland. Sie bilden das Wählerreservoir der Rechtspopulisten und Rechtsextremen. Der Ukrainekonflikt bedeutet daher nur vordergründig eine Rückkehr zum Kalten Krieg zwischen Ost und West. Im Hintergrund entsteht gerade eine ganz andere Front, die sich quer durch Ost und West zieht: auf der einen Seite der Mann von gestern, der auch eine Frau sein kann, auf der anderen die Frau von morgen, die auch ein Mann sein kann oder etwas dazwischen.

Die Anführer der Männer von gestern – Putin, Orbán, Erdogan, Chinas Machthaber, islamistische Ideologen, die Herren der Wirtschaft – haben Macht, Einfluss, Geld und sind bestens organisiert. Die anderen haben weder Macht noch Geld, sind desorganisiert, in kleinen Gruppen über die Welt verstreut, aber ihnen gehört die Zukunft. Sie sind die Zivilgesellschaft von morgen.

Es ist ein aus bunten Minderheiten bestehendes Völkchen, das erst noch zum Volk werden muss. Bürgerrechtler, Hacker, Tierschützer, Vegetarier und Veganer gehören ebenso dazu wie Schwule, Lesben, Feministinnen, Ökobauern, Genossenschaftler, Naturschützer und Regionalwirtschaftler. Die Vernünftigen und geistig Junggebliebenen aus den Kirchen, Parteien und Gewerkschaften gehören dazu, die jungen Leute, die in Hongkong ein paar Wochen lang die Innenstadt besetzt haben, um gegen Chinas Diktatur zu protestieren, gehören dazu, die Dissidenten in Russland und China, die demokratischen und zivilgesellschaftlichen Kräfte vom Majdan, vom Taksim- und vom Tahrir-Platz gehören dazu und alle, die Brücken bauen, sich um Frieden und Verständigung bemühen und mehr im Kopf haben als ihr eigenes, privates Wohlergehen.

Hoffnung macht in diesem Zusammenhang eine Entwicklung der letzten zwei Jahrzehnte. Die Generation meiner Kinder ist dank zahlreicher Auslandsaufenthalte, Praktika und Studien in europäischen und außereuropäischen Ländern schon jetzt so stark vernetzt, dass sie beste Voraussetzungen mitbringt, um international kommunizieren und kooperieren zu können. 35 000 junge Menschen haben allein im Hochschuljahr 2012/13 am Erasmus-

Austauschprogramm der Europäischen Union teilgenommen, 4000 deutsche Hochschulmitarbeiter an einer ausländischen Hochschule unterrichtet oder eine Weiterbildung besucht. Umgekehrt kamen im vergangenen Jahr mehr als 30 000 Europäer an deutsche Hochschulen, um zu studieren, zu lehren oder sich weiterzubilden.[38]

Noch keine Jugend war je so polyglott, kosmopolitisch und weitgereist wie die derzeitige deutsche und europäische. Es entstehen gerade sehr viele Freundschaften über Länder und Kulturen hinweg. Daraus wird diese Generation etwas machen, dessen bin ich mir sicher, weil ich sehe: Da wachsen sehr viele empfindsame, skrupulöse, zurückhaltende Menschen heran, die in keiner Partei reüssieren, weil ihnen die dafür nötige Härte, Rücksichtslosigkeit und Brutalität fehlen. Aber sie sind nicht bereit, die weitere Herrschaft der Abgefuckten hinzunehmen. Und sie finden zunehmend die Unterstützung jener Älteren, denen Golfspielen, Kreuzfahrten und Abhängen auf Mallorca zu langweilig sind, die lieber mit ihrer Klugheit und Erfahrung, ihren Kontakten, ihrem Know-how und ihrem Geld noch etwas bewegen möchten und sich deshalb engagieren, eine Bürgerinitiative gründen oder einen Verein, der sich um die Lösung eines gesellschaftlichen Problems bemüht.

So unterschiedlich all diese Menschen auch sind, hinter dem Satz der Conchita Wurst – »Europa will eine Zukunft mit Liebe, Akzeptanz und Frieden« – finden sie sich alle wieder.

Viele kämpfen bereits, und die, die jetzt kämpfen, werden es weiterhin tun. »Der Gezi-Widerstand hat viele Menschen, die ihre Hoffnungen, die unsere Gesellschaft schon aufgegeben hatten, wieder mit Leben erfüllt«, sagte der türkische Starautor Murathan Mungan. Dort seien Menschen zusammengekommen, die sich nie zuvor getroffen haben. »Nach Gezi kann in der Türkei nichts mehr so sein wie zuvor. Kein Wahlergebnis kann das ändern.«[39]

Was Mungan über die türkischen Demokraten sagt, gilt auch für alle anderen auf der ganzen Welt. Sie sind nicht mehr länger bereit, sich von unfähigen, korrupten Herrschercliquen ausbeuten, bevormunden und schurigeln zu lassen. Sie signalisieren der gesamten politischen Klasse mit zunehmender Lautstärke: Wir fühlen uns von euch nicht vertreten, nicht ernst genommen, nicht respektiert. Es beleidigt uns, wie ihr uns für dumm verkauft, wie ihr uns belügt, euch bereichert, eure Macht missbraucht. Wir dulden das nicht mehr länger.

Es macht nichts, dass es sich dabei um lauter kleine Minderheiten handelt. Man braucht nicht 100 Prozent für gesellschaftliche Umwälzungen, nicht einmal 50. Zehn Prozent können ganze Gesellschaften umdrehen, oft reichen schon fünf Prozent, und wenn es welche gibt, die bereit sind, ihr ganzes Leben in den Dienst einer Sache zu stellen, dann genügen ein paar Promille, wie schon Jesus wusste: »Ihr seid das Salz der Erde.« Schon geringe Mengen geben der ganzen Suppe einen besseren Geschmack. Ein bisschen Sauerteig genügt, um den ganzen Teig zu durchsäuern – kleine Ursache, große Wirkung.

Daher genügen wenige, um Träume wahr werden zu lassen. Jene in dem Eingangskapitel dieses Buchteils aufgezählten historischen Novitäten – Gleichberechtigung der Frau, Beteiligung der Arbeiter am Wohlstand und an der Politik, Frieden in der EU und Gewinn eines vierten Lebensalters – waren auch allesamt einmal bloße Träume. Sie wurden verwirklicht, weil es kleine Minderheiten gab, die sich diese Ziele auf ihre Fahnen geschrieben und dafür mit langem Atem – und oft scheinbar vergeblich – gekämpft haben. Es sind immer Minderheiten, manchmal nur Einzelne, die das Neue in die Welt bringen und dafür kämpfen.

Das Neue kommt oft plötzlich scheinbar aus dem Nichts, aber hat meistens eine lange, ungesehene Vorgeschichte, ist unter der Oberfläche herangewachsen wie ein Wurzelgeflecht. Wenn es dann als das Neue sichtbar in Erscheinung tritt, lässt sich oft gar nicht mehr genau sagen, wie es dazu gekommen ist.

Der Fall der Mauer zum Beispiel, der Zusammenbruch des

Kommunismus – wer hat diesen Umsturz herbeigeführt? Michail Gorbatschow? Die Bürger der DDR? Oder brach alles zusammen, weil die Sowjetunion und die DDR einfach pleite waren? Lag es an der Härte Ronald Reagans, der die USA so stark aufrüstete, dass die Sowjetunion nicht mehr mithalten konnte? Lag es am Nachrüstungsbeschluss des Kanzlers Helmut Schmidt? Oder an der Entspannungspolitik seines Vorgängers Willy Brandt?

Nichts davon, und auch nicht alles zusammen, musste zwingend die Mauer zum Einsturz bringen. Es lassen sich außerdem noch zahlreiche weitere Kräfte anführen: der große Mut der Oppositionellen in der DDR und Osteuropa zu einer Zeit, als Mut dort noch lebensgefährlich war, die Organisation der Opposition in der DDR durch die Kirchen, die DDR-Schriftsteller und Künstler um Robert Havemann und Wolf Biermann, die polnische Oppositionsbewegung Solidarność samt dem polnischen Papst, mutige Dissidenten wie der russische Atomphysiker Andrei Sacharow, der tschechoslowakische Schriftsteller Václav Havel oder die Entscheidung der ungarischen Regierung im September 1989, für DDR-Bürger die Grenze nach Österreich zu öffnen. Viele Worte, Taten und Aktionen Einzelner und Gruppen haben über Jahrzehnte zusammengewirkt, teils zufällig, teils organisiert, um die Mauer zum Einsturz zu bringen, aber eine stringente Kausalkette vom ersten Wort bis zum historischen Umbruch ist nicht mehr konstruierbar.

Daraus lässt sich etwas sehr Mutmachendes, Hoffnungsvolles lernen: Auch wenn das, was man tut, oft als vergeblich erscheint und man seine Ziele scheinbar nie erreicht, sollte man nie resignieren. Es könnte sein, dass viele andere, von denen man gar nichts weiß, zur selben Zeit an unterschiedlichsten Orten scheinbar genauso vergeblich für die gleichen oder ähnliche Ziele arbeiten oder schon zu einem früheren Zeitpunkt wichtige Vorarbeiten geleistet haben – und plötzlich, völlig unerwartet, geschieht's, fließen die vielen Einzelkräfte wie von Geisterhand gelenkt zusammen, bündeln sich, verstärken einander und bringen das Neue hervor.

Um ein weiteres Beispiel zu nennen: Rosa Parks. Die unbekannte Näherin führte jahrzehntelang ein unauffälliges Leben in Montgomery, Alabama. Bis sie am 1. Dezember 1955 im Bus einfach sitzen blieb und sich weigerte, Platz zu machen für einen Weißen. Sie wurde verhaftet. Es kam zu einem Aufstand der Schwarzen. Ein damals völlig unbekannter Baptistenprediger namens Martin Luther King organisierte daraufhin einen Boykott des öffentlichen Nahverkehrs in Montgomery, den die schwarze Bevölkerung ein ganzes Jahr lang durchhielt und schließlich gewann. Die Rassentrennung in Bussen und Zügen wurde aufgehoben. Das, so heißt es heute, Sitzenbleiben der schwarzen Näherin im Bus war der Beginn der schwarzen amerikanischen Bürgerrechtsbewegung.

Genauer müsste es heißen: Es war der sichtbare Beginn. Unsichtbar unter der Oberfläche hatte es schon viel früher begonnen. Jahrelang hatte Rosa Parks Gewerkschaftsversammlungen besucht, wo Schwarze ihre Diskriminierung in den USA beklagten, gemeinsam Texte lasen, Lieder sangen, Ausflüge unternahmen, aber das alles hatte keinerlei sichtbare Folgen. Hatte es aber doch. Aber unsichtbar ist es zu jener Bewusstseinsbildung gekommen, aus der heraus ihr Widerstand möglich wurde. Eines Tages hatte sie genug gewusst, um zu wissen, was jetzt zu tun sei: einfach sitzen bleiben.

Auch heute wird überall auf der Welt scheinbar folgenlos die Herrschaft der Falschen, Brutalen und Korrupten beklagt, beschrieben und analysiert, der zerstörerische Kapitalismus wird in die Mangel genommen, vor dem aggressiven Populismus der Rechten gewarnt, die Klimakatastrophe beschworen, und nichts ändert sich. Scheinbar. Tatsächlich wird dieses Reden, Klagen, Analysieren und Kritisieren irgendwann zu Taten und Ereignissen führen, und wenn vieles zusammenkommt, besteht die Chance eines neuen historischen Fortschritts.

Noch haben die meisten Menschen, die sich heute scheinbar folgenlos an den Widersprüchen unserer Zeit abarbeiten, kein Gesicht für uns. Wir sehen sie bisher immer nur als Teil einer anonymen

Masse auf Plätzen wie dem Tahrir oder dem Majdan. Selten verbinden sich deren unterschiedliche Botschaften mit konkreten Gesichtern. Das Fernsehen unterscheidet sie nicht, setzt sie nicht in die Talkshows, die Parteien laden sie nicht ein zu ihren Parteitagen. Die Zeitungen und Fernsehnachrichten sind zwar voll von den Problemen unserer Welt, und die Talkshowstudios sind voll von Menschen, die über diese Probleme reden, ohne sie zu lösen. Aber die vielen, die bereits Lösungen erproben, sind so unbekannt, wie es einst Rosa Parks gewesen war, bevor sie im Bus einfach sitzen geblieben ist.

Darum werde ich in den nun folgenden Kapiteln Unbekannte vorstellen, die das Stadium des Redens, Kritisierens, Anklagens, Negierens und Analysierens hinter sich gelassen haben und bereits im Tun angekommen sind. Sie sind wichtiger für die Zukunft unseres Landes als alle Dieter Bohlens und Heidi Klums, interessanter als die Paris Hiltons, die Insassen der europäischen Fürsten- und Königshäuser oder die zeitweiligen Kakerlakenfresser in den jeweiligen Dschungelcamps.

Kapitalismuskritik, politische Analysen, resignative Klagelieder und Wutreden haben wir inzwischen zur Genüge gehört. Ich selbst habe mich der Wutrede schon befleißigt zu einer Zeit, als wir noch mit Spaßgesellschafts-Comedys überschüttet wurden. Deshalb muss endlich von Menschen erzählt werden, die bereits jene Alternativen entwickeln, die nötig sind, damit wir massenhaft aus dem bestehenden, angeblich alternativlosen System ausziehen können.

Sie tun das oft ganz theorielos, pragmatisch, an der Lösung eines einzigen isolierten Problems orientiert, und das kann man kritisieren, zu Tode analysieren und mit Misserfolgsprognosen überschütten. Man könnte aber auch einfach mal eine Weile den Mund halten und denen, die handeln, zur Seite springen, ihnen helfen oder selber etwas tun, was sinnvoll erscheint und anderen hilft. So entstünde eine Experimentiergesellschaft selbständig agierender, aber vernetzter und miteinander kommunizierender Individuen, die sich durch Versuch und Irrtum an Lösungen herantasten und gangbare Wege in die Zukunft bahnen.

Was ich mir vorstelle, beschreibt ein Bild, das ich kürzlich im Netz gesehen habe. Es zeigt einen großen Raubfisch, der einem großen Schwarm kleiner Fische hinterherjagt, die panisch in alle Richtungen fliehen. Aber dann passiert etwas mit dem Schwarm. Er formiert sich, nimmt selber die Gestalt eines riesigen Raubfischs an, dreht um und jagt den Jäger. Nun ist er es, der flieht. Der große Raubfisch flieht vor den vielen kleinen Fischen, die einzeln machtlos sind, aber als gemeinsam handelnde, organisierte Kraft stärker sind als der stärkste Raubfisch.

Sich sammeln, formieren, gemeinsam und organisiert das Land zurückholen, das uns geraubt wurde, darauf kommt es jetzt an. Rob Hopkins, der Gründer der »Transition-Bewegung« (auf den ich noch zu sprechen kommen werde), hat einmal sinngemäß gesagt: Wenn wir darauf warten, dass die Regierungen endlich handeln, wird es zu spät sein. Wenn jeder für sich alleine handelt, wird es zu wenig sein, was damit bewirkt wird. Aber wenn wir gemeinsam handeln, dann könnte es gerade noch ausreichend und gerade noch rechtzeitig sein.

Heimat auf'm Teller 04

Während meines Wahlkampfjahrs 2013 in Franken habe ich 24 Kühe besucht, die zwei Familien ernähren. Der Sohn des Bauern kennt jede Kuh mit Namen. Sie freuen sich über ihre saftigen Blumenwiesen, die keinen Kunstdünger und keine Gülle brauchen, Bienen anlocken, einen großen Artenreichtum über und unter der Erde hervorbringen und das Wasser länger speichern als künstlich gedüngte Wiesen.

Die Kühe haben Glück mit ihren Bauern. Die Klischewskis – so heißt die Zwei-Generationen-Familie – gehören zu der Sorte *Homo anna*, die mehr tun, als nötig ist, und ohne die unser aller Leben armselig wäre.

Im Fall der 24 Kühe heißt das: Sie haben richtig viel Platz in ihrem Stall, mehr als nach den eh schon scharfen Bestimmungen der Biozertifizierer nötig ist. Die Klischewskis ließen sich diesen Luxus circa 50 000 Euro mehr kosten, weil sie ihrem Vieh die schmerzhafte Enthornung ersparen wollten. In engeren Ställen, auch in denen mit Biosiegeln, wo die Kühe regelmäßig aneinandergeraten, aggressiv werden und sich verletzen könnten, werden ihnen die Hörner abgeschnitten. Natürlich dürfen die Kühe auf die Wiese, die direkt an den Stall grenzt. Sie können Gras fressen und in der Sonne liegen. Wird es ihnen zu heiß, gehen sie wieder in den Stall, dessen Boden jeden Tag mit sauberem Stroh bedeckt wird.

Dieses Land ist dein Land, hol es dir zurück – das darf man nicht nur symbolisch verstehen, man muss es auch ganz wörtlich nehmen. Es geht buchstäblich und ganz elementar auch um Land als Feld, Wald, Wiese, Scholle. Es geht darum, wem das Land gehört und wie es bewirtschaftet wird. Damit fängt es an. Mit dem virtuellen Land, das sich durch das Internet wie eine zweite Welt über der ersten aufspannt, hört es auf.

Aber die Basis von allem ist der physische Boden, auf dem wir leben. Wie wir mit diesem Boden umgehen, nach welchen Regeln wir auf ihm leben, wird sich auch auf alles andere auswirken, auf die Industrie- und Dienstleistungsgesellschaft, die Politik und auch auf jenes neue digitale Cyberuniversum, das noch weitgehend ein rechtsfreier Raum ist und daher in Wild-West-Manier bewirtschaftet wird.

Wer das Ganze rechtsstaatlichen und demokratischen Spielregeln unterwerfen und in dem Ganzen die Rechte künftiger Generationen wahren möchte, muss an der Basis, also der Landwirtschaft, damit beginnen. Bereits hier diktieren multinationale Konzerne das Geschehen und plündern die Böden zulasten künftiger Generationen. Daher geht es hier im buchstäblichen Sinn des Wortes darum, uns »das Land« zurückzuholen. Ökobauern mit überschaubaren Betriebsgrößen und regionalen Vermarktungsstrategien spielen hier die strategisch wichtigste Rolle.

Die Familie Klischewski mit ihren 24 glücklichen Kühen ist so ein strategisch wichtiges Glied für die Rückholung von Land und Heimat. Ihr Hof liegt in der Hersbrucker Alb im Kreis Nürnberger Land, in Hartenstein, zwischen der Stadt Hersbruck und der Fränkischen Schweiz, wurde 1983 von den Eltern geerbt und ab 1989 auf Öko umgestellt, weil sie, wie Hans Klischewski und seine Frau Erika sagen, »besser wirtschaften, die Böden schonen und gesündere Nahrung erzeugen« wollten.[40]

Heute kümmert sich hauptsächlich der Sohn um die Kühe und Kälber, auch er ein begeisterter Ökolandwirt, der sich spät nachts in die Fachliteratur vertieft, um noch mehr zu lernen über ökologische Kreisläufe, artgerechte Haltung und Tiergesundheit. Sogar mit Homöopathie für Tiere hat er sich schon eingehend auseinandergesetzt, und nun behandelt er seine Kühe, etwa bei einer Euterentzündung, mit Globuli. Und behauptet: Sie wirken. Das glaube ich zwar nicht, aber diese Haltung ist mir sympathischer als die der Massentierhalter, deren wichtigster Mitarbeiter der Tierarzt mit seinen vielen Spritzen ist.

Klischewski ist darauf bedacht, sein eigener Herr und nicht von einem einzigen Kunden, etwa einer Großmolkerei, abhängig zu sein, die ihm die Preise diktiert. Darum gibt es eine Arbeitsteilung zwischen ihm und seinem Sohn. Der Junge kümmert sich um die Kühe und liefert die Milch, der Alte macht daraus Käse und verkauft ihn auf einigen Wochenmärkten in der Region. Auch etliche Dorf- und Bioläden in der näheren Umgebung beliefert er.

Klischewski genießt diesen Wechsel zwischen der einsamen Arbeit in seiner Käserei und dem Trubel auf den Wochenmärkten. Er braucht die Ruhe auf dem Bauernhof genauso wie das persönliche Gespräch mit seinen Kunden.

Die Kühe versorgen, melken, Käse herstellen, die Produkte verkaufen – das ist viel Arbeit. Der Tag der Klischewskis beginnt oft schon in der Früh um fünf, endet in der Nacht, und am Wochenende gibt es auch zu tun. Reich werden sie davon nicht, aber es reicht zu mehr als nur zum Leben, denn etwas viel Wichtigeres als Geld »erwirtschaftet« der Hof der Klischewskis: so etwas wie innere Gelassenheit, eine Art Grundzufriedenheit, an manchen Tagen auch Glück.

Sie sind glücklich über ihre gesunden Tiere, denen ein besseres und auch längeres Leben vergönnt ist als den Turbokühen des Agrobusiness, glücklich über ihr Land, auf dem alles ohne den Einsatz von Kunstdünger, Fungiziden, Herbiziden und Insektiziden wächst und gedeiht. Glücklich über ihre saftigen Wiesen mit der großen Artenvielfalt. Glücklich darüber, im Einklang mit der Natur und in Frieden mit der Kreatur zu leben. Glücklich auch darüber, dass der Sohn den Hof übernehmen wird, dass es weitergeht in die nächste Generation, denn zwei Enkel sind auch schon da.

Nun könnte man einwenden, dass dieses Glück aber mit finanziellen Einbußen erkauft wird, denn natürlich sei doch die konventionelle Milchviehhaltung gewinnbringender. Tatsächlich geben Klischewskis Kühe – Vertreter der alten Rasse Gelb- oder Frankenvieh – weniger Milch als die Turbokühe der konventionellen Bauern. Auf 5000 bis 6000 Liter pro Jahr bringt es eine durchschnittliche Ökokuh, rund 8200 Liter bis 10 000 Liter saugt der Melkroboter aus einer hochgezüchteten schwarzbunten Holsteinkuh.

Aber: Klischewski muss für sein Vieh kein Futter kaufen. Das wächst auf seinen Wiesen, und das Geld für Dünger und Chemie kann er sich sparen. Die Turbokuh dagegen muss mit teurem Kraftfutter gedopt werden, braucht häufig den Tierarzt, und nach fünf Jahren ist sie so ausgelaugt, dass sie geschlachtet werden muss. Klischewskis Vieh verursacht nicht nur geringere Kosten, sondern lebt auch länger, liefert sieben bis acht Jahre lang Milch. Die Unterschiede in der Milchleistung relativieren sich also, wenn man sie auf die Lebenszeit umrechnet.

Volkswirtschaftlich betrachtet ist die Ökokuh sowieso die ökonomischere, denn sie schont die Natur. Die Turbokuh wäre wesentlich teurer, wenn auf den Milchpreis die Kosten der von ihr verursachten Umweltbelastung – durch Herstellung und Transport ihres Spezialfutters, Naturschädigung durch Chemie, Grundwasservergiftung – draufgeschlagen würden. Dass dies nicht gemacht wird, ist einer der gravierenden Fehler der Landwirtschaftspolitik in der ganzen EU.

Die Ökolandwirtschaft ist politisch noch viel interessanter, wenn sie die Basis regionaler Wirtschaftskreisläufe und Vernetzungen bildet, aus denen sich langfristig so etwas wie eine funktionierende Gegenwirtschaft von unten entwickeln kann. Bauern wie Klischewski sind bereits ein Teil davon. Das dahinterstehende Konzept nennt sich in meinem ehemaligen Wahlkreis Heimat auf'm Teller und ist von dem Diplom-Agraringenieur Rainer Wölfel und dem Hotelier und Gastwirt Hans-Peter Eberhard entwickelt worden.

Im Jahr 2003 gründeten sie einen Verein gleichen Namens mit dem Ziel, Produkte aus der Region Hersbrucker Alb in Restaurants und Wirtshäusern auf die Teller zu bringen. Vierzehn Gasthöfe, die von mehr als dreißig regionalen Erzeugern Rind, Schwein, Geflügel, Wild, Fisch, Gemüse, Obst, Marmelade und Honig beziehen, arbeiten bisher daran mit.

Es geht dabei nicht nur um die Verarbeitung möglichst frischer Lebensmittel in guter Qualität und darum, sich von den denaturierten Produkten zweifelhafter Herkunft zu verabschieden, auch nicht nur darum, sich aus der Vorherrschaft großer Konzerne zu befreien, sondern es geht zusätzlich auch um Heimat- und Landschaftspflege, um eine Wirtschaft der kurzen Wege, persönlicher Bekanntschaften und vertrauensvoller Zusammenarbeit zwischen den Handelspartnern und um Ökologie im umfassenden Sinn, denn: Bioobst aus Ägypten und Biorind aus Argentinien können nicht die Lösung des Problems der industrialisierten Landwirtschaft sein. Bei solch einer globalisierten Biowirtschaft der langen, ökologisch fragwürdigen Wege gestalten schon wieder unkontrollierbare Konzerne die Welt nach ihren Interessen.

Eberhard führt mit seiner Frau Anita, einer Kräuterpädagogin, das schöne Hotelrestaurant Grüner Baum in Kühnhofen bei Hersbruck, rund 20 Kilometer vom Hof der Klischewskis entfernt. Weil er seinen Gästen auf der Speisekarte nur Frisches aus der Region anbieten will, besucht er zahlreiche Bauern in seinem Landkreis, auch die Klischewskis, schaut sich an, was sie produzieren und wie sie es produzieren, und wenn ihm gefällt, was er sieht, kauft er ihnen etwas ab. Wenn nicht, sagt er ihnen, was sie ändern müssten, damit er etwas kauft, und dass er auch bereit sei, dafür bis zu 20 Prozent mehr zu bezahlen als den Preis, den sie üblicherweise bekommen. Eberhard kauft auch bei konventionellen Landwirten, weil die wenigen Ökohöfe in der Region seinen Bedarf nicht decken können. Bei Ökobauern außerhalb seines Landkreises zu kaufen lehnt er jedoch ab, weil für ihn der regionale Aspekt und eine Wirtschaft der kurzen Wege Vorrang haben.

Natürlich bekommt er es oft mit Menschen zu tun, die ganz

anders ticken als die Klischewskis. Der konventionelle Landwirt betrachtet sich als Fleischerzeuger, seine Tiere als Ware, und da lässt ein älterer Bauer schon mal den Spruch fallen: »Das Schwein ist mir am sympathischsten, wenn es auf dem Konto ist.« Eberhard ist kein grüner Missionar und versucht nicht, die konventionell wirtschaftenden Bauern zum Ökolandbau zu bekehren. Als Geschäftsmann sucht er seinen Vorteil, aber auf intelligente Weise, indem er hohe Qualitätsforderungen an die Produkte stellt, die er den Bauern abkauft. So bewegt er sie dazu, ihre herkömmliche Wirtschaftsweise zu ändern und sich der ökologischen anzunähern. Er bringt sie auch zum Grübeln darüber, ob es für sie selbst nicht besser, befriedigender und vielleicht sogar ökonomisch lohnender wäre, auf Klasse statt auf Masse zu setzen – nach dem Vorbild der deutschen Winzer, die das längst verstanden haben.

Diese unideologische, pragmatische, auf nüchternem Geschäftssinn beruhende Kommunikation mit konventionellen Bauern ist langfristig vermutlich erfolgversprechender als deren ewige Verteufelung. Und wahrscheinlich ist sie auf Dauer auch wirtschaftlicher als die bürokratische Lebensmittelkontrolle und -zertifizierung. Ein Gastwirt oder Metzger, der Wert legt auf hohe Qualität, ist ein effizienterer und billigerer Kontrolleur als ein Angestellter von Demeter oder ein verbeamteter Lebensmittelkontrolleur. Auch ein Verbraucher, der Qualität, Frische und guten Geschmack verlangt, wäre ein billigerer Kontrolleur. Eben wegen jener strengen staatlichen Regulierung und der teuren Kontrollen gibt so mancher Biobauer in Deutschland wieder auf:

> »Eine Studie des Thünen-Instituts kam 2013 zu dem Ergebnis, dass pro Jahr 415 Biobetriebe und damit 3,3 Prozent wieder zur konventionellen Landwirtschaft zurückkehrten. Weitere 191 gaben ganz auf. Vor allem aus ökonomischen Gründen: Weil sie zu wenig verdienen, Prämien gekürzt wurden, die Kosten für

Biofutter, Kontrollen und Zertifizierung zu hoch waren oder sie ihre Ware nur schwer vermarkten konnten. Damit gehen der ökologischen Landwirtschaft Jahr für Jahr fast fünf Prozent der Betriebe verloren.«[41]

In einer Zeit, in der die Nachfrage nach Bioprodukten so steigt, dass sie aus dem Ausland importiert werden müssen, sinkt in Deutschland die Bioproduktion! Das ist das Ergebnis einer irrsinnigen Landwirtschaftspolitik, die lieber konventionell wirtschaftende Großbetriebe subventioniert als kleine Ökobauern und sich weigert, die Kosten der industriellen Landwirtschaft in die Produkte einzupreisen.

Die Säuberung des durch Kunstdünger, Pestizide und Herbizide verunreinigten Trink- und Grundwassers zahlt nicht der Hersteller dieser chemischen Produkte und auch nicht der Bauer, der sie auf seinen Feldern ausbringt, sondern zahlen wir alle über den Wasserpreis. Würde auf Kunstdünger eine Steuer erhoben, welche die Kosten der Wasseraufbereitung deckt, könnte der Biobauer preislich mit den konventionell erzeugten Produkten konkurrieren. Diese Änderung der Politik ist nicht zu erwarten, daher müssen wir Bürger das Problem selber lösen.

Wie man es lösen kann, dafür ist Heimat auf'm Teller ein gutes Beispiel, aber die Hersbrucker Alb in meinem ehemaligen Wahlkreis hält noch mehr solcher Beispiele bereit. Eines davon sind die Möbelmacher, ein Unternehmen, das nur einen Katzensprung von Eberhard entfernt liegt.[42] Der Gründer des Unternehmens, Herwig Danzer, ist auch Mitbegründer des Initiativkreises Holz aus der Frankenalb. Er schreinert Möbel aus Holz, das in der Region wächst, Kiefern, Lärchen, schwer verkäufliche rotkernige Buchen. Nicht nur Eberhards Hotelzimmer und Restauranträume hat er mit seinen Möbeln aus heimischen Hölzern ausgestattet, er propagiert auch den Bau von Häusern mit Holz aus der Region, wohnt und produziert selbst in einem solchen und holt eine Philosophie zurück ins Wirtschaftsleben, die scheinbar ausgedient hat: Gut Ding will Weile haben.

Sein Holz kauft Danzer im Winter, wenn der Frost es getrocknet hat. Das Sägen dauert mehrere Wochen. Das zersägte Holz braucht Platz, weil es lange lagern muss. Für seine Küchen behandelt er das Holz mit öligem Naturharz. Dann muss es trocknen, nochmals geölt werden und erneut trocknen. Insgesamt erfordert allein die Vorbereitung des Holzes viermal so viel Zeit wie die übliche Behandlung durch Spritzen. Wenn Danzer dann damit seine Küchen baut, lässt er sich ebenfalls Zeit, weil Sorgfalt und Qualität nun mal Zeit erfordern. Seine Küchen sind natürlich entsprechend teurer.

Dafür müssen sie aber auch nicht irgendwann entsorgt und recycelt, sondern können vererbt werden, was wieder beweist: Ökologie ist die vernünftigere, nachhaltigere, ökonomischere Ökonomie, weil sie sich langfristig rechnet. Bisher ziehen Danzers Möbel nur eine bestimmte Kundschaft an, die den hohen Aufwand schätzt, mehr zahlt und länger wartet, dafür aber, wie Danzer sagt, keine teuren Autos fährt. Er spricht von einer »Wertverlagerung« – ein Zukunftskonzept, für das die Mehrheit der Köpfe erst noch gewonnen werden muss.

Danzer, Eberhard, Klischewski – das sind Knotenpunkte eines sich seit mehr als 15 Jahren entwickelnden regionalen Netzwerks in der Hersbrucker Alb. Was sie und ihre Mitstreiter tun, tun sie, um ihren Lebensunterhalt zu verdienen. Aber sie tun es so, dass ein Mehrwert dabei entsteht: die allmähliche Entschlechterung der Welt. Sie wollen mit der Art und Weise, wie sie ihr Geld verdienen, auch Politik machen. Es genügt ihnen nicht, die Zeitung zu lesen und einmal alle vier Jahre Politiker zu wählen, die sie ja doch wieder enttäuschen. Und es genügt ihnen auch nicht, irgendwie ihren Lebensunterhalt zu verdienen. Sie wollen beides miteinander verknüpfen: den Lebensunterhalt so verdienen, dass es auch positive politische Folgen hat für ihre Heimat. Sie wollen ihr Schicksal und das ihrer Region wieder selbst in die Hand nehmen, statt es sich von anonymen Mächten aufoktroyieren zu lassen. An ihrem Tun wird anschaulich, was man sich unter dem abstrakten Schlagwort »regionale, ökosoziale Marktwirtschaft und fairer Handel« vorstellen soll und wie das richtige Bewusstsein in ein richtiges Sein umgesetzt werden kann.

Ganz in diesem Sinn erschaffen inzwischen viele Bürger aus dem Nichts Dorfläden, Hofläden und andere Direktvermarktungswege. Sie sind ein weiterer Knotenpunkt in jenen neuen regionalen Netzwerken einer Wirtschaft von unten.

Seit Herbst 2012 gibt es auch in meinem Heimatdorf Schönberg – heute ein Stadtteil von Lauf an der Pegnitz – so einen Dorfladen. Dort wird man vergeblich nach Rinderlasagne mit Pferd suchen, denn es werden die Produkte aus der Region verkauft, zum Beispiel der Käse der Klischewskis. Wenn ich die Verkäuferin hinter der Theke frage, woher die Wurst kommt, nennt sie mir Namen und Adresse des Bauern. Ich kann, wenn ich will, hinfahren und mir ansehen, wie er seine Schweine hält und was er ihnen zu fressen gibt. Der Laden schafft Arbeitsplätze, zahlt Steuern – und ist naturgemäß etwas teurer als Aldi und Lidl, obwohl der Geschäftsführer Peter Lang, hauptberuflich Gymnasiallehrer, selbstausbeuterisch als Ehrenamtlicher seine ganze Freizeit für das Projekt opfert. Anfangs brummte der Laden, inzwischen kaufen doch wieder viele bei Aldi und Lidl. Das zeigt, dass so ein Laden der Wertschätzung seiner Bürger bedarf. Wenn die nachlässt, wenn statt Bürgersinn der Geiz-ist-geil-Charakter regiert, verschwindet der Laden wieder. Das Bewusstsein dafür muss bei vielen Konsumenten erst noch entstehen. Und es muss wachgehalten werden.

Hätten wir deutlich mehr solcher Läden, 80 000 bis 100 000 in ganz Deutschland, wäre es leichter, dann könnten sie auch vieles billiger einkaufen und besser gegen Rewe, Lidl und Konsorten konkurrieren. Aber so ein Dorfladen leistet noch viel mehr in einer Zeit, in der in vielen Teilen Deutschlands die Dörfer sterben, weil der letzte Laden dichtmacht, das Wirtshaus schließt, die Kirchengemeinde ihren Pfarrer verliert und mit anderen Gemeinden zu einer Großgemeinde zusammengelegt wird. Die Leute ziehen weg, die Zahl der Kinder geht zurück, die Schule wird geschlossen, die Arztpraxis verwaist, es fahren weder Bus noch Bahn, das Dorf verödet.

Deshalb ist es wichtig, dass die Versammlungsorte in den Dörfern – Kirche, Wirtshaus, Schule, Laden – erhalten bleiben oder wieder neu geschaffen werden. Der Dorfladen in Schönberg ist darum bewusst auch als kleines Kommunikationszentrum konzipiert. Man trifft dort auf andere Menschen, kann mit ihnen einen Kaffee trinken und reden. Und die Oma kann jetzt wieder selbst einkaufen und ist nicht mehr darauf angewiesen, dass ihr jemand aus der Stadt etwas mitbringt.

Das Beste daran aber ist: Die Bürger selbst haben diesen Dorfladen auf die Beine gestellt und betreiben ihn nun auf eigene Verantwortung. Sie haben dafür eine Genossenschaft gegründet, an der jeder Anteile erwerben und so zum Startkapital beitragen konnte. Auch ich bin Mitglied.

Eine Genossenschaft ist nicht auf Gewinnmaximierung ausgelegt, sie will nicht aus Geld mehr Geld machen, sondern mit Geld Probleme lösen. Sie schafft nicht fiktive, sondern reale Werte und fördert damit die Wirtschaft in der Region. Sie hält das Geld in der Region, und diese kann sich entwickeln. Dem Genossenschaftsmodell kommt daher eine Schlüsselrolle im Netz der regionalen Wirtschaft zu, wie man es derzeit beispielhaft bei der Energiewende beobachten kann. Überall in Deutschland gründen Bürger jetzt Genossenschaften für die regionale Erzeugung grüner Energie.

Dorfläden, Genossenschaften und Vereine wie Heimat auf'm Teller zeigen auch eine veränderte Einstellung der Bürger. Statt zu lamentieren und lautstark nach dem Staat zu rufen, entwickeln sie eine Haltung, die besagt: Wenn etwas nicht ist, was sein soll, dann machen wir es eben selber. Und wenn sie es machen, dann meistens besser, billiger und effizienter als der Staat.

Entlang den spezifischen Möglichkeiten, die jeder Region eigen sind und sich von anderen unterscheiden, können Bürger, die sich dieser Möglichkeiten bewusst sind, organisch ein Netz regionaler Wirtschaft wachsen lassen, das am Ende so komplex und zugleich so effizient sein wird, dass es kein genialer Planer einer Landes- oder Bundesbehörde besser hätte entwerfen können. Kein Fraunhofer-Institut, keine hoch bezahlte wissenschaftliche Planungsgruppe ist in der Lage, in angemessener Zeit zu vertretbaren Kosten einen Prozess zu konzipieren und zu organisieren, wie er von der Schwarmintelligenz engagierter Bürger in ihren eigenen Gemeinden durch Versuch und Irrtum entwickelt werden kann.

Aber selbst dann, wenn mir jemand wider Erwarten den Beweis erbrächte, dass staatliche Stabsstellen, Planungsbüros und wissenschaftliche Consultants es genauso gut oder besser könnten, würde ich für das Bürgerexperiment plädieren, und zwar aus zwei Gründen: Erstens arbeiten die Bürger mit hoher Wahrscheinlichkeit billiger; zweitens aber, und das ist der für mich entscheidende Grund, hat die Selbstorganisation der Bürger ein paar Nebenwirkungen von unschätzbarem Wert. Genossenschaften, Dorfläden, die Erzeugung regionaler Energie, Produzentengemeinschaften, der Aufbau regionaler Handelsstrukturen erzwingen Kommunikation, Versammlungen, persönliche Bekanntschaften. Ganz unterschiedliche Bürger, die sonst vielleicht nie zusammenkämen, entwickeln nun kreuz und quer über viele unsichtbare Grenzen hinweg persönliche Beziehungen zueinander.

Das stärkt die Demokratie. Damit holen sich die Bürger jene Gestaltungsmacht zurück, welche den Politikern von den Finanzmärkten entrissen wurde.

Wo Bürger ihre Energie selbst erzeugen, hat das Kartell der Energieversorger seine Macht verloren, und die Abhängigkeit von Putins Gas und dem Öl der Scheichs schwindet. Wo Bürger das Restaurant oder das Café bevorzugen, das Produkte aus der Region verarbeitet, Lehrlinge ausbildet und ehrlich seine Steuern zahlt, wird es eng für Starbucks, McDonald's, Steakhouse-Ketten und all die anderen multinationalen Schmarotzer, die hier ihr Geld verdienen, unsere Infrastruktur nutzen, aber zu deren Erhalt kaum etwas beitragen.

Zumindest in seinem Dorf, seinem Stadtteil, seiner Region kann der Bürger zu einem gewissen Grad wieder selbst bestimmen, wie gelebt und gearbeitet wird. Und wenn diese Wirtschaft von unten wirklich einmal flächendeckend in Deutschland und Europa verbreitet sein und von einem Finanzsystem aus Ökobanken, Genossenschaften und genossenschaftlichen Versicherungen getragen werden wird und unser Geld in diesem System steckt, dann können wir auch gelassen zusehen, wie sich verzockende Banken pleite gehen. Sie sind dann nicht mehr systemrelevant. Unser Land gehört wieder uns.

Der vielleicht wertvollste Nebeneffekt ist die Aufwertung einer auf den Hund gekommenen Währung, die wichtigste Währung überhaupt: Vertrauen. Eine der verzweifeltsten Fragen unserer Demokratie heute lautet: Wem kann ich noch vertrauen? Das ist ein gefährlicher Zustand. Wir sind darauf angewiesen, dass wir uns auf die wichtigsten Regeln des Zusammenlebens einigen können und uns auch ohne Aufsicht und Kontrolle daran halten. Wir sind es umso mehr, je mehr Ethnien, Kulturen und Religionen in unserem Land miteinander gut auskommen sollen.

Hier kann der Aufbau einer regionalen Wirtschaft von unten Dienste leisten, die fast noch wertvoller sind als der angestrebte Hauptzweck: Neben Finanzkapital für die Region wird auch Vertrauenskapital aufgebaut. Das Bewusstsein der eigenen Verantwortlichkeit wird wieder wachsen und die ganze Region durchdringen. Davon werden auch die profitieren, die, aus welchen Gründen auch immer, sich nicht am Leben in der Polis beteiligen. Demokratie kann wieder gelebt, das Land wieder in Besitz genommen werden.

Gegenwärtig tragen in der Frankenalb vor allem Bauern und Gastronomen das Konzept der regionalen Wirtschaft. Aber es ist natürlich auch offen für kleine Dienstleister, Buchhandlungen, Dorfläden, Handwerker und alle weiteren regionalen Akteure. Ihre Vernetzung mit Kunden und Konsumenten zu einer richtigen Regionalwirtschaft steckt noch ganz in den Anfängen, und jeder weitere Entwicklungsschritt erfordert das Engagement weiterer Bürger.

Wie aus Industriestandorten wieder Heimat wird 05

Ich sitze auf einem Hügel irgendwo in der Toskana, blicke ins weite Land und bin ganz bei mir, ruhig, entspannt, so versunken in den Anblick der Landschaft und so selbstvergessen, dass ich mir meiner inneren Ruhe gar nicht bewusst werde. Erst in der Erinnerung, zu Hause, stellt sich so etwas wie eine nachträgliche Bewusstwerdung der dort empfundenen Gelöstheit ein, und ich frage mich: Warum passiert mir das nicht daheim in der Region zwischen Mainz, Bingen, Bad Kreuznach und Worms? Diese Gegend wird von Tourismusförderern und Lokalpolitikern gern als rheinhessische Toskana bezeichnet oder auch als rheinhessische Schweiz. Mein Puls aber geht hier eher nach oben statt nach unten.

Tatsächlich hat die Region gewisse Ähnlichkeiten mit der Toskana: mildes Klima, eine sanft hügelige Landschaft, die zur Pfalz hin zu einer Mittelgebirgslandschaft ansteigt, einen fruchtbaren Boden, auf dem Wein, Getreide, Obst und Beeren wachsen. Von den Hügeln sieht man den Rhein sich als silbernes Band durch die Landschaft schlängeln. Ja, es ist schön – und doch, das echte Toskanagefühl will sich nicht einstellen. Warum?

Weil es laut ist. Von morgens um fünf bis Mitternacht donnern im Minutentakt in geringer Höhe die Flugzeuge über einen hinweg, die am Frankfurter Flughafen starten und landen. Autos, Güterzüge, Rettungshubschrauber übertönen das Gezwitscher der Vögel. Mainz ist umzingelt von Autobahnen, Autobahndreiecken und Autobahnkreuzen, die jedem Wanderer und Radfahrer immer wieder den Weg versperren und zu Umwegen zwingen. Und wenn es mal nicht die Autobahn ist, die einem in die Quere kommt, dann ist es die Eisenbahn oder ein riesiges Industriegelände. Eben noch hat man ein idyllisches Stück Landschaft entlang einem Altrheinarm durchquert, und plötzlich steht man vor einem Zaun, hinter dem sich turmhohe Behälter von Esso, Shell oder einem Chemiewerk erheben.

Je näher man dem Rhein kommt, desto mehr verliert er von seiner Romantik. Man erkennt die Uferbefestigungen, die Begradigungen, die menschlichen Eingriffe, die vielen Schiffe, und unmittelbar am Flussufer sieht man dann endgültig, was aus ihm, dem von der Romantik beschworenen »Vater Rhein«, geworden ist: eine große Wasserrinne, ein weiterer Transportweg unserer globalisierten Industrie- und Dienstleistungsgesellschaft.

Nein, man befindet sich hier nicht in der Toskana, sondern mitten in der Rhein-Main-Region, einem wirtschaftlichen Kraftzentrum des Wirtschaftsstandorts Deutschland, einem Knoten aus Luft-, Land-, Wasser-, Strom- und Datenbahnen. Darüber können auch die Weinberge und Obstplantagen nicht hinwegtäuschen, die leider wenig Ähnlichkeit haben mit der toskanischen Kulturlandschaft. Weite Teile Rheinhessens gleichen eher einer agrarindustriellen Nutzfläche.

Man kann hier zwar durch wogende Kornfelder streifen, aber oft ist dann da auch, so weit das Auge reicht, nichts anderes als ein einziges riesiges Kornfeld. Danach kommt eine riesige Ackerfläche, auf der Zuckerrüben wachsen und sonst nichts. Dann ein riesiges Maisfeld. Schließlich die Weinberge mit nichts als Wein.

Wer vom Autobahnkreuz Alzey in Richtung Worms fährt, erblickt auf den Hügeln zu seiner Linken auf einer Strecke von rund 20 Kilometern einen einzigen riesigen Weinberg. Weit und breit kein Busch, kein Strauch, kein Wäldchen, keine Baumgruppe, keine Wiese, kein Feldrain, kein Weiher, kein Tümpel. Eine trostlos-monotone Agrarindustriefläche, in die hinein jetzt auch noch viele riesige Windräder gestellt wurden, die aber kaum stören, sondern fast schon eine willkommene Abwechslung in die Monotonie bringen. Aber auch sie laden nicht gerade ein zum Verweilen. Man rast an ihnen vorbei, um rasch weiterzukommen.

Darum macht man ja auch nicht hier Urlaub, in der rheinhessischen Toskana, sondern in der richtigen, wo auch Wein wächst, aber wohlintegriert in eine terrassenartig angelegte Kulturlandschaft mit Zypressen, Pinien, Wacholderbüschen, Olivenbaumhainen, Kornfeldern, Obstgärten. Dort, in einer solchen Kulturlandschaft, geht der Puls runter, kommt die Seele zur Ruhe.

Aber was ist das für eine Zumutung, an elf Monaten des Jahres dafür arbeiten zu müssen, sich mal vier Wochen vom Stress seiner Umgebung erholen zu dürfen? Wieso beseitigen wir die krankmachenden, Stress verursachenden Faktoren unserer Umgebung nicht? Wie ist es überhaupt dazu gekommen, dass wir so viel Kulturlandschaft in Industriegebiete verwandelt haben?

Es lag an dem Glauben, dass so eine Kulturlandschaft zwar seine Reize habe, aber leider unwirtschaftlich sei und deren Erhalt ihre Bewohner zur Armut verurteile. Deshalb verwandelte man sie in eine ausgeräumte Agrar- und Industrielandschaft. Das kostete zwar die Feldhasen und zahlreiche andere Arten das Leben, verschandelte das Bild der Landschaft, zwang die Kleinbauern zum Aufgeben, aber steigerte das Bruttosozialprodukt und ein bisschen auch den Wohlstand der Bauern, die überlebten. Subventionen brauchen sie trotzdem weiterhin.

Stimmt es denn, dass Wohlstand nur zu haben ist um den Preis der Zerstörung von Landschaft? Haben wir nur die Wahl zwischen »arm, aber glücklich« und »reich, aber unglücklich«? Sollte es ein Naturgesetz sein, dass das, wovon wir leben, uns das Leben und die Gesundheit raubt? Und nicht nur uns, sondern auch allem, was da kreucht und fleucht und sonstwie gedeiht?

Hol dir dein Land zurück, das heißt vor allem: Hol dir deine Heimat zurück. Verwandle Deutschland, das für die Profitinteressen der großen Industrie und der Spekulanten nur als Wirtschaftsstandort zählt, wieder in ein schönes Land, in dem man so gerne lebt, dass der irrwitzige Zwang, das »eigentliche Leben« in sechs Wochen Urlaub zu pressen, entfällt. Ändere die Regeln, nach denen dein Land gestaltet wird. Etwa so wie in der Toskana. Sind deren Bewohner etwa arm? Warum konnten sie sich die Schönheit ihrer Landschaft erhalten, ohne zu verarmen? Hatten sie bessere Regeln oder einfach nur Glück?

Genau diese Frage treibt auch Rainer Wölfel um, den im vorigen Kapitel erwähnten Mann vom Naturschutzbund, der schon länger an einer Konzeption zur Umsetzung einer nachhaltigen Regionalentwicklung von unten arbeitet. Er bezweifelt die Wahrheit des deutschen Dogmas »Groß ist gut, größer ist besser, riesig ist ökonomisch«. Er regiert den 12 Hektar großen Wengleinpark inmitten der Hersbrucker Alb, ein ziemlich einzigartiges und darum überregional bekanntes Naturschutzgebiet, das zahlreichen seltenen und vom Aussterben bedrohten Arten wie etwa dem Feuersalamander Überlebensmöglichkeiten bietet. Eberhards Hotelrestaurant, Danzers Möbelmanufaktur und Klischewskis Ökohof sind nur einen Katzensprung entfernt davon.

Wölfel und seine Mitstreiter entwickelten neben dem Konzept von Heimat auf'm Teller eine weitere, ganz auf den Charakter des Hersbrucker Landes zugeschnittene Idee, die auf einer Umfrage unter Urlaubern beruht. Sie sollten angeben, wie sie sich die ideale Landschaft vorstellen, und sie beschrieben mehrheitlich eine Flussaue, ein Tal mit grünen Wiesen, Waldlichtungen, sanft ansteigenden Hügeln, einzelnen alten Bäumen, Weidetieren.

Sie beschrieben, ohne es zu wissen, die Hersbrucker Alb in meiner Heimat im Nürnberger Land. Sie ist eine vom Oberlauf der Pegnitz geprägte Flussauenlandschaft. In meiner Jugend hatte ich sie mir erwandert. Und wenn ich heute dorthin zurückkehre, das klare Pegnitzwasser im Sonnenlicht glitzern sehe, Regenbogenforellen beobachte, wie sie auf Beute lauern, die vielen verschiedenen Grüntöne der Flussaue unter Licht und Schatten auf mich wirken lasse, wenn mein Blick links und rechts auf die bewaldeten Hänge und die hellen Kalksteinfelsen schweift, ich am Ende in einer Mühlenwirtschaft einkehre und mir eine Forelle Müllerin bestelle, dazu einen fränkischen Riesling, dann geht mein Puls nach unten, und ich fühle mich wie in der Toskana. Mein Pegnitzgefühl ähnelt dem Toskanagefühl. Ich bin glücklich, wenn ich durch diese Landschaft meiner Jugend radle oder wandere, die heute fast noch genauso aussieht wie vor 40 Jahren, als ich meine Heimat verließ. Nur die Kühe sind nicht mehr da.

Die Kühe möchten Rainer Wölfel und sein Naturschutzzentrum wieder in die Landschaft hineinstellen. Nicht aus Nostalgie oder Romantik, noch nicht einmal für die Touristen, sondern für die Natur. Weil weidende Kühe die Landschaft pflegen und gestalten. Auch das heutige Aussehen der Hersbrucker Alb verdankt sich zu einem Gutteil den Kühen, die dort über Jahrhunderte gegrast und dabei eine Landschaft mit großer Artenvielfalt geschaffen haben. Deshalb lässt sie Wölfel seit etlichen Jahren wenigstens in seinem Naturschutzgebiet weiden. Allerdings musste die Weide für die Kühe erst künstlich wiederhergestellt werden, denn die Anger, auf denen sie einst grasten, waren längst überwuchert von Bäumen, Sträuchern, Büschen, Gestrüpp.

Die Bevölkerung wunderte sich daher, als sie plötzlich die Naturschützer mit schwerem Gerät und Motorsägen anrücken sah, noch dazu in einem Naturschutzgebiet. Sind das nicht die Menschen, die immer sagen, dass man nicht zu sehr in die Natur eingreifen und diese am besten sich selbst überlassen solle? Und nun fällten sie Bäume, rodeten, entbuschten, rissen Sträucher aus – damit dort wieder Kühe grasen können? Also für landwirtschaftliche Zwecke?

Die Fragen beruhen auf einem Missverständnis. Nicht Wildwuchs ist das Ziel der Naturschützer, sondern Artenvielfalt. Und nicht Landwirtschaft wollen sie betreiben, sondern die Artenvielfalt wiederherstellen. Mithilfe von Weiderindern. Auf ehemaligen Angern.

Aber, dachten die Hersbrucker Naturschützer, warum soll man nicht auch einen wirtschaftlichen Sekundärnutzen daraus ziehen und so einen eigenen Beitrag zu den Kosten des Naturschutzes leisten? Das Fleisch dieser Weiderinder, die an der frischen Luft unter der Sonne in freier Natur Gräser und Kräuter fressen, die garantiert naturrein, bio und öko sind, müsste sich doch gut verkaufen lassen.

Das klingt unspektakulär, aber genauso, auf solch unspektakuläre, ja geradezu sanfte Weise beginnt der Auszug aus dem System der Machtwirtschaft. Hol dir dein Land zurück, das heißt: Sprenge jene Interessensverkettungen, die vom Bauernhof bis zum internationalen Lebensmittelkonzern einen agrarindustriellen Komplex bilden, an dem die Banken, Versicherungen, Logistikunternehmen, Chemieindustrie und zahlreiche weitere Branchen unbedingt festhalten wollen.

Die Sprengung der Ketten erfordert den Aufbau eines Alternativsystems, in das all diejenigen umziehen können, denen das System der globalen Machtwirtschaft stinkt. Auch dieses Alternativsystem beruht auf Interessensverkettungen: auf dem Interesse an einer schönen Landschaft; auf dem Interesse an frischen, ehrlichen, gesunden Lebensmitteln; auf dem Interesse, die Wertschöpfung in der Region zu halten; auf dem Interesse an artgerechter Tierhaltung; auf dem Interesse an einem schonenden, energiesparenden, möglichst klimaneutralen Umgang mit den Ressourcen; auf dem Interesse an einer intakten Natur; auf dem Interesse an sinnvoller Arbeit, von der man leben kann.

Diese Interessen müssen erst organisiert, die Wege dahin erst gebahnt, die Infrastruktur erst geschaffen werden, aber das alles ist gar nicht so schwer, wie es sich anhört. Die grobe Faustregel, nach der man vorgehen kann, lautet: Organisiert so viel wie möglich von dem, was heute noch oben organisiert wird, von unten, und macht einfach das Gegenteil dessen, was in den letzten Jahrzehnten gemacht wurde. Entglobalisiert, deglobalisiert, regionalisiert eure Wirtschaftskreisläufe. Was teilweise schon erkannt und dann auch korrigiert wurde, wie etwa der Rückbau von begradigten Flusslandschaften, muss auf ähnliche Weise auf vielfältigen Wegen in anderen

Bereichen fortgesetzt werden. Seit deutsche Winzer auf Klasse statt Masse setzen, gibt es wieder gute deutsche Weine. Dieses Prinzip ist noch sehr ausbaufähig. Wichtig ist, dass systemisch gedacht wird dabei, damit das Neue organisch wächst und so aufeinander abgestimmt ist wie das Wachstum einer Zelle.

Wie diese abstrakte Regel konkret umgesetzt werden kann, dafür ist das, was Wölfel und seine Leute in der Hersbrucker Alb machen, ein Beispiel, eines von vielen, die ähnlich oder ganz anders überall in Deutschland und Europa realisiert werden. Die Beispiele sind unspektakulär, klein, scheinbar zu unbedeutend, als dass man im Fernsehen darüber berichten müsste. Aber in der Summe können sie unsere gesamte Wirtschaft und Landwirtschaft revolutionieren.

Das Hutangerprojekt der Hersbrucker Naturschützer hat mir auf Anhieb eingeleuchtet, weil ich als Kind die Angerwirtschaft noch selbst erlebt habe, auch die Abkehr davon und die Folgen. Und nun erlebe ich die Wiederanknüpfung an eine ausgestorbene Tradition unter total veränderten Bedingungen. Ich erlebe ein neues Rückbauprojekt, das vorwärts, in die Zukunft weist.

In meinem Heimatdorf Schönberg gab es, als ich Kind war, noch einen Kuhhirten, der in den Sommermonaten morgens in sein Horn blies, woraufhin sich die Ställe der Bauern öffneten, das Vieh aus ihnen heraustrat, selbstständig zum Dorfplatz trabte und dort mit dem Hirten auf die Weide zog. Und die Weide, das war eben ein Anger, der niemandem gehörte, sondern seit alters her allen Bauern zur Nutzung zur Verfügung stand. Deshalb spricht man hier von einem Hutanger. Hut kommt von hüten. Anger, aus dem althochdeutschen *angar* kommend, bedeutet ungepflügtes, wildes Grasland. Anderswo heißt das Allmende.

Diese Allmende wird heute von manchen Intellektuellen gerne romantisiert, dient sie ihnen doch als Beleg dafür, dass Gemeineigentum etwas Altbewährtes ist, das über Jahrhunderte gut funktioniert hatte. Die Wahrheit ist: Angerland war Hungerland. Bei Angern handelte es sich meistens um ein ertragsschwaches Grünland auf kargem Boden. Die armen Bauern, deren eigenes Land nicht genug abwarf, waren gezwungen, auch diese Anger für ihr Vieh zu nutzen, und oftmals nutzten sie sie so sehr, dass das Land durch Überweidung auf Jahre hinaus unbrauchbar wurde. Daran lässt sich auf einfache Weise erkennen, was passiert, wenn man die Dinge treiben lässt.

Es gab aber auch Zeiten und Landstriche, in denen die jeweilige Herrschaft gestaltend eingriff und darauf achtete, dass die Anger nicht überweidet, sondern gepflegt und mit Zusatznutzen versehen wurden. Dann wurden Eichen gepflanzt, von deren Eicheln sich im Herbst Schweineherden ernährten. Später kamen Obstbäume hinzu, damit sich die Bevölkerung Äpfel, Birnen, Zwetschgen, Kirschen, Nüsse holen konnte. Es reichte nie für alle, aber linderte die Not.

Und ein Nebeneffekt stellte sich ein. Wo Kühe weideten, verbuschte das Land nicht mehr, die Kühe fraßen die jungen Triebe weg. Sie fraßen nur bestimmte Gräser und Kräuter, düngten den Boden mit Kot und Urin, bearbeiteten den Boden mit ihrem Gewicht und ihren Hufen, schufen Trampelpfade, zogen weiter, transportierten Keime, Sporen, Insekten mit sich. Die Hirten bevorzugten Weidegebiete mit Bäumen und Büschen, alten Eichen, weil diese Schutz vor Sonne und Regen boten. Sie achteten darauf, dass ein Tümpel, ein Weiher, ein Bach oder ein Fluss in der Nähe war, damit die Tiere trinken konnten.

Über die Jahrhunderte entstand so durch das Zusammenwirken des Viehs mit der vorhandenen Natur eine Anger- und Weidelandschaft aus Eichenhainen, Lichtungen, Streuobstwiesen, Hecken, Sträuchern, Tümpeln, Weihern. Wie von selbst gestaltete sich eine Landschaft, die englischen Parks glich. Zahlreiche Käfer, Insekten, Schmetterlingsarten siedelten sich an, die wiederum vielen Vogelarten als Nahrung dienten.

Diese bunte Vielfalt der Flora und Fauna verschwand ab Mitte der 50er-Jahre des letzten Jahrhunderts fast zeitgleich mit der alten

Hirtentradition, ab Mitte der 60er-Jahre war es mit ihr endgültig vorbei. Ein Grund war der wachsende Verkehr. Immer häufiger kam es in ländlichen Gebieten zu Zusammenstößen zwischen Auto und Kuh. Der Hauptgrund aber war ein anderer: Kunstdünger.

Sein Einsatz steigerte den Ertrag der Futterpflanzen so stark, dass die Kühe im Stall blieben und von den Bauern allenfalls noch auf die eigenen Wiesen getrieben wurden, falls diese nicht zu weit vom Stall entfernt waren. Die Kühe trabten jetzt nicht mehr zu ihrem Futter, sondern der Bauer mähte die Wiese und brachte das Futter zu den Kühen in den Stall, machte Heu daraus und Silage für den Winter.

Die Anger wurden nicht mehr gebraucht. Eine Zeit lang dienten sie uns Kindern noch als Bolzplätze, später wucherten sie zu oder wurden bebaut oder in Mülldeponien verwandelt.

Die Bauern rechneten indes aus – oder es wurde ihnen von Beratern der Landwirtschaftsministerien vorgerechnet –, dass es noch ökonomischer sei, das Grasmähen zu lassen und das Futter lieber zu kaufen. Das Futtermachen kostet Zeit und Geld, denn die Wiese muss gedüngt und gemäht werden, man braucht Traktoren, Mähmaschinen, Heuwender, Ladewagen, Silos. So spezialisierte sich der eine Bauer auf die reine Viehhaltung, verkaufte oder verpachtete seine Äcker und Wiesen, trennte sich von dem dafür nötigen Gerät und erhöhte dafür seinen Viehbestand, während der andere sich von seinem Vieh trennte und sich auf die Produktion von Futter spezialisierte. Der Wohlstand beider Bauern nahm zu, aber nicht um so viel, als dass sie ohne Subventionen hätten auskommen können. Zu echtem Wohlstand kamen Bauern immer nur dann, wenn eine ihrer Wiesen oder ein Acker von der Gemeinde zu Bauland erklärt wurde. Dann konnten sie teuer verkaufen.

Die Herren aus den Ministerien brüteten weiterhin fleißig Pläne aus, um die Landwirtschaft noch effizienter zu gestalten, und sie gebaren die Idee der Flurbereinigung, bei der kleine, verstreute Nutzflächen zu größeren, effizienter zu nutzenden zusammengelegt wurden. Das Ergebnis sind unsere heutigen Agrarlandschaften mit ihren Monokulturen, dem Nitrat im Grundwasser, dem Rückgang der Artenvielfalt, der Massentierhaltung, den Tiertransporten durch ganz Europa. Den Lebensmittelskandalen. Dem Rinderwahnsinn. Der Vogelgrippe. Dem Bauernsterben. Und die überlebenden Bauern, wie groß sie auch sind und wie effizient sie auch arbeiten, verlangen weiterhin nach staatlicher Stütze und bekommen sie. Am meisten bekommt, wer am meisten Land hat, und am allermeisten bekommen die Lebensmittelkonzerne, die ihre subventionierten Agrarprodukte bis nach Afrika exportieren und dort die Bauern ruinieren, die mit der Billigware nicht konkurrieren können.

Die ganzen Anstrengungen, die die Bauern im Verlauf des letzten halben Jahrhunderts unternommen haben, um profitabel zu wirtschaften, scheinen sich für sie nicht so recht gelohnt zu haben. Ihr Lohn bestand im Überleben, jedoch nicht im guten Leben. Bauern konnten zwar dank moderner Maschinen und Düngemittel in kürzerer Zeit viel mehr produzieren und verkaufen und nahmen auch mehr Geld ein, aber das mussten sie immer wieder in noch modernere Maschinen und noch größere Höfe investieren, um weiter im Rennen zu bleiben.

Mein Vater hat noch mit einer Kuh und einem Einscharpflug sein Feld bestellt. Als ich alt genug war, um mitzuhelfen, flanschten wir einen Zweischarpflug an einen Einachser an. Als meine Eltern ihren Hof aufgaben, stiegen die überlebenden Bauern auf den Vierscharpflug um. Heute hängt an einem 350-PS-Traktor ein Zwölfscharpflug, und es ist eigentlich erkennbar, dass die Sache irgendwo zwischen dem 24- und 48-Scharpflug in den Wahnsinn mündet.

Gelohnt haben sich die Anstrengungen der Bauern während der letzten 50 Jahre nur für andere, nämlich für die Zulieferindustrie, die Verwerter und Weiterverarbeiter landwirtschaftlicher Produkte, die Zwischenhändler und die Logistiker. Und für einen, der bisher noch nicht genannt wurde: für den Konsumenten.

Für fünf Eier musste ein Arbeitnehmer mit Durchschnittslohn im Jahr 1950 rund eine Stunde arbeiten. Zehn Jahre später bekam er dafür schon ein Dutzend Eier. 1970 konnte er sich für den Lohn einer Arbeitsstunde 30 Eier kaufen, 1980 waren es 50, und heute sind es 77.

Bezahlt wird dieser wunderbare Kaufkraftzuwachs jedoch mit der millionenfachen Qual von Hühnern, die nicht mehr frei herumlaufen und artgerecht leben dürfen, sondern in Käfigen als hochgezüchtete Fress- und Legemaschinen massenhaft gehalten und nach einem kurzen Dasein getötet und entsorgt werden. Dasselbe gilt für Schweine, Kälber, Rinder, Geflügel. Ihr Fleisch ist trotz steigender Preise relativ zum Einkommen immer billiger geworden.

Mussten im Jahr 1950 die Deutschen noch fast die Hälfte ihres Einkommens für Lebensmittel ausgeben, sind es 2014 nur noch rund 14 Prozent. Wäre es wirklich ein großes Unglück, wenn dieser Anteil wieder auf 20 Prozent stiege und wir dafür eine intakte Natur bekämen, sauberes Grundwasser und Milch, Eier und Fleisch aus artgerechter Tierhaltung? 20 Prozent?, fragt der Geiz-ist-geil-Charakter entgeistert zurück. Es muss doch alles noch billiger werden! Anfang des Jahres 2014 hat Aldi den Preis für zehn Eier aus Bodenhaltung von 1,29 Euro auf 99 Cent gesenkt.[43] Kurze Zeit später zog Lidl nach und senkte ebenfalls die Preise.

Der Preisdruck wird an die Hühnerhalter weitergereicht. Sie werden billigeres, also minderwertigeres Futter kaufen müssen, und sie werden noch mehr Hühner in noch größeren Ställen halten müssen. Die Hühnerhalter tun das nicht, weil sie gerne Tiere quälen, sondern weil sie überleben wollen in einem Markt, der von jenem Massencharakter bestimmt wird, der nach jedem Schnäppchen schnappt, jedem Sonderangebot hinterherhechelt und alles immer noch billiger haben will. Jeder Supermarktleiter kann davon erzählen, wie gering die Zahl derer ist, die sich fürs teure Bioei, Biofleisch, Biogemüse entscheiden. Er würde ja gerne die Eier vom Käfighuhn aus dem Sortiment nehmen. Aber wenn er das tut, kauft der Geiz-ist-geil-Charakter bei der Konkurrenz. Fragte man diesen Kunden, ob er gegen Tierquälerei und Massentierhaltung und für gesunde Lebensmittel sei, würde er laut schreien: Aber ja, natürlich! Die Lebensmittel, die in seinem Einkaufswagen liegen, erzählen etwas anderes.

Leider erzählen sie ihm nicht, wie teuer ihn sein Geiz kommt. Sie erzählen ihm nicht, dass er das, was er beim Discounter spart, bei seiner Krankenversicherung und den Gebühren für Wasser, Abwasser und Müll wieder drauflegen muss. Hormoncocktails im Massentierhaltungsfleisch, Pestizidrückstände in Obst und Gemüse, belastetes Grundwasser machen krank und verursachen Kosten, die von allen bezahlt werden müssen. Übergewicht, Diabetes, Bluthochdruck, Herz-Kreislauf-Krankheiten, Allergien und Krebs treiben die Gesundheitskosten in die Höhe. Außerdem verschlingt unsere landwirtschaftliche Produktionsweise gewaltige Ressourcen an Wasser, Energie und Rohstoffen und erfordert einen wachsenden Aufwand für den Schutz und die »Reparatur« der Natur. Das bezahlt der Staat, der sich das Geld dafür bei uns holt.

Würden Lebensmittel umwelt- und tierfreundlicher produziert, wären sie zwar teurer, und wir müssten weniger und bewusster konsumieren. Dafür wären wir gesünder und würden uns an einer höheren Lebensqualität, schöneren Landschaften, einer weniger geschädigten Natur erfreuen. Und es wären tatsächlich wieder echte Lebens-Mittel und nicht der denaturierte Ersatz, der auf dem Weg vom Bauern über Dutzende Zwischenschritte in die Regale der Supermärkte gelangt. Wenn echte Lebens-Mittel teurer wären, würde uns bewusst, dass sie tatsächlich etwas wert sind, und wir würden sie nicht mehr so leichtfertig und massenhaft wegwerfen, wie es heute geschieht.

Das alles ist längst bekannt, dürfte sogar vielen derer bekannt sein, die zehn Eier für 99 Cent kaufen, und trotzdem kommt es zu keiner Verhaltensänderung. Die milliardenschweren Interessensverkettungen verhindern erfolgreich diese Verhaltensänderung, indem sie sich mit ihren industriellen Lebensmitteln dort breitmachen, wo die Masse gerne und gedankenlos einkauft.

Zu erschüttern ist diese Macht offenbar auch mit noch so viel Aufklärung und Kritik nicht. Der Grund dafür ist aber ein einfacher: die fehlende Alternative. Man kann aus einem System nur ausziehen, wenn es gleichzeitig ein anderes gibt, in das man einziehen kann.

Das Hutangerprojekt in der Hersbrucker Alb ist einer von vielen möglichen Versuchen, so ein Alternativsystem aufzubauen. Naturschützer, Bauern, Behörden des Landkreises Nürnberger Land und des Landes Bayern haben die Bedeutung von Hutangern für die Region erkannt und ehemalige Hutanger reaktiviert – seit 1985 auf über 500 Hektar Land, verteilt auf 120 Einzelflächen im Landkreis.

Im Rahmen dieses Projekts begann Wölfel 1999 sein Beweidungsexperiment – mit wissenschaftlicher Begleitung und guter Vorbereitung. Nicht jede Viehrasse eignet sich dafür. Heutige Hochleistungskühe wären nicht nur viel zu schwer, sondern auch deshalb nicht geeignet, weil sie täglich gemolken werden müssen. Das Konzept für Weiderinder ist ein ganz anderes und nennt sich Mutterkuhhaltung. Es bedeutet: Nur Kühe mit Kalb stehen auf der Wiese, die Milch der Kuh ist fürs Kalb, niemand muss melken, und das Kalb darf bei seiner Mutter bleiben.

Bei der Auswahl der Rasse entschieden sich die Naturschützer für die Hinterwälder, die kleinste Rinderrasse Mitteleuropas. Sie stammt aus dem Schwarzwald und ist vom Aussterben bedroht. Diese Hinterwälder stehen nun im Sommerhalbjahr auf den Angern und vermehren sich. Die weiblichen Kälber vergrößern die Rinderherde, die männlichen werden als Weidekalb geschlachtet oder kastriert und dann als Ochsen erst nach zwei bis drei Jahren geschlachtet. Ochsen haben eine bessere Fleischqualität als Bullen, wachsen jedoch langsamer als diese. Dafür können sie aber problemlos in der Herde mitlaufen. Bullen würden nach ihrer Geschlechtsreife die Kühe bespringen und damit Inzucht verursachen.

Ich wäre froh, wenn ich auch in Mainz im Supermarkt das Fleisch von Tieren bekäme, die nur Gras und Kräuter gefressen haben auf einer Weide, die noch nie künstlich gedüngt und mit Pestiziden bespritzt worden ist – Fleisch, das man mit gutem Gewissen kaufen und essen kann. Die Kühe vom Hutanger verbringen ein gesundes, artgerechtes Leben. Sie erleben keinen Transportstress, bevor sie in geringer Entfernung von der Weide in einer EU-zertifizierten Metzgerei geschlachtet werden. Ihr Fleisch wird auf kurzen Wegen direkt in der unmittelbaren Umgebung vermarktet und schmeckt dann beispielsweise als Heimat auf'm Teller einem Gast des Restaurants Grüner Baum von Hans-Peter Eberhard in Kühnhofen.

Und auch der Ausstoß an Methan ist bei den kleinen Rindern des Naturschutzzentrums geringer. Denn der sogenannte Magerrasen des Hutangers ist etwas völlig anderes als das Hochleistungsfutter der Turbokühe. Zugleich arbeiten die Hinterwälder auch noch als Landschaftspfleger und Förderer der Artenvielfalt, die wiederum dem Klima zugutekommt. Vier Jahre nachdem die wissenschaftliche Auswertung des Hutangerexperiments endete, wurde eine Zunahme der Artenvielfalt bei Pflanzen um 76 Prozent gemessen. Ähnlich hoch war die Zunahme bei den Insektenarten.

Alles, was die konventionelle Landwirtschaft fast zum Verschwinden gebracht hat, kehrt nun auf die beweideten Anger zurück. Mehr als 40 Vogelarten brüten dort. Greifvögel und Eulen fühlen sich hier wohl. Höhlenbrütern, Trauerschnäppern, Meisen, Kleibern, Staren, Grau- und Grünspechten bietet der Anger Nahrung und Unterschlupf, und Feldhasen finden ihr Versteck, Schutz vor Regen und Kälte und Kräuter, die sie vor Krankheiten schützen.

Eben das ist das Großartige an der Idee: dass durch regionale Produktion und Vermarktung regionale Wirtschaftskreisläufe in Gang gesetzt und zugleich Naturschutz und Landschaftspflege integriert werden. Daraus kann sich auf längere Sicht eine weitere Einkommensquelle entwickeln: sanfter Tourismus in einer schönen, intakten Kulturlandschaft. Man muss nicht immer gleich über den Brenner in die Toskana brettern, um sich zu erholen. Man kann es auch mal in der Hersbrucker Alb versuchen und zum Beispiel billig in einem Heuhotel in Vorra an der Pegnitz übernachten.

Langfristig soll unter dem Label »Hutanger« die ganze Region mit ihren Produkten, ihrer Landschaft, der Gastronomie und den Hotels bekannt gemacht werden und eine Wirtschaft entstehen, die ohne Spekulanten auskommt, ehrlich Steuern zahlt, Arbeitsplätze schafft und Wachstum nicht auf Verschandelung und Zerstörung der Natur gründet, sondern auf ihrer Schönheit und Erhaltung. Die Wertschöpfung bleibt in der Region und fließt nicht an internationale Konzerne.

Man kann natürlich statt Kühen auch Schafe auf die Anger treiben, man kann Schweine und Ziegen ins Freie lassen und ihnen ein artgerechtes Leben ermöglichen. Um zu ermessen, was möglich ist, muss man sich einfach dieses Hutangerprinzip zehntausendfach vervielfältigt vorstellen, mit hunderttausend Varianten in ganz Europa.

Von oben kann so etwas kaum geplant und durchgesetzt werden. Jede Region hat ihre regionaltypischen Möglichkeiten, die denen am besten bekannt sind, die dort leben. Darum müssen die dort Lebenden ihre eigenen, auf ihre Region passenden Konzepte entwickeln. Wenn sich dann im Lauf der Jahre und Jahrzehnte die vielen Kleinprojekte hochgradig vernetzen und zu einem neuen großen Ganzen entwickeln, wird der Massenexodus aus der Massentierhaltung und Naturzerstörung möglich.

Bio, öko, regio, veggie und auch sonst total korrekt 06

Wer in fröhlicher Runde beim Essen »Nein danke, ich bin Vegetarier« sagt, erregt noch immer Aufmerksamkeit. Geradezu einen Aufmerksamkeitsschub, Fragen, Blicke, Spott, Polemik erntet, wer sagt, er sei Veganer. Das regt die anderen auf. Den Veganer wiederum regt diese Aufregung auf, der Zwang, sich rechtfertigen, die immer gleichen Witzchen anhören, die immer gleichen polemischen Fragen über sich ergehen lassen zu müssen.

Aber eigentlich ist diese Reaktion der Mehrheitsgesellschaft normal. Eigentlich ist es normal, dass sie sich geradezu angegriffen fühlt, wenn ihnen einer den Genuss zu verderben versucht mit der Ansage »Ich bin ein Veganer«. Schon den Vegetarismus halten viele für eine Marotte, aber Veganismus, keine Milch, kein Käse, keine Eier, nicht mal von freilaufenden Hühnern, das sei nun wirklich ein bisschen fundi, denken sie. Oder: Der will wohl was Besonderes sein. Oder: Na ja, ein Spinner halt, ein Sektierer.

Tiere zu nutzen, zu töten und zu essen ist seit urdenklichen Zeiten etwas, was dem Menschen als selbstverständlich erlaubt, ja geboten erscheint. Das Fleisch von Tieren zu essen ist etwas in unsere Gene Eingebranntes. Weder im Heidentum noch in den Hochreligionen war Fleischverzehr verboten, allenfalls der Verzehr dieses oder jenes Tiers oder von Fleisch zu bestimmten Zeiten. Jetzt plötzlich, nach Jahrzehntausenden menschlicher Entwicklungsgeschichte, denken einige wenige, meist ganz unreligiös, über Speisegebote und -verbote nach und fragen, was zu essen uns erlaubt sei.

Seit Kurzem reden wir über Tierethik, Vegetarismus, Veganismus, und kaum einen lässt das Thema kalt. Essen ist etwas anderes als Rauchen oder Fingernägelkauen. Am Rauchen hängt nur meine

Lunge, am Essen die ganze Welt. Essen »wirft wichtige philosophische Fragen auf und ist eine über 140 Milliarden Dollar schwere Industrie, die fast ein Drittel der Landfläche auf dem Planeten einnimmt, marine Ökosysteme formt und womöglich über die Zukunft des Weltklimas entscheidet«, schreibt Jonathan Safran Foer in seinem Buch *Tiere essen*, dessen weltweiter Verkaufserfolg beweist, dass das Thema »fällig« ist. Es ist fällig, weil Essen, insbesondere der Verzehr von Tieren, verbunden ist mit der Frage, »wer wir sind und wer wir sein möchten, vom Buch Genesis bis zum neuesten Agrargesetz«, so Foer weiter.[44]

Essen ist darüber hinaus verbunden mit der Frage, woran wir glauben, was wir für das gute Leben halten, was uns wirklich wichtig ist. Unsere Antworten darauf sind nicht an unseren verbalen Bekenntnissen abzulesen, sondern an dem, was wir aus unserem Land machen, wie wir es nutzen und bewirtschaften, wie wir mit der Natur dieses Landes umgehen und mit den Tieren, wie unser Essen produziert wird, was wir in unsere Einkaufskörbe legen und was wir dafür bezahlen.

Schweinen ist nur ein kurzes Leben von rund sechs Monaten vergönnt, in denen sie nicht als lebendige Wesen betrachtet und behandelt werden, sondern als Maschinen, die Futter in Fleisch verwandeln, immer schneller, immer mehr. »Fleischerzeuger« nennen sich die Tiermäster, und ihre Branche bezeichnen sie als »Veredelungsindustrie«. Das edle Produkt aber, das sie erzeugen, muss so schnell wie möglich und so billig wie möglich verramscht werden, und das erfordert, an allem zu sparen und alles zu streichen, was nur Kosten verursacht, aber keinen Ertrag bringt. Also wird dem Tier sein natürlich-artgerechtes Leben gestrichen.

Eng zusammengepfercht vegetieren Schweine monatelang in dunklen Ställen auf Spaltenböden ohne Stroh bewegungslos dahin, ohne je an der frischen Luft gewesen zu sein, die Sonne gesehen zu haben, in der Erde gewühlt, sich im Schlamm gesuhlt, sich an einem Baum gerieben zu haben. Schon bald leiden sie unter Kreislaufschwäche, Gelenk- und Muskelkrankheiten, Druckstellen, Hautabschürfungen und Klauenverletzungen. Hinzu kommen Verhaltensstörungen wie Stangenbeißen, Trauern (das Tier sitzt auf seinen Hinterläufen und lässt den Kopf hängen) oder Schwanzbeißen bis hin zum Kannibalismus.

Um dem Schwanzbeißen vorzubeugen, kupiert man ihnen prophylaktisch die Schwänze – ohne Betäubung, ohne die Gabe eines Schmerzmittels, auch das wäre ja zu teuer. Man hat ja eh schon wegen der Medikamente und Antibiotika eine sehr hohe Tierarztrechnung, da ist man gezwungen, auf manches zu verzichten, was vielleicht wünschenswert wäre, aber »der Markt« nicht hergibt. Männliche Ferkel werden sieben Tage nach ihrer Geburt ohne Betäubung kastriert von Menschen, die ihr Werk im Akkord verrichten. Eine Betäubung käme ebenfalls zu teuer. Frisch kastrierte Ferkel zittern am ganzen Leib und haben während und nach der Prozedur große Schmerzen.

Millionen Schweine werden als Ferkel zum Mästen quer durch Deutschland gefahren und nach Erreichung ihres Schlachtgewichts noch einmal quer durch Deutschland, vielleicht auch durch Europa. Während dieser Transporte kriegen sie kaum etwas zu fressen und zu trinken und haben Angst, die sich zur Todesangst steigert, wenn sie im Schlachthof ankommen, das Gebrüll der anderen Tiere hören, deren Blut riechen. Dann werden sie im Akkord getötet, so schnell, dass so manches Tier noch lebt, während es aufgeschnitten wird.

Darum ist Essen mit der Frage verbunden: Wie viel Leiden akzeptiere ich dafür? Ist es das Schinkenbrot, nach dem mich gerade gelüstet, wert, dass dafür ein Schwein geschlachtet wird, das zuvor sechs Monate lang gelitten hat? Wäre ich denn wenigstens bereit, für den Schinken im Brötchen, das Schnitzel auf dem Teller, die Bratwurst auf dem Grill mehr zu bezahlen, wenn im Gegenzug dafür den Tieren ein artgerechtes Leben ermöglicht werden würde, das mit einer »humanen Schlachtung« endet? Wie viel mehr? 25 Prozent, 50, 70? Man bekäme kaum eine ehrliche Antwort, wenn man so jeden Einzelnen befragte. Die ehrliche Antwort liegt im Einkaufswagen. 98 Prozent entscheiden sich fürs Billigfleisch.

»Etwa 98 Prozent aller Hühner und Schweine, die für den Verzehr bestimmt sind, stammen in Deutschland aus Massentierhaltung – das sind über 500 Millionen Tiere im Jahr. Würde man auch die Rinder und Fische hinzurechnen – die aus verschiedenen Gründen schwieriger zu quantifizieren sind –, wäre die Zahl noch bedeutend höher.« Ob die Befriedigung meiner Lust auf ein Schinkenbrot, eine Fischsemmel, ein Kalbsgulasch, ein Rindersteak so ein Leid rechtfertigt, verschärft sich, wenn ich bedenke, dass ich keine Lust darauf hätte, wenn das Fleisch von einem geschlachteten Hund käme. Warum? Worin besteht der Unterschied zwischen Hund und Schwein?

> »Schweine sind in jeder Hinsicht mindestens genauso intelligent und empfindsam. Sie können nicht hinten in einen Volvo springen, aber sie können holen, rennen und spielen, böse sein und Zuneigung erwidern. Warum also dürfen sie nicht gemütlich vor dem Kamin liegen? Warum kann man ihnen nicht wenigstens ersparen, gegrillt zu werden? Die Franzosen, die ihre Hunde lieben, essen manchmal ihre Pferde. Die Spanier, die ihre Pferde lieben, essen manchmal ihre Kühe. Die Inder, die ihre Kühe lieben, essen manchmal ihre Hunde.«

Gibt es einen vernünftigen Grund dafür? Wie lässt sich rechtfertigen, dass wir unserem Hund eine tausend Euro teure Hüftoperation bezahlen und gleichzeitig zulassen, dass jedes Jahr mehr als 500 Millionen Tiere zuerst gequält und dann umgebracht werden? Und das nur in deutschen Ställen, von Europa, der ganzen Welt war überhaupt noch nicht die Rede, und nicht von den Fischen, die man einfach ersticken lässt.

Foer nennt eine Zahl: 450 Milliarden. So viele Landtiere stammen heute weltweit aus der Massentierhaltung. Wiederum sind die Fische nicht mitgezählt, weil wir deren Zahl nicht kennen. Man redet da von Tonnen und Megatonnen. Ein einziges Schiff kann in wenigen Minuten fünfzig Tonnen Meerestiere einfangen. Ausgerüstet sind diese Schiffe mit modernster Kriegstechnologie: Radar, Echolote, satellitengestütztes GPS, satellitenerzeugte Bilder zur Sichtung der Fischschwärme.

Wir wissen auch nicht genau, wie viel Millionen Tonnen Beifang tot oder halbtot wieder zurück ins Meer geschüttet werden. Das kann man nur schätzen, aber diese Schätzung reicht schon. »Stellen Sie sich vor, man serviert Ihnen einen Teller Sushi. Und auf diesem Teller sind auch all die Tiere, die für Ihre Portion Sushi getötet wurden. Der Teller müsste einen Durchmesser von 1,50 Meter haben.«

Was, außer milliardenfacher Qual, die Massentierhaltung sonst noch anrichtet, ist längst bekannt, vielfältig dokumentiert, und es wird beständig weiter darüber geschrieben. Daher erspare ich meinen Lesern hier die CO_2-Bilanz der Massentierhaltung, ihren Wasserverbrauch, die Umweltkosten, den Zusammenhang zwischen unserem Fleischkonsum und der Regenwaldvernichtung in den fernen Ländern, in denen das Futter für europäische Schlachttiere wächst – ein Handel, der einige Konzerne reich macht und die in den fernen Ländern lebenden Armen in ihrer Armut belässt. Auch auf die inzwischen in Krankenhäusern zum Problem gewordenen Antibiotikaresistenzen will ich nicht weiter eingehen, nicht auf das Missverhältnis von Aufwand und Ertrag bei der Fleischerzeugung – um 1 000 Kalorien Rindfleisch zu produzieren, müssen 10 000 Kalorien verfüttert werden –, nicht auf den krank machenden Verzehr von zu viel Fleisch aus der Massentierhaltung, nicht auf die Tonnen von Lebensmitteln, die täglich weggeworfen werden. Auch auf Fischfarmen will ich nicht eingehen, mit denen wir uns die Probleme der Massentierhaltung auch bei Meerestieren einhandeln. Wir wissen längst genug. Wir wissen, dass Massentierhaltung ein Verbrechen ist, unserer nicht würdig und noch nicht einmal volkswirtschaftlich vernünftig.

Es gibt darauf vier mögliche Reaktionen, aber eigentlich nur drei, denn für die vierte – einfach weiter die Massentierquälerei fördern durch Kauf von Billigfleisch – sollte man sich schämen. Reaktion drei wäre: Nur noch Fleisch von artgerecht gehaltenen Tieren essen. Aber leiden müssen sie beim Schlachten auch.

Darum reagieren immer mehr Menschen mit Möglichkeit zwei: Sie werden Vegetarier. Und sie kaufen Bioeier, Biomilch und Biokäse im Glauben, dass artgerecht gehaltene Hühner und Milchkühe wenn nicht ein gutes, dann doch aber ein besseres Leben haben als ihre Artgenossen im Massentierhaltungsstall.

Weil das aber oft nicht der Fall ist und weil es vielleicht überhaupt fragwürdig ist, Tiere zu nutzen, zieht eine wachsende Schar von Menschen die radikalste Konsequenz aus ihrem Wissen über Tierhaltung: Sie werden Veganer. Eine ganz konsequente Haltung vertritt dabei Hilal Sezgin, die vegane Philosophin, die mit *Artgerecht ist nur die Freiheit* ein Buch über Tierrechte geschrieben hat und in der Lüneburger Heide mit Hühnern und Schafen lebt, die nichts anderes tun sollen, als zu existieren. Sie bestreitet uns rundheraus das Recht, über Tiere zu verfügen und sie zu töten, um sie zu essen.

Auch wenn ich, anders als sie, Tieren nicht die gleichen Rechte zugestehe wie Menschen, steht für mich außer Frage, dass das Leid von Tieren so weit wie irgend möglich minimiert werden sollte. Daher wäre ich auch gerne Veganer, aber ich schaffe es nicht. Nicht einmal mit dem Vegetarismus klappt es bei mir. Ich kann das gut mal eine Woche durchhalten, aber kaum wird mir der Duft einer fränkischen Bratwurst in die Nase gefächelt, werde ich schwach. Während meines Wahlkampfjahrs in Franken bewegte ich mich überhaupt nur durch solche Duftwolken.

Daher habe ich für mich – aus Schwäche – die Konsequenz gezogen, mir teures Biofleisch zu leisten und dafür seltener und weniger Fleisch zu essen, öfter auch Wild. Der oft gemachte Einwand »Ja, du kannst dir das leisten, der Hartz-IV-Empfänger kann es nicht« zieht nicht. Da ich jetzt seltener Fleisch esse, gebe ich letztlich nicht mehr Geld aus als früher. Auch der Hartz-IV-Empfänger kann sich Bio leisten, wenn er seinen Fleischkonsum reduziert und teures Biogemüse selber kocht, statt sich von Fertiggerichten und Fast Food zu ernähren.

Ich gebe aber zu: Seit es bei uns nur noch Biofleisch gibt, kommt es nicht nur aus Kostengründen, sondern auch deshalb seltener auf den Tisch, weil es mich mehr Zeit kostet. Das kriege ich nämlich nicht im Rewe. Was dort als Biopute oder Bioschweinerücken im Kühlregal liegt, dem traue ich nicht. Da stehen zwar viele Versprechungen von Naturland und tolle Siegel von der EU drauf, aber nachprüfen, ob das auch alles stimmt, kann ich nicht.

Also muss ich zu Demeter in die Innenstadt, zum Metzger meines Vertrauens, zur Domäne Mechtildshausen bei Wiesbaden oder – während eines Heimatbesuchs – zu Rainer Wölfel in die Hersbruck Alb. Kostet viel Zeit. Auch mehr Hirnschmalz. Dauernd muss man sich Gedanken machen übers Essen: Was kaufe ich ein, wo, bei wem?

Es ist nicht immer nur Geiz, Zeitmangel und Gedankenlosigkeit, wenn viele Konsumenten weiterhin ihr Massentierhaltungsfleisch beim Discounter kaufen. Es kann auch einfach an fehlenden Alternativen liegen. Daher ist es so wichtig, dass wir mehr Ökobauern bekommen, mehr Ökomärkte, Dorfläden, Regionalläden, mehr Alternativsysteme wie das Hutangerprojekt des Rainer Wölfel in der Hersbrucker Alb. Es ist noch weit davon entfernt, die ganze Region versorgen zu können. Aber es könnte ein Anfang sein für den Aufbau eines regionalen Netzes aus Ökohöfen, auf denen Rinder, Schweine, Geflügel artgerecht leben dürfen und schonend geschlachtet werden.

Deshalb bin ich im Jahr 2013 »Kuhpate« geworden. Diese Patenschaft ist nichts Romantisches, sie bedeutet nicht, dass ich meine

Patenkuh vor der Schlachtung rette, sondern nur, dass ich diese Hutangerwirtschaft jedes Jahr mit einem gewissen Betrag unterstütze, denn wirtschaftlich ist diese Weidetierhaltung nicht. Dafür erwerbe ich mir das Recht, Fleisch dieser Kühe zu kaufen zu einem Preis, der immer noch deutlich über dem Preis des Massentierhaltungsfleisches liegt. Das dient der Beruhigung meines Gewissens, das gebe ich zu. Auch diese Tiere leben ja nur, um geschlachtet und gegessen zu werden. Zwar ist ihr Leben ein Traum im Vergleich zu dem Leben von Millionen ihrer Artgenossen, aber letztlich bleiben auch sie eine »Sache«, über die vom Menschen verfügt wird und deren Leben gewaltsam beendet wird, wenn wir den richtigen Zeitpunkt für gekommen halten.

Ich wollte wissen, wie es ist, wenn ich, viele Jahrzehnte nach meiner Kindheit, wieder einmal einer Schlachtung zusehe, und hatte daher Rainer Wölfel gebeten, bei einer Schlachtung dabei sein zu dürfen. Und so sah ich zu, wie er ein Kalb aus seiner Herde geholt, in einen Anhänger gebracht, einen Kilometer weit gefahren und mit einem Bolzenschuss betäubt und dann aufgeschnitten hat.

Es ist nicht der Bolzenschuss, der einen anfasst, auch nicht das Aufschneiden, sondern das, was ihm vorausgeht. Das empfindet auch Rainer Wölfel so, der das regelmäßig macht. In die Herde zu gehen zu Tieren, die einen kennen und einem deshalb vertrauen, nichts Böses ahnen, nicht wissen, dass er diesmal als ihr Schlachter kommt, das koste ihn jedes Mal Überwindung, sagt Wölfel. Er habe da schon Ergreifendes erlebt. Manchmal habe er den Eindruck, dass die Tiere doch etwas ahnten, dann weichen sie vor ihm zurück, bilden eine Gasse, an deren Ende das ausersehene Opfer steht, als ob es Bescheid wüsste und bereits beschlossen hätte, sich in sein Schicksal zu fügen.

Ich sehe aus einigem Abstand zu, wie er das macht. Diesmal scheinen die Tiere alle völlig ahnungslos zu sein. Keines weicht vor ihm zurück, auch nicht das Kalb, das er ausersehen hat. Willig lässt es sich einen Strick um den Hals ziehen. Erst als Wölfel daran zieht, leistet es leisen Widerstand, bleibt stehen, geht ein paar Schritte mit, bleibt wieder stehen, geht ein paar Schritte, frisst etwas. Zwischen dem Kalb und dem Anhänger liegen circa 50 Meter. Wölfel lässt sich mehr als eine halbe Stunde Zeit, um das Kalb sachte zum Anhänger zu bringen. Erst direkt davor, als es merkt, dass es in den Anhänger hineinsoll, leistet es starken Widerstand, versucht, links und rechts am Anhänger vorbeizukommen, aber jetzt zieht Wölfel mit viel Kraft am Strick, und zwei Helfer schieben von hinten. Das Kalb verdreht die Augen, hat Angst, beruhigt sich wieder, als es drin ist.

Es wird zum nahegelegenen Demeter-Hof von Peter Schilling in Pommelsbrunn gebracht, wo alles zur Schlachtung vorbereitet ist. Vor dem Schlachthaus, noch im Anhänger, wo das Kalb keine Angst hat, erhält es den Bolzenschuss in den Kopf und fällt sofort betäubt zu Boden. Es zappelt, hat die Augen offen, aber bekommt nicht mehr mit, wie es aus dem Anhänger geschleift, mit einer Seilwinde kopfunter an den Hinterfüßen hochgezogen und ihm die Halsschlagader durchschnitten wird. Sein Blut fließt in einen Eimer und spritzt auf den Boden. Es bekommt nicht mehr mit, wie es ausblutet und stirbt.

Das ist brutal, aber das Kalb hat in diesem Moment bereits alles überstanden. Die Prozedur davor war schlimmer – und doch besser als das, was es erlebt hätte, wenn es mit einem Dutzend anderer Kälber in beängstigender Enge einen halben Tag lang in eine automatisierte Schlachtfabrik transportiert worden wäre, das Blut gerochen und die Schreie der vielen Tiere gehört hätte.

Drei Männer sind nun einen ganzen Tag lang beschäftigt, das Kalb zu zerlegen, die Fleischstücke zu zerlegen, zu zerkleinern und in Plastik einzuschweißen. Ein paar Kilo sind für mich. Ich zahle dafür ungefähr 50 Prozent mehr als im Supermarkt, was erstaunlich ist, wenn man bedenkt, dass in der Zeit, in der die drei Männer ein einziges Kalb zerlegen, in der Schlachtfabrik Hunderte von Kälbern getötet und zu handlichen Päckchen verarbeitet werden. Und auch die durchautomatisierte Kälbermast des Massentierhalters ist wesentlich billiger als die aufwendige Weideviehhaltung.

Je mehr wir über Tiere lernen, über ihr Können, ihre Gefühle, ihre geistigen Fähigkeiten, ihre Lernfähigkeiten, ihr »kulturelles« Verhalten, desto fragwürdiger ist die Versachlichung, der wir sie unterwerfen, desto mehr verschwimmen die Unterschiede zwischen Mensch und Tier. Ich esse weder meinen Hund noch meine Katze, weil diese beiden eine persönliche Beziehung zu mir aufgebaut und wir deshalb eine gemeinsame Geschichte haben. Ich sehe, dass sie meine Abwesenheit traurig macht und meine Rückkehr ihnen große Freude bereitet, sehe also, dass Tiere eine Seele haben, und weiß: Auch in Schweinen, Rindern, Hühnern entdeckten wir eine Seele, wenn wir es zuließen, dass sie eine emotionale Bindung zu uns entwickelten. Ich muss mir deshalb eingestehen, dass es besser wäre, sie nicht zu essen.

Vegetarier machen es besser, Veganer noch besser. Ihnen sollte die Zukunft gehören. Nach dem Ende des Patriarchats ist jetzt die Zeit gekommen für das Ende des Fleischessens. Mir ist klar, dass es noch lange dauern wird, bis sich die Menschheit als Ganzes fleischlos ernähren wird. Gegenwärtig nimmt der Fleischkonsum in der Welt, vor allem wegen des gewachsenen Wohlstands in den Schwellenländern, weiter zu. Das Quälen wird noch lange weitergehen, die Zahl der gequälten Tiere wird noch zunehmen, das wird die kleine Minderheit der Veganer und Vegetarier vorerst nicht verhindern können.

Daher wäre es schon ein gewaltiger Sprung nach vorn, wenn es uns in einem Zeitraum von 20 Jahren gelänge, von beinahe 100 Prozent Massentierhaltung auf 50 Prozent zu kommen. Schon das erscheint von heute aus betrachtet fast unmöglich. Es ginge nur mithilfe der Politik, aber die bleibt aus. Wie also erreichen wir das Ziel?

Ich denke, es bleibt auf jeden Fall sinnvoll, als einzelner Konsument zu sagen: Wenigstens die Quälerei muss aufhören. Ich bin bereit, mehr Geld dafür auszugeben, dass Schlachttiere artgerecht leben dürfen, bevor sie sterben müssen. Je mehr Konsumenten das tun, desto größer wird der Druck auf die Politik, die Landwirtschaft und das Agrobusiness.

Solidarisch wirtschaften – gut leben 07

Viele werden jetzt fragen: »Ist das Ihr Ernst, Herr Nürnberger, mit ein paar weidenden Kühen auf der Hersbrucker Alb wollen Sie die rund 3,5 Millionen Menschen der Metropolregion Nürnberg ernähren? Mit einer Handvoll Dorfläden wollen Sie gegen Nestlé, Dr. Oetker, Danone, die Fleischmafia oder Monsanto in den Krieg ziehen? Vergessen Sie's. Schon die Vorstellung, 80 Millionen Deutsche mit Biolebensmitteln zu versorgen, ist illusionär. Das gibt unsere Fläche nicht her. Die Erträge würden dafür niemals reichen, darum wird es ohne Intensivtierhaltung, Kunstdünger und Gentechnik nicht gehen. Und vollends irreal wird diese ganze Ökoromantik, wenn man bedenkt, dass auf diesem Erdball sieben Milliarden Menschen ernährt werden müssen und demnächst vielleicht zwölf Milliarden.«

So argumentieren die Bauernverbände, die Befürworter der konventionellen Landwirtschaft, die Lobbyisten der Gentechnik und der Lebensmittelindustrie, einfach alle, deren Interessen mit dem industrialisierten Agrobusiness verkettet sind. Sie geben viel Geld dafür aus, dass Wissenschaftler in ihrem Sinne forschen und argumentieren, Politiker und Medien sich deren Argumenten öffnen und Bürger ihnen glauben. Daher gibt es eine Flut umfangreicher und komplizierter Gutachten und Expertisen, die wissenschaftlich beweisen, dass die Menschheit verhungern würde, wenn sie allein vom ökologischen Landbau abhinge. Ich sehe mich nicht in der Lage, all diese Publikationen, denen man oft gar nicht ansieht, wer sie finanziert hat, zu beurteilen. Die gegenteiligen Behauptungen der Ökobefürworter zu widerlegen oder zu bestätigen liegt ebenfalls außerhalb meiner Möglichkeiten.

Wie aber soll man sich ein Urteil bilden über ein Problem, zu dem so viel publiziert wurde, dass man Jahre bräuchte, um nur das Wichtigste gelesen zu haben? Als Laie kann ich auch nicht anders vorgehen als die Politiker. Sie werden eine begrenzte Zeit lang das Für und Wider abwägen und sich dann bei ihrer Entscheidung auf ihre Erfahrung, ihr Bauchgefühl, ihre Präferenzen, Berater ihres Vertrauens und ihren gesunden Menschenverstand verlassen müssen. Anders geht es nicht, denn sie haben nicht ewig Zeit für ihre Entscheidungen.

Meine eigene Erfahrung, mein Bauchgefühl und mein Verstand sagen mir zunächst: Die Behauptung jener Experten, die immer wieder »wissenschaftlich beweisen«, das Heil des Bauern liege in der Größe seines Hofes, kann nicht stimmen, denn ich kenne die Klischewskis in Hartenstein, die von ihren 24 Kühen leben können. Und die Klischewskis sind nicht die Einzigen. Es gibt viele kleine Höfe, die existenzfähig sind.

Der gesunde Menschenverstand fragt auch, warum er Experten glauben soll, die offenbar blind sind für die Tatsache, dass die von ihnen propagierte Art des Wirtschaftens unseren Planeten auffrisst. Dass in Argentinien und Brasilien in großem Stil der fürs Weltklima wichtige Regenwald abgeholzt wird, um auf der freiwerdenden Fläche Soja anzubauen, das als Tierfutter nach Europa gebracht wird, ist ein Irrsinn, der nur denen als vernünftig erscheint, die an ihm verdienen.

Die Experten behaupten auch regelmäßig, die landwirtschaftliche Fläche in Deutschland sei zu klein, um die ganze Bevölkerung ökologisch zu ernähren. Ich hatte mal grob nachgerechnet, als ich in der Zeitung einen Artikel über den 86 Hektar großen ökologisch wirtschaftenden Buschberghof in Fuhlenhagen bei Hamburg las.[45] Darin hieß es, er beliefere regelmäßig 360 Hamburger mit Geflügel, Schwein, Rind, Milch, Butter, Quark, Käse, Obst, Beeren, Gemüse und Salat. Daraus ergibt sich rein rechnerisch, dass dieser Hof mit einem Hektar Land 4,2 Hamburger ökologisch ernährt.

Laut Wikipedia beträgt die landwirtschaftlich genutzte Fläche in Deutschland 16,9 Millionen Hektar. Woraus sich wiederum ergibt, dass in Deutschland 4,2 mal 16,9 Millionen Menschen ökologisch ernährt werden könnten, das wären circa 71 Millionen Menschen, nur neun Millionen weniger, als die deutsche Bevölkerungszahl beträgt.

Natürlich ist diese Schätzung sehr grob. Die 360 Hamburger müssen sich Mangos, Ananas, Zitrusfrüchte und alles, was hier nicht wächst, sowie zahlreiche weiterverarbeitete Produkte – Zucker, Mehl, Reis, Nudeln, Wein etc. – noch woanders dazukaufen. Die Zahl von 4,2 Menschen pro Hektar kann auch nur ein Richtwert sein. Auf fruchtbareren Böden wächst vielleicht Nahrung für 5,2 Menschen, auf weniger fruchtbaren für nur 3,2. Kinder und Alte essen weniger als Jugendliche und Erwachsene. Und ob die Größe der landwirtschaftlich genutzten Fläche in Deutschland wirklich exakt 16,9 Millionen Hektar beträgt, ist auch nicht gewiss. Aber auf solche Unwägbarkeiten kommt es mir hier nicht an. Ich will mit dieser groben Überschlagsrechnung nur zeigen, dass auf deutschen Böden ökologisch viel mehr möglich ist, als uns die Lobby der konventionellen Landwirtschaft weiszumachen versucht, jedenfalls deutlich mehr als gegenwärtig. Nur 6,3 Prozent aller Äcker, Wiesen und Weiden in der Bundesrepublik sind bio.[46]

Es stimmt auch nicht mehr, dass der Verbraucher nicht bereit sei, für Ökoprodukte mehr zu bezahlen. Obwohl in der Vergangenheit auch Biolebensmittel, etwa wegen Dioxin im Futter oder falscher Deklarierung, ins Gerede gekommen sind, ist die Nachfrage danach in Deutschland größer als das Angebot. Daher werden Ökoprodukte derzeit von weit her importiert und kreuz und quer durchs Land gefahren, was ja auch nicht der Sinn der Sache sein kann. Deutlich weniger als heute müsste eingeflogen und über weite Strecken transportiert werden, wenn jede Region versuchte, ihren Bedarf an Lebensmitteln so weit wie möglich selbst zu erzeugen und innerhalb der Region zu verteilen. Die Lastwagenkolonnen auf den

Autobahnen wären spürbar dezimiert, wenn nicht mehr Milchprodukte aus Südbayern nach Schleswig-Holstein und Milchprodukte aus Schleswig-Holstein nach Bayern gebracht werden würden. Und Butter aus Irland, Steaks aus Argentinien, Soja aus Brasilien, Apfelsaft aus Italien brauchen wir eigentlich gar nicht. Vieles, was wir aus aller Welt importieren, kann auch regional, in Deutschland oder zumindest innerhalb der EU erzeugt werden.

Wenn dann noch anders subventioniert würde – kleine Ökohöfe kriegen viel, große Konzerne nichts mehr – und wenn, wie schon mehrfach hier gefordert, die externalisierten Kosten des Agrobusiness internalisiert, also in die Produkte eingepreist werden würden, bekämen wir eine völlig andere Landwirtschaft und Lebensmittelindustrie. Die Tiere dürften artgerecht leben, würden schonend geschlachtet, ihr Fleisch wäre gesünder, die Landschaft sähe besser aus, die Artenvielfalt nähme zu, der Energieverbrauch ginge zurück, die Umwelt würde entgiftet, wir selbst lebten gesünder.

Solch eine Umstellung der Landwirtschaft ließe eine Vielzahl konkurrierender und einander ergänzender Geschäftsmodelle zu. Die einen betreiben Selbstvermarktung, wie die Klischewskis. Andere, wie etwa die Betreiber des Hutangerprojekts, werden eigentlich als Naturschutzbund öffentlich subventioniert und durch Kuhpatenschaften und Spenden unterstützt, aber erwirtschaften einen Eigenanteil durch den Verkauf des Fleisches ihrer Weiderinder. Und dieser Verkauf ist integriert in ein Gesamtkonzept der regionalen Vermarktung lokaler Produkte und der Initiative Heimat auf'm Teller. Dadurch werden neue bäuerliche, gastronomische, handwerkliche und touristische Konzepte möglich. Ganze Regionen bekommen eine neue wirtschaftliche Struktur.

Wieder anders wirtschaftet der bereits erwähnte Buschberghof in Fuhlenhagen. Er stützt sich auf Lebensmittelabos. Was dieser Hof produziert, transportiert er in die Stadt und verteilt es auf 14 Stützpunkte, an denen die Produkte einfach zur Abholung bereitgestellt werden. Wer zur Kundschaft gehört, geht dorthin und bedient sich nach Belieben, denn bezahlt ist das alles schon. Die Beziehung zwischen den 360 Stadtmenschen und dem Ökohof nennt sich Erzeuger-Verbraucher-Gemeinschaft. Einmal im Jahr berichtet der Ökohof, wie viel Geld er braucht, um ein ganzes Jahr lang wirtschaften zu können. Da stehen dann große Summen im Raum, 345 000 Euro, 355 000, 360 000. Hört sich nach viel an. Aber wenn dieses Geld von 360 Abnehmern kommt, sind es nur noch rund 1 000 Euro pro Person und Jahr. Macht 83 Euro pro Monat – da kann kaum ein Bioladen mithalten.

Das Geschäftsmodell kommt ja auch ohne Lager- und Vertriebskosten und ohne Zwischenhandel aus, auch Verpackungskosten fallen kaum an. Die 83 Euro sind allerdings nur ein Richtwert. Bezahlt wird nach dem Solidarprinzip. Ein Drittel der Mitglieder zahlt einen durchschnittlichen Beitrag, ein Drittel freiwillig mehr, ein Drittel weniger. Dafür bekommen die Mitglieder so viele Brot- und Milchprodukte, wie sie bestellt haben, Obst und Gemüse nehmen sie sich am Stützpunkt in den Mengen, die sie für angemessen halten, Fleisch wird zugeteilt. Durch dieses Verfahren hat der Ökohof Planungssicherheit, und die Kunden kommen preiswert an frische Bioprodukte, für die sie im Laden wesentlich mehr bezahlen müssten, und das Ganze nennt sich solidarische Landwirtschaft.

Egal, wie das einzelne Geschäftsmodell aussieht: In dem Moment, in dem Ökobauern aufhören, sich als Einzelkämpfer zu betrachten, die sich allein irgendwie durchschlagen müssen, sondern sich als Basis und Teil einer regionalen Wirtschaft betrachten, wird vieles möglich. Die Idee, Bauern, Metzger, Bäcker, Gastronomen, Händler und kleine Gewerbetreibende zu einem regionalen Wertschöpfungsverbund zu vernetzen, kann auf vielfältige und ganz unterschiedliche Weise realisiert werden.

Der Gärtnermeister Christian Hiss aus Freiburg beispielsweise hat im Jahr 2006 seine Gemüsegärtnerei zur Aktiengesellschaft gemacht und daraus etwas aufgebaut, was sich Regionalwert AG nennt. Der Name sagt es schon: Es handelt sich um eine Aktiengesellschaft, was vielleicht manchen misstrauisch stimmt. Aber das Wesentliche hängt nicht an der Unternehmensform, diese könnte genauso gut eine Genossenschaft sein mit demselben Ziel, nämlich eine regionale Lebensmittelkette vom Acker bis zum Teller zu realisieren. Ob nun Genossenschaft, AG, GmbH oder etwas anderes – jede Unternehmensform hat Vor- und Nachteile.

Hiss hat sich für eine AG entschieden, weil man, wie er sagt, die Aktie zwar verkaufen, aber nicht kündigen kann. Das Geld bleibt im Unternehmen und gibt allen Beteiligten Sicherheit. Für Spekulanten eignet sich die Aktie der Regionalwert AG nicht. Sie wird nicht an der Börse gehandelt. Wer verkaufen will, muss sich selbst einen Käufer suchen und den Preis aushandeln. 520 Aktionäre, die bisher Anteile im Wert von rund 2,2 Millionen Euro gezeichnet haben, haben noch keine Dividende gesehen, aber darauf kommt es den Investoren noch nicht so an. Wichtig ist ihnen, dass ihr Unternehmen neben der betriebswirtschaftlichen Bilanz auch eine sozialökologische Bilanz ausweist. Darin wird beschrieben, was die Betriebe für die Bodenfruchtbarkeit getan haben und wie gut ihr Personal ausgebildet ist.[47]

Unternehmenszweck ist die Erzeugung und Vermarktung hochwertiger Lebensmittel in der Region. Molkereien, Metzgereien, Bäckereien, Holzhändler verarbeiten die Produkte weiter, Gastronomen, Dorfläden, Stadtteilläden verkaufen sie. Die einzelnen Glieder der Wertschöpfungskette verpflichten sich als Unternehmen auf hohe soziale und ökologische Standards. Die Regionalwert AG selbst entwickelt für die teilnehmenden Betriebe eigene Dienstleistungen wie Betriebsführung, Vermarktung, Logistik, Werbung.

Eine zweite Regionalwert AG wurde inzwischen in München gegründet, und eine dritte steht, während ich dieses Buch schreibe, in Hamburg vor ihrer Gründung.[48] Ulf Schönheim, einer der treibenden Kräfte hinter dem Projekt, teilte mir via Facebook frohgemut mit, schon 120 000 Euro beisammenzuhaben, und erste Anfragen von Investoren gebe es auch schon.

Die Beispiele zeigen, dass bei der Erzeugung und Vermarktung von Bioprodukten vieles möglich ist. Der Ökohof Klischewski, das Hutangerprojekt, das Lebensmittel-Abo des Fuhlenhagener Hofes, die Regionalwert AG sind nur vier Modelle von vielen, die so verschieden sein können wie die Erzeuger und deren Kunden. Doch mit so etwas kommt ein Student der Betriebswirtschaft an der Uni kaum in Berührung, und wenn doch, dann wird so ein Alternativprojekt rein betriebswirtschaftlich mit Discountern verglichen und das Entscheidende übersehen: dass solche Modelle nicht primär den Zweck der Kapitalvermehrung haben, sondern mehrere und ganz verschiedene Probleme – Lebensmittel, Umwelt, Energie, Arbeit und Soziales – auf einmal lösen wollen. Daher wird hier mit Maßstäben gemessen, die überhaupt nicht auf das zu Messende passen. Die wissenschaftliche Begleitung solch neuer Modelle gibt es, wenn überhaupt, dann nur in ersten Ansätzen.

Auch bei der Erforschung von Anbaumethoden für eine sanfte Landwirtschaft stehen wir vermutlich erst am Anfang. Bisher wenden die meisten Ökobauern Methoden aus der Vergangenheit an. Aber nichts spricht dagegen, neue Methoden zu entwickeln und mit ihnen zu experimentieren, um die Erträge zu steigern. Hoffnung macht in dieser Hinsicht Sumant Kumar, ein Kleinbauer aus dem Dorf Darveshpura im Nordosten Indiens. Kumar ist es gelungen, den Ertrag seiner Reisfelder um 50 Prozent zu steigern, und zwar nicht mit Gentechnik, nicht mit Turbopflanzen, nicht mit einem neuen Kunstdünger. Nur die Anbaumethode hat er geändert. Nach der herkömmlichen Methode werden drei bis vier Wochen alte Schößlinge in Büscheln in die Erde gepflanzt und die Felder geflutet. Die Flutung verhindert das Wachstum von Unkraut. Sumant Kumar pflanzt stattdessen acht bis zwölf Tage alte Schößlinge einzeln in die Erde, achtet auf einen größeren Abstand zwischen den Pflanzen und hält den Boden trockener. Der Nachteil ist, dass nun Unkraut wächst, das gejätet werden muss. Der Vorteil ist, dass durch das Jäten der Boden belüftet wird und sich die Wachstumsbedingungen insgesamt verbessern.[49]

Das bedeutet mehr Arbeit, bringt aber auch mehr Ertrag, nicht nur bei Reis, sondern, wie man inzwischen weiß, auch bei Weizen, Kartoffeln, Zuckerrohr, Tomaten, Knoblauch und Auberginen. Längst wird die Methode von vielen Bauern im Nordosten Indiens angewendet und von Wissenschaftlern untersucht. Ein weiterer Vorteil ist, dass sie mit normalem, für die Bauern bezahlbarem Saatgut funktioniert und keinen Zukauf von Dünger und Pestiziden erfordert. Es gibt keine Aufschläge für Patente oder Lizenzen, wie das bei Hightechsaatgut üblich ist, und damit auch keine Abhängigkeit von den internationalen Saatgutkonzernen.

Kritiker wenden ein: Für den Anbau in großem Stil sei die Methode nicht geeignet, da sie zu arbeitsintensiv und zeitraubend sei und wahrscheinlich auch nie maschinell angewendet werden könne. Maschinen aber könnten sich die indischen Bauern sowieso nicht leisten. Die Arbeitskraft der ganzen Familie ist oft das Einzige, was solche Bauern haben, und da ist es ein Riesenfortschritt, wenn mit derselben Kraft plötzlich 50 Prozent mehr produziert werden kann. Außerdem nimmt der Arbeitsaufwand mit der Übung und Erfahrung ab. Nur am Anfang sei es schwierig, mit der Zeit aber werde es einfacher, sagen die Bauern. Inzwischen, so schätzen Experten, werde die Methode weltweit von vier bis fünf Millionen Bauern angewendet und von Behörden in China, Indien, Indonesien, Kambodscha, Sri Lanka und Vietnam unterstützt.

In Europa, wo Arbeitskraft teuer ist, wird diese Methode keine Chance haben, aber eine Konsequenz daraus lautet: Wir sollten nicht die gesamten Forschungsgelder in die Hightech- und Gentechnik-Landwirtschaft stecken, sondern einen Teil auch in die Weiterentwicklung der traditionellen Methoden. Statt die Bauern dieser Welt in neue Abhängigkeiten zu treiben, sollten wir Entwicklungen fördern, die ihnen helfen, selbstständig und unabhängig für ihren eigenen Lebensunterhalt zu sorgen. Dabei würden ihnen faire Preise und offene Grenzen für ihre Produkte mehr helfen als teures Saatgut von den Gentechnik-Monopolisten.

Und wer weiß denn, welche Ertragssteigerungen durch Änderung der Methoden, der Fruchtfolge, der Pflanzenkombinationen möglich sind? Was wir also in Zukunft brauchen, ist so etwas wie eine gemeinwohlgetriebene Forschung.

Was ebenfalls kaum erforscht wird, weil »die Menschen da unten« sowieso unterhalb der Wahrnehmungsschwelle der von Drittmitteln abhängigen Wissenschaftler liegen, ist die Veränderung des Erzeuger-Verbraucher-Verhältnisses in der Regionalwirtschaft. Für Aldi, Lidl oder Rewe sind wir Konsumenten eine anonyme Masse, der im Internet hinterherspioniert wird, deren Verhalten man von Marktforschern beobachten und prognostizieren lässt, und die über die Werbung und mithilfe von Sonderangeboten und Billigprodukten in die Läden gelockt wird. Das funktioniert, wird noch eine Weile weiter funktionieren, aber die Zahl der Konsumenten, die bereit sind, sich auf diese Weise gängeln zu lassen, nimmt ab.

Das Verhältnis des Ökobauern Klischewski zu seiner Kundschaft ist dagegen ein ganz anderes. Wenn der mit seinem Lieferwagen den Hof verlässt und einen der Märkte in Lauf, Altdorf, Hersbruck oder Röthenbach ansteuert, ist er in Gedanken schon bei seinen Kunden – Menschen, die er seit Jahren persönlich kennt, die er gerne trifft und mit denen er gerne spricht. Und umgekehrt freuen sich seine Kunden auf ihn. Da entstehen persönliche Bindungen und Face-to-Face-Kommunikation auf Augenhöhe. Das Bedürfnis der Menschen nach dieser Art des Einkaufens nimmt zu, die Zahl solcher Kunden steigt.

Noch intensiver ist das Verhältnis bei Modellen einer »solidarischen Landwirtschaft« wie dem des Fuhlenhagener Ökohofs oder bei Kunden, die im Dorfladen einkaufen, der ihnen zumindest teilweise gehört, weil sie einen Anteilschein der Genossenschaft besitzen. Simon Scholl und Daniel Überall zum Beispiel, die nach einem ähnlichen Modell wie die Fuhlenhagener in München 135 Haushalte mit selbstangebautem Biogemüse versorgen, sehen sich nicht als Lieferanten, die in München ihre Kundschaft haben. Sie möchten das Verkäufer-Käufer-Verhältnis auflösen zugunsten eines Mensch-zu-Mensch-Verhältnisses.

Damit die Leute sehen, wo und wie ihr Gemüse wächst und sie sich mit dem Hof identifizieren, veranstalten sie regelmäßige Hoffeste und Führungen. Auf längere Sicht möchten sie, dass sich alle als Mitglieder einer Gemeinschaft verstehen. Die Gründung einer Genossenschaft soll allen Mitgliedern das Gefühl geben: Das ist unser Hof, das ist unsere Gärtnerei, und wir sind mehr als eine Biokiste. Sehr weit verbreitet sei dieser Gedanke in Deutschland noch nicht, sagt Überall. Hier gebe es momentan vielleicht 25 vergleichbare Betriebe. In Frankreich seien es aber schon über 1000, in den USA zigtausend.

Dafür gibt es aber in Deutschland und Europa noch andere, mitgliederstärkere Alternativen zur Herrschaft des Agrobusiness, und zwar schon ziemlich lange, beispielsweise eine Bewegung, die entstand, als 1986 McDonald's in Rom nahe der Spanischen Treppe eine Filiale eröffnete und einige Römer dagegen auf die Barrikaden gingen. Verhindern konnten sie die Filiale nicht, aber gegründet wurde die Slow-Food-Bewegung. Der italienische Journalist und Soziologe Carlo Petrini prägte den Begriff als Gegensatz zum Fast Food. Zunächst ging es ihm dabei wirklich nur ums Essen, um einen Protest gegen die industrielle Erzeugung und Denaturierung von Nahrungsmitteln, die Produktion von dickmachendem, ungesundem Essen, das damit verbundene übermäßige Müllaufkommen und den Verfall der Esskultur. Schnell aber wurde klar, dass die Idee von Slow Food, damit sie funktioniert, nicht nur die bäuerliche Landwirtschaft, das Lebensmittelhandwerk und die Umwelt, sondern unsere ganze Art zu leben und zu arbeiten einbeziehen muss. Daher ist heute mit Slow Food eigentlich *slow life* im Gegensatz zu *fast life* gemeint – eine Bewegung zur Entschleunigung unserer Lebensverhältnisse.

Heute hat die Bewegung weltweit etwa 100 000 Mitglieder, die in 1500 lokalen Gruppen aktiv sind. Nationale Vereine gibt es in Deutschland, Großbritannien, Italien, Japan, den Niederlanden, der Schweiz und den USA. Dazu kommen 2000 Lebensmittelgemeinschaften, die Landwirtschaft in kleinem Maßstab betreiben und Qualitätslebensmittel nachhaltig herstellen. Sie bilden das Terra-Madre-Netzwerk.

Aus Slow Food ist 1999 die Bewegung Cittàslow hervorgegangen. Dahinter steckt die Überlegung, dass das gute Leben noch mehr erfordert als nur Ökolandbau, Mülltrennung und regionale Wirtschaftskreisläufe. Unsere ganze Art zu arbeiten und zu leben muss umgekrempelt werden. Das kann aber nur von »unten« organisiert werden, in der Gemeinde, im Stadtteil, in der Stadt. Dort müssen lokale Prozesse, Organisationen, Produktionsweisen, Bauten und Entscheidungen daraufhin überprüft werden, ob sie einem guten Leben im Wege stehen oder ihm förderlich sind.

Der Grundgedanke ist: So, wie man Ökoprodukten ein Umweltsiegel verpasst, sollen auch ganze Städte kontrollierbare Kriterien auf sich anwenden, um zu beweisen, dass in ihnen nachhaltig, umweltgerecht und gastfreundlich gelebt und gewirtschaftet wird. Die Stadt soll sich wehren gegen die McDonald's und Starbucks', soll ihre jeweilige Eigenheit bewahren und das Landestypische betonen. Städte wie Chianti, Orvieto, Bra und Positano griffen die Idee als Erste auf. Heute schmücken sich mit dem Cittàslow-Gütesiegel Städte in ganz Europa, Neuseeland und Australien.

Die erste deutsche Cittàslow-Stadt war – Überraschung! – Hersbruck in Mittelfranken. Eingeschleppt wurde die Idee von der Deutsch-Italienerin Manuela Sillius. Die rührte die Werbetrommel dafür, erzählte ihren Freunden davon, darunter Rainer Wölfel und Herwig Danzer. Danach hat es nicht mehr lange gedauert, bis die drei beim damaligen Bürgermeister Wolfgang Plattmeier auf der

Matte standen und von ihm verlangten, sein Städtchen in eine Cittàslow zu verwandeln. Der sagte: »Leute, was soll der Quatsch? Wir sind eine aufstrebende, dynamische, moderne Stadt.«

Dann redeten sie. Am Ende bewarb sich Plattmeier für seine 12 500-Einwohner-Stadt um das Cittàslow-Siegel. Und bekam es. Deshalb sprechen Hersbrucker Stadträte heute so selbstverständlich von Mutterkuhhaltung, Hackschnitzelheizung, Streuobstinitiativen, Hutangern und Albhonig wie andere Stadträte von Infrastruktureinrichtungen, Stadtmarketing oder Kultur als Wirtschaftsfaktor. Auf Hersbrucker Apfelbäumen wachsen keine Granny Smith, sondern heimische Sorten wie Korbinian und Roter Stettiner, aus denen Biosaft gemacht wird. McDonald's und Starbucks müssen in Hersbruck draußen bleiben. Und wenn die Hersbrucker ihren Ehrgeiz noch etwas steigern würden, könnten sie sich – nur zum Beispiel – dazu verpflichten, nicht mehr bei Amazon und Zalando zu bestellen, sondern wieder in die eigene lokale Buchhandlung und die eigenen lokalen Geschäfte zu gehen. Oder zu Herwig Danzer statt zu Ikea.

Danzer, der, wie schon erwähnt, einer Werteverlagerung das Wort redet, meint das nicht nur ökonomisch. Die Werteverlagerung kann noch umfassender verstanden werden und zum Beispiel auch die Gesundheit einbeziehen. Durch Holz aus der Region. Daraus lassen sich ganze Häuser bauen, in denen man gesünder wohnt, länger lebt, besser schläft, denn, so weiß der Grazer Physiologe Maximilian Moser, im Wald sinkt unser Pulsschlag, und das tut er auch, wenn wir den Wald als Massivholzmöbel und Massivholzbetten in unser Haus holen, erst recht, wenn das ganze Haus aus Holz ist. Bei niedrigerem Puls wird das Herz besser mit Sauerstoff versorgt. »Langfristig wirkt sich eine geringere Herzfrequenz sogar günstig auf die Lebenserwartung aus: Wenn der Puls niedrig ist, leben wir länger.«[50]

Moser ist Gründer und Leiter des Human Research Instituts für Gesundheitstechnologie und Präventionsforschung in Weiz und

Professor für Physiologie an der Medizinischen Universität Graz. Für eine Schlafstudie hat er Menschen in Betten aus massivem Zirbenholz schlafen lassen, dann in Holzdekorbetten, also Betten aus Spanplatten. In den 72 Nächten im Zirbenholzbett »sparten« die Teilnehmer jeweils 3600 Herzschläge pro Nacht. Das sei ziemlich viel und entspreche »ungefähr einer Stunde Herztätigkeit«.

Für eine weitere Studie wurden zwei Schulklassen untersucht, die entweder in einem Vollholzklassenzimmer oder zwischen herkömmlichen Wänden aus Gipskarton unterrichtet wurden. Die Schüler aus der Massivholzklasse hatten nicht nur eine deutlich niedrigere Herzfrequenz, sobald sie das Klassenzimmer betreten hatten. Sie wurden anders als die Vergleichsklasse gegen Schuljahresende auch immer entspannter.

Da das dabei eingesetzte Material – Holz – überall wächst und nachwächst, ist es nicht nur ein gesundheitsfördernder, sondern überall zur Verfügung stehender Basisrohstoff für jede Regionalwirtschaft. Wird mit Holz aus der Region gebaut, entsteht eine regionale Holzbauindustrie, die Waldbauern, Handwerkern, Fuhrunternehmern, Architekten, Bauunternehmern, Zulieferern und Angestellten ein sicheres Einkommen und Gemeinden Steuereinnahmen liefert, die nicht von einem einzigen am Ort ansässigen Großunternehmen abhängen.

Überdies schreiben Holzenthusiasten wie Moser und sein Koautor Erwin Thoma – beide haben das Buch *Die sanfte Medizin der Bäume* veröffentlicht – dem Rohstoff auch hervorragende bautechnische Eigenschaften zu. Im Winter erwärmt sich ein Holzhaus schnell, im Sommer kühlt es und muss, bei richtiger Bauweise, nicht gedämmt werden. Es schafft ein angenehmes Raumklima und unterliegt nicht einmal, wie man als Laie denken könnte, einer höheren Brandgefahr. Angeblich halten Holzhäuser sogar elektromagnetische Strahlung zurück, was allerdings schlecht ist, wenn man mit dem Handy telefonieren will.

Zieht man von dieser Begeisterung der Enthusiasten 50 Prozent ab, bleibt ein nachwachsender Rohstoff übrig, mit dessen Hilfe, wie Danzer sagt, »Werte verlagert« werden können, sowohl im ökonomischen wie im politischen Sinn. Jede kleine regionale Wirtschafts- und Wertegemeinschaft stellt für sich genommen ein effektives Widerstandsnest gegen die Herrschaft globaler, anonymer Märkte dar. Neben Demos, Aufklärung, Kritik, Protest und Resolutionen scheint mir diese Form des Widerstands gegen die Fremdherrschaft der Märkte die nachhaltigste und erfolgversprechendste.

Ein letztes Beispiel: Der britische Permakulturdozent Rob Hopkins erarbeitete mit seinen Studenten und mit Bürgern im irischen Städtchen Kinsale einen Energie- und Kulturwende-Plan, den er »Transition« nannte. Transition kommt von *transire*, hinübergehen, und bedeutet Wandel oder Übergang. Kinsale sollte den Übergang vom Öl- zum Solarzeitalter selber managen und anfangen, ein Leben mit weniger Erdöl zu führen.

Auch hinter dieser Idee steckt der Gedanke, dass sich ein paar Bürger zusammentun und miteinander beraten, was in ihrer Stadt möglich ist, um die lokale Wirtschaft zu stärken und zu vernetzen. Die Lebensmittelerzeugung, die regionale Nahrungsversorgung, die Erzeugung und das Einsparen von Energie und vieles mehr, was für die Zukunft einer Stadt wichtig ist, wird auf den Prüfstand gestellt. Die kleine Gruppe nimmt Kontakt zu anderen bestehenden Gruppen in der Stadt auf, zur Kommunalverwaltung, zu anderen Transition-Gruppen und erarbeitet neue Lösungen für eine andere Art zu arbeiten und zu leben.[51]

Was schon jetzt alles möglich ist, hat Hopkins in seinem Buch *Einfach. Jetzt. Machen!* beschrieben. Bereits mehr als tausend lokale Transition-Initiativen in vierzig Ländern haben sich auf den Weg gemacht, um gemeinsam zukunftsträchtige Lösungen für ein besseres Leben und für zukünftige Generationen zu erarbeiten. Noch ist das, was derzeit unverbunden nebeneinander existiert, eine Summe unterschiedlichster Insellösungen, die erst miteinander verbunden werden müssen. Erst dann entsteht jenes Alternativsystem, das den massenhaften Auszug aus dem jetzigen System ermöglicht. Die Zahl dieser Insellösungen und deren Vielseitigkeit steigt von Jahr zu Jahr. Die Rückeroberung des Landes hat bereits begonnen.

Die Macht der Banken brechen – das können nur wir **08**

»Geld regiert die Welt« ist ein Spruch, der so glatt und abgedroschen ist, dass man sich gar nicht mehr traut, ihn auszusprechen. Dabei beschreibt er in seiner platten Schlichtheit einen großen Teil der Realität, bedürfte inzwischen aber einer kleinen Ergänzung: Geld regiert die Welt, und immer mehr dieses Geldes ist kriminell.

Knapp 100 Milliarden Dollar Straf- und Vergleichszahlungen mussten Geldhäuser in Amerika und Europa seit 2009 zahlen wegen Geldwäsche, Devisen-, Libor- und Zinsmanipulationen, Beihilfe zur Steuerhinterziehung, Verschleierung von Risiken, fragwürdiger Hypothekengeschäfte, Verstößen gegen Wirtschaftssanktionen und wegen diverser anderer Betrügereien. Darin enthalten sind aber nur die kriminellen Handlungen jener großen Fische, die mit Vergleichs- und Strafzahlungen oberhalb einer Summe von 50 Millionen Dollar belegt wurden.[52] Wären die kleineren Fische auch dabei, wäre die Liste noch viel länger, trotzdem nicht vollständig, denn viele Strafverfahren sind noch nicht abgeschlossen, und in weiteren Fällen wird erst noch ermittelt.

Die von Maggie Thatcher und Ronald Reagan initiierte und von Bill Clinton, Tony Blair und Gerhard Schröder fortgesetzte Liberalisierung der Finanzmärkte mündete in einen Big Bang der Weltwirtschaft und verschaffte den Bankern fast totale Freiheit. Davon machten sie exzessiv Gebrauch zum eigenen Nutzen.

Investmentbanker konnten nun sehr schnell sehr reich werden, und darüber kamen ihnen sämtliche Maßstäbe abhanden. Sie begannen in rechtlichen Grauzonen zu operieren, hatten damit Erfolg, wurden noch schneller noch reicher. Niemand erhob Einwände, kein staatlicher Kontrolleur störte die Geschäfte, kein Staatsanwalt trat auf den Plan, immer mehr machten mit, und so manövrierte sich eine ganze Branche an die Grenze der Kriminalität, die häufig überschritten wurde. Es waren nicht mehr einzelne schwarze Schafe, die negativ auffielen, sondern ganze Herden färbten sich schwarz.

Geschädigt wurden Anleger, Sparer, Steuerzahler und ganze Volkswirtschaften. Die Aussicht, ganz schnell das große Geld zu machen, zog viele junge Talente an. Und entzog der übrigen Wirtschaft begabte Uni-Absolventen. Statt in Unternehmen unter schwierigen Bedingungen reale Produkte und Innovationen zu entwickeln, strömten diese in die Banken und ersannen jene Finanzinnovationen, die später von Warren Buffett als Massenvernichtungswaffen bezeichnet wurden. Heerscharen junger Volks- und Betriebswirtschaftler hatten offenbar nur zu dem Zweck studiert, um mit ihrem Fachwissen das Vertrauen in die Finanzindustrie nachhaltig zu zerstören.

Diese Industrie aber wuchs und wucherte und blähte sich gewaltig auf in den Jahren, in denen ihre Geschäfte so wunderbar florierten. Manche Länder, wie etwa Großbritannien oder Zypern, gerieten dadurch in direkte Abhängigkeit von dieser Industrie.

Die Befreiung der Finanzmärkte von jeglicher Kontrolle ist eine der Hauptursachen der seit 2008 schwelenden Finanzkrise. Die zweite Hauptursache liegt in der historisch niedrigen Eigenkapitalquote der Banken von im Durchschnitt 3,9 Prozent. Dass die Banken zu rund 96 Prozent mit Geld arbeiten, das ihnen nicht gehört, heißt: Verzocken sie sich und machen Verluste, die höher sind als ihr Eigenkapital, sind sie eigentlich pleite, gehen aber nicht pleite, weil sie wegen Systemrelevanz vom Staat gerettet werden müssen und selbst unfähig sind, für den angerichteten Schaden zu haften.

So geriet den Banken die Welt zum Schlaraffenland. Sie erwirtschafteten Gewinne mit anderer Leute Geld. Wären die Banken gezwungen, ihre Kassen von vier Prozent auf 25 oder 30 Prozent mit eigenem Geld aufzufüllen, würden sie vorsichtiger agieren und sich nicht mehr auf jedes wilde Spekulationsgeschäft einlassen, der Volkswirtschaft ginge es besser, der Steuerzahler würde nicht mehr von den Banken ausgeraubt.

Es wäre für den Gesetzgeber ein Leichtes, den europäischen Banken eine Eigenkapitalquote von 25 oder 30 Prozent vorzuschreiben und die Finanzindustrie wieder unter Kontrolle zu bringen. Nur: Dazu wird es nie kommen. Die Briten stiegen sofort aus der EU aus, wenn sich die EU-Kommission unterstünde, die Banken solchermaßen an die Kandare zu nehmen, und die Banken auf dem Kontinent verlagerten ihre Firmensitze nach London.

Aber: Was wäre eigentlich so schlimm, wenn das passierte? Käme dann die Wirtschaft zum Erliegen, weil sie nicht mehr mit Geld versorgt würde? Wohl kaum. Die Banken würden dann eben von London aus Europas Wirtschaft mit Geld versorgen, die EZB wäre auch noch da, und die Sparkassen und Volks- und Raiffeisenbanken freuten sich über neue Geschäftsmöglichkeiten. Ja, Frankfurt hätte ein Problem. Hier würden viele Banker arbeitslos. Aber die fänden rasch neue Jobs in London oder bei den öffentlich-rechtlichen, genossenschaftlichen, gemeinwohlorientierten oder sonstigen Kreditinstituten, die hierblieben und nun in die Bresche sprängen. Bankaktien stürzten steil ab, würden sich aber wieder erholen. Weniger Geld kreiste um den Erdball, aber das, was noch zirkulierte, flösse in die Entwicklung realer Produkte und innovativer Technologien sowie in langfristige Investments statt in Blasen. Alle würden profitieren, langfristig sogar die Banken.

Warum wird es dann nicht gemacht? Weil Europas Bankenlobby am Erhalt ihres Schlaraffenlandes und an kurzfristiger Gewinnmaximierung interessiert ist und deshalb allen für sie wichtigen Politikern, Beamten und Journalisten auf dem Schoß sitzt und diese unentwegt beschwatzt

Als diese Banken-, Euro-, Verschuldungs-, Finanz- oder Was-auch-immer-Krise anfing, habe ich lange nicht verstanden, was eigentlich Sache ist. Mindestens zwei Jahre lang ist es mir wie jenen 70 Prozent der Deutschen ergangen, die sich laut einer Umfrage des Instituts Allensbach von der Komplexität der Krise überfordert fühlten und nicht glaubten, die Rettungsmaßnahmen beurteilen zu können.

Als es plötzlich hieß, wir müssten die Griechen retten, hätte ich gern erfahren, wie man sich so eine Griechenlandrettung vorstellen muss. Wer drückt wem das Geld in die Hand, und was geschieht damit? Aber unser Finanzminister schwieg eisern zu den Einzelheiten, die Medien erzählten es mir auch nicht, vermutlich, weil sie selber den Überblick verloren hatten. Erst allmählich schwante mir, dass mit dem Geld aus Brüssel nicht die Griechen, sondern die Banken gerettet wurden. Das Brüsseler Geld bekam zwar der griechische Finanzminister auf das Regierungskonto überwiesen, aber dort verweilte es kaum eine Sekunde lang, sondern wurde sogleich an jene deutschen, britischen und französischen Banken weitergeleitet, die sich mit griechischen Staatsanleihen verzockt hatten. Aufgegangen ist mir dieser Zusammenhang, als ich in einer kleinen Zeitungsnotiz las, die Allianz-Versicherung habe sich auf Zypern ebenfalls verzockt.

Mein erster Impuls war: Ist doch deren Problem. Soll sie halt für ihre Wettschulden aufkommen. Mein zweiter Impuls jedoch war: Nein, die Allianz muss gerettet werden, denn seit mehr als drei Jahrzehnten zahle ich monatlich hohe Beiträge ans Presseversorgungswerk für meine zusätzliche Altersversorgung. Dieses Geld legt die Allianz für mich an. Der Plan ist, mit der Versicherungssumme, die mir zu meinem 65. Geburtstag überwiesen werden wird, die letzte Hypothek auf meine Doppelhaushälfte in Mainz abzulösen. Plötzlich wollte ich, dass die Allianz gerettet wird, damit meine Doppelhaushälfte in Mainz gerettet wird.

Ich hänge also mit drin im System und bin ihm ausgeliefert. Und jeder andere, der etwas für sein Alter zurücklegt, fürs Studium seiner Kinder, für den Bau eines Hauses oder eine spätere Existenzgründung, hängt genauso mit drin. Sie alle geben ihr Geld ab und damit auch ihre Kontrolle, und sie können nicht verhindern, dass die Banken und Versicherungen mit diesen Geldern fröhlich spekulieren und daraus tolle Finanzinnovationen basteln.

Und die von uns gewählten Politiker können es offenbar auch nicht verhindern. Aber selbst wenn sie wollten: Es wäre unter den Bedingungen der globalisierten Finanzwirtschaft wirklich schwierig, dieses entfesselte System wieder unter Kontrolle zu bringen. Die Politik kann zwar Banken höhere Eigenkapitalquoten vorschreiben, und ganz zögerlich geschieht das auch schon, aber der Effekt ist, dass die riskanten Geschäfte dann von denen gemacht werden, die sich wie Banken verhalten, aber keine sind: große Finanzinvestoren, Vermögensverwalter, Hedgefonds und Geldmarktfonds, die als Schattenbanken bezeichnet werden. Sie sind viel schwieriger zu regulieren und zu kontrollieren, sind aber auch noch nicht systemrelevant. *Noch nicht!* Wenn sie jedoch, wie es jetzt geschieht, immer größer werden, sich vernetzen, »innovative« Massenvernichtungswaffen entwickeln und sich dafür Geld leihen bei regulären Banken, können sie diese und damit ihrerseits das ganze Finanzsystem gefährden, und dann hängt auch der kleine Sparer und Steuerzahler wieder mit drin.

Woraus folgt: So schnell wie möglich raus aus diesem System. Wenn wir uns nicht mehr länger vom Geld regieren lassen wollen, sondern wenigstens die Kontrolle über unser eigenes Geld zurückerobern möchten, müssen wir eben dem System unser Geld entziehen.

Und das heißt: Raus aus der Deutschen Bank, der Commerzbank und der Postbank. Raus auch aus der Allianz, der Generali und der R+V. Und rein in eine anständige Genossenschaftsbank wie etwa die GLS. Deren Kürzel steht für Gemeinschaftsbank für Leihen und Schenken.

Das hätten wir, das hätte ich schon lange tun sollen. Aber früher, als ich noch der Meinung war, politische Probleme könnten nur politisch gelöst werden und nicht privat von mir, hatte ich auf solche Zusammenhänge zwischen meinem privaten Tun und den weltpolitischen Folgen nicht so geachtet.

Die Entscheidung, zu welcher Bank ich ging, machte ich davon abhängig, wessen Geldautomat am nächsten zu meiner Wohnung liegt. Das war einmal die Deutsche Bank. Als ich mich wegen Ackermann zunehmend über diese Bank ärgerte, ging ich zur Postbank, einer, wie ich dachte, Bank der kleinen Leute. Kurz danach wurde sie von der Deutschen Bank geschluckt. Jetzt steht die Postbank erneut zum Verkauf, und damit auch ich, denn ich bin noch immer ihr Kunde. Aber wenn dieses Buch fertig ist, werde ich wechseln. Wahrscheinlich zur GLS. Und meine Versicherungen bei der Allianz werde ich ebenfalls kündigen.

Über ihren »Umzug« zur GLS berichtet die Autorin Isabel Bogdan, eine Facebook-Freundin von mir, in ihrem Blog:

> »Die GLS findet hauptsächlich im Internet statt – man kann online ein Konto eröffnen, das geht ganz schnell und einfach und ist in wenigen Minuten gemacht … Es gibt aber auch ein paar wenige Filialen, glücklicherweise auch eine in Hamburg, und da waren wir und haben uns beraten lassen. Uns gegenüber saß zum allerersten Mal eine Bankberaterin, bei der wir das Gefühl hatten, dass sie selbst denkt und nicht nur, wie man das sonst oft erlebt, auswendiggelernte Textbausteine aufsagt. Sehr angenehm. Wobei sie natürlich auch den obersten Leitgedanken der Bank zitiert hat, nämlich: dass der Besitz von Geld (auch wenn es wenig ist) auch eine Verantwortung bedeutet.«[53]

Mit der Verantwortung ist immer auch eine Freiheit verbunden. Weder das eine noch das andere lassen die üblichen Banken zu. Deshalb sind sie für mich – in einem anderen Sinn als dem üblichen – Bad Banks. Sie nehmen gerne unser Geld in Empfang, aber was sie damit machen, ist allein ihre Sache. Wir haben dabei nicht das Geringste mitzureden und werden nicht einmal darüber informiert, wohin unser Geld fließt und was damit finanziert wird. Vielleicht passt es mir ja nicht, dass mein Geld in Rüstungsprojekte fließt, in die Atomindustrie, die Lebensmittelspekulation, in ein Braunkohlekraftwerk, in ein spekulatives Finanzprodukt. Das interessiert die Bank nicht. Niemand zwingt sie, meine Erlaubnis dafür einzuholen.

Anders die »Guten«, die Ethikbanken, die Good Banks. Bei der 1974 gegründeten und mit viel Lob überschütteten und zahlreichen Preisen ausgezeichneten Genossenschaftsbank GLS kann ich bereits bei der Kontoeröffnung bestimmen, wo mein Geld angelegt werden soll. Die Website der Bank informiert, in welche Projekte sie investiert. Dazu gehören: ökologische Landwirtschaft, nachhaltiges Bauen, Wohnprojekte, regenerative Energien, grüne Unternehmen, freie Schulen und Kindergärten, Gesundheit, Behinderteneinrichtungen, Leben im Alter, Kultur. Aus der Kundenzeitschrift *Der Bankspiegel* erfahre ich nicht nur, was mit meinem Geld passiert, sondern auch, wohin die Gelder der anderen Kunden fließen.

Die GLS unterhält die Zukunftsstiftung Landwirtschaft, die Initiativen zur Verbreitung und Weiterentwicklung der ökologischen Landwirtschaft fördert. Unter anderem zählt dazu die Förderung der Saatgutforschung und des Tierschutzes. Die Stiftung unterstützt außerdem den Kampf gegen die Massentierhaltung und gehört zu den aktiven Trägermitgliedern Tierschutzinitiative »Wir haben es satt!«.[54]

Die Konditionen der Bank – für Kontoführung, EC-Karte, Kreditkarte – gleichen denen der anderen Banken. Und genügend Geldautomaten gibt es auch. Kostenlos abheben kann man an allen Automaten der Volks- und Raiffeisenbanken, der Sparda-Bank, der Pax-Bank, der Apotheker- und Ärztebank und weiteren kleinen Genossenschaftsbanken. Auch im Ausland ist es kein Problem, einen Geldautomaten zu finden. Gratis gibt es natürlich nichts, und die höchsten Zinssätze auf Guthaben darf man auch nicht erwarten.

Die Erhaltung unserer Welt für die nächste Generation ist nun mal nicht für umsonst zu haben.[55]

Auch Good Banks sind nicht vor Pleiten geschützt. Zwei gibt es bereits zu beklagen: Die Noa Bank hat kaum zwei Jahre überlebt, und schon vor Jahren musste die Frankfurter Öko- unter das Dach der Nürnberger Umweltbank schlüpfen. Für normale Kunden ist das aber kein Problem, denn für Spareinlagen bis 100 000 Euro springt die Entschädigungseinrichtung deutscher Banken ein. Wer hat schon mehr als 100 000 Euro auf seinem Konto herumliegen?

Es gibt also für einen Normalverdiener keinen vernünftigen Grund, sein Spar- und Girokonto weiter von einer Bank führen zu lassen, die mit seinem Geld macht, was sie will, und ihm keinerlei Rechenschaft darüber ablegt. Aber es gibt mindestens vier gewichtige Gründe, jetzt zu einer Ethikbank zu wechseln:

- Erstens nimmt man mit seinem Wechsel den Großbanken die Systemrelevanz. Wir könnten ruhig zusehen, wie sie pleite gehen. Unser Geld wäre nicht gefährdet.
- Zweitens holt man sich mit so einem Wechsel ein Stück der verloren gegangenen Bürgermacht zurück. Ich bestimme nun mit, wohin mein Geld fließt, was damit gemacht wird, und was auf keinen Fall damit gemacht werden darf. Und die Geldpolitik meiner Bank wird transparent.
- Drittens ist so eine Good Bank so gut wie immer eine Genossenschaft. Ich kann mir für einen überschaubaren Betrag einen Anteil kaufen und habe damit Sitz und Stimme, und wer hundert oder tausend Anteile kauft, hat auch nur eine Stimme. Der Krösus hat in so einer Bank nicht mehr zu sagen als ich. Es geht in ihr demokratisch zu.
- Und viertens ist eine Genossenschaftsbank eine Organisation, die nicht aus Geld in kürzester Zeit viel mehr Geld machen, sondern mit Geld Probleme lösen will. In so einer Bank arbeiten Manager, die nicht wie ihre Kollegen in den üblichen Geschäfts-

und Investitionsbanken an die jeweils nächsten Quartalszahlen und ihren nächsten Karriereschnitt denken, sondern an die nächste Generation. Und auch die Kunden ticken anders. Sie erwarten nicht die höchste Rendite, sondern die sinnvollste Verwendung ihres Geldes. Natürlich muss sich das über einen längeren Zeitraum angemessen verzinsen, denn man braucht ja was fürs Alter oder für die eigenen Kinder.

Jetzt kann man natürlich sagen: Ja gut, sicher keine schlechte Idee, so eine Ethikbank. Aber was nützt das, wenn die meisten dann doch nicht wechseln? Die GLS als die größte unter den Ethikbanken hat nicht einmal 200 000 Kunden und eine Bilanzsumme von etwas über drei Milliarden Euro. Die Deutsche Bank hat weltweit circa 14 Millionen Kunden und eine Bilanzsumme von 1,9 Billionen Euro.

Angesichts solcher Zahlen verbessert man mit einem Bankwechsel sein Gewissen, aber nicht die Welt. Stimmt – solange alle so denken. Aber wenn eine wachsende Zahl umdenkt, kann ein Punkt erreicht werden, ab dem man mehr verbessert als nur sein Gewissen, obwohl das auch nicht zu unterschätzen ist.

Ethikbanken haben sehr klein angefangen, aber seit Beginn der Finanzkrise erfreuen sie sich eines starken Zulaufs. Der Trend zur Werteverlagerung wird weitergehen, denn die Zahl der Menschen, die unserer Wertpapiergesellschaft überdrüssig sind, wächst. Das lässt sich unmittelbar an der Bilanzsumme der GLS ablesen. Seit 2005 verzeichnet sie zweistellige Wachstumsraten. Und in dem Maß, in dem sie wächst, werden sich die vielen einzelnen privaten Konsumentscheidungen zu jenem politischen Handeln addieren, zu dem unsere Politiker nicht mehr in der Lage sind. Sobald eine bestimmte kritische Masse erreicht ist und ich Teil dieser kritischen Masse bin, ist meine private Konsumentscheidung nicht mehr privat, sondern politisch.

Sie wird umso politischer, je mehr Möglichkeiten mir erwachsen, politisch einzukaufen. Ich habe diese Möglichkeiten bereits bei

Bio-, Öko- und Regionalprodukten, bei vegetarischen und veganen Produkten. Dazu kommen die Bankprodukte der Good Banks, dazu die der grünen Versicherungen und die der grünen Energieversorger.

Aber mir stehen noch mehr Möglichkeiten zur Verfügung.

Macht euren Zorn zu Strom 09

Ein mächtiges Instrument zur Rückeroberung der Macht ist die grüne Technik, mit der Energie aus Sonne, Wind, Wasser, Erdwärme, den Gezeiten, nachwachsenden Rohstoffen erzeugt und zugleich auch Energie eingespart werden kann. In den Händen der Bürger ist sie eine Befreiungs- und Ermächtigungstechnologie, vor der es die großen Konzerne gruselt.

Die dezentrale grüne Energieselbstversorgung durch Bürger und Gemeinden stellt eine existenzielle Bedrohung des zentralistischen Geschäftsmodells der Energieriesen dar. Darum versuchen sie mit Propaganda, PR, Desinformationskampagnen und Lobbyarbeit die Energiewende zu verzögern, zu behindern, zu verhindern oder zumindest in ihrem Interesse zu steuern. Mit allen machtwirtschaftlichen Mitteln wollen sie den Bürgern das soeben erworbene neue Instrument wieder aus der Hand schlagen, sodass auch diese Hoffnung auf bürgerliche Selbstbestimmung wieder in Enttäuschung zu enden droht.

In diesem Kampf gegen grüne Technik in Bürgerhand hat die Branche der großen Energieversorger einen wichtigen Verbündeten gewonnen: den unaufhaltsam steigenden Strompreis. Die Gründe dafür sind vielschichtig und kompliziert, haben mit dem Erneuerbare-Energien-Gesetz (EEG) zu tun, der Subventionierung grünen Stroms und dem Preisverfall von am Markt gehandelten Umweltverschmutzungsrechten. Auch die Steigerung des Angebots durch Fracking-Öl und der daraus resultierende Ölpreisverfall lässt Investitionen in grüne Technik teuer erscheinen.

Alles zusammen entfaltet die paradoxe Wirkung eines Überangebots an Strom, der deshalb an den Börsen spottbillig gehandelt, aber an die privaten Stromkunden teuer verkauft wird, während Unternehmen mit hohem Energieverbrauch Preisnachlässe gewährt werden, die den Strom für die normalen Bürger noch weiter verteuern. Und weil die Verschmutzungsrechte so billig geworden sind, rentiert es sich, den schmutzigsten fossilen Brennstoff zu nutzen, den es gibt, die Braunkohle, an der wiederum sehr viele Arbeitsplätze hängen. So machen wir den positiven Klimaeffekt der Ökoenergie wieder zunichte durch den massenhaften Einsatz der Braunkohle. Gleichzeitig soll die Umstellung auf grüne Energie schuld daran sein, dass jetzt riesige, das ganze Land kreuz und quer durchschneidende Stromtrassen neu gebaut werden müssen.

Kein normaler Bürger versteht das noch, ich auch nicht, und ich habe den Eindruck, dass auch Politiker und Experten von der Komplexität der Sache überfordert sind und sie nur noch in Abhängigkeit von ihrer jeweiligen Interessenlage interpretieren. Wäre ich Verschwörungstheoretiker, würde ich sagen, das Ganze ist das Ergebnis eines teuflischen Plans der Atomlobby, die damit erfolgreich den Umstieg auf Ökostrom verhindert und die Rückkehr zur Atomkraft erzwingt.

Die Wahrheit ist einfacher. Was wir jetzt haben, ist das, was herauskommt, wenn staatliche Eingriffe, Subventionen und staatliche Planung mit marktwirtschaftlichen Elementen kombiniert werden und zugleich sehr viele, ganz verschiedene Interessen aufeinanderprallen und Kompromisse ausgehandelt werden müssen. An den Verhandlungen sind Manager beteiligt, die regelmäßig gute Quartalszahlen vorlegen müssen. Ihnen gegenüber sitzen Bundes-, Landes- und Kommunalpolitiker, die ihre Wahlen gewinnen wollen. Diese Hauptakteure der Energiepolitik sind außer mit ihren eigenen Interessen auch noch konfrontiert mit den höchst unterschiedlichen Interessen von Stadtwerken, Erzeugern grüner Energie, der Wind- und Solarindustrie, dem Bergbau, den Bauern, den Stromtrassenverlegern, den normalen Stromkunden, den Unternehmen mit hohem Energieverbrauch und den Bürgern, die nicht nur keine

Atomkraft, sondern auch kein Windrad und keine Biogasanlage in ihrer Nähe dulden wollen, die Kohle und Gas ebenfalls ablehnen, aber nach billigem grünem Strom aus der Steckdose verlangen.

Dazu kommen die Naturschützer, die Windrädern anlasten, ganze Vogel- und Fledermauspopulationen zu vernichten. Energietechniker klagen, die Stromproduktion sei, da windabhängig, schwer zu steuern. Ingenieure streiten sich über die Vor- und Nachteile von Kraft-Wärme-Kopplung und Blockheizkraftwerken. Solaranlagen auf Hausdächern stehen als Umverteilungsanlagen in der Kritik, weil sie von den Stromkunden mitfinanziert werden, die keine Solarzellen auf ihren Dächern haben. Außerdem wird eingewendet, die Panels würden fast komplett aus China importiert werden und schüfen dort Arbeitsplätze statt hier. Biogasanlagen wird nicht nur nachgesagt, sie würden zur Vermaisung der Landschaft führen und zu viel Energie, Dünger und Pestizide benötigen, sondern auch, sie würden die Pachtzinsen für Ackerland in die Höhe treiben. Außerdem würden Felder, auf denen Energie erzeugt wird, für die Lebensmittelproduktion fehlen. Das führe zu steigenden Preisen für Lebensmittel und treffe ganz besonders die Armen.

Immer wieder werden die hohen Kosten des grünen Stroms mit dem scheinbar so konkurrenzlos billigen Atomstrom verglichen, wobei die Atomlobby verschweigt, dass ihre alten Meiler längst abgeschrieben, abbezahlt und frei von Kosten für Zins und Tilgung sind. Die Entwicklungskosten der Atomenergie sind überhaupt nie eingepreist, sondern aus dem allgemeinen Steuertopf bestritten worden. Kosten für die Endlagerung des 20 000 Jahre lang vor sich hin strahlenden Atommülls werden den nachfolgenden Generationen aufgebürdet. Für die Kosten des Abwrackens alter Meiler haben die Energiemultis zwar Rücklagen gebildet, aber da unsicher ist, ob sie ausreichen, um die tatsächlichen Kosten zu decken, versuchen die Atomkraftbetreiber nun, das finanzielle Restrisiko auf den Staat abzuwälzen.

Ganz anders die grüne Energie: Zins und Tilgung für die neuen Anlagen müssen jetzt bezahlt werden, und zwar nicht aus dem allgemeinen Steuertopf, sondern über den Strompreis vom Stromkunden. So entsteht natürlich ein total verzerrtes Preisgefälle zwischen Öko- und Atomstrom.

Steht also die ganze Energiewende auf der Kippe? Werden wir demnächst über eine Wende der Energiewende diskutieren? Jedenfalls treibt der Wind derzeit nicht nur die Windräder an, sondern bläst auch den Enthusiasten der Ökoenergie heftig ins Gesicht. Und das liegt nicht allein an den teuren Kampagnen der alten Energiedinos gegen die grüne Technik, sondern schon auch daran, dass die Sache schwieriger und komplizierter ist als gedacht.

Ich will hier jetzt aber gar nicht den Versuch unternehmen, diese widersprüchliche Komplexität der deutschen und europäischen Energiepolitik und ihre technischen und ökonomischen Implikationen zu erörtern. Erstens steige ich da selber nicht durch, zweitens würde das ein eigenes Buch erfordern, und drittens ist es auch gar nicht nötig, dass wir Bürger das alles verstehen, denn es genügt, einen politischen Willen zu bekunden und zu formulieren und diesen nach dem Motto »Wo ein Wille ist, ist auch ein Weg« durchzusetzen.

Daher kommt es jetzt darauf an, sich von den berechtigten und unberechtigten Einwänden gegen die Ökoenergie nicht beirren zu lassen und stattdessen klar zu fordern: Wir wollen erstens eine zügige Umstellung unserer Energieversorgung auf Grün. Wir wollen zweitens, dass die Energie von Bürgern, kleinen Bauern, Energiegenossenschaften und gemeindeeigenen Stadtwerken erzeugt und von Öko-, Volks- und Raiffeisenbanken und Sparkassen finanziert wird. Dabei ist zu überprüfen, ob die geplanten Stromtrassen wirklich nötig sind, wenn jede Region ihre Energie selbst erzeugt. Die Freiheit der Bürger, selbst zu bestimmen, wo, wann und wie ihre Energie erzeugt und gespeichert wird, muss gestärkt werden. Sie ist ein Wert an sich. Alles Weitere ist diesem Wert unterzuordnen.

Daher wollen wir drittens von der EU, der Bundesregierung und den Landesregierungen die Freiheit zugestanden bekommen, unser Energieproblem selbst zu lösen, und wollen zugleich ein schlüssiges Konzept für die Lösung des Problems der Speicherung und Verteilung überschüssiger grüner Energie. Dabei ist kleinen dezentralen Lösungen der Vorrang einzuräumen vor großtechnologischen Lösungen wie riesigen Pumpspeicherseen.

Es geht hier nicht um die Exekution grüner Ideologie, erst recht nicht um die Wirtschaftsinteressen der Ökoindustrie, es geht noch nicht einmal primär um den Klimaschutz, sondern um Demokratie. Das stärkste Interesse an der Energiewende sollte das emanzipatorische sein, denn grüne Energie in Bürgerhand befreit uns gleich sechsfach aus alten Abhängigkeiten.

Erstens befreit uns die Energiewende von der Atomkraft und einem Risiko, das zu versichern kein Versicherer bereit ist, und einer Industrie, für deren Müll noch immer kein Endlager gefunden ist.

Zweitens befreit sie uns von der Sorge um die immer knapper werdenden Brennstoffe. Die Vorräte an Uran, Öl, Gas, Kohle sind begrenzt. Die Schätzungen darüber, wann sie zur Neige gehen, differieren und müssen immer wieder korrigiert werden, mal nach oben, mal nach unten. Neuerdings wird wieder nach oben korrigiert, weil der hohe Ölpreis der Vergangenheit die Ölgewinnung aus Fracking rentabel gemacht hat. Dadurch fällt aber der Preis wieder und nähert sich einer Grenze, ab der Fracking wieder unrentabel wird. Unabhängig von diesem Auf und Ab des unvorhersagbaren Ölpreises bleibt aber eine Prognose dauerhaft gültig: Die Sonne wird noch lange scheinen, vermutlich länger, als es Menschen auf diesem Erdball gibt.

Für das Öl aber gilt: Auch wenn sich das Ende der fossilen Brennstoffe durch neue Ölfördertechniken um mindestens ein Jahrhundert nach hinten verschieben lassen sollte, wird irgendwann Schluss sein. Irgendwann ist alles verheizt, und dann müssen wir auf andere Energieformen umsteigen. Warum also nicht gleich?

Warum nicht schon jetzt die Technik entwickeln, die in der Zukunft sowieso gebraucht wird? Kohle, Öl und Gas sind wertvolle Grundstoffe für die chemische Industrie und daher zum Verheizen viel zu schade. Es wäre nur vernünftig und verantwortungsbewusst, auch künftigen Generationen noch etwas von den Vorräten übrig zu lassen und zugleich den CO_2-Ausstoß zu senken.

Diese Senkung befreite uns drittens von der Sorge, die Erdatmosphäre immer noch weiter aufzuheizen. Dass sich die Erde in den letzten hundert Jahren mehr erwärmt hat als in den Jahrhunderten zuvor und dass sie sich besonders während der letzten Jahrzehnte aufgeheizt hat, ist inzwischen eine Tatsache, von der schmelzende Eisberge und Gletscher künden. Auch wenn manche Wissenschaftler das für einen rein natürlichen Vorgang halten – Klimaschwankungen gab es schließlich schon immer –, schreibt die Mehrheit der Experten dem Menschen den entscheidenden Einfluss zu.

Ob sie recht haben oder sich irren, kann ich nicht beurteilen und muss es auch nicht. Wenn nämlich nicht mit letzter Sicherheit geklärt werden kann, ob die Aufheizung allein die Folge einer natürlichen Klimaschwankung ist oder das Ergebnis einer Kombination aus natürlicher Veränderung plus menschlicher Komponente, ist es doch nur vernünftig, die Aufheizung durch den Menschen so weit wie möglich zu reduzieren, zumal klimaneutrale Alternativen zur Verfügung stehen, die mehr Vorteile haben als nur den einen der wahrscheinlichen Klimarettung.

Das einzige Argument gegen diesen vernünftigen Standpunkt lautet, die Umstellung auf grüne Energie sei zu teuer. Soll das heißen, um heute Geld zu sparen, sollte man lieber die Ressourcen künftiger Generationen verbrauchen und sie auch noch dem Risiko einer Klimakatastrophe aussetzen? Genau deshalb ist das Kostenargument verantwortungslos.

Viertens, und das wird oft unterschätzt, ja sogar vergessen, ist die Energiewende geeignet, uns nicht nur von der gefährlichen

Atomkraft und den klimakillenden fossilen Brennstoffen zu befreien, sondern auch von den monopolistischen Verwaltern dieser alten Brennstoffe. Wer auf Sonne, Wind, nachwachsende Rohstoffe und Energiesparen setzt, befreit sich aus der Abhängigkeit von Putins Gas, dem Öl der Scheichs und dem Zwang, Diktatoren zu hofieren, die auf riesigen Öl- und Gasfeldern sitzen. Auch der Druck, sich in Krisenregionen an Kriegen ums Öl zu beteiligen, schwindet. Man kann also bei den Militärausgaben sparen und das Ersparte umleiten in den Ausbau grüner Energien.

Fünftens eröffnen die regenerativen Energien Bürgern die Möglichkeit, sich vom Kartell der Energieversorger zu befreien. Wärme und Strom müssen nicht mehr zentral von einem Energieversorger erzeugt und weiträumig verteilt werden, sondern können von Gemeinden, ja sogar von Einzelnen erzeugt und kleinräumig genutzt werden. Über Maßnahmen zur Energieeinsparung kann jeder Bürger selbst bestimmen. Daher ist diese dezentrale Form der Energieerzeugung nicht nur sicher, sauber und grün, sondern auch demokratisch. Weil immer mehr Bürger das erkennen, investieren sie in diese Energie, und auch Bürgermeister und Gemeinden greifen entschlossen zu und setzen sich ehrgeizige Ziele.

Darin liegt ein sechster, für die Freiheit und Bürgerrechte fundamental wichtiger Vorteil: Die Erzeugung von grüner Energie verbindet quasi von selbst Bürger, Bauern, lokale Dienstleister, Genossenschaften, Unternehmen, Handwerker, Ökobanken, Stadtviertel, ganze Dörfer, Städte und Regionen miteinander. Lokal und regional erzeugte grüne Energie ist ein strategisch wichtiger Faktor für den Aufbau einer Regionalwirtschaft, schafft Wohlstand für die Bürger einer Region statt nur Wohlstand für die Konzerne und deren Aktionäre.

Diese sechs Vorteile sind etwas wert, und daher darf grüne Energie zunächst ruhig etwas teurer sein. Sie ist eine Investition in unsere Zukunft und eine Vorsorge für künftige Generationen. Niedrige Energiepreise können nicht allein das ausschlaggebende

Argument in der Energiedebatte sein, und wo sie doch immer wieder ins Spiel gebracht werden, muss konsequent der politische und ökonomische Nutzen grüner Energie für die Umwelt, das Klima und die Schonung der Ressourcen gegen die politischen und ökologischen Schäden der fossilen Energie aufgerechnet werden. Außerdem sind natürlich Hartz-IV-Empfänger, Niedriglöhner, Rentner, kinderreiche Familien und sozial Schwache, die einen überdurchschnittlich hohen Teil ihres Einkommens für Energie ausgeben müssen, entsprechend zu entlasten.

»Wir können alles – auch 100 Prozent«, sagte auf einer Tagung der Evangelischen Akademie im württembergischen Bad Boll Joachim Nitsch, langjähriger Experte für Energieszenarien am Deutschen Zentrum für Luft- und Raumfahrt. Gemeint war damit, dass die gesamte Energie, die eine Region verbraucht, zu 100 Prozent in dieser Region selbst mit grüner Technologie erzeugt werden sollte. Diese Zukunft hat längst begonnen. Überall in Deutschland setzten und setzen sich Bürgermeister und Landräte das ehrgeizige Ziel, bis 2030, spätestens bis 2050 den gesamten Energiebedarf ihrer Gemeinde oder ihres Kreises unter Einsatz grüner Technik in der eigenen Region zu decken.

Dahinter steckt nicht nur die Sorge ums Klima, sondern auch die Sorge ums Geld. Die Bürgermeister und Landräte haben entdeckt, dass ihnen die Einnahmen aus selbsterzeugter Energie ganz neue finanzielle Spielräume eröffnen und sie von den Gewerbesteuereinnahmen unabhängiger machen. In dem Wahlkreis, in dem ich 2013 kandidierte, erzeugt die kleine Gemeinde Offenhausen einen großen Teil ihres Energiebedarfs aus Wind und Biogas, und Georg Rauh, der Bürgermeister, hat mir erzählt, dass seine Windräder und seine Biogasanlage nicht nur eine Einkommensquelle für die Gemeinde sind, sondern auch eine Überlebensgarantie inmitten eines ländlichen Raums, in dem ganze Dörfer sterben.

Sein Dorf stirbt nicht. Die Einwohner von Offenhausen machen nicht die Erfahrung vieler anderer Dorfbewohner, dass das letzte Wirtshaus schließt, der letzte Laden dichtmacht, Handwerker und junge Leute wegziehen und kein Bus mehr fährt. Das Gegenteil ist der Fall. Junge Familien ziehen nach Offenhausen. Und warum? Weil aus den Einnahmen der selbsterzeugten Energie eine Kita bezahlt und die dörfliche Infrastruktur ausgebaut werden kann. Für die Vereine und die Sanierung von Straßen ist mehr Geld da, wobei die Gebühren und Abgaben samt Gewerbesteuer auf erträglichem Niveau bleiben.

Anfänglich hat es viele Bedenkenträger und auch Widerstand gegen die Windräder und die Biogasanlage gegeben, sagt der Bürgermeister. In den Nachbargemeinden gibt es sie immer noch, aber seine Bürger in Offenhausen sehen jetzt, dass die Anlagen nicht nur Geld bringen, sondern auch neues Leben. Da die Einwohnerzahl wächst, lohnt es sich für den Wirt, im Dorf zu bleiben, und weil man dort trotzdem billig wohnt und preisgünstig Gewerbeimmobilien bekommt, siedeln sich auch Handwerker und kleine Betriebe an. Der Motor dieses Wachstums sind die paar Windräder der Gemeinde und die Biogasanlage.

Auch so etwas muss in eine volkswirtschaftliche Kosten-Nutzen-Rechnung einfließen, wenn die angeblich viel zu teure grüne Energie gegeißelt wird. Hat schon mal jemand errechnet, was uns die sterbenden Dörfer kosten? Dort leben weiterhin Menschen, meistens Ältere, wer kümmert sich um sie, wer versorgt sie medizinisch, wer sorgt für deren Betreuung? Was kostet das? Wer bezahlt das?

Viele Bürger, gerade im ländlichen Raum, merken, welche Chancen für sie in der grünen Technik stecken. Daher sind in den letzten Jahren auch überall Bürgerenergiegenossenschaften entstanden, die allein oder in Zusammenarbeit mit den Landkreisen und Kommunen ihren eigenen Strom, ihr eigenes Gas und ihre eigene Wärme erzeugen. Auch in meinem Wahlkreis wollen Bürger so eine Genossenschaft gründen, und das für mich Interessante war: Zur ersten Informationsveranstaltung kamen ungefähr viermal mehr Interessierte als zu einer meiner durchschnittlich besuchten Wahlveranstaltungen. Der Saal der Gastwirtschaft war rappelvoll, was beweist, wie groß das Interesse vieler Bürger ist, sich von den Stromriesen unabhängig zu machen. Es beweist außerdem, dass man diese Bürger von den Vorzügen einer Wertschöpfung in der Region und der politischen Bedeutung regional erzeugter Energie nicht mehr überzeugen muss. Das haben sie längst verstanden. Und darum gehen sie lieber in eine Versammlung, in der es wirklich um echte, konkrete Politik geht, als zu Wahlkampfveranstaltungen, in denen sie mit Parteipropaganda-Bullshit zugetextet werden.

Vielen Wutbürgern, die in den vergangenen Jahren gemerkt haben, dass ihre blinde Wut nichts ausrichtet und auch nichts besser macht, bietet sich in Energiegenossenschaften die Möglichkeit, ihre Wut in Zorn umzugießen, die darin steckende Energie zu kanalisieren und in konstruktive Gestaltung umzusetzen. Zwar nervt sie das Hickhack der Parteikarrieristen in den Regierungen, das Gezerre ums EEG, die damit verbundene Unsicherheit und die Erfahrung, dass auf nichts Verlass ist, was in Berlin beschlossen wird, aber das spornt sie nur weiter an, den Politikern und Konzernen das Heft aus der Hand zu nehmen. Ein Ministerpräsident Horst Seehofer, der erst die Atomkraft zum Markenkern der CSU erklärt, dann aus der Atomkraft aussteigt, sich plötzlich als Wind- und Sonnenkönig geriert, anschließend die Windkraft in Bayern zum Erliegen bringt durch Vorschriften, die den Bau neuer Windräder unmöglich machen, und sich zuletzt selber im Kreis dreht wie ein Windrad, so ein klassischer Parteikarrierist macht jedem Bürger klar, dass es einfach besser ist, sich selber um seine Angelegenheiten zu kümmern, als sie um sich selbst kreiselnden Politikern zu überlassen.

Seehofer war es auch, der aus durchsichtigen Gründen einen durchdachten Plan von Klaus Töpfer, dem damaligen Exekutivdirektor des UN-Umweltprogramms, abschmetterte. Gemeinsam mit Günther Bachmann, dem Generalsekretär des Rates für Nachhaltige Entwicklung, schlug Töpfer vor, die Zahlungsverpflichtungen aus dem EEG in einen Altschuldenfonds zu übertragen. »Die ganze Wirtschaft und endlich auch die Bürger kämen in den Genuss der Kostendegression der erneuerbaren Energieträger«, schrieben die beiden Experten in ihr Konzept.[56]

Die zu der Zeit frisch berufene bayerische Wirtschaftsministerin Ilse Aigner fand den Plan gut. Seehofer nicht. Er, der sich rühmt, Bayern schuldenfrei zu machen, hörte nur »Energiewende auf Pump«, erkannte sofort das zu erwartende negative Medienecho und pfiff Aigner zurück. »Schuldenabbau« lässt sich besser und leichter verkaufen, als sich erklären lässt, warum neue Schulden in diesem Fall vernünftiger wären.

Tatsächlich ist der ganze Sachverhalt ja auch komplizierter, als man es in einem Dreißig-Sekunden-Fernsehstatement begründen könnte. Man hätte sagen müssen: Die Entwicklungskosten der grünen Energie werden, genau wie früher die der Atomkraft, nicht mehr allein dem kleinen Stromkunden aufgebürdet, sondern auf alle Bürger und Betriebe verteilt. Die EEG-Umlage würde dadurch deutlich sinken. Finanzieren ließe sich die Sache über Steuern, Schulden, Anleihen.

Der einzige Haken daran ist: Die Rückzahlung der Schulden würde die Generation der Kinder und Enkel belasten, und die haben gerade schon eine neue Last aufs Auge gedrückt bekommen, die Rente mit 63. Eine weitere zusätzliche Belastung wäre natürlich nur schwer zu vermitteln. Aber auch kein Ding der Unmöglichkeit, denn der Unterschied ist: Von der Rente mit 63 profitieren die Jüngeren nicht, im Gegenteil, sie zahlen heute an die Alten und bekommen davon nichts zurück, wenn sie selber alt sind. Von der grünen Energie profitieren sie schon jetzt und später erst recht.

Zu kompliziert, dachten die Politiker und machten lieber das

EEG noch ein bisschen komplizierter. Töpfers Plan bekam ein Begräbnis erster Klasse. Komplizierte Lösungen haben den Vorzug, Fachpolitiker und Experten unentbehrlich zu machen. Nur sie steigen noch durch, der Bürger steigt aus und lässt die Experten und Fachpolitiker in Ruhe. Ziel erreicht.

Auf Dauer aber werden sich die Bürger von Parteikarrieristen nicht mehr daran hindern lassen, die Dinge wieder überschaubar zu machen und in Eigenregie zu managen, Fakten zu setzen und zu tun, was sie für richtig halten. Dabei wird ihnen der technische Fortschritt zu Hilfe kommen. Wir stehen ja noch ganz am Anfang der Entwicklung grüner Energie. Die Möglichkeiten, die sich hier eröffnen, sind noch lange nicht ausgereizt.

In den Entwicklungslabors wird der Wirkungsgrad von Solarzellen immer weiter erhöht. Derzeit liegt er zwischen 20 und 25 Prozent. Wissenschaftler des Fraunhofer-Instituts für Solare Energiesysteme (ISE) erzielen mit neuartigen Supersolarzellen unter konzentriertem Sonnenlicht einen Wirkungsgrad von 43,5 Prozent, und in naher Zukunft wollen sie 50 Prozent erreichen. Aber auch an Miniblockheizkraftwerken für das Einfamilienhaus, Miniwindrädern fürs Dach und durchsichtigen Solarzellen für Fenster wird gearbeitet.

In Sandpoint in Idaho, nahe der kanadischen Grenze, will das Ehepaar Julie und Scott Brusaw Straßen und Autobahnen mit Solarmodulen »teeren«. Mit der durch die Solarmodule gewonnenen Energie könnten Elektroautos aufgeladen werden. Obendrein sind die Solar Roadways beheizbar und verfügen über integrierte LEDs. Die fungieren nicht nur als Fahrbahnmarkierung, sondern können auch Warnhinweise direkt auf der Fahrbahn einblenden. Aber das Ehepaar will klein anfangen. Gerade bestückt es einen Parkplatz mit Solarmodulen. Danach wollen die beiden Rad- und Gehwege zur Erzeugung von Solarstrom nutzen.

Kontinuierlich verbesserte Energiespartechniken machen Energiesparhäuser immer effizienter. Und auch das Biogas, anfänglich ein großer Hoffnungsträger, inzwischen identifiziert als Verursacher von Mais- und Raps-Monokulturen mit hohem Kunstdünger- und Pestizideinsatz und als Preistreiber für Ackerland, ist noch nicht am Ende. Vielversprechende Experimente mit Wildblumen, ökologisch bewirtschafteter Pflanzenvielfalt und Gülle, Mist, Holz und Haushaltsabfällen lassen hoffen, dass Biogas bald eine positive Umweltbilanz vorlegen und dann die Rolle eines Energiespeichers und -puffers übernehmen kann.

Im Landkreis Konstanz und in angrenzenden Gebieten am Bodensee erproben Bauern auf 53 Hektar Land den Anbau von Wildpflanzen und deren Verwendung für die Herstellung von Biogas. Das Saatgut enthält 25 Arten, unter anderem Sonnenblume und Malve, Steinklee, Buchweizen, Eibisch, Wegwarte, Wilde Möhre, Königskerze, Lichtnelke, Flockenblume und Luzerne. Die Aussaat ist aufwendiger als beim Mais, der Ertrag auch geringer, aber das wird durch geringere Kosten wieder wettgemacht. Kosten für Dünger und Pflanzenschutz entfallen. Saatgut muss nur alle fünf Jahre gekauft werden. Schäden, wie sie bei Mais von Wildschweinen verursacht werden, gibt es bei Wildblumen mangels Interesse der Wildschweine nicht. Wildpflanzen überstehen Unwetter besser: Hagel kann große Maisbestände in kürzester Zeit zerstören, Wildblumen dagegen knicken zwar ein, erholen sich jedoch innerhalb von sechs Wochen vollständig.

Hinzu kommt ein wichtiger Naturschutzeffekt: Die Artenvielfalt steigt. Die Anzahl an Bienen und Grabwespen ist etwa fünfmal höher als auf Maisfeldern. Die Anzahl an Wanzen, Schwebfliegen und insektenfressenden Vögeln ähnelt jener in artenreichen Heuwiesen. Der Boden der Wildblumenfelder ist zudem ganzjährig vor Erosion geschützt, und der dichte Pflanzenwuchs bietet Rehkitzen und Feldhasen Schutz. Und nicht zu vergessen: Wildblumenwiesen erhöhen den Reiz jeder Landschaft. Außerdem stellen Wildblumen keine großen Ansprüche und können daher besonders in Regionen mit kargem Boden und rauem Klima eine Chance für Bauern mit geringem Einkommen bieten, ihre wirtschaftliche Situation zu verbessern.

Der organische Hausmüll, den viele Kommunen einsammeln, wird derzeit hauptsächlich – unter hohem Energieaufwand – zu Kompost verarbeitet. Es wäre vermutlich sinnvoller, ihn für die Biogasproduktion zu verwenden. Das könnte auch Großstädten ermöglichen, mehr Energie selbst zu erzeugen.

Dass ökologische Biogaserzeugung möglich ist, beweist auch Eberhard Räder, Biolandwirt aus Bastheim in der bayerischen Rhön. Seit 1988 bewirtschaftet er seinen Hof. Seit dem Jahr 2000 gehört er dem ökologischen Landbauverband Naturland an. Gute 20 Jahre lang erwirtschaftete er sein Einkommen hauptsächlich mit Mastschweinen. Die hat er heute auch noch, aber 2009 kam eine Biogasanlage mit Blockheizkraftwerk dazu. Der Rohstoff für seine Biogasanlage besteht nicht aus Wildblumen, sondern zu 55 Prozent aus Kleegras, zu 33 Prozent aus dem Mist seiner 900 Schweine, zu zehn Prozent aus Mais und zu zwei Prozent aus minderwertigem Getreide. Kleegras benötigt keinen zusätzlichen Stickstoffdünger, weil mit dem Klee in Symbiose lebende Knöllchenbakterien an den Wurzeln Stickstoff aus der Luft binden. Das verbessert die Bodenfruchtbarkeit und unterdrückt Unkraut. Auch Pestizide sind also unnötig. Mit seiner Biogasanlage erzeugt Räder Strom für 600 Haushalte und versorgt Wohnhäuser, eine Metzgerei, Schule, Turnhalle und das Rathaus seiner Gemeinde mit Wärme. Überschüssige Wärme in den Sommermonaten wird durch eine Trocknungsanlage verwertet, in der Grassamen, Getreide, Körnermais und Hackschnitzel getrocknet werden.

Der Lohn dieser Wirtschaftsweise ist ein vierfacher: Von der ökologischen Produktion von Fleisch, Strom und Wärme profitiert die Umwelt. Ein Abfallprodukt der Biogasproduktion ist organischer Dünger, mit dem Räder seine Felder düngt und der deren Ertrag, wie er sagt, um durchschnittlich 20 Prozent steigert. Die Kombination von Schweinemast und Biogas steigert sein Einkommen. Und schließlich hat damit wieder einer für sich und andere ein Stück Unabhängigkeit von den Energiemultis, vom Öl, vom Gas, von der Kohle erkämpft – im Einklang mit der Natur.

Eine weitere Möglichkeit, überschüssige Wind- und Solarenergie zu speichern, ist ihre Verwandlung in Gas – durch Sonne und Wind. Daran arbeitet das Zentrum für Sonnenenergie- und Wasserstoff-Forschung Baden-Württemberg (ZSW). Es beherrscht diese Technik bereits im Labor. Mit Solar- und Windstrom wird Wasser per Elektrolyse in seine Bestandteile Wasserstoff und Sauerstoff zerlegt. Der Wasserstoff (H) wird mit Kohlendioxid (CO_2) zu Methangas (CH_4) synthetisiert. Dieses kann so lange gespeichert werden, bis es als Erdgas gebraucht wird, oder es kann gleich als Kraftstoff für Erdgasfahrzeuge genutzt werden. Billiger wird der grüne Strom dadurch nicht, denn statt ins Stromnetz muss dann eben in die Gasherstellung per Elektrolyse investiert werden. Aber Preisanstiege können künftig moderater ausfallen. Und wenn die Technik einmal ausgereift ist, können die Preise auch wieder sinken.

Es führen also zahlreiche, sehr verschiedene Wege in die grüne Energiezukunft. Jede Region bringt dafür ihre ganz eigenen Voraussetzungen mit, die von Landkreis zu Landkreis differieren. Die einen haben viel Wind und Sonne, die anderen wenig, die einen ein mildes Klima, die anderen eher ein raues, die einen haben viel Wald, die anderen grüne Wiesen. In manchen Gegenden regnet es viel, in anderen wenig. Wo Weinbau möglich ist, wird Wein angebaut, in anderen Gegenden Hopfen. Auf fruchtbaren Böden wachsen Getreide, Zuckerrüben, Kartoffeln, Obst, Gemüse. Auf kargen Böden und in hügeligem Gelände lässt man Schafe weiden.

Seit Jahrhunderten haben sich Bauern an die in ihrer Region vorgefundenen Bedingungen individuell angepasst. Genauso müssen jetzt Bauern, Bürger, Kommunen herausfinden, welcher Energiemix für sie optimal ist. Hier stehen wir noch ganz am Anfang einer Entwicklung, von der nur gesagt werden kann: Die ist nicht von Berlin oder gar Brüssel aus zu steuern, sondern nur von der jeweiligen Region aus. Und das ist gut so.

»Alle Macht geht vom Volk aus und kehrt nie mehr zurück«, lautet ein gern zitiertes Bonmot. Die grüne Technik ist ein Mittel, diese Macht dem Volk zurückzubringen.

10 Heimatverteidigung: Hier nicht, Mr. Amazonas!

Bislang haben wir uns mit der materiellen Bewirtschaftung unseres Landes in einem ganz ursprünglichen Sinn befasst, mit unseren Lebensgrundlagen, aus denen wir unsere Nahrung, Kleidung, Wärme und unseren Lebensunterhalt beziehen.

Inzwischen gibt es aber auch so etwas wie eine immaterielle Bewirtschaftung unseres Landes, auch die ist höchst bedeutsam für unser Leben und wird in Zukunft noch bedeutsamer, aber geregelt ist hier wenig, und wo es Regeln gibt, wird häufig gegen sie verstoßen. Im Zentrum dieser immateriellen Bewirtschaftung stehen Daten. Sie sind die immateriellen Bodenschätze des digitalen Kapitalismus, die in der materiellen Welt zu Geld und Gold verwandelt werden können. Und weil die fünf großen, weltweit agierenden Agenten in diesem Big-Data-Geschäft – Amazon, Apple, Facebook, Google und die NSA samt befreundeter Geheimdienste – so tun, als sei das Internet ein neu entdeckter Kontinent,[57] der niemandem gehört, eignen sie ihn sich in Wildwestmanier an, um ihre Claims abzustecken.

Die Goldminen in diesen Claims sind Datenminen, und darum heißt das Geschäft auch Data Mining. Die Datenschätze aber, die sie in großem Stil zu heben versuchen, liegen nicht irgendwo in einem fernen Niemandsland eines neu entdeckten Kontinents, sondern bei uns daheim, in unseren eigenen vier Wänden, in unserer Privatsphäre. Dieser Privatsphäre müssen die Goldschürfer uns berauben, um in den Besitz unserer Daten zu kommen. Ihr Einbruchwerkzeug, mit dessen Hilfe sie sich Zugang zu unserer Wohnung verschaffen, ist das Internet.

Dort verfolgen sie unsere Spuren, die wir im Netz hinterlassen, dort spionieren sie jedem unserer Mausklicks hinterher, protokollieren unser Surf- und Konsumverhalten, unsere Einkäufe, unsere Lektüre, unsere Verweildauer, unsere geheimen Neigungen. Sie lesen mit, was wir in Mails schreiben, in Facebook posten, in Chatrooms treiben, verschaffen sich Zugang zu unserem Adressbuch und Terminkalender, zu unseren Fotos, Videos, unserer Musiksammlung und unserer Bibliothek. Und sie sind gerade dabei, Techniken zu entwickeln, die es ihnen ermöglichen, uns auch dann weiter zu überwachen, wenn wir den Computer ausschalten, in andere Räume unserer Wohnung gehen, das Haus verlassen. Mithilfe des Internets der Dinge (gerne auch als Web 4.0 oder M2M bezeichnet) verwanzen sie die ganze Welt, gucken in unseren Kühlschrank, protokollieren unseren Fernsehkonsum, überwachen die Kaffeemaschine, Waschmaschine und die Heizungssteuerung, folgen uns per Rauchmelder, Lautsprecherboxen, Rollladensteuerung ins Schlafzimmer, in den Keller, aufs Klo. Sie fahren mit uns im Auto zur Tankstelle, ins Parkhaus, ins Kaufhaus, an den Arbeitsplatz. Sie begleiten uns auf der Straße, gehen mit ins Kino, Museum, Theater, in die Disco und ins Schwimmbad, und wer in den Darkroom strebt, ins Bordell oder zur Geliebten, sollte sich vorher des Wortes erinnern, das Google-Chef Eric Schmidt mal ausgesprochen hat: »Wenn es irgendetwas gibt, was man nicht über Sie wissen sollte, dann sollten Sie es vielleicht gar nicht erst tun.«

Es ist Zeit, Eric Schmidt und den anderen Raubrittern des digitalen Kapitalismus darauf zu antworten: Wenn es irgendetwas gibt, was Sie nichts angeht, dann sollten Sie sich einfach raushalten.

In Deutschland ist die Sache mit den Daten längst geregelt. Die Daten gehören mir. Sie sind mein Privateigentum, und das ist grundgesetzlich geschützt, ebenso das Recht auf informationelle Selbstbestimmung, die Unverletzlichkeit der Wohnung, der Schutz meiner Privatsphäre und das Brief- und Postgeheimnis. Auch in den anderen Staaten der EU sind diese Rechte so oder auf ähnliche Weise geschützt. Doch darüber setzen sich Amazon, Apple,

Facebook, Google und die Geheimdienste einfach hinweg. Für nationale Staatsanwälte ist es schwierig, internationale Konzerne, gar Geheimdienste vor Gericht zu stellen.

Daher muss dieser Data Mining genannte Datenraub international ebenso geächtet werden wie das Verlegen von Landminen. Diese Datenlandgrabber überwachen, gängeln, manipulieren, entmündigen uns, gefährden die Demokratie.

Einer dieser großen Demokratiegefährder ist Jeff Bezos. Ursprünglich wollte er seinem Unternehmen den Namen relentless.com geben – gnadenlos. Das hätte gepasst, denn sein Umgang mit Mitarbeitern wie mit Konkurrenten ist gnadenlos. Dann nannte er sein Unternehmen doch anders, anspruchsvoller, zukunftsträchtiger: Amazon – nach dem Amazonas, der nicht nur der größte Fluss der Welt, sondern auch noch um ein Vielfaches größer ist als der nächstgrößte.

Damit ist das Programm des Amazon-Gründers Jeff Bezos gut auf den Punkt gebracht: weltweit der Größte sein, der Stärkste, der Mächtigste, um allen anderen seinen Willen aufzuzwingen und starken Konkurrenten Bedingungen zu diktieren, die sie so schwach werden lassen, dass sie dankbar sein werden, überhaupt noch ein Geschäft mit Amazon machen zu dürfen.

So hat er es von Anfang an gehalten. Zuerst hat er die kleinen Buchläden plattgemacht, dann die großen Handelsketten, in den nächsten Jahren will er die Buchverlage ruinieren, um selber zum weltgrößten und einzigen Verleger aufzusteigen. Die Autoren dieser Welt sollen nur noch für Amazon schreiben. Auch ins Film- und TV-Geschäft will Jeff Bezos einsteigen. Nebenher will er auch noch das größte – und wenn möglich: einzige – Kaufhaus der Welt werden. Bezos' Amazonas soll über alle Ufer treten und die ganze Welt überfluten.

Um dieses Ziel zu erreichen, setzt er konsequent auf vier Mittel: die Konkurrenz durch die Preise in die Knie zwingen, seinen Lieferanten die Preise diktieren, die Zahl seiner Geschäftsfelder immer weiter vergrößern durch Kauf bestehender Unternehmen, seine Kunden als Datenkühe melken, auch über die Kindle-Lesegeräte, die in die Firmenzentrale melden, wer gerade was liest, markiert und mit Kommentaren versieht. Was nicht zu kaufen ist, gründet er selbst: einen Lebensmittelversand, ein Filmstudio, Serverfarmen für die CIA, einen Music-Streaming-Service. So will Amazon zum Weltkaufhaus des Planeten werden.

Jeff Bezos, der im Mai 2014 als »Kaufmann Gnadenlos« durch eine Internetabstimmung des Internationalen Gewerkschaftsbundes zum schlechtesten Chef der Welt gewählt und vom amerikanischen Journalisten Brad Stone als grausamer Lohnherr und Verursacher einer verrohten Gladiatorenkultur porträtiert wurde, ist bekannt für seine Rücksichtslosigkeit. »Wenn du nicht gut bist, frisst Jeff dich und spuckt dich aus«, zitiert Stone einen Amazon-Manager. »Und wenn du gut bist, dann springt er dir auf den Rücken und reitet dich zuschanden.«[58] Mitarbeiter werden von Bezos bis auf den letzten Blutstropfen ausgesaugt und dann entlassen. Und es gibt ein Strafpunktesystem. Schon eine Krankmeldung ergibt einen Punkt. Sechs Punkte bedeuten die Kündigung. Mitarbeiter werden, wenn irgend möglich, immer nur befristet eingestellt, zum geringstmöglichen Lohn.

Mit Konkurrenten verfährt Bezos nach dem »Gazellenprinzip«: Verlage werden nach dem Grad ihrer Abhängigkeit von Amazon eingeteilt, um zuerst die verwundbarsten unter ihnen zu jagen und zu erlegen wie der Gepard die Gazelle. Regeln interessieren Bezos nur, solange er nicht die Macht hat, sie zu brechen. Konkurrenten treibt er so lange in einen Preiskrieg, bis sie aufgeben. Zulieferern zwingt er Rabatte auf, und vor Erpressung scheut er nicht zurück. Man übertreibt nicht, wenn man Bezos als die Inkarnation des Raubtierkapitalismus bezeichnet.

Im Mai 2014 war zu erfahren, dass Amazon Bücher der Hachette Book Group (USA) mit zwei- bis dreiwöchigen Lieferzeiten blockiert, um höhere Rabatte zu bekommen, als Hachette zu geben bereit war.

Auch die schwedische Verlagsgruppe Bonnier – zu der bekannte deutsche Verlage wie Ullstein, Piper, Berlin, Carlsen, Thienemann gehören – hat Amazon schon erpresst.[59] Mit seiner Marktmacht kann der Versandhändler bei den Verlagen große Rabatte herausschlagen. Von Bonnier bekam er auf E-Books 30 Prozent, aber Amazon wollte 50 Prozent und wird sie wohl kriegen.

Natürlich nutzt Amazon – wie jeder multinationale Konzern – alle Steuervermeidungsmöglichkeiten, weshalb seine Europazentrale auch prompt unter die Rockschöße von Jean-Claude Juncker nach Luxemburg gekrochen ist.[60] Und natürlich versucht das Unternehmen, die Gründung von Betriebsräten zu verhindern und Gewerkschaften draußen zu halten. Alles, was das Ego des Amazon-Gründers beschränken könnte, wird bekämpft, und alles, was sein Ego ins Gigantische wachsen lässt, wird gemacht.

Schon plant er, das konzerneigene Fire Phone mit einem Firefly-Knopf auszustatten, der wie ein Gewehr bei der Jagd auf Gazellen wirkt. Wenn Besitzer des Geräts zum Beispiel in einem Laden etwas sehen, das sie interessiert, können sie nun viel leichter herausfinden, ob und zu welchem Preis Amazon das Produkt im Angebot hat – und wenn es billiger ist, gleich bestellen. So jagt man den Einzelhandel. Das Amazon-Telefon kann mehr als hundert Millionen Dinge erkennen. Was immer man zufällig irgendwo sieht oder hört und vielleicht haben will – ein Gerät, ein Gemälde, einen Film, einen Song –, scannt das Smartphone, schickt das Bild zu Amazon, wo es mit dem Lagerbestand verglichen wird, und wenn es dabei ist, kann der Kunde sofort bestellen.

Eine einzige ihm gehörende Flotte von Lieferwagen soll weltweit und rund um die Uhr jede Ware an jeden gewünschten Ort bringen. Die Fahrzeugflotte soll baldmöglichst ersetzt werden durch ein Drohnengeschwader. Von der Bestellung per Mausklick über die Bezahlung bis zum Päckchenpacken und zur Auslieferung via Drohne versorgt dann Amazon als einziger globaler Verkaufsroboter die ganze Welt mit allem, was man kaufen kann.

Es braucht keine Groß- und Einzelhändler mehr, folglich auch keine Innenstädte mehr mit Kaufhäusern, Boutiquen, Schuhgeschäften, Sportgeschäften, Buchhandlungen, Elektro- und Elektronikläden. Es braucht keine Buch- und Zeitungsverlage mehr, keine Radio- und Fernsehsender, schon bald auch keine Autoren, Drehbuchschreiber, Komponisten und Musiker mehr, deren Arbeit erledigt der Computer. Jeder denkbare Konsumwunsch auf dieser Welt soll von einem einzigen Unternehmen erfüllt werden, von Jeff Bezos' Amazon, mit so wenig Menschen wie möglich, denn die kosten Geld und machen Ärger.

Irgendwann sehen wir dann nur noch von Amazon produzierte Filme und TV-Serien, in denen alles, was man sieht – das Auto und die Armbanduhr des Filmhelden, die Klamotten der Hauptdarsteller, die Möbel der Nebenfiguren, der Schmuck der Frauen, die Sportausrüstungen der Männer –, angeklickt und bei Amazon bestellt werden kann. Alles aus einer Hand – ein einziges Kaufhaus für die ganze Welt, ein Verlag, ein Postdienstleister, eine Bank, eine Versicherung, wir arbeiten nur noch, um das mit der Arbeit verdiente Geld gleich wieder an Amazon weiterzuleiten. So ungefähr erträumt sich Jeff Bezos die globale Zukunft.

Das klingt alles ziemlich absurd und nach Science-Fiction, aber nach allem, was über die Charaktereigenschaften des Amazon-Gründers bekannt ist, darf unterstellt werden, dass er von morgens bis abends daran arbeitet, diesem Ziel so nahe wie möglich zu kommen. Dass er es nie ganz erreichen wird, weiß er vermutlich selbst, denn Apple, Facebook Google verfolgen ähnliche Ziele, aber mit seinem Ehrgeiz, alle Hindernisse aus dem Weg zu räumen, die sich seinem Erfolg widersetzen, wird er auf dieser Welt Schäden anrichten, die umso größer werden, je später ihm die Welt Widerstand leistet.

Im Januar 2015 ist er 51 Jahre alt geworden. Er wird also seine an Besessenheit grenzenden Weltherrschaftsphantasien noch gut zwei Jahrzehnte ausleben. Die weitere, auch von ihm angetriebene

Entwicklung der Technik wird ihn kräftig unterstützen und seinem Ziel sehr nahe bringen – wenn wir ihn nicht daran hindern. Regierungen, Kartellämter, Konkurrenten können oder wollen ihn nicht stoppen. Der Einzige, der es könnte, wäre der Kunde. Also ich, du, ihr, wir.

Und es ist ganz einfach, es braucht dazu keinerlei Vorbereitung, Organisation oder die Erfüllung irgendwelcher Voraussetzungen. Es bedarf dazu nur eines einzigen Entschlusses: der sofortigen Kündigung des Amazon-Accounts.

Am 11. April 2013 habe ich gekündigt. Und ich vermisse nichts. Es gibt ein Leben nach dem Tod des Amazon-Accounts. Das überrascht mich heute selbst am meisten. Das Einkaufen bei Amazon war ja so bequem. Ein paar Mausklicks, und kurze Zeit später kamen das Buch, die Festplatte, die DVD-Rohlinge ordentlich und sauber verpackt mit der Post ins Haus. Portofrei. Wenn es mal ein Problem oder eine Reklamation gab, zeigte sich Amazon immer konziliant und kundenfreundlich.

Warum also noch in eine Buchhandlung gehen, wo die Regale eh nur mit Kochbüchern, Esoterikquatsch und Fitness-, Wellness- und Diätpropaganda verstopft sind? Und die Buchhändler kaum noch selber lesen, sondern nur ihre Ware über den Tisch schieben?

Das Bessere ist der Feind des Guten. Der technische Fortschritt hat schon immer ganze Berufsgruppen aussterben und neue entstehen lassen. So ist das eben in einer freien Welt, und das bessere Geschäftsmodell von Amazon wird das schlechtere der kleinen Buchläden, aber auch der großen Buchhandelsketten früher oder später aus dem Markt drängen, dachte ich lange Zeit.

Die großen Ketten – Weltbild, Thalia, Hugendubel – verdienten eh nicht mein Mitgefühl, denn noch vor wenigen Jahren sind sie es gewesen, die kleine Buchhändler plattgemacht und mit ihrer Marktmacht durch erpresserischen Druck auf die Verlage hohe Rabatte für sich herausgeholt hatten. Die kleinen Läden haben zwar mein

Mitgefühl, aber man kann sie nicht künstlich am Leben erhalten, wenn die Entwicklung über sie hinwegschreitet.

Ein ähnliches Schicksal hatten schon die Drucker in den Zeitungen, die kleinen Bauern, die ihre Höfe verkaufen mussten, die Bergleute im Kohlerevier des Ruhrgebiets. Alte Branchen verschwinden, neue entstehen, das ist der Lauf der Welt. Meistens werden dabei die Produkte besser und billiger, und der allgemeine Wohlstand steigt. Meistens. Aber schon lange nicht mehr immer und automatisch, und ganz besonders nicht in jener Branche, die mit etwas ganz Besonderem handelt, das mit dem gewöhnlichen Handel von Schrauben, Cola, Autos, Versicherungspolicen, Bankdarlehen nicht zu vergleichen ist: mit der Ware Buch. Also mit Gedanken.

Weil es eben nicht egal ist, welche Gedanken Zutritt ins menschliche Hirn bekommen, darf es auch nicht egal sein, wie die Gedanken verbreitet werden und von wem. Wenn es nämlich fast immer derselbe ist, der die Gedanken verbreitet, und zwar weltweit, bekommt er Macht über diese Gedanken. Er kann unterdrücken oder behindern, was ihm nicht gefällt, kann pushen, was ihm nützt, kann beeinflussen, was gedacht wird.

Noch sind wir nicht so weit, noch benutzt Amazon seine Macht nur, um mehr Geld zu verdienen, Konkurrenten auszuschalten und denen das Leben schwer zu machen, die ihn am Geldverdienen ein bisschen behindern wollen. Aber so, wie der Charakter dieses Jeff Bezos gewirkt ist, wird er seine Macht über unsere Gedanken in dem Moment ausspielen, in dem es technisch möglich ist. Und er wird seine Weltherrschaftsphantasien so lange ausleben und vorantreiben, wie er keinen Widerstand spürt. Noch könnten die EU und die Kartellämter ihn stoppen, aber die zögern oder schlafen, und so steuern wir auf den Tag zu, an dem Amazon zu groß sein wird, um noch gestoppt werden zu können.

Daher liegt auch hier wieder eine große Verantwortung beim Konsumenten. Jeder Amazon-Kunde ist persönlich dafür mitverantwortlich, ob er Jeff Bezos so lange gewähren lässt, bis er irgendwann allein bestimmt, womit unsere Hirne gefüttert werden. Oder ob er jetzt den Amazon-Zug stoppt.

Ihn zu stoppen kostet nicht viel. Ein bisschen Zeit. Und ein bisschen Geld. Ich musste lange suchen, um auf der Amazon-Website die Stelle zu finden, auf der man seinen Account schließen kann. Dann musste ich noch meinen Love-Film-Account schließen, den zu Amazon gehörenden Videoverleih, und den Audible-Account, den zu Amazon gehörenden Hörbuch-Dienstleister.

Und schließlich musste ich noch nach einem Ersatz für Amazon suchen. Der beste Ersatz ist natürlich der kleine Buchhändler im Ort. Der zahlt Steuern, bildet Lehrlinge aus, und die meisten Buchhändler ermöglichen inzwischen auch die Bestellung per Internet oder E-Mail. Die meisten lokalen Buchhändler haben inzwischen ihre eigenen Onlineshops gegründet. Auch E-Books kann man über den stationären Buchhandel bestellen, E-Book-Reader wie den Tolino oder ein Gerät von Sony kann man in der Buchhandlung kaufen oder sich erst einmal vorführen lassen. Überhaupt sollte man einfach wieder öfter in den Buchladen gehen und mit den Menschen dort sprechen, ihnen die eigenen Wünsche mitteilen, damit sie besser darauf reagieren und ihr Angebot entsprechend gestalten können.

Und das Schöne ist: Viele Leser tun das bereits. Von zahlreichen meiner Facebook-Freunde weiß ich, dass sie Amazon längst Lebewohl gesagt haben. Und von Ursula Ott, einer der Inhaberinnen des Georg Büchner Buchladens in Darmstadt, erfuhr ich: Nach vielen Jahren mit sinkenden Umsätzen verzeichnete ihr Geschäft 2014 ein Umsatzplus von 10 Prozent.

Wer aus Zeitgründen nicht auf die Beanspruchung eines Versandhändlers verzichten kann oder will, der findet Alternativen im Internet. Eine gute Adresse ist Utopia, ein virtueller Verbrauchermarkt (www.utopia.de). Dort gibt es zahlreiche Links zu weiteren Adressen, bei denen man mit besserem Gewissen Bücher, Lebensmittel, Hardware, Software, Kleidung usw. kaufen kann. Eine andere Seite für Konsumenten, die mit ihrem Geldbeutel politisch handeln wollen, ist Ecotopten, eine Plattform für ökologische Produkte (www.ecotopten.de). Eine weitere Adresse, auch für Antiquariate, die nicht Amazon gehören, ist die der Kult-Literaten (www.kult-literaten.de/alternativen_zu_amazon).

Das alles ist ein bisschen unbequemer, als es vorher war. Und es kostete mich auch fast 1000 Euro, denn ich hatte viele E-Books und Hörbuch-Downloads bestellt bei Amazon, und das Infame ist, dass Amazon einen in dem Glauben lässt, man habe die Bücher und Hörbücher gekauft, also als persönlichen Besitz erworben. Aber im Kleingedruckten steht, dass man nicht das Buch oder Hörbuch, sondern nur das Recht, es zu lesen und zu hören, erworben hat. Und dieses Recht erlischt mit der Kündigung des Amazon-Accounts.

Einen kurzen Moment lang dachte ich darüber nach, ob ich mir das mit der Kündigung noch einmal überlegen oder wirklich die 1000 Euro in den Wind schreiben sollte. Die Wut über Amazons Geschäftsgebaren und die prinzipielle Einsicht, dass dieser Konzern gestoppt werden muss, waren dann größer als die Wut über den verlorenen Tausender. Ich kündigte und bemerkte später, dass wenigstens auf dem Kindle noch alle E-Books vorhanden sind. Nur mit dem iPad und dem Notebook bekomme ich keinen Zugang mehr zu meinen Büchern.

Und: Im Grunde genommen habe ich die 1000 Euro schon wieder reingeholt. Man kauft nämlich weniger, wenn man sich das allzu bequeme Shoppen per Mausklick versagt. Man schickt seinem Buchhändler nur dann eine Mail, wenn man ein bestimmtes Buch wirklich haben will, und man geht nur dann in die Stadt, wenn man wirklich etwas braucht. Und: Man wird wieder ein bisschen erwachsener. Der IchAllesSofort-Charakter, der sich per Mausklick die sofortige Konsumbefriedigung besorgt, ist infantil, verführbar, steuerbar wie ein kleines Kind.

Aber nicht nur das spricht für die sofortige Schließung des Amazon-Accounts. Wer seine Wohnung zur amazonfreien Zone erklärt und zu einem Buchhändler seines Vertrauens zurückkehrt, erhöht nicht nur die Wertschöpfung an seinem Wohnort, sondern tut auch etwas für das kulturelle Leben in seiner Stadt, denn viele Buchhändler leisten kostenlose Kulturarbeit, indem sie Autoren zu Lesungen in ihren Laden holen. Und wer aufhört, bei Amazon und Zalando zu bestellen, und wieder in die Stadt geht zum Einkaufen, haucht seiner Stadt neues Leben ein und erhöht damit seine eigene Lebensqualität.

Einem Unternehmen wie Amazon muss mithilfe von Aufklebern – etwa: »Ich bin eine Anti-Amazone« – bedeutet werden, dass es ein Raubritter, Kulturvernichter und Schädiger urbanen Lebens ist, auf dessen Existenz wir so wenig Wert legen wie auf die Existenz von Kohlekraftwerkdreckschleudern, Klimakillern, Massentierhaltungsfabriken und Landminen. Wir haben nichts vermisst, als es Amazon noch nicht gab, und wir würden künftig nichts vermissen, wenn die Welt wieder zur amazonfreien Zone würde, denn Einkaufen kann man schließlich überall, und zum Lesen, Musikhören, Fernsehen ist man nicht auf Amazon angewiesen.

Nun kommt natürlich schon wieder derselbe Einwand wie vorhin bei der Ethikbank: Was nützt es, wenn du deinen Amazon-Account kündigst, aber alle anderen weiterhin bei Amazon bestellen? Zusätzlich zu der im vorigen Kapitel bereits gegebenen Antwort will ich mithilfe eines einfachen Rechenexempels erklären, wie sinnvoll es sein könnte, wenn …

Angenommen, nur zwei Leser folgen meinem Beispiel und kündigen, und diese beiden überzeugen innerhalb eines Tages weitere zwei, dass Kündigen sinnvoll sei, dann sind es vier. Wenn jeder der zwei Neuen tags darauf auch wieder zwei andere überzeugte, wären es nach drei Tagen acht. Und wenn man dieses Verdopplungsspiel noch eine Weile weiter betriebe, wären es am vierten Tag 16, am fünften 32, und am zehnten würde die Tausendergrenze überschritten. Und nun wird's interessant: Innerhalb weiterer zehn Tage, also nach nicht ganz drei Wochen, wären es mehr als eine Million. Nach nur sieben Wochen erreichte diese Kettenreaktion knapp 270 Millionen, also praktisch die Hälfte der Einwohner der EU.

Man müsste einfach nur einen Kettenbrief schreiben mit der Bitte, Amazon zu kündigen. In weniger als zwei Monaten einen Weltbeherrschungskonzern in die Knie zwingen, das wäre möglich, wenn jeder Einzelne der angeschriebenen Adressaten der Bitte nachkäme. Wenn …

In der Praxis würde die Sache ziemlich schnell versanden, denn die meisten Amazon-Kunden möchten auf das bisschen Einkaufsbequemlichkeit nicht verzichten. Oder sie würden sich über die Naivität des Vorhabens totlachen. Oder Amazon als innovativ verteidigen und sagen, so sei eben der Markt, und der Markt, der habe immer recht. Denen ist nicht zu helfen. Sie werden wohl erst aufwachen, wenn »der Markt« ihnen alles genommen hat, was einmal ihnen gehörte, ihre Rechte, ihre Privatsphäre, ihre Selbstbestimmung, ihre Freiheit und ihre soziale Sicherheit.

Den anderen, die nur bequem sind, aber theoretisch schon einsehen, dass es gute Gründe gibt, Amazon stoppen zu wollen, dennoch ihre Gewohnheit, bei Jeff Bezos zu kaufen, beibehalten möchten, würde ich gern von einer Gruppe junger naiver Menschen erzählen, die es auch mal mit einem Kettenbrief versucht hatten. Ihr Vorhaben war allerdings um ein paar Stufen ambitionierter. Und lebensgefährlich. Nicht einen größenwahnsinnigen amerikanischen Unternehmer wollten sie stoppen, sondern etwas ganz anderes: Hitler. Den Nationalsozialismus. Den Krieg. Und womit? Mit Flugblättern und Kettenbriefen.

Mit den Flugblättern wollten sie den Deutschen ins Gewissen reden und sie zum Widerstand gegen Hitler anstacheln. Hans und Sophie Scholl und noch ein Dutzend andere – eine Handvoll Münchner Studenten, eine kleine machtlose Truppe, die sich den

Namen Weiße Rose gegeben hatte – wollten eine Macht brechen, deren Truppen von Frankreich bis Russland und von Skandinavien bis Afrika die halbe Welt erobert hatten. Mit Papier wollten sie gegen Panzer kämpfen, mit Kampfschriften gegen Kampfflieger, mit bloßen Worten Hitler und seinen Armeen Einhalt gebieten.

Es war verrückt, sie probierten es trotzdem. Ein paar Hundert Briefe und Flugblätter unter Studenten und normales Volk verteilt, verbunden mit der Bitte, die Briefe abzutippen und weiterzuverbreiten, so könnte es gehen, dachten sie. So müsste es gehen.

Rund hundert Stück des ersten Flugblatts schickten sie mit der Post an sorgfältig ausgewählte Schriftsteller, Professoren, Buchhändler aus München und Umgebung, aber auch an Freunde und Studienkolleginnen und Studienkollegen, von denen sie sich den größten Multiplikatoreffekt erhofften. Dieser erste Versuch, etwas zu ändern, beginnt mit dem Satz: »Nichts ist eines Kulturvolkes unwürdiger, als sich ohne Widerstand von einer verantwortungslosen und dunklen Trieben ergebenen Herrscherclique regieren zu lassen.«

Das war für die Empfänger in München und Umgebung eine Sensation, denn im ganzen Land hatte schon lange niemand mehr gewagt, solch verbotene Gedanken öffentlich auszusprechen. Jetzt hätte die Sache losgehen können. Es hätte nur 20 Kopier- und Versandaktionen gebraucht, dann wäre praktisch jeder Deutsche vom Kind bis zum Greis und den Soldaten an der Front von dieser Aktion erreicht worden.

Hätte, wäre … – natürlich war die Realität eine andere. Schon von den ersten hundert Angeschriebenen erfüllte ein nicht geringer Teil seine gesetzlich-denunziatorische Pflicht und rannte mit dem Flugblatt zur Polizei. Andere ließen es schnell irgendwo verschwinden und redeten nicht mehr drüber. Nur wenige sagten: Endlich regt sich was, endlich haben ein paar Leute den Anfang gemacht, da mache ich freudig mit.

Die Mitglieder der Weißen Rose ließen sich von der geringen

Resonanz nicht entmutigen. Sie schrieben das zweite, dritte und vierte Flugblatt. Nach dem sechsten wurden sie erwischt. Gefängnis. Vier Tage Verhör. Prozess unter dem Blutrichter Roland Freisler. Tod durch Enthauptung. »Es lebe die Freiheit!«, rief Hans Scholl, bevor das Beil auf seinen Hals herniedersauste. Da war er 25 Jahre alt. Seine Schwester Sophie war 22.

Es ist nicht Hitler, gegen den heute Widerstand zu leisten wäre, sondern es sind nur ein paar Dutzend Mini-Tyrannen und Weltkaputtmacher, von denen Jeff Bezos derjenige ist, der durch unseren Widerstand am leichtesten außer Gefecht zu setzen wäre, und dafür braucht es keinen Todesmut, nicht die Bereitschaft zu sterben, noch nicht einmal Courage. Alles, was jemand bräuchte, um in seiner Wohnung, seinem Haus, seiner Straße, seinem Viertel, seiner Gemeinde ein Schild mit der Aufschrift »Hier nicht, Mr. Bezos!« aufzustellen, wäre ein bisschen Verzicht auf Bequemlichkeit, ein winziges bisschen Engagement für Demokratie und Kultur.

Wenn nur 5 bis 10 Prozent der Europäer aus ihrer Lethargie und Gleichgültigkeit erwachten und sich von passiven Konsumenten zu aktiven Bürgern erhöben und durch Kündigung ihres Amazon-Accounts bekundeten, dass sie nicht mehr länger bereit sind, einen Konzern zu unterstützen, der keine Steuern zahlt, kleine Händler und Verlage plattmacht, seine Mitarbeiter schlecht behandelt und sich anschickt, unsere Köpfe zu beherrschen, dann hätte das eine Signalwirkung auf die ganze Wirtschaft und Gesellschaft in Europa und in der Welt. Dann wäre auch dem letzten Dinosaurier in seiner Vorstandsetage klar, dass es ihn bald nicht mehr geben wird, wenn er einfach weitermacht wie gehabt.

Die Widerstandsaktionen der Weißen Rose waren erfolglos, und doch war es gut, dass sie es probiert haben. Man darf nicht fragen, ob das, was man tut, Erfolg haben wird, sondern man muss fragen, ob es sinnvoll ist, und dann muss man es tun. Seinen Amazon-Account zu kündigen ist sinnvoll, weil jeder, der das tut, Jeff Bezos zuruft: »Hier nicht! Hier gelten meine Gesetze, nicht deine.«

Und wenn das ganz Europa riefe, gälten hier wieder europäische Gesetze statt die der multinationalen Konzerne. Es wäre eine Verteidigung unserer Heimat.

Es gibt keine wirklich vernünftige Rechtfertigung für die Existenz von Amazon. Aber es gibt einen Bedarf für ehrliche Onlineshops, die auf unsere Bespitzelung verzichten. Darin liegt eine große Chance für die Einzelhändler. Sie müssten sich nur zusammentun, eine Alternative zu Amazon entwickeln und ihre Kunden zurückgewinnen. Noch ist es nicht zu spät dafür.

Sogar Google ist verwundbar 11

Wer die Namen der Google-Gründer Larry Page und Sergey Brin googelt, macht eine erstaunliche Entdeckung: Er findet fast nichts. Die zwei Männer, die uns nach allen Regeln der Kunst ausforschen lassen, geben außer ein paar dürren biografischen Daten kaum etwas über sich selbst preis.

Immerhin scheinen sie freundlichere Charaktere zu sein als Jeff Bezos. Zumindest ist nichts Negatives bekannt, was aber auch daran liegen kann, dass überhaupt wenig über die beiden bekannt ist. Bei öffentlichen Auftritten – zumeist in betont lässiger Studentenkleidung – geben sie sich jugendlich-schüchtern, harmlos und versuchen, das Firmenmotto zu verkörpern: »Don't be evil« (Tue nichts Böses). Diese gepflegte Harmlosigkeit wird noch unterstrichen vom Dritten im Bunde, dem deutlich älteren Eric Schmidt, dem angestellten Chef von Google, der wie ein Vater irgendwann auf den Tisch haut und »Schluss jetzt« ruft, wenn sich die zwei Jungen streiten. Ziemlich offensichtlich legen alle drei es darauf an, unterschätzt zu werden.

Und, nein, natürlich wollen sie nicht die Welt beherrschen, sondern die Probleme der Welt lösen. Das ist die Botschaft, die sie variantenreich als Unternehmenszweck von Google beschreiben. Damit kamen sie lange durch. Niemand fragte: Wer hat euch beauftragt, die Probleme der Welt zu lösen? Sollten das nicht gewählte Politiker tun? Nach den Vorgaben ihrer Wähler?

So wurde lange nicht gefragt, weil Google auf so einfache wie nützliche Art tatsächlich ein ganz unpolitisches Problem von Milliarden Menschen löste: im Internet die Informationen zu finden, die man sucht. Die wenigsten dieser Milliarden Menschen interessierte, wie das gemacht wird, wie Google damit Geld verdient und was das Unternehmen sonst noch so treibt. Den meisten Nutzern erschien Googles Suchmaschine als beste Einrichtung des Internets und das Unternehmen selbst als eines, das auf innovative Weise Probleme löst, gut bezahlte Arbeitsplätze schafft, vielleicht sogar ein bisschen Steuern zahlt, und wenn es dabei auch noch Geld verdient, ist das doch in Ordnung, dachten viele, denken viele immer noch.

Diese Wahrnehmung ändert sich allmählich, seit wir dank Edward Snowden wissen, dass Google, wie andere Big-Data-Konzerne auch, Daten an die NSA weitergibt – unsere Daten. Seitdem nehmen die Medien das Daten-Business, das bereits ein Milliardenmarkt ist, schärfer in den Fokus. Dabei wird offenbar, dass Google noch ein paar mehr Probleme löst als die Suche nach Informationen im Netz, und zwar auf eine Weise, die das Unternehmen nach jedem gelösten Problem stets ein Stück mächtiger und konkurrenzloser macht. Inzwischen hat sich Google eine Machtfülle verschafft, mit der es bei der Gestaltung der Welt und deren Zukunft Regierungen von Nationalstaaten immer ebenbürtiger wird.

Mit dieser Macht agiert der Weltkonzern weltweit, wodurch er noch mehr Macht und Geld akkumuliert, und erst so langsam, etwa seit Beginn des Jahres 2014, wird der Welt zum Problem, wie Google unsere Probleme löst. Niemand hat dieses Unternehmen gewählt oder zu irgendetwas ermächtigt. Google ermächtigt sich selbst und nutzt seine Macht, um uns – in einem neuen Wortsinn – zu »linken«.

Nicht nur verlinkt, sondern gelinkt wird, wer ein bestimmtes Produkt kaufen will und nach dem günstigsten Anbieter dieses Produkts sucht. Was er findet, sind nicht die besten oder billigsten Anbieter, sondern die, die fürs Gefundenwerden bezahlt haben. Damit ist Google nicht mehr die neutrale Suchmaschine, in der man die besten Treffer am Anfang findet, sondern eine Art Schutzgelderpresser. Willst du gefunden werden, musst du zahlen.

»Gelinkt« werden also nicht nur die Konsumenten, sondern auch die abhängigen Anbieter, große und kleine Shops, selbst große Verlage wie der Springer-Konzern sowie jeder, der im Netz etwas verkaufen möchte. »Google listet eigene Produkte, vom E-Commerce bis hin zu den Seiten aus dem eigenen Google+-Netzwerk, besser als Wettbewerber, selbst wenn diese für den Verbraucher teilweise minderwertig sind und gemäß des Google-Algorithmus nicht erscheinen würden«, hat Springer-Chef Mathias Döpfner in einem offenen Brief an Google-Chef Eric Schmidt dessen Unternehmen vorgeworfen. Der Nutzer werde noch nicht einmal deutlich darauf hingewiesen, dass es sich bei diesen Suchergebnissen um Selbstwerbung handelt.[61]

»Der Nutzer steht an erster Stelle, alles Weitere folgt von selbst«, lautet der erste der zehn hehren Unternehmensgrundsätze von Google. Es wäre ehrlicher, diese Lüge zu streichen.

Eigentlich hätte längst das Kartellamt einschreiten müssen. Aber von dem ist nichts zu hören. Auch von der Monopolkommission ist keine Hilfe zu erwarten. Eines ihrer Mitglieder, der Wirtschaftsprofessor Justus Haucap, sieht keinen Handlungsbedarf. Im Gegenteil. »Aus meiner Sicht gibt es im Augenblick zu viel Google-Bashing«, sagte er. Googles Marktmacht ist für ihn kein Monopol, sondern bloß »ein Monopölchen«.[62]

Ein Monopölchen? Döpfner erinnerte in seinem offenen Brief daran, dass die *Bild*-Zeitung seit Jahrzehnten vom deutschen Kartellamt als marktbeherrschend eingestuft wird und deshalb Axel Springer untersagt wurde, das Medienunternehmen ProSiebenSat.1 oder auch nur irgendwelche Regionalzeitungen zu kaufen. Aber: *Bild* hat gerade mal 9 Prozent Marktanteil bei der Printwerbung, und zwar nur in Deutschland.

Politische Konsequenzen aus Brüssel bleiben aus. Deutsche und EU-Politiker – wie etwa Sigmar Gabriel und Martin Schulz – haben im Jahr 2014 das Problem erstmals benannt. Das EU-Parlament hat der EU-Kommission empfohlen, Google zu entflechten, aber:

Zwischen der Benennung und der Lösung eines Problems vergehen erfahrungsgemäß viele Jahre, falls überhaupt je irgendetwas gelöst wird.

Da Google also auf so gut wie keinen Widerstand stößt (außer in Russland, China und den anderen Diktaturen, gegenüber denen Google sehr geschmeidig agiert), fühlt sich das Unternehmen ermutigt, ja ermächtigt, auf dem eingeschlagenen Weg immer weiterzugehen, sich über Eigentumsrechte hinwegzusetzen, nationale Rechtsordnungen zu ignorieren, seine Kundschaft auszuspionieren, sich selbst Wettbewerbsvorteile zu verschaffen, Konkurrenten zu behindern, auszuschalten oder aufzukaufen und sich immer mehr Unternehmen einzuverleiben und auf immer mehr Geschäftsfeldern – mobile Vernetzung im Auto, im Eigenheim, im Gesundheitswesen – aktiv zu werden.

Google ist ein moderner Raubritter, der sich nimmt, wonach ihn verlangt, und der nicht nur Kapital akkumuliert, sondern die zweite Währung des digitalen Kapitalismus: Daten. Nicht nur Umsatz und Gewinn wachsen exponentiell, auch Googles Datenberge tun das. Im selben Maß wachsen das Wissen und die Macht, nicht nur die Marktmacht, sondern auch die politische Macht und die Möglichkeit des unkontrollierten Missbrauchs dieser Macht. Das ist etwas historisch Neues, auf das die Kartellwächter dieser Welt offenbar nicht vorbereitet sind. Und was passiert, wenn sich die NSA all dieser Datenberge bemächtigt, wenn diktatorische Regime in ihren Besitz gelangen oder Demokratien zu Diktaturen mutieren, mag man sich gar nicht vorstellen. Wer dann noch Widerstand leisten wollte, wäre bereits verhaftet, noch ehe er sich überhaupt zum Widerstand entschließen könnte.

Kapitulieren müssen wir vor der Macht der Datensammler aber nicht. Sie sind verwundbar, Google kennt seine verwundbare Stelle und hat sie selbst beschrieben in seinem Börsenprospekt, einem vom Staat verlangten Dokument zur Risikoeinschätzung. Darin heißt es: »Wir sind konfrontiert mit Risiken, die sich aus dem internationalen Datenschutz ergeben. Es ist möglich, dass diese Gesetze in einer Art interpretiert und angewandt werden, die nicht mit unserer Praxis im Umgang mit Daten übereinstimmt. Wenn dem so ist, müssten wir unsere Praxis verändern, was wiederum einen materiellen Effekt für unser Geschäft bedeutet.«[63]

Das Mittel, um Google zumindest in Europa zu einer anderen Praxis zu zwingen, existiert längst. Die EU-Kommission hat bereits im Januar 2012 eine Datenschutzverordnung erarbeitet, die vom Europaparlament nach zahlreichen Änderungsanträgen verabschiedet wurde. Damit könnte die Verordnung nun eigentlich ein europäisches Gesetz werden. Was in dieser Verordnung steht, ist nicht einmal schlecht. Der Einzelne bekäme die Macht über seine Daten zurück. Google und alle anderen Big-Data-Unternehmen müssten jeden Einzelnen fragen, ob sie seine Daten haben und verarbeiten dürfen. Und sie müssten seine Daten löschen, wenn er das wünscht. Für Verstöße gegen dieses Recht könnten Strafgelder von bis zu fünf Prozent des Umsatzes erhoben werden, und das Gesetz gälte für alle, also auch für solche Unternehmen, die ihren Sitz außerhalb der EU haben.

Die Verabschiedung dieses Gesetzes wäre ein riesiger Fortschritt. Aber es liegt schon sehr lange beim Europarat, und dort wird es blockiert. Von Deutschland. Man kann sich vorstellen, warum. Big Data ist längst schon ein riesiges Milliardengeschäft, nicht nur für Google, auch für viele kleinere, unbekannte Unternehmen, auch für deutsche. Für sie alle hätte die Anwendung dieses Gesetzes »einen materiellen Effekt«, und zwar einen drastischen. Ihre Geschäftsgrundlage bräche zu einem großen Teil weg, wenn dieses Gesetz so durchgewinkt werden würde, und darum wird es nicht so durchgewinkt. Darum verhandeln jetzt die Datenlobbyisten zäh mit den zuständigen Politikern, von denen viele das Big-Data-Business keinesfalls abwürgen wollen – wegen der Steuereinnahmen, der Arbeitsplätze, des Wachstums. Das hat Vorrang für Politiker, die Erfolge vorweisen und wiedergewählt werden wollen.

Der deutsche Wirtschaftsminister Sigmar Gabriel hat im Europawahlkampf mit Kartellverfahren, Zerschlagung und Entflechtung von Google gedroht. Nach der Wahl war davon keine Rede mehr. Vielmehr meldeten die Zeitungen, dass es ein Treffen Gabriels mit Google-Chef Eric Schmidt gegeben habe. Über Inhalte des Gesprächs wurde nichts bekannt, aber ich vermute: Von der Bundesregierung hat Google nicht mehr viel zu befürchten, vom deutschen Kartellamt auch nicht und nichts von der neuen EU-Wettbewerbskommissarin Margrethe Vestager. Für eine Zerschlagung Googles ist Gabriel nicht mächtig genug. Es wäre viel hilfreicher, wenn er Deutschlands Blockadehaltung gegenüber der Datenschutzverordnung aufgäbe. Aber auch dazu war bis zum Zeitpunkt der Fertigstellung dieses Buches nichts zu hören.

Wenn die Politiker ausfallen und kein Kartellamt, keine Monopolkommission und kein EU-Wettbewerbskommissar tätig wird, bleiben noch die Gerichte, die auf der Grundlage bestehender Gesetze urteilen können. Das haben sie auch schon getan, beispielsweise indem sie Google zwangen, rufschädigende Einträge zu löschen, wenn die Geschädigten das verlangen. Aber Gerichte können Google allenfalls bremsen, nicht aufhalten.

Viele hoffen daher noch immer unverdrossen auf den Markt. Sie erinnern an IBM, das auch einmal eine marktbeherrschende Stellung hatte. Bis der Personal Computer erfunden wurde. Der verlieh Bill Gates und seinem Unternehmen Microsoft eine marktbeherrschende Stellung. Bis das Internet erfunden wurde, das Google groß gemacht hat. Nun hoffen die Marktgläubigen, dass irgendwann von irgendwoher wie aus dem Nichts ein neuer Konkurrent auftaucht mit einer Innovation, die Google wieder auf Normalmaß zurechtstutzt. Daher warnen die dem Staat misstrauenden Marktliberalen geradezu reflexhaft vor den Rufen nach dem Staat, der EU und den Kartellwächtern. Lasst es den Markt regeln, sagen sie, der könne es stets besser als der Staat.

Aber: Dieser alte Streit zwischen Markt- und Staatsgläubigen ist längst überholt, denn die Zusammenarbeit von Google mit der NSA und anderen Geheimdiensten, das Amalgam aus Pentagon, Forschung und Entwicklung, amerikanischen Universitäten und undurchsichtigen Start-up-Unternehmen, dieser ganze wissenschaftlich-militärisch-industrielle Komplex erschüttert sowohl den Glauben an den guten Staat als auch den Glauben an den guten Markt und an das gute erfolgreiche Unternehmen. Wahrhaft liberal wäre es daher, beiden gleichermaßen zu misstrauen. Genau deshalb rufe ich hier dauernd nach dem Bürger statt nach dem Markt oder Staat.

Ich will gar nicht ausschließen, dass gerade mal wieder irgendwo in einer Garage etwas revolutionär Neues am Entstehen ist, das Google stoppen wird. Blind verlassen sollte man sich darauf nicht, aber vor allem: Es geht nicht primär um Google, sondern um die unkontrollierte Datensammelei der vielen, Zerstörung unserer Privatsphäre, an der viele Akteure ein Interesse haben und beteiligt sind. Es geht um die kalte Beseitigung wichtiger Grundrechte und die durch nichts legitimierte Machtfülle, die den Datensammlern zuwächst, unter denen Google nur einer, wenn auch der größte und mächtigste ist. Daran änderte sich nichts, wenn ein neuer Platzhirsch aufträte und den alten verdrängte. Dann würde eben er seine Datensaugmaschine auf uns richten, und alle anderen würden sowieso weiter an uns saugen.

Daher brauchen wir nicht primär die Google-Killer-Applikation, sondern einen Zaun, ein Gehege, in das die Platzhirsche samt ihrem Gefolge zu treiben und zu kontrollieren sind. Dieses Gehege wird der Markt nicht errichten, das müsste die Politik tun, aber da sie es nicht tut, ist klar: Auch dieser Auftrag bleibt wieder an uns hängen, den Bürgern, der Zivilgesellschaft.

Ich will gar nicht erst die Illusion aufkommen lassen, dass wir das könnten. Dazu braucht es Staaten, nationale Regierungen und internationale Vereinbarungen, also doch wieder die Politiker. Da diese aber nicht funktionieren, müssen wir sie zum Funktionieren zwingen durch Aufbau von öffentlichem Druck, und das ist etwas, was wir leisten können. Proteste, Demos, Onlinepetitionen, Briefe an Politiker und Medien sind ein Mittel dazu, aber diesem Mittel kann noch deutlich mehr Nachdruck verliehen werden durch unser Konsumverhalten.

Wir könnten viel bewirken, wenn wir aus den Käfigen ausbrächen, in denen wir von denen gehalten werden, oder wenn wir uns gar nicht erst hineintreiben ließen, denn das ist es, was eigentlich derzeit vorgeht auf der Welt. Amazon, Apple, Facebook, Google und deren Gefolge aus großen und kleinen Datendealern errichten Käfige, in die sie uns mit ihren Geräten und billigen oder kostenlosen Dienstleistungen hineinlocken. Und weil sich diese Käfige unsichtbar um uns bilden und wir die Tür nicht ins Schloss fallen hören, wähnen wir uns frei, während wir in ihren Fallen herumtappen und auf den vielen Apps in unserem Handy herumspielen. Google betreibt diese Käfighaltung sehr erfolgreich mit Gmail, Kalender, Adressbuch, Termin- und Routenplaner, Maps und Youtube und arbeitet gerade daran, diesen Käfig auf unser Haus, unser Schlafzimmer, das Fernsehgerät und das Auto auszudehnen. Allein Gmail hat mehr als eine dreiviertel Milliarde Nutzer. Was diese Nutzer sich denken, ob sie überhaupt etwas denken, verstehe ich nicht, denn auf ein Mailsystem, das einem Internetgiganten wie Google den vollen Zugriff auf die eigenen Mails gewährt und damit indirekt auch der NSA das Mitlesen ermöglicht, ist nun wirklich niemand angewiesen. Niemand muss in so einen Käfig hinein, und wer drin ist, kommt locker wieder heraus.

Sein Gmail-Konto zu kündigen oder der Verführung einer Kontoeröffnung zu widerstehen wäre daher der erste und leichteste Widerstandsakt gegen Google. Der nächste bestünde in einer Überprüfung der übrigen Mailprovider, der Großen der Branche wie Telekom, Vodafone, Arcor, GMX.de, Web.de, Strato. Sie alle arbeiten inzwischen zwar mit Verschlüsselungstechniken und sind darauf bedacht, den ganzen E-Mail-Verkehr über eigene Server im eigenen Land laufen zu lassen. Aber nur einer, der Kleinste, meint es wirklich gut mit uns: der Berliner Provider Posteo (www.posteo.de). Nur Posteo kombiniert bisher jene fünf Verschlüsselungsverfahren, die den Geheimdiensten einen Zugriff ohne richterliche Genehmigung verwehren oder zumindest erschweren.

Es genügt nicht, wenn ein E-Mail-Provider nur die Leitungen zwischen seinen Datenzentren verschlüsselt, auch nicht, wenn er außerdem den Datentransfer zwischen seinen Kunden und seiner Website mit dem HTTPS-Protokoll sichert und zusätzlich erzwingt, dass nur HTTPS genutzt werden kann. Er sollte auch die nachträgliche Entschlüsselung einer belauschten Kommunikation unmöglich machen und die Kommunikation zwischen E-Mail-Servern verschlüsseln. Erst dann, wenn alle fünf Methoden gleichzeitig zum Zuge kommen, wird es für die Geheimdienste schwierig und für die Datensammler unmöglich, uns auszuforschen.

Derzeit hat man dieses Höchstmaß an Sicherheit nur bei Posteo. Auch das Adressbuch und der Kalender sind geschützt vor Spionen. Aber: Das Höchstmaß an Sicherheit im Mailverkehr hat man nur, wenn die Adressaten ebenfalls bei Posteo sind. Die übergroße Mehrheit der Weltbevölkerung hat ihre Postfächer natürlich woanders, und in diesen Fällen hängt man davon ab, ob die anderen auch alle fünf Methoden gleichzeitig einsetzen oder nur vier, drei oder noch weniger.

Das ist ein starker Grund, massenhaft zu Posteo zu wechseln. Je mehr es tun und je schneller das geht, desto stärker werden die Anbieter unter Zugzwang gesetzt und desto lauter artikuliert sich die an Politiker und Manager adressierte Botschaft: Es ist vorbei. Wir lassen uns nicht mehr alles gefallen. Wir gehen nicht mehr in eure Käfige, und wer drin ist, sieht zu, dass er rauskommt.

Ein großer Vorteil von Posteo ist: Er macht Schnüfflern das Leben schwer, aber uns, den ganz normalen E-Mail-Nutzern, macht er das Leben leicht. Bisher musste man ein versierter Computerfreak sein, um seine Daten mit so altbekannten Verschlüsselungsmethoden wie PGP, S/Mime, SSL und VPN zu schützen. Was das ist, erkläre ich hier erst gar nicht, denn diejenigen, die es einsetzen, kennen es eh, und für die meisten derer, die es nicht kennen, wäre es zu kompliziert, davon Gebrauch zu machen, und auch diese Methoden funktionieren nur dann zuverlässig, wenn sich die Adressaten derselben Methoden bedienen. Ein Umzug zu Posteo ist dagegen unschlagbar einfach.

Der Dienst ist nicht werbefinanziert. Er versendet auch selbst keinerlei Werbemails oder Werbe-Newsletter. Die Posteo-Website ist ebenfalls komplett werbefrei, und es kommen keine Trackingtools zum Einsatz. Darum kann diese Dienstleistung aber auch nicht kostenlos sein. Ein E-Mail-Postfach mit zwei Gigabyte Speicher kostet einen Euro pro Monat. Wer mehr Speicher braucht, zahlt monatlich 25 Cent mehr pro Gigabyte. Jede Zahlung – egal ob per Überweisung oder Paypal – erfolgt anonym. Ganz Misstrauischen räumt das coole Unternehmen sogar die Möglichkeit der Barzahlung ein. Und natürlich kann man monatlich kündigen.

Damit beweist das Unternehmen, dass technisch möglich ist, was angeblich nicht geht, und dass das bezahlbar ist: Für den Gegenwert zweier Briefmarken pro Monat bekommt jeder ein werbe- und spionagefreies, gegen Einbruch gesichertes Postfach. Das ist ein erster Schritt in ein demokratiekonformes, grundrechtsgeschütztes Internet. Der Auszug aus Gmail, der iCloud und anderen Schnüffelsystemen ist möglich. Und wem der Schutz unserer Verfassung und sein eigener diese zwei Briefmarken nicht wert sind, dem ist nicht zu helfen.

Vollends sympathisch wird einem das Unternehmen noch dadurch, dass es nicht einfach in eine Marktlücke stoßen und darin Geld verdienen will – was ja an sich schon völlig in Ordnung wäre –, sondern darüber hinaus seinen Kunden ein Postfach gibt, das nicht nur sicher, sondern auch noch grün ist. »Unsere Server und Geschäftsräume werden zu 100 Prozent mit Ökostrom von Greenpeace Energy versorgt«, teilt das Unternehmen auf seiner

Website mit, und dieser Strom stamme aus Wind und Wasser. Sie begründen auch, warum sie ihren grünen Strom ausgerechnet von diesem Stromanbieter beziehen und nicht von irgendeinem x-beliebigen anderen: weil Greenpeace Energy kein Greenwashing betreibe und alle Lieferantenkraftwerke für seine Kunden transparent mache.

Natürlich werden das Firmenkonto und die Guthaben der Posteo-Kunden bei der GLS geführt. Und weil Posteo gerecht sein will, wird auch die Umweltbank bedacht. Dort parkt das Unternehmen seine Rücklagen. Gespendet wird auch: an »NGOs, die im Umweltschutz tätig sind«. Und: »Alle Mitarbeiter nutzen ÖPNV und Fahrrad.« Gedruckt wird auf Recyclingpapier mit energieeffizienter und schadstoffarmer Hardware, die auf Tischen mit »FSC-zertifiziertem Holz« stehen. Und sie tun noch viel mehr, und es fehlt eigentlich nur der Hinweis, dass sie alle Veganer oder zumindest Vegetarier sind.

Man möchte sie knuddeln, die Mitarbeiter von Posteo. Sie verkörpern eine Haltung, jene Haltung, die bei 99,9 Prozent der anderen Unternehmen allenfalls auf Hochglanzpapier gedruckt ist. Wenn die anderen 99,9 Prozent nur zu 50 Prozent so wären wie Posteo, sähe die Welt schon ganz anders aus.

Ein bisschen beweist dieses Unternehmen sogar, dass der Markt eben doch funktioniert, denn ein sicheres E-Mail-Postfach ist ja ein Produkt, für das es eine Nachfrage gibt. Nur ist diese Nachfrage wegen der Marktmacht der Großen zu klein. Posteo ist für die digitale Welt so etwas wie der Ökobauer für die Landwirtschaft. Beiden wird das Leben schwergemacht vom Geiz-ist-geil-Konsumenten, dem zwei Briefmarken pro Monat für ein Postfach oder der Aufpreis fürs Bioei zu teuer sind, und von den IT-Giganten, die ihre Kundschaft fest im Griff haben.

Daher genügt es eben doch nicht, allein auf den Markt zu setzen, es braucht auch uns, die mündigen Bürger, die durch ihr Verhalten, beispielsweise durch einen Wechsel zu Posteo, ihr Interesse an einem sicheren Mailverkehr bekunden und dadurch ein politisches Statement abgeben. Ein kleiner Anbieter wie Posteo hat nicht den Werbe- und PR-Etat einer Telekom und ist darum auf Medienberichte, Mund-zu-Mund-Propaganda und ein Buch wie dieses angewiesen.

Aber damit werden in der Regel nur die erreicht, die eh schon suchen, weil sie bereits über das nötige Problembewusstsein verfügen. An der großen Masse geht die Information über ein sicheres E-Mail-Postfach vorbei, und wenn sie doch davon gestreift wird, führt das so wenig zu Konsequenzen wie das Wissen darüber, dass man auch Fleisch aus artgerechter Tierhaltung kaufen könnte.

Umso wichtiger ist darum, dass wenigstens diejenigen, die wissen, dass man sein Verhalten ändern müsste, es auch tun. Dann ist vieles möglich. Sogar die Entmachtung von Google, denn Google ist weder unverwundbar noch alternativlos.

Eine der attraktivsten Alternativen ist MetaGer (https://metager.de). Mir ist derzeit weltweit keine sicherere Suchmaschine bekannt als diese, ich nutze sie seit ein paar Monaten, und noch nie hatte ich den Eindruck, dass sie schlechtere Ergebnisse liefert als Google. Das kann auch gar nicht sein, denn MetaGer ist eine Metasuchmaschine, was heißt: Sie sucht nicht selbst, sondern lässt andere Suchmaschinen – darunter Yahoo, aber nicht Google – für sich arbeiten, was den Vorteil hat, dass man die Ergebnisse aller verwendeten Suchmaschinen bekommt und nicht nur die einer einzigen. Welche Suchmaschinen verwendet werden, listet MetaGer auf seiner Startseite auf. Dort kann man auch einige abwählen oder dazubuchen.

Da es sich um einen deutschen Dienstleister handelt, unterliegt er dem strengen deutschen Datenschutzrecht. Die Maschine wird von der gemeinnützigen Organisation SUMA-EV in Zusammenarbeit mit der Leibniz Universität Hannover betrieben und weiterentwickelt. Sie anonymisiert meine IP-Adresse bereits, während ich suche. Sie verfolgt nicht mein Surfverhalten, speichert keinerlei

Daten über mich. Die Daten, die ich abrufe, werden auf dem Weg vom jeweiligen Server in meinen Computer verschlüsselt. Datensammler und Geheimdienste, die mitbekommen möchten, was ich im Netz so treibe, können diese Daten zwar abfangen, müssten sich anschließend aber schon die Mühe machen, diese Daten zu entschlüsseln. Damit erschwere ich ihnen ihr Geschäft erheblich.

Ein besonders raffiniertes Detail wäre geeignet, MetaGer zum Big-Data-Killer zu machen, wenn alle komplett Google verließen und in diese deutsche Suchmaschine umzögen: Die von der Maschine gefundenen Links lassen sich ebenfalls anonym öffnen. Das heißt, die Anbieter, auf deren Seiten ich weitergeleitet werde, gehen leer aus, bekommen von mir keine Daten, können mich nicht identifizieren, können nichts über mich speichern. Und wenn ich von dort auf weitere Seiten anderer Anbieter springe, bleibe ich weiter anonym und geschützt.[64]

Die Suchmaschine ist kostenlos, bestreitet ihre Kosten aus Spenden und Vereinsbeiträgen. Für nur fünf Euro pro Monat ist man schon dabei. Ich bin Mitglied seit Juni 2014 und kann als solches berichten, dass die im Vergleich zu Google kleine, unbekannte Suchmaschine schon ein ordentliches Anfangswachstum hinlegt. Im zweiten Halbjahr 2014 sind die monatlichen Nutzerzahlen von 630 000 auf 750 000 gestiegen. Nächstes Ziel: eine Million pro Monat!

Wer nicht spenden kann oder will, auch nicht Vereinsmitglied werden will, kann der Suchmaschine trotzdem etwas Gutes tun, vor allem dann, wenn er partout nicht von Amazon oder Zalando lassen will. Wenn er sich nämlich der kleinen Mühe unterzieht, nicht direkt zu Amazon oder einem anderen Shop zu gehen, sondern den kleinen Umweg über die Seite des gemeinnützigen Inline-Startups Boost (https://www.boost-project.com) in Kauf nimmt, kann er sich von dort zu seinem Shop verlinken lassen, zwingt aber dann den Shop, zwischen drei und sechs Prozent der Einkaufssumme an die Suchmaschine zu spenden. Jeder Einzelne, der diese kleine Mühe auf sich nimmt, die ihn höchstens eine Sekunde kostet und darüber hinaus nicht einen Cent, stärkt die Suchmaschinen-Demokratie, beschränkt den weiteren Machtzuwachs von Google, signalisiert den Datensammlern dieser Welt: Mit mir nicht.

Wenn nun jemand vielleicht vermutet, ich würde hier Werbung für Posteo und MetaGer machen und dafür bezahlt werden, dann schmerzt mich das zwar, denn so ist es nicht, aber andererseits zeugt das von einem gesunden Misstrauen, das in unseren Zeiten leider nötig ist. Daher verweise ich hier auf ein paar weitere Adressen zu Google-Alternativen, die jedem eine Wahlmöglichkeit lassen. Diese Websites informieren laufend über neue Entwicklungen:

- http://www.alternative-zu.de/q/Google
- http://blog.zdf.de/hyperland/2012/03/leben-ohne-google-in-zehn-schritten/
- http://t3n.de/news/google-alternative-474551/
- http://www.utopia.de/produktguide/buero-schule-papier-2/alternative-suchmaschinen

Wer unabhängig von jeder Suchmaschine anonym surfen möchte, findet eine Anleitung plus zugehörige Software unter https://www.anonym-surfen.de.

Ausdrücklich erwähnen möchte ich noch drei Suchmaschinen, die von sich behaupten, ebenfalls ein hohes Maß an Datenschutz zu bieten und ihren Nutzern nicht hinterherzuspionieren:

- Startpage
- Ixquick
- Duckduckgo

Bisher habe ich mit denen zu wenige Erfahrungen gesammelt, um sie detailliert besprechen zu können. Da dieser ganze Markt jetzt in Bewegung kommt, ist es sowieso ratsam, seine Entwicklung genau zu beobachten und sich selbst regelmäßig zu informieren.

Längst haben sich im Netz kritische Gemeinden gebildet, die versuchen, Datendealern das Handwerk zu legen. Wer sucht, findet fast täglich neue Hinweise auf Möglichkeiten, wieder Herr über seinen Computer und sein Smartphone zu werden. Bis dieses Buch in die Läden kommt, wird sich viel getan haben, darum kann ich nur raten, aktiv im Netz zu suchen. Die gerade aufgeführten Links sind gute Adressen, um die Suche von dort zu starten, denn sie liefern zahlreiche weitere Links, die belegen: Es gibt keinen Grund mehr, das Treiben der Datenmafia einfach nur zu beklagen. Es gibt Mittel, sie sich vom Leib zu halten. Man muss nicht mehr bei Google googeln. Man kann sich ein sicheres elektronisches Postfach besorgen. Man kann sein Handy von Datenparasiten befreien, und wer von diesen Möglichkeiten Gebrauch macht, schützt nicht nur sich selbst und seine Privatsphäre, sondern tut etwas für die Hygiene der Demokratie.

Den vielen bedrängten Medienhäusern, Verlagen, Werbeagenturen, Zeitschriften, Shops wäre auch geholfen. Ihnen bliebe wieder mehr Luft zum Atmen. Sie könnten sich revanchieren durch den Verzicht, uns zu stalken. Gabor Steingart, Vorsitzender der Geschäftsführung der Verlagsgruppe Handelsblatt, bemerkte zu Recht, dass sich unsere über Google klagenden Medienhäuser »nicht in emanzipatorischer Absicht, sondern mit dem Vorsatz, selbst in den Besitz der Kundendaten zu gelangen«, beschweren. Sie wären glaubwürdiger und gewännen die Bürger für sich, wenn sie einsähen: »Die Kundendaten gehören dem Kunden, Persönlichkeitsschutz und Eigentumsbegriff des Grundgesetzes gebieten die Rückübertragung der Souveränität. In einer großen Koalition von Autoren und Lesern, von Verlagen und ihren Kunden läge die Stärke der Google-kritischen Bewegung.«[65]

Google den Laufpass zu geben bedeutet, allen Daten-Dinos zu sagen, dass für sie kein Platz ist in einer demokratischen Zivilgesellschaft. Und wenn nun zwei, vier, acht, 512, 65 536, 1 048 576 Leserinnen und Leser nach der Lektüre dieses Kapitels aus Google und Gmail aus- und bei Posteo und MetaGer einzögen, nachdem sie vorher schon ihren Amazon-Account gekündigt hätten und zu einer Genossenschaftsbank umgezogen wären, wenn auch Kirchen, Gewerkschaften und Vereine mit an diesem Strang zögen und zusätzlich die durch Google geläuterten Medienhäuser – dann käme Bewegung in die Sache. Dann sprängen irgendwann auch die Politiker auf den Zug und versuchten, sich beim Volk statt bei den Lobbyisten beliebt zu machen, und brächten die Gesetze auf den Weg, die der Datenschnüffelei ein Ende bereiteten, Googles Allmacht zertrümmerten, Facebook-Nutzern die Herrschaft über ihre Daten zurückgäben, Apple-Kunden den Weg aus dem Apple-Gefängnis wiesen.

Unser massenhafter Auszug aus dem Sklavenhaus namens Big Data würde Politikern, der EU-Bürokratie und IT-Managern klarmachen: Wir wollen Demokratie und darum auch eine Suchmaschinen-Demokratie, einen Internet-Rechtsstaat und überhaupt eine demokratiekonforme Technik und Wirtschaft. Was wir nicht mehr länger wollen, ist eine kapitalismuskonforme Oligarchen-Technokratie. Dazu kann jeder Einzelne beitragen durch einen einfachen Beschluss: Ich lasse mich nicht mehr länger als Geiz-ist-geil-Konsumvieh in den Massenviehhaltungsställen der raffzähnigen Datenbauern melken, diese Käfighaltung ist meiner nicht würdig, ich bin ein freies Wesen, ich kann auch anders, und mit dem Data Mining muss Schluss gemacht werden. Diesem Beschluss hätten dann bloß ein paar kleine Verhaltensänderungen zu folgen, die wenig Zeit kosten und kaum Geld.

Digital native oder digital naiv? 12

Vor fünf oder sechs Jahren, nach dem letzten Windows-Absturz, der Reinigung einer virenverseuchten Festplatte und dem Ärger über den fünfzigprozentigen Leistungseinbruch eines gerade mal neun Monate alten Computers, verabschiedete ich mich von Windows und lief zur Apple-Sekte über. Seitdem habe ich tatsächlich mehr Zeit für meine eigentliche Arbeit und brauche deutlich weniger Zeit für die Lösung von Computerproblemen.

So kamen zum MacPro ein Macbook, zu diesem ein iMac für die Ehefrau, dazu zwei Macbooks Air für die Kinder, vier iPhones für die Familie, zwei iPads und ein Apple TV. Alle Geräte arbeiten reibungslos zusammen. Wenn es doch mal ein Problem gab, hat es die Firma Apple schnell und zuverlässig gelöst und sich auch schon mehrmals sehr kulant gezeigt. Unter rein ökonomischem Aspekt hat sich mein Wechsel zu Apple gelohnt, trotz des üblichen Aufpreises für die Produkte dieser Firma.

Dass ich darüber hinaus noch einen weiteren Preis an Apple entrichtete, wurde mir jedoch erst allmählich bewusst, und auch, dass er zu hoch ist und immer noch höher steigt, je länger ich mich im Apple-Käfig aufhalte. Wer einmal ein Apple-Gerät erworben hat, braucht Software, die er am schnellsten und bequemsten im iTunes-Store kauft. Und wenn er dort schon mal ist, kauft er auch Songs, Bücher, E-Books, Hörbücher, Zeitungen, Zeitschriften, Filme, Apps und weitere Software. Das bekommt er alles von Apple auf einen Klick, wie bei Amazon. Die Filme, Songs, Hörbücher lassen sich am besten auf dem iPhone, dem iPad oder einem Macbook abspielen und via AppleTV auf den Fernseher übertragen. Die E-Books und Zeitungen liest man am iPad. Für Fotos, Mails, Videos,

Navigation, Kommunikation, soziale Medien hat man sich die jeweils passende App via iTunes aus dem Apple-Store aufs iPhone geladen.

Je länger man in so einem Käfig bleibt, je mehr Produkte man darin erworben hat, desto schwieriger wird das Entrinnen, desto teurer kommt der Wechsel in ein konkurrierendes Universum. Wer vom Mac auf Windows oder Linux umsteigt oder umgekehrt, von iOS auf Android oder umgekehrt, entwertet auf einen Schlag seinen gesamten Softwarebestand, hat Mühe, seine gekauften Multimediainhalte ins andere System hinüberzuretten und muss umlernen, um sich im neuen Käfig zurechtzufinden. Also bleibt er lieber im alten. Dort, und darin liegt der wahre Grund für das große Interesse an unserer Käfighaltung, kaufen wir nicht nur das ganze Zeug, sondern produzieren für den Käfighalter kostenlos Strom, Datenstrom, und dafür zahlen wir auch noch überhöhte Preise für die Apple-Hardware, besonders für völlig überteuerte Kabel, Stecker und Adapter, ohne die man nicht auskommt, weil Apple dauernd die Anschlüsse ändert.

Wie sehr nicht nur Google, sondern auch Apple mich ausforscht, dämmerte mir, als nach einem Betriebssystem-Update die Datensynchronisation zwischen meinen Geräten nicht mehr über das Kabel funktionierte. Ich war gezwungen, die Daten des iPhones, des iPads und des Notebooks über Apples Cloud auf Gleichstand zu bringen. Diese Cloud ist natürlich nicht, wie ihr Name suggerieren soll, eine luftige Datenwolke über unserem Himmel, sondern irgendwo in einem Apple-Serverzentrum in den USA gespeichert. Dorthin sollte ich meine Adressen, Termine, Dokumente, Fotos, Songs, Filme transferieren, um sie auf jedem Gerät parat zu haben. Plötzlich sah ich mich gezwungen, meine Mails, Fotos, Videos, Dokumente Servern anzuvertrauen, auf die auch die NSA zugreifen kann.

Inzwischen hat Apple nach starken Protesten diese Ungeheuerlichkeit korrigiert. Ich muss meine Daten nicht mehr in der Cloud speichern, sondern habe sie wieder auf meinen eigenen Geräten unter Kontrolle und kann sie per Kabel synchronisieren. Die meisten Nutzer jedoch werden sich an die Cloud gewöhnt und ihre Daten darauf belassen haben. Das genau war der Zweck der Übung. Apple wollte seine Kunden zwingen, ihre Daten abzuliefern, hatte die Proteste bereits einkalkuliert und geplant, nach erfolgtem Datentransfer die Kabelsynchronisation wieder zu ermöglichen, um die Gemüter wieder zu beruhigen.

Das machte mir klar, dass es höchste Zeit ist, sich aus dem Apple-Käfig zu befreien, auch wenn das schwierig, zeitraubend und teuer wird. Erste Maßnahme: Abschaltung der Cloud. Man braucht sie nicht. Es ist sogar ein Nachteil, seine Musikbibliothek in der Cloud zu haben. Unterwegs muss man sie dann per Mobilfunk aufs Handy laden und verbraucht damit sein beim Mobilfunkanbieter teuer bezahltes Datenvolumen. Von den Daten, die ich vorher auf die Apple-Server schicken musste, hat sich Apple sicher eine Kopie gemacht, aber an die neu produzierten Daten kommt der Konzern nicht mehr so leicht heran.

Zweite Maßnahme: Möglichst nichts mehr via iTunes kaufen. Da ich inzwischen nicht mehr bei Amazon bestelle, sondern wieder meinen Buchladen frequentiere, kann ich dort auch meine US-TV-Serien und Filme auf DVD bestellen, statt sie mir über iTunes herunterzuladen. Die DVD hat den zusätzlichen Vorteil, dass ich nicht den üblichen Ärger mit dem Kopierschutz und dem vermaledeiten Digital Rights Management habe und jeden Film problemlos meinen Freunden ausleihen kann. Und diese leihen mir ihre. Sie hat außerdem, genau wie das gekaufte Buch auf Papier und das gekaufte Hörbuch auf CD-ROM, den Vorteil, dass meine Käufe wirklich mir gehören und auch dann in meinem Besitz und weiter unkompliziert nutzbar bleiben, wenn ich den Buchhändler wechseln sollte oder das Betriebssystem meines Computers oder den ganzen Computer. In der Vergangenheit hatte ich nach Kauf eines neuen Computers viel Zeit damit verbracht, wieder an die auf den alten Computer geladenen E-Books, Songs, Filme und

Hörbücher ranzukommen. Und Amazon hatte mir, wie schon erwähnt, nach meiner Kündigung den Zugang zu meinen E-Books auf dem iPad einfach versperrt.

Dritte Maßnahme: Mein derzeitiges iPhone 5 wird voraussichtlich mein letztes Smartphone von Apple sein. Ich werde es nutzen, solange es geht. Ein iPhone 6, 7 oder 8 wird es in meinem Haushalt nicht mehr geben, Nachfolgegeräte der Macbooks vermutlich auch nicht – es sei denn, Apple kommt zur Besinnung und verzichtet auf meine Käfighaltung. Daher werde ich in nächster Zeit versuchen, mich zum Ausgang des Apple-Käfigs vorzuarbeiten. Meine Hoffnung ist, dass sich dort viele drängeln und laut skandieren: Der Käfig muss weg. In zwei, drei Jahren werde ich sehen, was an Alternativen möglich ist. Vielleicht wird mein nächstes Handy ein Blackphone oder Fairphone, von denen gleich die Rede sein wird.

In den nächsten Jahren werden wir erleben, dass alle, auch Apple, ihre Überwachungstechniken massiv ausbauen, um noch mehr Daten zu bekommen. Neue Betriebssysteme und Updates auf Programme werden in vielen Fällen keine Vorteile mehr für die Kunden bringen, sondern Vorteile für die Hersteller. Die nächsten Geräte werden immer effizienter arbeitende Datenmelkmaschinen sein.

Apples neues Betriebssystem iOS 8 wird mit einer App ausgeliefert, die mich nicht nur ausspioniert, sondern weitere Käfige um mich errichtet und darüber hinaus geeignet ist, einen Pfeiler unserer sozialen Demokratie zum Einsturz zu bringen: die Solidarität. Der verfassungsfeindliche Solidaritätskiller kommt in der Tarnmütze eines Dieners unserer Gesundheit daher, heißt harmlos Health App und gibt vor, uns beim Gesundbleiben oder Wiedergesundwerden zu unterstützen. Die vielen Selbstoptimierer und Selfcontroller unter den digital Naiven werden sich mit Lust darauf stürzen und sich damit in die Käfige von Krankenkassen, Arbeitgebern, Fluggesellschaften, Kreditgebern und Datenhändlern begeben.

Die neue App speichert die Blutgruppe, Allergien, Krankheiten, regelmäßig eingenommene Medikamente und arbeitet mit allen anderen Apps zusammen, die unsere Gesundheit, Fitness und Ernährung überwachen, Körperfunktionen messen, die Schritte zählen, sportliche Aktivitäten, Trainingseinheiten, Gewicht, Puls, Herzschlag und verbrauchte Kalorien protokollieren. »Bislang lebt die Information, die von unterschiedlichen Gesundheits-Apps gesammelt wird, isoliert in Silos«, sagte Apples Senior Vice President Craig Federighi auf der Entwicklerkonferenz WWDC im Juni 2014. »Sie können damit kein einheitliches, verständliches Bild über Ihre gesundheitliche Situation bekommen.«[66] Bis jetzt weiß keine App, was die andere tut. Aber, so schwärmte der Apple-Manager, in Zukunft werden sie zusammenarbeiten und alle Daten der einzelnen Apps an Health App übergeben, wo sie zu einem einzigen zusammenhängenden Gesundheits- und Fitnessprofil gebündelt werden.

Mit anderen Worten, Apple führt hier durch die Hintertür etwas ein, wogegen sich der Gesetzgeber lange und aus guten Gründen gesträubt hatte: die elektronische Gesundheitskarte oder Patientenakte. Das Unternehmen wird seine Kunden auf die bekannt hippe Art motivieren, von diesen coolen Apps fleißig Gebrauch zu machen, und wenn ein paar Millionen sich selbst optimierender Fit-for-Fun-Jünger begeistert in den Käfig eingezogen sind, werden wir alle ein Schreiben von unserer Krankenversicherung bekommen, in dem steht, dass sie uns gerne ein paar Prozent Beitragsnachlass gewähren würde – wenn wir ihr die Daten aus unserer Health App überlassen. Und ein paar weitere Prozent Ersparnis obendrauf gibt es, wenn wir an Fitness- und Ernährungsprogrammen teilnehmen, unsere Fortschritte von der Health App protokollieren lassen und die Daten an die Krankenkasse weiterleiten.

Vielleicht wird uns auch eine eigene von der Kasse entwickelte App angeboten, die sich ohne unser Wissen einfach der Daten der Health App bemächtigt. So oder so: Sollten wir irgendwann nachlassen mit dem Joggen und den Diäten, wird die Prämie im Gleichschritt mit den zugelegten Pfunden und dem gestiegenen Puls wieder nach oben gehen. Und: Wer nicht mitmacht, hat ganz offensichtlich etwas zu verbergen und wird daher einen Zuschlag wegen mangelnder Kooperation zahlen müssen.

Der *Homo oeconomicus* aber wird jubeln: Gut, dass ich endlich nicht mehr für die fressenden, saufenden, rauchenden Couch Potatoes mitzahlen muss. Es ist doch nur gerecht, wenn Menschen, die auf ihre Gesundheit achten, weniger Beiträge zahlen als die anderen, die sich gehen lassen.

Kann aber gut sein, dass es auch den *Homo oeconomicus* und sportlichen Selbstoptimierer irgendwann erwischt. Läuft er Marathon? Dann ist er selber schuld, wenn er irgendwann Probleme mit seinem Knie bekommt. Der Tennisspieler wird schuld sein an seinem Tennisarm, der Skifahrer an seinen Knochenbrüchen, der Fußballspieler an seinem Sehnenriss, der Workaholic an seinem Herzinfarkt. So wird künftig jeder an den Kosten seiner selbst verschuldeten Unfälle und Krankheiten beteiligt werden, ein Schuldnachweis wird sich immer konstruieren lassen, und dank Apples Health App wird am Ende jeder mehr in die Kasse zahlen, denn die ständige Anpassung der Prämien an den permanenten Wechsel der individuellen Risiken wird teure bürokratische Kontrollen nötig machen.

Unsere Gesellschaft hatte sich einmal darauf geeinigt, dass jeder nach seinem Einkommen in die Krankenkasse einzahlt, damit ein Kranker die medizinische Leistung bekommt, die er jetzt benötigt, und zwar unabhängig von der Frage, wie gesund er gelebt hat und ob er vielleicht selber schuld ist an seiner Krankheit. Das ist das Solidarprinzip, das jedem Einzelnen zu erträglichen Kosten die Sicherheit gibt, im Krankheitsfall gut versorgt zu werden.

Natürlich unterliegt dieses Solidarsystem immer der Gefahr, missbraucht und über die Maßen beansprucht zu werden. Und auch eine lässige Haltung gegenüber der eigenen Gesundheit wird begünstigt, wenn jeder sicher sein kann, dass seine Krankheiten ihn nichts kosten. Aber dem kann vorgebeugt werden durch Bildung, Aufklärung, Information und eine Erziehung der Kinder und Jugendlichen zu mündigen, verantwortungsbewussten Bürgern. Da könnte in unserem Land durchaus mehr getan werden.

Noch viel wichtiger dürfte sein, dass jeder eine Arbeit hat, von der er gut leben kann. Gerade Arbeitslose, sozial Deklassierte, Abgehängte und Verlierer haben den größten Stress und verursachen überproportional hohe Kosten. Geldsorgen sind ein großer Krankmacher. Auch Verkehrslärm, Umweltgifte, Massentierhaltungsfleisch, Junkfood, Dickmacher sind Krankheitskostentreiber. Dagegen wird es leider nie eine App geben. Das wäre die Aufgabe der Regierung. Die aber erlaubt, dass an jeder Ecke eine Pommesbude steht, dass ein Dealer namens Rewe in jeder Innenstadt bis nachts um 22 Uhr Bier und Spirituosen an Jugendliche verkauft, dass vor jeder Schule die Junkfood-Verkäufer ihre Zelte aufschlagen. Solche Sachverhalte werden nicht mehr diskutiert werden, wenn erst die »Volksgesundheit« individualisiert und privatisiert sein, wenn es unwidersprochen heißen wird: »Wer krank ist, ist selber schuld.« Dazu ist Apples Health App der Einstieg.

Hat einer seine sensiblen Gesundheitsdaten erst einmal in fremde Hände gegeben, hat er jegliche Kontrolle darüber verloren. Staatliche Stellen, Parteien, Unternehmen, Arbeitgeber werden solche Daten kaufen, mit ihnen handeln, einander zuschanzen, und wenn sich einer um einen Arbeitsplatz bewirbt, dann hat der Personalchef nicht nur die Gesundheitsdaten des Bewerbers auf dem Schirm, sondern kennt auch dessen Bonität, die Jugendsünden, das soziale Umfeld, die sexuelle Präferenz, den Alkoholkonsum, die politische Einstellung, die religiöse Überzeugung. All diese Geheimnisse hat dann der Bewerber selbst per Smartphone über die vielen Apps bewusst oder unbewusst in die Datenseen eingespeist. Plötzlich läuft er gegen Wände beim Versuch, einen Job zu bekommen, eine Versicherung abzuschließen, eine Wohnung zu mieten, einen Kredit aufzunehmen – zuerst ausspioniert, dann aussortiert.

Daher sollte, wer sich stolz als Digital Native bezeichnet, sich selbst kritisch fragen, ob er vielleicht nur ein digital Naiver ist. Kontrolliert er mit den ganzen vielen schönen Apps wirklich sich selbst, sein Leben und seinen Alltag, oder wird er über diese Apps von anderen kontrolliert? Ist die Dienstleistung einer App es wert, dafür seine Daten herzugeben? Wie viele dieser sich inflationär vermehrenden Apps braucht man wirklich? Stehlen sie nicht unverhältnismäßig viel Zeit? Sollte man für die wenigen wirklich wichtigen und nützlichen Apps nicht lieber mit ein bisschen Geld bezahlen statt mit seinen Daten?

Und dann sollte man einfach aufhören, die Apps zu nutzen. Oder gleich mit dem Löschen beginnen. So finge der Widerstand gegen Apple und Big Data an. Danach könnte es weitergehen mit der Besorgung von Apps und Programmen, die den Datenschnüfflern das Leben so schwer wie möglich machen.[67] Und schließlich sollte man sich mit zwei einfacheren Smartphone-Alternativen vertraut machen und deren Entwicklung beobachten: dem Datenschutzhandy Blackphone und dem fair produzierten Handy Fairphone, zwei Geräten, die leisten, was eigentlich jedes Handy leisten sollte.

Das Blackphone wurde im Juni 2014 von dem spanischen Unternehmen Geeksphone (www.geeksphone.com) auf dem Mobile World Congress (MWC) vorgestellt. Die Firma hat Erfahrung auf dem Gebiet des Datenschutzes, hat selbst schon zahlreiche Datenschutz- und Verschlüsselungsverfahren entwickelt und nun sein Wissen in ein Handy gepackt. Daher sagten die Entwickler Phil Zimmermann und Jon Callas: »Wir sind kein Telefonhersteller, der eine Privatsphären-Funktion entwickelt. Wir sind eine Privatsphären-Firma, die ein Telefon entwickelt.«[68] Und dieses Telefon ist nun fertig. Wer es erwirbt, hat nicht mehr das Gefrickel mit den im Web verstreut herumliegenden Datenschutzprogrammen. Die sind bereits im Handy installiert.

Für rund 460 Euro – plus Steuern und Versand – bekommen Käufer ein Smartphone, das seinen Konkurrenten technisch ebenbürtig und abhörsicher ist, dem Handynutzer die Herrschaft über sein Handy zurückgibt und ihn von der Wirtsrolle befreit, die er ungewollt und unwissentlich für Hunderte von Datenparasiten spielt. Es verschlüsselt jegliche Kommunikation, verhindert das Ausspioniertwerden beim Surfen und erlaubt dem Nutzer, selbst zu entscheiden, ob eine App aufs Adressbuch zugreifen oder die eigenen Standortdaten an den Anbieter senden darf.

Das Blackphone hat keine für die Nutzer verschlossene Geheimtür, über deren Schlüssel die NSA und der BND verfügen. Stattdessen verfügt es über abgeschlossene Türen und Einbruchsicherungen, die Google, NSA & Co. das Eindringen so schwer wie möglich machen. Wenn der Einbrecher die NSA ist und unbedingt reinwill, ist natürlich auch das Blackphone nicht mehr sicher.

Trotzdem ist dem Blackphone zu wünschen, dass es massenhaft gekauft wird, denn immerhin erschwert es die Datensammelei für Apple, Amazon, Google, Facebook & Co. erheblich. Bestellen kann man es unter https://store.blackphone.ch. Sichere Apps sollen im zugehörigen Appstore zu kaufen sein, und der anonyme WLAN-Dienst Disconnect steht Käufern des Smartphones zwei Jahre lang kostenlos zur Verfügung, mit einem monatlichen Datenvolumen von bis zu einem Gigabyte. Auch fünf Gigabyte Onlinespeicher bei SpiderOak sind enthalten.

Auch das Fairphone (https://www.fairphone.com) gibt es bereits zu kaufen. Bei ihm geht es weniger um Datenschutz als vielmehr um faire Produktionsbedingungen, und es ist, wie seine Macher sagen, derzeit eher noch ein Forschungsprojekt als schon eine echte Konkurrenz fürs iPhone.

Unsere Smartphones, egal welcher Marke, sind schmutzig, wie schon in Kapitel A.06 geschildert wurde. An ihnen klebt das Blut von Kindersoldaten, die Armut ausgebeuteter Menschen, die Schuld an Krankheiten, die sich Minenarbeiter beim Abbau der in einem

Handy verbauten Rohstoffe holen, das Gift der afrikanischen Schutthalden, auf denen unser Elektronikschrott landet.

Muss das so sein? Könnte man nicht auch ein Smartphone ohne Ausbeutung, ohne Gesundheitsgefährdung, ohne Unterstützung von Warlords herstellen? Man hätte es vielleicht gekonnt, wenn es den westlichen Herstellern und Nutzern nicht von Anfang an egal gewesen wäre, wer den eigentlichen Preis für unsere elektronischen Geräte und die Gewinne unserer Unternehmen zahlt. Da es aber allen egal war, sind Verhältnisse und Lieferketten entstanden, die jetzt nur schwer und nur auf längere Sicht zu korrigieren sind.

Das ist vielleicht die erste Antwort, die Bas van Abel und Miquel Ballester Salva sich nicht nur theoretisch, sondern durch eigene Erfahrung erschlossen haben, indem sie den abenteuerlichen Versuch unternahmen, ein Smartphone unter fairen Bedingungen zu produzieren. Die zwei Holländer waren um das Jahr 2010 herum auf die Idee gekommen, mit vier weiteren Mitstreitern ein Mittelklasse-Handy für circa 300 Euro auf den Markt zu bringen, das frei ist von Ausbeutung, Umweltsünden und Verwicklung in Kriege, ein Fairphone eben.

Zu Beginn des Jahres 2014 ist ihnen das wenigstens zum Teil gelungen. Sechs Monate später waren rund 15 000 der produzierten 35 000 Geräte verkauft. Nur: Ein richtiges Fairphone ist es noch lange nicht. Lieferanten für 30 verschiedene Rohstoffe zu finden, die man guten Gewissens in einem Handy verbauen kann – unmöglich. Das bleibt ein Fernziel.

Das Fairphone-Projekt war trotzdem sinnvoll, denn seine Macher haben viel über Handelswege, Lieferketten, Produktionsbedingungen gelernt und konnten das Gelernte weitergeben, weil alle wichtigen Medien darüber berichtet haben. Allein schon dadurch haben sie zur Bewusstseinsbildung beigetragen.

Gelernt wurde zum Beispiel: Man findet ziemlich schnell Menschen, die bereit sind zu helfen, auch finanziell. Die sechs Jungunternehmer hatten natürlich kein Geld. Wie soll man ohne Geld jemanden überzeugen, 35 000 Smartphones für eine windige Firma zu produzieren? In kurzer Zeit fanden sich 5000 Leute, die das Ding blind bestellten und auch das Geld dafür gleich überwiesen. Damit konnte die kleine Truppe loslegen. Von Anfang an ließen sie die Öffentlichkeit an dem Entwicklungsprozess teilhaben, berichteten von den Schwierigkeiten, saubere Rohstoffe und Produzenten zu finden, veröffentlichten ihre Kalkulation, schlüsselten auf, welcher Anteil vom Kaufpreis wofür wohin geht, wo man sein Ziel, mehr Fairness zu realisieren, erreicht und wo noch nicht.

Erreicht wurde es beispielsweise beim Zusammenbau der Teile. Sie fanden im chinesischen Chongqing eine Fabrik, die bereit war, ihren Arbeitern bessere Bedingungen und bessere Löhne zu gewähren als gemeinhin üblich. Das kostete pro 325-Euro-Gerät 9,50 Euro, rund sieben Euro mehr als bei vergleichbaren Geräten.

Viel schwieriger, ja eigentlich fast unmöglich war es, Rohstoffe zu finden, denen man guten Gewissens das Etikett »sauber, fair und ohne Krieg« aufkleben könnte. Das gelang bisher nur in einigen Fällen. Dafür lernten die Initiatoren die verschlungenen Lieferwege kennen von den Minen in Afrika über die Häfen am Indischen Ozean und die Weiterverarbeitung in Ostasien bis zum Einbau ins Handy. Jeder Rohstoff, jedes Bauteil – Prozessoren, Sensoren, Speicherchips, Leiterbahnen, Displays – hat seine eigenen Lieferketten. Kaum eine ist unproblematisch.

Und – auch das eine wichtige Erkenntnis, besonders für vom Schreibtisch aus urteilende Theoretiker und Moralapostel – wenn man versucht, es besser zu machen, wird es nicht unbedingt besser. Beispiel: Als um die Jahrtausendwende die Vereinten Nationen Alarm schlugen, weil im Kongo Warlords Arbeiter in die Tantal-Minen schickten, ausbeuteten und vom Gewinn Waffen kauften, taten westliche Konzerne, was viele ihnen nicht zugetraut hätten: Sie kauften ihr Tantal in anderen Regionen. Das entzog zwar den kongolesischen Warlords das Geld, aber auch denjenigen Minen, die nicht von den Milizen kontrolliert wurden. Die Arbeiter dieser Minen sind seitdem arbeitslos.

Das brachte die holländischen Fairphone-Entwickler zu dem Entschluss, »konfliktfreies« Tantal und Zinn aus dem Ostkongo zu nehmen, aber: »Eine Konsequenz davon ist, dass Kinderarbeit in unserer Lieferkette steckt«, sagt van Abel. »Doch nur, wenn wir dort investieren, geben wir den Menschen die Perspektive, an besseren Bedingungen zu arbeiten.«

Man ist hier im Westen schnell bereit, Verdammungsurteile auszusprechen, wenn irgendetwas nicht stimmt, wenn es beispielsweise heißt: »In diesem Produkt steckt Kinderarbeit.« Wenn dann der profitorientierte Weltkonzern antwortet, aber das sei doch gut für die armen Menschen dort, dann – ich gebe es zu – bin auch ich versucht, das als Zynismus zu geißeln. Wenn aber einer wie Bas van Abel so etwas sagt, bin ich zum Nachdenken gezwungen und muss einfach zugeben: Die Probleme, die wir haben, übersteigen in ihrer Komplexität oft den Kenntnisstand und das Denkvermögen wirtschaftsferner, moralisch Gutmeinender, die dazu neigen, die Welt mit rigorosen Forderungen zu verbessern. Daher werden solche Moralrigoristen manchmal zu Recht als Gutmenschen in den Vorstandsetagen der Wirtschaft nicht ernst genommen.

Gutmenschen jedoch, die, wie die Amsterdamer Jungs, in die Produktion eines komplizierten Produkts einsteigen und mitreden, müssen von beiden Gruppen ernst genommen werden, sowohl von den verächtlich schnaubenden Managern als auch von den verächtlich schnaubenden moralischen Rigoristen. Insofern leisten die Amsterdamer nicht nur Aufklärung, sondern auch einen Beitrag zur Versachlichung der Diskussion und vielleicht zu der Erkenntnis auf beiden Seiten, dass es besser wäre, einander zuzuhören, bevor man die jeweils andere Seite verächtlich macht. Das Fairphone ermöglicht auch eine Deeskalation zwischen Machern und Moralisten.

Im Übrigen bekommen die Fairphone-Entwickler beim Thema Kinderarbeit Unterstützung von unvermuteter Seite. »Wenn die Alternative Hunger oder extreme Armut ist, dann ist Kinderarbeit manchmal die bessere Option«, sagt Iris Stolz, zuständig für Kinderrechte bei der Hilfsorganisation Terres des Hommes. Und die Kinderrechtsexpertin Antje Weber von der Kindernothilfe ergänzt: »Würde Kinderarbeit pauschal verboten, müssten Kinder oft illegal weiterarbeiten, unter Umständen in der Prostitution oder im Drogenhandel.«[69]

So sind das Fairphone und das Blackphone zwei erste Versuche, nicht nur mit Geschimpfe und Gestöhne, Demos und politischem Druck mobil zu machen gegen Apple und das Big-Data-Business, sondern mit der Entwicklung praktikabler Alternativen. Dabei geht es nicht nur um Geräte, sondern auch um Transparenz, um ein Ernstnehmen des Kunden, um einen anderen Umgang von Konzernen mit der Öffentlichkeit, um Politik, Wahrheit, Anstand, Fairness und Moral.

Dafür sind Blackphones und Fairphones ein Anfang. Damit es weitergeht, sollte man zugreifen und das eine oder andere Gerät bestellen oder sich zumindest von den einen oder anderen Datenparasiten seines Smartphones befreien und es abdichten, einbruchsicher machen. Jeder, der das tut, gewinnt damit ein Stück Selbstbestimmung zurück, erobert sich seinen Teil des verlorenen Landes zurück, macht sich zum Mitglied einer Bürgerinitiative in Sachen Demokratieschutz, kann darüber in seinem sozialen Umfeld etwas erzählen und damit zu einer wachsenden Bewusstseinsbildung beitragen.

Und wenn sich dieses Bewusstsein erst einmal massenhaft in den Köpfen eingenistet und sich daraus ein politischer Wille geformt und artikuliert haben wird, dann werden Apple, Amazon, Facebook und Google andere Produkte anders entwickeln und ihr Verhalten gegenüber Kunden, Gesellschaft und Staaten korrigieren müssen. Aber zunächst werden sie weiter mit Macht versuchen, auf den eingefahrenen Gleisen die Welt zu überrollen. Sie werden Millionen williger Opfer finden, die sich vermeintlich selbstkontrolliert, fortschrittlich und modern überrollen lassen.

Wir brauchen Computer, Smartphones, das Netz, aber niemand braucht Amazon und Google, und Apple vielleicht bald auch nicht mehr. Die Innovationskraft des Unternehmens Apple scheint sich erschöpft zu haben. Das iPhone war eine Revolution, weil es eine Fülle von Funktionen – Telefon, SMS, Mail, Kamera, Video, Musik, Kalender, Terminverwaltung – so in ein einziges kleines Gerät packte, dass es auch für Nichttechnofreaks bedienbar und übersichtlich blieb.

Die iWatch, auf die jetzt alle warten, wird vielleicht innovativ aussehen, aber nur ein weiterer Datenstaubsauger mehr sein. Dasselbe gilt für das Apple-Fernsehgerät, das es vermutlich sowieso nie geben wird, weil die kommenden Fernsehgeräte entweder Computer sein werden oder bloße Monitore, die an Computern hängen. Aber egal, mit welchen Geräten wir künftig fernsehen, egal, welche Kühlschränke, Haustechnik, Autos wir uns künftig anschaffen, sie werden uns überwachen wollen, sie werden uns als Datenvieh einspannen.

Das ist die große Chance für Newcomer, einen neuen Markt zu eröffnen für technische Geräte, die nicht nur stromsparend und umweltschonend sind und zu fairen Bedingungen produziert werden, sondern auch unsere Privatsphäre respektieren, unsere Rechte achten, auf Data Mining verzichten. Das sind die Siegel, die wir von künftiger Technik verlangen müssen. Das Fairphone, das Blackphone, eine Suchmaschine wie MetaGer und ein Mailprovider wie Posteo weisen den Weg.

Sie sind nicht einfach nur Geräte und Dienstleistungen unter anderen, sondern vor allem auch Bewusstseinsbildner, und Bewusstseinsbildung ist zurzeit das Wichtigste. Das wird mir immer wieder deutlich, wenn ich mich mit anderen über die Smart New World des Big-Data-Business unterhalte. Da treffe ich auf die noch immer weit verbreitete Haltung: Das Thema interessiert mich nicht besonders, ich habe ja nichts zu verbergen.

Nur rund ein gutes Drittel der Internetnutzer glaubt, dass ihnen mit den über sie gespeicherten Daten geschadet werden könne, wie eine Umfrage des Allensbacher Instituts für Demoskopie ergab.[70] Für 71 Prozent der Google-Nutzer überwiegen die Vorteile dieser Suchmaschine die Nachteile. Nur zwei Prozent waren der Meinung, die Nachteile überwögen. Dass Google seine Nutzer überwacht, empfinden nur 28 Prozent als Nachteil, und nur 26 Prozent bemängeln Googles Missachtung der Datenschutzvorschriften.

Da ist also noch viel Aufklärungs- und Informationsarbeit zu leisten. Darum sind Fairphones und Blackphones, MetaGer und Posteo so nötig – und auch Safebook und Threema, wie das nächste Kapitel zeigt.

Wie wir Facebook schlagen können 13

Am überflüssigsten unter allen Datenkraken scheint Facebook zu sein. Ist es nicht ein reines Quassel-, Selbstdarstellungs-, Werbe- und Datingmedium? Wer braucht das? Eigentlich, so sollte man denken, müsste der Verzicht auf Facebook noch leichter fallen als der Verzicht auf Amazon, Apple und Google.

Darum möchte ich zu Beginn zugeben und begründen, warum mir ein Verzicht auf Facebook schwerfiele, obwohl mir der Herr Zuckerberg genauso suspekt ist wie die Herren Bezos, Page und Brin. Es gibt drei rationale Gründe und einen emotionalen, die mich im Käfig des Mark Zuckerberg verweilen lassen.

Den ersten rationalen Grund lieferten meine beiden Kinder. Als sie das Haus verließen und zum Studieren ins Ausland gingen, war Facebook das ideale Medium, um mit ihnen nicht nur in Kontakt zu bleiben, sondern auch per Foto und Video weiter an ihrem Leben Anteil zu nehmen.

Der zweite rationale Grund ist: Ich bin Autor, Journalist, Medienschaffender. Als Autor sollte man vielleicht eine Autoren-Fanpage in Facebook haben. Man kann darin sein neues Buch vorstellen, auf Lesungen und Vorträge aufmerksam machen, Buchrezensionen unterbringen, Fernsehauftritte verlinken. Die Einrichtung und Pflege solch einer Seite ist einfacher und geht schneller als mit einer Website, deren Einrichtung ich seit Jahren vor mir herschiebe.

Als ich Bundestagskandidat der SPD wurde, widmete ich meine Fanpage zur Kandidatenpage um und veranstaltete einen Teil meines Wahlkampfs via Facebook. Die Reaktion war gut, das Echo relativ groß, nur leider: Es verteilte sich aufs ganze Bundesgebiet und ins benachbarte Ausland. Ich kandidierte aber nur im Nürnberger

Land und dem Kreis Roth. Von den 220 000 Wählern dort erreichte ich, wenn es hochkommt, vielleicht zehn Prozent, eher fünf, aber es befanden sich darunter überdurchschnittlich viele Jungwähler, die ich ohne Facebook wahrscheinlich nie erreicht hätte.

Ein großer Vorteil für in der Öffentlichkeit Agierende ist: Man bekommt Rückmeldungen, Likes, Kommentare, Kritik zu politischen Aussagen. So weiß man dann schon, was in öffentlichen Wahlveranstaltungen an Gegenargumenten kommt, und kann sie vorwegnehmen, in die eigene Argumentation einbauen oder schlagfertig entkräften.

Die Kontrastimmen, die man sich einhandelt in einem Medium mit Rückkanal, machen auch die eigene Argumentation beim Schreiben stärker oder bringen einen auf Quellen und Themen, auf die ich ohne Facebook vielleicht nicht gestoßen wäre. Und: Schreiben ist ein einsamer Prozess. Monatelang sitzt man in seiner Klause, abgeschnitten von der Welt, und schreibt und schreibt und ist in Gefahr, den Kontakt zur Außenwelt zu verlieren. Via Facebook ist man jedoch sofort wieder mittendrin, wenn auch nur virtuell. Aber das, was für einen Autor wichtig ist – was beschäftigt die Leute, wie denken sie über gewisse Dinge, in welchen Themen liegt Zündstoff? –, bekommt man dank Facebook ziemlich gut mit in der Klause.

Der dritte rationale Grund, der mich zu Facebook brachte, hängt mit dem zweiten zusammen: Wenn es da ein neues Medium gibt, das innerhalb weniger Jahre auf der ganzen Welt rund eine Milliarde Menschen nutzen, dann sollte man als Medienschaffender dieses Medium nicht nur aus der Zeitung kennen, sondern es selbst ausprobieren. Also probierte ich es aus, kommunizierte nicht nur mit meinen Kindern, sondern mit alten und neuen Bekannten, Freunden, Verwandten, Kollegen und völlig Unbekannten.

Die Überraschung war: Es macht Spaß. Das ist der irrationale Grund für mein Facebook-Leben. Wenn ich etwas poste, bin ich auf die Reaktionen gespannt, freue mich auf die bissigen Widersprüche des Schein-Chinesen, der als Gugyno Hu im Netz unterwegs ist, die Aufmerksamkeit der Manuelas, Sabinen und Susannen oder die trockenen Kommentare von Jack, der mich oft so trefflich ironisiert. Als mir im letzten Sommer einmal ein Bienenvolk zuflog und Anstalten machte, sich ausgerechnet in meinem Sonnenschirm auf der Terrasse häuslich einzurichten, schlug er mir vor, den unerbetenen Gästen einen Vortrag über die Abschaffung der Monarchie zu halten und mit den Arbeiterinnen eine Gewerkschaft zu gründen. Davon bekomme ich gute Laune.

Ich erfreue mich an manchem Blödsinn, der gepostet wird, an freiwilliger und unfreiwilliger Komik, an Karikaturen, Witzen, Cartoons – und Katzen. Ja, man könnte manchmal den Eindruck bekommen, Facebook sei überhaupt nur erfunden worden, um Katzen und Hunde zu posten. Daher melden sich hier auch – das ist im virtuellen Leben nicht anders als im richtigen – leidenschaftliche Katzen- und Hundehasser zu Wort. Ich gehöre zur Fraktion der Katzennarren, Hundeversteher und Tierfreunde. Daher sind mir die zugehörigen Fotos und Videos ein Quell ständiger Freude und Amüsements, und ich selbst trage mit eigenen Hunde- und Katzenfotos zur Verstopfung des Internets und zum Ärger der Katzenbildverächter bei.

Aber es gibt natürlich auch seriösere emotionale Gründe: Alte, fast eingeschlafene Verbindungen leben wieder auf und intensivieren sich. Menschen, die ich aus den Augen verloren hatte, sind wieder präsent. Mit Autoren und Künstlern, die ich schätze oder die mich interessieren, aber noch nicht persönlich kennengelernt hatte, vernetze ich mich. Und da man mitbekommt, mit wem die anderen vernetzt sind, bekommt man zugleich Einblick in zahlreiche andere Netzwerke und wundert sich manchmal, wer mit wem zusammenhängt.

Inzwischen habe ich mehr als tausend Facebook-»Freunde«, von denen ich die wenigsten persönlich kenne, mit denen ich auch nicht dauernd kommuniziere. Aber mit zwei bis drei Dutzend interessanten Menschen besteht ein intensiverer Meinungsaustausch, mit rund hundert kommt es immer wieder zu kurzen Ping-Pongs, zu unterhaltsamem Gefrozzel, Gewitzel und Geplänkel. Und von Zeit zu Zeit erfahre ich, dass viele stumm mitlesen, aber sich nie zu einem Like oder gar einem Kommentar hinreißen lassen – die einen, weil sie ein bisschen voyeuristisch sind, die anderen aus Scheu gegenüber dem Medium und weil sie wissen, dass andere mitläsen, wenn sie etwas schrieben.

Mein Privatleben halte ich natürlich weitgehend raus. Was ich poste, ist entweder politisch, ironisch, satirisch oder einfach nur harmlos und so, dass ich fast alles öffentlich zugänglich machen kann.

Eine Zeit lang bewegte ich mich auch im Parallelnetzwerk Google+, aber da entwickelte ich keine Leidenschaft und lernte nebenher etwas über das Funktionieren der Käfighaltung: Wenn man lange genug in so einem Käfig steckt, wechselt man nicht mehr in einen anderen. Der eigene Käfig ist einem vertraut, die Mitgefangenen sind einem vertraut. Es hat viel Zeit und Mühe gekostet, sich den anderen bekannt zu machen, sie kennenzulernen, die Kontakte zu pflegen, sich tausend »Freunde« zu erarbeiten. Warum sollte man in einen neuen Käfig wechseln, um darin wieder von vorn zu beginnen? Es gilt das Gesetz: Wer als Erster einen Käfig errichtet, kriegt ihn auch voll. Wer als Zweiter kommt, tut sich schwer, sogar wenn er Google heißt. Und es gibt noch ein zweites Gesetz: Wer drin ist, bleibt drin, umso wahrscheinlicher, je länger er schon drin ist. Es steckt jahrelange Arbeit in jedem Facebook-Account, es ist ein Tagebuch, es ist ein Gedankensammelwerk und ein Korrespondenzarchiv. Daher bleibe ich vorläufig weiter in Facebook, obwohl ich weiß, dass ich von dem gerade 30 Jahre alt gewordenen Mark Zuckerberg gemolken werde.

Seit drei Jahren arbeite ich kostenlos für ihn in seinem Daten-Steinbruch. Mit jedem Satz, den ich poste, mit jedem Foto, jedem Video gebe ich Daten von mir preis und löse ich Vorgänge aus, die

Zuckerberg nach allen Regeln der Computerkunst maschinell auswertet, speichert und zu Geld macht. Und das genügt ihm noch nicht. Er versucht auch, meine anderen Aktivitäten im Netz nachzuverfolgen, und arbeitet wie alle anderen daran, mein Leben außerhalb des Netzes auszukundschaften. Mir wäre lieber, er verzichtete auf meine Überwachung und nähme mir im Jahr 50 Euro ab für die mir zur Verfügung gestellte Kommunikationsplattform. Aber das will er nicht. Mit meiner Überwachung verdient er viel mehr Geld als mit einer Jahresgebühr.

Ich bleibe trotzdem vorerst weiterhin drin, denn Facebook ist nicht nur ein Kommunikations-, Informations- und Klatschmedium, nicht nur ein Kontakthof für einsame Herzen, eine virtuelle Kneipe, ein weiteres PR- und Marketinginstrument, eine Bühne für Exhibitionisten und Voyeure, sondern es hat auch das Potential zu einem Widerstandsmedium. Diese Facette von Facebook blitzte zu Beginn des arabischen Frühlings kurzzeitig auf.

Um nur ein Beispiel zu nennen: Dem libyschen Computeringenieur Nasser Hadar war es damals gelungen, die Internetsperren des Gaddafi-Regimes zu umgehen. So konnte er – unter Lebensgefahr – Berichte von Al-Dschasira sowie die Bilder und Videos, die Bürger von den Protesten und Kämpfen in Libyen gemacht hatten, via Facebook weltweit verbreiten. Auf der Grundlage dieser Bilder kam es zur UN-Resolution 1973, welche die Voraussetzungen für die Luftangriffe auf die Gaddafi-Truppen schuf.

Facebook gehört Zuckerberg. Er macht damit, was er will. Es ist seine Gelddruckmaschine und sein Spitzeldienst. Dennoch kann jeder Nutzer ein bisschen Sand ins Getriebe dieser Maschine streuen. An einem Kunden wie mir, der seinen Browser mit einem Werbeblocker betreibt, unter Ausschluss von Google bei MetaGer »googelt«, weder bei Amazon noch bei Zalando und auch sonst wenig online einkauft, hat Zuckerberg nicht viel Freude. Meine politischen Kommentare interessieren seine Algorithmen nicht, die sind auf mein Konsumverhalten fixiert, aber da ich kaum etwas kaufe im Netz und keine Werbung anklicke, können diese Algorithmen nicht viel mit mir anfangen.

Facebook ist nicht nur das, was Zuckerberg daraus gemacht hat, sondern auch, was wir daraus machen. Wir können Facebook nutzen für Klatsch und Tratsch, für eitle Selbstdarstellung oder um andere zu mobben. Wir können Facebook den Neonazis, Putins Propagandatruppen, der CIA, den Terroristen von Al-Qaida und dem Islamischen Staat überlassen. Wir können es aber auch nutzen, um über die Lügen der Propagandanetzwerke aufzuklären. Wir können uns über Widerstandsmöglichkeiten gegen die Macht der Konzerne austauschen, zu einer Demo für Edward Snowden verabreden, einen Flashmob gegen die NSA vorbereiten oder gemeinsam überlegen, wie man den Datensammlern einschließlich Zuckerberg das Leben schwer macht.

Und: Wir könnten Zuckerberg in ernsthafte Schwierigkeiten bringen, wenn wir uns auf mittlere Sicht aus seinem Reich verabschiedeten und in eine abhörsichere, saubere, demokratische Alternative zu Facebook umzögen. Dass diese Alternative technisch möglich ist, ist längst bewiesen. Sie hörte auf den Namen Safebook und ist in Deutschland mitentwickelt worden von Thorsten Strufe an der TU Darmstadt. Im *SZ-Magazin* habe ich vor Jahren seine Entwicklung schon einmal vorgestellt.[71]

Aber damals, lange vor Snowden und der NSA, herrschte nur ein mäßiges Interesse an so einer Alternative. Die digital Naiven führten damals noch das große Wort, und darum hat es wohl auch in der Politik niemand für nötig gehalten, richtig viel Geld in das Projekt zu stecken und die Werbetrommel dafür zu rühren. Ich habe danach nichts mehr von Safebook gehört und darum im Sommer 2014 den inzwischen an die TU Dresden gewechselten Thorsten Strufe gefragt, was eigentlich aus seinem Baby geworden sei.

Antwort: Mit seinem Wechsel von Darmstadt nach Dresden endete die deutsche Beteiligung an diesem europäischen Projekt, das unter dem Dach des französischen Instituts Eurécom entwickelt wurde. Es wurde dann zunächst in Frankreich fortgesetzt, wo sich der Doktorand Tonio Cutillo um die weitere Entwicklung des Programmcodes kümmerte. Als Cutillo mit seiner Doktorarbeit fertig war, hat Eurécom Safebook an ein amerikanisches Startup verkauft. Wer heute danach sucht, findet unter safebook.us etwas völlig anderes: einen Geldverleihdienst, der einen im Notfall schnell mit Bargeld weiterhilft. Sieht so aus, als steckte Mark Zuckerberg hinter dem Startup-Unternehmen.

Strufes Bemühungen waren trotzdem nicht vergeblich, denn er hat seitdem gelernt, worauf es ankommt, wenn man ein demokratieverträgliches, grundrechtskonformes, abhörsicheres Netz entwickeln will. An der TU Dresden entwickelt er nun Anonymisierungssoftware, die irgendwann in eine sichere Facebook-Alternative einfließen kann.

Das allein wird aber noch nicht reichen. Aus Facebook ausziehen werden die meisten Nutzer vermutlich erst dann, wenn jeder seine komplette Chronik mit allen Bildern, Videos und persönlichen Nachrichten eins zu eins mitnehmen und in ein neues Safebook übertragen könnte. Das heißt: Zuckerberg müsste gezwungen werden, die Daten jedes Nutzers herauszurücken, und zwar so, dass sie an einem anderen Ort weiterverwendet werden können. Und danach müsste er die Daten löschen. Freiwillig wird er das nicht tun. An einem Gesetz im Rahmen einer Datenschutzverordnung führt kein Weg vorbei.

Solange wir das nicht haben, werden Versuche, demokratiekonforme Facebook-Alternativen zu entwickeln, nur begrenzte Erfolge haben, aber notwendig sein. Angebote, die es jetzt schon gibt und die man sich ansehen und unterstützen sollte,[72] werden vermutlich noch lange zu einem Nischendasein verdammt sein. Aber jeder, der eines dieser Angebote nutzt, gibt ein politisches Statement ab, und darum sollte man es tun.

Eine Zeit lang sind etliche Millionen Nutzer, vor allem jüngere, von Facebook nach WhatsApp umgezogen. Aber WhatsApp war noch undichter als Facebook, spionierte seine Nutzer genauso aus und ist schließlich im Februar 2014 von Facebook aufgekauft worden, womit man auch wieder bei Zuckerberg gelandet ist.

Viele meinen daher, dass es am besten sei, ganz auf die Dienste der Datenkraken zu verzichten, und zusätzlich auch auf AOL, Skype, Youtube, Yahoo und noch etliche mehr, denn von allen werden wir getrackt, und auf alle greifen die NSA und die anderen Geheimdienste zu. Aber nicht einmal dann wäre man sicher. Es kann schon genügen, einem Gmail-Nutzer eine Mail zu schreiben. Wird er von einem Geheimdienst überwacht, wird man auch selbst überwacht.

Ganz aufs Internet zu verzichten ist für einen normalen Menschen des 21. Jahrhunderts keine Alternative. Daher bleibt nur die Möglichkeit, den Schnüfflern das Schnüffeln zu erschweren, und das gelingt allmählich immer besser.

Eine wirksame, wenn auch begrenzte, aber von den Datensammlern doch sehr gefürchtete Möglichkeit besteht darin, sich Hilfe bei den Gerichten zu holen. Das erfordert juristischen Sachverstand, ist mühselig, aber es geht, wie man an dem Urteil des Europäischen Gerichtshofs (EuGH) vom Mai 2014 sieht, das Google zwingt, bestimmte Einträge zu löschen und das »Recht auf Vergessen« zu achten. Wir verdanken dieses Urteil einem spanischen Bürger, der sich gegen Google Spain und Google Inc. mit der Begründung wandte, ein bei Eingabe seines Namens erscheinender Bericht über finanzielle Schwierigkeiten aus dem Jahr 1998 stelle einen Verstoß gegen datenschutzrechtliche Vorgaben dar, weil dieser Sachverhalt viel zu lange her sei.

Auch Facebook hat Ärger mit den Gerichten. Die von dem Wiener Datenschutzaktivisten Max Schrems gegründete Initiative Europe-v-Facebook[73] hat in mehreren europäischen Staaten gegen amerikanische Unternehmen geklagt, die ihre Daten mutmaßlich an die NSA weiterleiten. In den meisten Staaten wurden die Klagen abgewiesen, aber ein irisches Gericht urteilte, es gebe Beweise, dass Facebook massenhaft und undifferenziert persönliche Daten an ausländische Stellen weitergebe, was nach europäischem Recht aber nur erlaubt sei, wenn sie auch außerhalb der EU nach den Maßstäben des EU-Datenschutzrechts ausreichend geschützt sind. Dies zu beurteilen, sei wiederum Aufgabe des EuGH, und darum wurde die Sache im Sommer 2014 an den EuGH verwiesen. Man kann sicher sein, dass Mark Zuckerberg dem Urteil des EuGH mit Bangen entgegensieht. Um die Kosten des Rechtsstreits zu decken, sammelt Schrems Geld unter Crowd4Privacy.org.

Eine weitere Möglichkeit, Facebook zu ärgern, bietet die WhatsApp-Alternative Threema des Schweizer Unternehmens Kasper Systems. Wer sich gerne kurz fasst und Facebook nicht unbedingt braucht, für den ist Threema ein sehr sicherer Kurznachrichtendienst mit Ende-zu-Ende-Verschlüsselung. Seine Entwickler versichern, dass nicht einmal der Serverbetreiber die Möglichkeit habe, Nachrichten mitzulesen.

Der Nachteil ist, wie bei Posteo und anderen Alternativen: Die Freunde, Verwandten und Bekannten, denen man Kurznachrichten senden möchte, müssen auch die Threema-App geladen haben. Aber das lässt sich ja organisieren. Man kann sich informieren unter https://threema.ch. Dort findet man auch Links zum Download.

Einen aufregend neuen Versuch, Facebook Paroli zu bieten, hat der Softwareentwickler Mike Macgirvin mit seinem Projekt Friendica gestartet. Er möchte, dass »wir unsere persönlichen und sozialen Kommunikationswege zurückgewinnen«, und das soll mit seiner abhörsicheren, nicht spionierenden Facebook-Alternative (http://friendica.com) möglich werden. Allerdings ist das eher etwas für Menschen, die von Wörtern wie »Server«, »Plattform« oder »quelloffener Code« nicht abgeschreckt werden. Es ist nicht schwer, es auszuprobieren, man kann Facebook- und Twitter-Kontakte mit einbinden, daher rate ich, es auszuprobieren. Aber: Man braucht einen eigenen Server, den die Masse der Nutzer nicht hat.

Deshalb hat Macgirvin noch etwas Größeres vor: The Red Matrix.[74] Es soll alles können, was Friendica und Facebook auch können, aber nicht mehr an die Voraussetzung eines eigenen Servers gebunden sein. Und es soll schnell wachsen durch etwas, was Open-Source-Freunden vermutlich schrill in den Ohren klingen wird: durch die Möglichkeit, Geld zu verdienen. Aber das ist eben das Problem aller idealistischen Netzalternativen: Ihre tollen kostenlosen Angebote verschlingen Zeit, meistens auch Geld, und wenn es etwas Großes werden soll, viel Geld. Wenn es nicht durch Werbung hereinkommen soll – und die ist abzulehnen, denn wer wirbt, will Klickzahlen, also die Überwachung der Nutzer –, müssen die Kosten irgendwie anders gedeckt werden.

Deshalb soll in der Red Matrix für jeden Nutzer die Möglichkeit eingebaut werden, Dienste anzubieten und dafür Geld zu verlangen. Macgirvin will also seine Facebook-Alternative mit einer Handelsplattform verknüpfen und mit dieser Plattform das Geld verdienen, das er für das Betreiben beider Dienste braucht. Das wäre eine Win-win-Situation. Oder genauer: Win-win-win, denn alle drei gewinnen, der Betreiber, der Anbieter von Diensten und der Nutzer, dem nur an einem abhörsicheren und werbefreien Facebook-Ersatz gelegen ist. Selbstverständlich gehören die Daten dem Nutzer. Er kann sie jederzeit mitnehmen und damit umziehen, wohin er will.

Aber: Das ist Zukunftsmusik. So etwas aufzubauen kostet mehr Zeit und Geld, als Macgirvin hat. Er schreibt:

> »Ich bin ein Familienvater mit einem Job. Da ist nicht genug Zeit im Tag, um das durchzuziehen. Jeder, der an Friendica mitentwickelt, ist Freiwilliger. Die bevorstehende Arbeit ist monumental. Wenn ich das in Teilzeit mache, wird es zwei bis drei Jahre dauern.
>
> Also suche ich nach Crowdfunding, sodass ich Vollzeit daran arbeiten kann. Ich bin ein guter Projektentwickler, aber ich brauche auch die Unterstützung von mindestens einem guten

visuellen Gestalter, der diese Ideen in ein cleveres Webinterface umsetzen kann. Visuelle Gestaltung ist etwas, das man entweder hat oder nicht hat, und ich habe es nicht – also brauche ich Hilfe.

Ich würde dieses Projekt gerne für mein eigenes Gehalt, einen Gestalter und einen geeigneten Server für ein Jahr finanzieren – und ich glaube, am Ende dieser Zeit werden wir die Mittel haben, uns selbst zu versorgen … Ich werde mit ein oder zwei Crowd-Sourcing-Anwendungen arbeiten, um eine offizielle Kampagne zu starten, aber du kannst auch heute schon spenden – sende einfach Geld mit Paypal oder Xoom.com an mike@macgirvin.com oder nutze Flattr: ›Friendica‹ und sende das hier an einen Freund oder drei und hilf mir, gehört zu werden!«

Ich habe ihm einen Hunderter geschickt. Als Belohnung dafür, dass er Friendica entwickelt hat. Das ist ja auch schon etwas. Wenn sich noch 999 andere fänden, könnte es für ein Jahr reichen. Und wenn nicht? Dann ist der Hunderter eben weg, wir sind alle um eine Erfahrung reicher, haben es wenigstens probiert und probieren danach etwas anderes. Man muss solche Einzelkämpfer ebenso unterstützen, wie man Ökobauern, Dorfläden und Genossenschaftsbanken unterstützt. So, nur so können wir uns selber helfen, denn niemand anders als wir selbst können unsere Demokratie und unsere Rechte zurückerobern.

Die Technikentwicklung der letzten 25 Jahre war marktgetrieben. Sie diente ausschließlich der Befriedigung privater Gewinninteressen und führte zu der Überwachungs- und Manipulationstechnologie, die wir jetzt haben. Wir, die vielen machtlosen Einzelnen, können, wenn wir gemeinsam handeln, eine Richtungsumkehr erzwingen, hin zu einer demokratieverträglichen Technik.

Frieden beginnt im Kiez, im Stadtteil, im Dorf 14

Und wieder brannte ein Flüchtlingsheim – in meiner Heimat, in Vorra, einem idyllischen Pegnitz-Dorf in jener Hersbrucker Alb, von der ich so viel Positives zu erzählen hatte. Als ich schon dachte, brennende Heime gehörten in Deutschland der Vergangenheit an, die Ausländerfeindlichkeit sei beschränkt auf den unausrottbaren braunen Bodensatz, und die große Mehrheit der Deutschen sei gewillt, gemeinsam mit allen Migranten ein neues Europa aufzubauen, wurde im Dezember 2014 gemeldet, dass Unbekannte in dem 1700-Einwohner-Ort einen als Flüchtlingsunterkunft umgebauten Gasthof samt Scheune sowie ein frisch renoviertes Wohnhaus in Brand gesteckt hatten. Auf ein Nebengebäude sprühten die Unbekannten eine Neonaziparole sowie zwei Hakenkreuze.

Ursprünglich hatten im Januar rund 70 Flüchtlinge die Unterkünfte beziehen sollen. Das Dorf war darauf vorbereitet, wollte den Flüchtlingen einen freundlichen Empfang bereiten. Viele Ehrenamtliche hätten in Vorra bereitgestanden, um den Flüchtlingen zu helfen, sagte Gemeindepfarrer Björn Schukat dem Bayerischen Rundfunk. Ein schon vor Monaten gegründeter Unterstützerkreis sei bereit gewesen, die Flüchtlinge zu betreuen: »Wir waren sicherlich auch mit ein paar Bedenken behaftet, aber auf so einem guten, positiven Weg, schon fast der Vorfreude, zu sagen ›Wir packen das, wir nehmen diese Herausforderung an und bieten diesen Menschen ein möglichst würdevolles Leben‹.«

Dass nun doch wieder Feuer gelegt wurde, dürfte kein Zufall gewesen sein, denn der Anschlag fiel in eine Zeit, in der in anderen Gegenden Deutschlands, besonders in Dresden, seit Monaten mit Worten gezündelt wurde von einer neuen Art von Montagsdemonstranten, die unter dem Label Pegida und »Wir sind das Volk!«-Rufen offen ausländerfeindliche Stimmung verbreiteten. Pegida, diese Patriotischen Europäer gegen die Islamisierung des Abendlandes, bietet allen Politikverdrossenen, Frustrierten, Verschwörungstheoretikern und eben auch Ausländerhassern ein Forum, um ihren Ressentiments freien Lauf zu lassen. Mitten in der Adventszeit sangen sie christliche Weihnachtslieder gegen Menschen, die heute genau aus jener Gegend zu uns flüchten, in der vor zwei Jahrtausenden das hochheilige Paar mit seinem Kind auf der Flucht war.

Schon wurde die CSU nervös und erinnerte sich des Verdikts ihres großen Vorsitzenden Franz Josef Strauß, »dass es rechts von uns keine demokratisch legitimierte Partei geben darf«. Einzelne aus der CSU forderten, die Pegida-Leute ernst zu nehmen und in einen Dialog mit ihnen zu treten. Noch deutlicher biederte sich die AfD bei ihnen an – woraus zu schließen ist: Der braune Rand ist wieder da. Daher war es sehr wichtig und gut, dass immerhin die Kanzlerin wie eine Eins stand. In ihrer Neujahrsansprache distanzierte sie sich von den Pegida-Leuten mit einer Eindeutigkeit und Klarheit, wie man sie bei ihr nur selten erlebt.

Seit fünf Jahrzehnten ist Deutschland ein Einwanderungsland. Längst lebt hier eine multiethnische, multikulturelle Gesellschaft. Die Entwicklung ist unumkehrbar. Es geht schon lange nicht mehr um die Frage, wie wir »die Ausländer wieder loswerden«, sondern allein darum, wie Biodeutsche und Neudeutsche und Migranten gemeinsam ein Land gestalten, in dem zu leben für alle eine Lust ist. Im September 1964 war der Portugiese Armando Rodrigues als millionster Gastarbeiter in Köln-Deutz vor großem Publikum und der gesamten Presse empfangen und gefeiert worden, der Arbeitgeberverband schenkte ihm ein Moped, und die Deutschen begannen sich daran zu gewöhnen, dass sie in der Fabrik plötzlich mit Griechen, Italienern, Portugiesen, Spaniern zusammenarbeiteten. Aber ein halbes Jahrhundert danach hat die Politik noch immer kein Konzept, wie wir die Konflikte und Spannungen, die sich durch Einwanderung unvermeidlich ergeben, fruchtbar machen und in eine Erfolgsgeschichte für alle verwandeln können.

Aber eigentlich gibt es längst Konzepte. Sie werden nur zu selten angewandt oder sind noch zu unbekannt. Eines davon habe ich während meines Wahlkampfs 2013 in Franken kennengelernt. In Altdorf, einem hübschen Städtchen nahe Nürnberg, feierte die SPD ihr Europafest mit Türken, Griechen, Mazedoniern und Deutschen mit diesem ominösen Migrationshintergrund. Es störte nicht, dass Türken und Mazedonier noch gar nicht Mitglieder der EU sind. Es hieß ja auch Europafest und nicht EU-Fest, und sowieso benahmen sich einfach alle so, als sei jene Zukunft schon Gegenwart, die im gemeinsamen Fest vorweggenommen wurde: »Wir sind alle Europäer, selbstverständlich.«

Sie feierten mit und ohne Kopftuch, mit Landestracht und ohne. Die Italiener lieferten perfekte Antipasti, die Griechen Bifteki mit Zaziki, die Türken Lahmacun, die Deutschen das Bier und die Bratwürstel, und die Mazedonier tanzten. Ein Mann von der CSU war auch da, der Doktor Gerhard Beuschel, aber nicht als CSUler, sondern als Kreisvorsitzender der Europa-Union. Er veranstaltete später ein Europaquiz. Er mache das jedes Jahr, erzählte er mir, seit es dieses Fest in Altdorf gibt, es gehe ja hier nicht um Parteipolitik, sondern um »das größere Ganze«, Europa eben.

Ich erfreute mich an den Dialekten und Akzenten der in Deutschland geborenen Kinder der Italiener, Griechen und Türken – jeder spricht sein eigenes Fränkisch –, posierte vor den Kameras mit den fränkischen Türkinnen, und dabei wurde mir klar: Ja natürlich, so geht's, nur so kann es gehen. Europa muss von unten aufgerollt werden.

In jeder deutschen Stadt, in jedem Dorf leben Deutsche und Angehörige zahlreicher europäischer und nichteuropäischer Nationen. Jede Stadt, jede Region ist ein Klein-Europa. Aber wie im Großen, so trennen auch im Kleinen allerlei unsichtbare Gräben und Barrieren die Völker voneinander: die Sprache vor allem, die Religion, die kulturellen Prägungen, die soziale Herkunft. Man lebt in derselben Stadt, aber voneinander abgeschottet, und nicht selten hat man voreinander Angst, fühlen sich Angehörige der Mehrheitsgesellschaft von Überfremdung bedroht, während sich die Minderheiten abgelehnt, ausgegrenzt, benachteiligt fühlen.

Eine gute Zukunft für alle wird es nur geben, wenn die Schranken, die an den Grenzen der EU-Länder längst verschwunden sind, auch in den Köpfen verschwinden, und das muss dort passieren, wo die Menschen wohnen. Dass man das längst weiß, davon künden jahrzehntelang bestehende Städtepartnerschaften. Aber daraus wurden hauptsächlich preisgünstige Reiseprogramme für Bürgermeister, Stadträte und Vereinsvorsitzende.

Daher ist so ein Europafest die bessere Alternative, aber mehr als ein Anfang kann es nicht sein. Wie es weitergehen könnte, davon hat mir die Kölner Journalistin Astrid Wirtz erzählt. Sie moderiert regelmäßig sogenannte Biographiegespräche. Deutsche und Türkeistämmige – eingewanderte Türken, Kurden, aber auch in Deutschland geborene Kinder von türkischen oder kurdischen Einwanderern – treffen sich an einem ruhigen Ort und erzählen einander ihr Leben, ein ganzes Wochenende lang. Und staunen, wie wenig sie voneinander wissen, obwohl sie schon seit Jahrzehnten, manche seit Generationen, im selben Land, in derselben Stadt wohnen. Die Kölner Journalistin hat schon mehrere solcher Gespräche moderiert und jedes Mal erfahren, wie dieses Miteinanderreden die Teilnehmer verändert.

Hier zu leben, aber nicht dazuzugehören, wie belastend das ist, davon haben vermutlich nur die wenigsten Deutschen eine Vorstellung, auch die liberalen Wohlmeinenden, Toleranten und Multikulti-Romantiker nicht. »Ich war noch nie in einem deutschen Wohnzimmer. Ich weiß nicht, wie es dort aussieht«, so zitiert Adina Rieckmann, eine andere Journalistin, die an solchen Gesprächen teilgenommen hatte, einen mustergültig integrierten Türken, der besser deutsch spricht als viele Deutsche und klug, charmant und beruflich erfolgreich ist. »Ich kenne viele Deutsche«, sagt dieser 39-jährige Inhaber einer Werbeagentur, »aber ich habe keinen deutschen Freund, keinen einzigen. Es ergibt sich einfach nicht. Ich bin eben der Türke. Und sie sind eben die Deutschen.«[75]

Deutsche, sagt Astrid Wirtz, »zeigen sich überrascht, wenn sie hören, wie sehr sich viele Türkischstämmige mit Deutschland verbunden fühlen, dass sie gern dazugehören würden, aber das Gefühl haben, nicht erwünscht zu sein. Manche weinen.« Überhaupt wird oft geweint bei solchen Gesprächen. Viele erzählen ihr Leben zum ersten Mal, gießen erstmals in Worte, was Einwandererfamilien auf sich genommen und vor allem ihren Kindern zugemutet haben, um in Deutschland für eine bessere Lebensgrundlage zu arbeiten. Eine Türkin berichtete unter Tränen, dass die Eltern sie mit fünf Jahren in der Türkei bei der Oma zurückgelassen hatten – eine frühe Erfahrung, die oft ein Leben lang nachwirkt. Von einem ähnlichen Gefühl des Verlassenwerdens, ausgelöst durch ein ganz anderes Ereignis, erzählt dann eine deutsche Richterin. Bei ihr war es der frühe Tod ihres Vaters.

Ähnlichkeiten und Unterschiede entdecken die Gesprächsteilnehmer bei den Entwurzelungsgeschichten. Dass Entwurzelung auch eine deutsche Erfahrung ist, nämlich jener, die als Kinder mit ihren Eltern nach dem Krieg aus Ostpreußen, Pommern, dem Sudetenland in den Westen geflüchtet oder vertrieben worden sind, war vielen Türkischstämmigen neu. Für diejenigen, die schon davon gehört hatten, war es eine neue Erfahrung, Deutsche davon erzählen zu hören. Der kulturelle Unterschied zwischen den Vertriebenen und den Westdeutschen war natürlich geringer als der zwischen Türken und Deutschen, aber Fremdheitsgefühle, Trauer über die verlorene Heimat, Sehnsucht nach der Heimat und das Gefühl, nicht mehr zu wissen, wohin man gehört, nirgendwo mehr richtig beheimatet zu sein, das sind Erfahrungen, die beiden Gruppen vertraut sind.

Überrascht zeigen sich Türkischstämmige auch, wenn sie hören, wie ärmlich die Jugend der Deutschen nach dem Krieg verlaufen war. Mit Staunen vernehmen sie, welch große Bedeutung konfessionellen Unterschieden im Deutschland der 50er- und 60er-Jahre beigemessen wurde und dass es problematisch war, jemand von der anderen Konfession zu heiraten oder vor der Ehe schwanger zu werden. Für die Deutschen wiederum ist es eine neue Erkenntnis, dass Türken, die gut Deutsch sprechen, dafür nicht gerne von Deutschen gelobt werden möchten, weil sie dieses vermeintliche Kompliment als Ausweis des Nichtdazugehörens empfinden.

Solche Biografiegespräche sind kein christlich-islamischer Dialog, wie er gern von Kirchen veranstaltet wird mit Funktionären, Honoratioren und Glaubensbeamten beider Konfessionen, die einander – meist vor Publikum – ein paar Stunden höflich zuhören und danach unverändert wieder auseinandergehen. In Biographiegesprächen reden nicht Profis in offizieller Funktion miteinander, sondern normale Menschen, die voll und ganz bei der Sache sind in einem geschützten Raum, in dem die Moderatoren für ein Gesprächsklima sorgen, das alle ermutigt, sich zu öffnen, aus sich herauszugehen, sich den anderen anzuvertrauen.

Entwickelt haben sich diese Biographiegespräche über einen langen Zeitraum aus »normalen« Gesprächen, an deren Beginn der heute 70-jährige Axel Schmidt-Gödelitz stand. Er war unter Günter Gaus Referent der Ständigen Vertretung der Bundesrepublik Deutschland in Berlin (Ost) und hatte für die Friedrich-Ebert-Stiftung in Kairo und Peking gearbeitet. 1992 kaufte er von der Treuhand das alte Hofgut Gödelitz zurück, das vor der DDR-Zeit seiner Familie gehört hatte. Er richtete das heruntergekommene Anwesen wieder her, machte daraus ein offenes Haus, Gäste aus Ost und West kamen, sprachen miteinander, und bald schon merkte der Hausherr, wie fremd die Deutschen Ost und die Deutschen West einander waren, wie vorurteilsbeladen und oft verständnislos jede Gruppe auf die jeweils andere reagierte. Diese Fremdheit, dachte sich

Schmidt-Gödelitz, muss abgebaut werden, wenn die Einheit, wenn Deutschland gelingen soll. Eine Organisationsstruktur, ein Verein muss her, der sich um dieses Problem kümmert, und so wurde 1998 der Verein Ost-West-Forum Gut Gödelitz e. V. gegründet.

Der Verein lud zu Vorträgen, Diskussionen, und als Kern schälte sich etwas heraus, was dieses Gut Gödelitz zu einem besonderen Ort macht: die Ost-West-Biographiegespräche. In einer kleinen Gruppe, die ein ganzes Wochenende miteinander verbringt, erzählen die höchstens zwölf Teilnehmer – die eine Hälfte aus dem Osten, die andere aus dem Westen, Frauen und Männer aus unterschiedlichen Altersgruppen, mit verschiedenen Berufen und Sichtweisen – einander ihr Leben. Jeder kann seine Erinnerungen so einbringen, wie er sie mit sich herumträgt, aus dem Kontext seines damaligen Denkens und Handelns heraus. Die werden von den anderen angehört und bleiben unkommentiert stehen. Keine Diskussion über Gut oder Böse, Richtig oder Falsch. Nur Verständnisfragen sind zugelassen.

Anfangs hat Axel Schmidt-Gödelitz diese Gespräche selbst moderiert, inzwischen hat er sich mehrere Moderatoren herangezogen, die paarweise moderieren, immer einer aus dem Osten und einer aus dem Westen. Diese Gespräche erwiesen sich als so fruchtbar, nachhaltig und für die Teilnehmer beglückend, dass ein »Kind« daraus hervorging: die deutsch-türkischen Biographiegespräche. Die gibt es nun seit 2009, und sie werden auf eine breitere Basis gestellt, auch finanziell, da hilft inzwischen die Robert-Bosch-Stiftung. Das ermöglicht dem Gödelitzer Verein, Moderatoren auszubilden und die Zahl der Gesprächskreise zu vervielfachen. Die gibt es inzwischen auch schon länger in Saarbrücken, Konstanz und Berlin. Im März 2012 startete Köln, im November 2012 Ulm, und zwischen 2013 und 2014 folgten Stuttgart, Mannheim, Freiburg, Friedrichshafen, Karlsruhe, Hamburg, Frankfurt, Bremen und das Ruhrgebiet.

Schon jetzt kann als Ergebnis genannt werden: Spontane Freundschaften sind entstanden, auch diverse berufliche Verbindungen wurden geknüpft, ärztliche Hilfe organisiert, sogar Jobs und Wohnungen vermittelt sowie Nachhilfe für die eigenen Kinder aus dem Kreis der Teilnehmer organisiert. Veranstaltungen im eigenen Berufsfeld, Konzerte und Theaterabende werden kommuniziert, deutsch-türkische Events vorbereitet.

Vielleicht entstehen solche Gesprächskreise auch einmal mit anderen Migranten. Vielleicht reisen Deutsche, Türken, Griechen, Armenier, Mazedonier, Kroaten, Serben, Italiener, Spanier irgendwann gemeinsam jedes Jahr in ein anderes Herkunftsland, nachdem sie zuvor in Gesprächskreisen, Vereinen, Schulen, Kirchen, religiösen Gemeinden diese Reise vorbereitet haben, um das Folkloristische und Touristische hinter sich zu lassen und sich den alten und neuen Konflikten zuzuwenden. Vielleicht vergleichen sie untereinander die verschiedenen Geschichtsbücher, mit denen heute in den Schulen der verschiedenen Länder unterrichtet wird. Was steht in den griechischen Büchern über die Konflikte mit der Türkei und was in den türkischen? Warum wissen wir Deutschen halbwegs Bescheid über die Verbrechen der Wehrmacht in Russland und Polen, aber kaum etwas über ihre Verbrechen in Italien und Griechenland?

Wäre es möglich, Türken und Armenier zusammenzubringen, damit sie über das sprechen, was die Armenier als Völkermord bezeichnen und die Türken als Erfindung der Armenier? Man könnte Wissenschaftler kommen lassen, die das erforschen, Zeitzeugen hören, Filme gucken. Es wäre gut, wenn Serben, Kroaten, Bosnier, Albaner, Mazedonier, Ungarn dabei wären und anfingen, über ihre historischen und gegenwärtigen Konflikte zu reden, und wenn dabei herauskäme, was Nationalismus und religiöser Fanatismus angerichtet haben in Europa. Es wäre ein Volksbildungsprogramm mit dem Ziel, den mündigen Europäer hervorzubringen. Nur mit mündigen Europäern wird Europa eine gute Zukunft haben, und nur mit Europäern, die bereit sind, einander zu helfen und füreinander einzustehen.

Auch dieses Helfen und Solidarischsein muss unten eingeübt werden, im Dorf, in der Stadt, in der Region. Beginnen könnte man mit dem Versuch, einander bei der Lösung der Alltagsprobleme zu unterstützen, die jeder hat – Jobsuche, Wohnungssuche, Kinderbetreuung –, und mit Erster Hilfe für die Schwächsten. In jeder Stadt, in jedem Ort leben sogenannte bildungsferne Schichten, meistens Migrantenfamilien, deren Kinder Förderung brauchen, zum Beispiel bei den Hausaufgaben, und deren Müttern jemand die Angst vor unserem Land nehmen müsste. Ihnen zu helfen wäre ein weiterer Ansatzpunkt für eine europäische Integration auf lokaler Ebene. Und es geschieht ja vielfach auch schon an vielen Orten seit vielen Jahren. Ende 2014 gewann ich sogar den Eindruck, dass die unter dem Namen Pegida artikulierte Hetze gegen Flüchtlinge unter vielen Deutschen eine Gegenreaktion ausgelöst hat. Sie gehen nicht nur gegen Pegida auf die Straße, sondern organisieren Hilfe für Flüchtlinge und heißen sie willkommen.

Ein besonders eindrucksvolles Beispiel dafür, wie so eine Hilfe aussehen und wie hocheffizient sie sein kann, hat schon vor einigen Jahren der bekannte Hannoveraner Kriminologe Christian Pfeiffer erzählt. Beim Durchstöbern niedersächsischer Statistiken war ihm aufgefallen, dass in zwei Städten, nämlich in Oldenburg und in Hannover, die Zahl der Gewaltdelikte von Jugendlichen mit Migrationshintergrund signifikant gesunken ist. In Hannover machten außerdem noch überdurchschnittlich viele Ausländerkinder den Hauptschulabschluss oder sogar die Mittlere Reife und Abitur. Da hat der Kriminologe natürlich bei den Bürgermeistern der beiden Städte angerufen und gefragt: Wie viele Millionen habt ihr in Bildungs- und Integrationsprojekte reingebuttert?

Mit einem aufsehenerregenden Bildungs- oder Integrationsprojekt konnte der Bürgermeister von Oldenburg jedoch nicht dienen. Nicht einmal mit einer größeren Summe aus dem Etat für Integration. Es gab und gibt kein Projekt oder Programm dieser Art. Er habe lediglich die Schuldirektoren der Stadt zusammengetrommelt, erzählte der Bürgermeister dem Kriminologen, und sie gebeten, doch bitte auf die deutschen Eltern einzuwirken, dass zu Kindergeburtstagen auch Migrantenkinder eingeladen werden. Die Eltern hielten sich daran. Die kleine Maßnahme erwies sich als so effektiv, dass sie sich schon bald in der Gewaltstatistik niedergeschlagen hatte. Und: Sie kostete die Stadt keinen Cent.

Auch der Bürgermeister von Hannover hatte kein teures Vorzeigeprojekt vorzuweisen, sondern eigentlich nur den Buchhändler Otto Stender und dessen Ehefrau Johanna. Beide hatten jahrelang mit angesehen, wie ein Politiker nach dem anderen viel Geld für die Lösung von Integrationsproblemen versprach oder gar ausgab, aber kaum Fortschritte erzielte. Also begannen sie, das Problem auf ihre Weise zu lösen, billig, effizient, erfolgreich und genial einfach. Ihre Lösung lautete: Ein Erwachsener und ein Kind lesen einen Text und unterhalten sich darüber. Das ist auch schon alles.

Die Stenders baten deshalb um ein paar Termine bei verschiedenen Schuldirektoren, erläuterten ihnen ihr Konzept, und dann konnte es losgehen. Ein Erwachsener, der Mentor, trifft sich mit einem Kind, das von den Lehrkräften ausgesucht wurde und die Erlaubnis der Eltern hat, in der Schule, einmal wöchentlich, über einen Zeitraum von mindestens sechs Monaten. Zu Beginn versucht der Mentor, im Gespräch mit dem Kind herauszufinden, wo seine Interessen liegen, welche Schulprobleme es hat und auf welchem Entwicklungsstand es sich befindet. Danach wählt er die Literatur aus, liest dem Kind daraus vor, lässt das Kind selber lesen, korrigiert die Aussprache, unterhält sich mit ihm über das Gelesene, lässt es eine Inhaltsangabe schreiben, bespricht mit ihm die Rechtschreib-, Grammatik- und Stilfehler.

Meistens sind es Migranten- und deutsche Unterschichtkinder, die Schulprobleme haben. Und die Ursache fast aller Schulprobleme ist das Sprachproblem. Hier, an einer zentral wichtigen, geradezu schicksalsentscheidenden Stelle, setzen Stender und seine Mentoren den Hebel an. Und es ist schwer verständlich, warum die

Kultusminister nicht von sich aus in allen Schulen diesen Hebeleinsatz erzwingen, denn genau dieser Hebel macht das Kind stark fürs Leben, weil aus Sprachstärke Ichstärke erwächst.

»Die Pistole ist das Schreibwerkzeug des Analphabeten«, sagt der Sprachforscher Barry Sanders. Kriminologen, Pädagogen und Psychologen berichten übereinstimmend: Sprachlosigkeit ist eine Schwester der Gewalt. Wer nicht gelernt hat, Konflikte verbal auszutragen, löst sie mit der Faust. »Die Grenzen meiner Sprache sind die Grenzen meiner Welt«, schrieb der Philosoph Ludwig Wittgenstein.

Sprache ist der Schlüssel zum Schloss in jenem Tor, das uns die Welt öffnet. Die Worte und Gedanken, die unseren Kopf füllen, die Fähigkeit der Unterscheidung, unser Begriffsvermögen und unsere Kunst, vom Wort Gebrauch zu machen – das alles entscheidet wesentlich über unser Schicksal. Deshalb ist dieses einfache Mittel – Vorlesen, Lesen, über das Gelesene miteinander sprechen – so entscheidend für die Entwicklung von Kindern und Jugendlichen.

Otto Stender war 68 Jahre alt, als er und seine Frau die genial einfache Idee umzusetzen begannen, im Jahr 2003 den Verein »Mentor – Die Leselernhelfer Hannover e. V.« gründeten und Mentoren im Freundeskreis anwarben. Bald schon hatten sie hundert Freiwillige, die in rund 200 Schulen in Hannover unterwegs waren. Das Erfolgsmodell sprach sich herum, sogar bis ins englische Königshaus. Daher wurden Stender und seine erste Schülerin im April 2009 von Prinz Charles nach Berlin eingeladen, um den Royals die Idee des Mentor-Projekts persönlich vorzustellen.

Wie das Biographiegespräch aus Gödelitz wird auch das Lesegespräch aus Hannover inzwischen bundesweit eingesetzt. Heute betreuen rund 9000 Mentoren 11 700 Kinder und Jugendliche an 1193 Schulen in 127 großen und kleinen Städten. Wer sich darüber informieren, vielleicht mitmachen oder das Projekt sonstwie unterstützen will, gehe zur Website des Vereins: www.mentor-leselernhelfer.de.

Sowohl die Lese-Idee aus Hannover als auch die Gesprächsidee aus Gödelitz haben sich jeweils Einzelne ausgedacht, normale Bürger, die plötzlich selbst aktiv wurden, um ein Problem zu lösen. Natürlich gibt es in Deutschland Tausende solcher Initiativen, und es sind nicht immer nur Private und Einzelne, die etwas unternehmen, auch Gruppen, Vereine, Organisationen, Kirchengemeinden engagieren sich. In Mainz habe ich beispielsweise eine Gruppe katholischer Frauen kennengelernt, die ein Frauenhaus gegründet haben und betreiben, aber auch ein vorbildliches Integrationsprojekt managen. Sie unterrichten Türkinnen in Deutsch, und damit die auch Zeit zum Lernen haben und deren Kinder versorgt sind, bringen sie ihre Kinder mit, wo sie von den Mainzer Katholikinnen bekocht werden. Auch auf solche Weise fallen die unsichtbaren Mauern zwischen Deutschen und Migranten. Es gibt viele Wege, die Europa aufs Siegertreppchen führen statt unters Fleischerbeil. Aber allen ist gemeinsam: Unten, im Dorf, in der Stadt, in der Region, müssen die Wege angelegt, gebahnt, beschritten und miteinander vernetzt werden.

So, nur so, erarbeiten sich Deutsche und Migranten eine gemeinsame europäische Zukunft. Diese Zukunft entsteht nicht aus Verhandlungen von Politikern mit Islamfunktionären, bei denen sich jeder davor fürchtet, zu viel zu geben und zu wenig dafür zu bekommen. Diese Zukunft entsteht auch nicht aus dem Streit der Religionen mit den Säkularen oder einem Kampf der Interessen, sondern nur durch gegenseitiges Kennenlernen, aus von unten wachsenden persönlichen Beziehungen. Das Ziel solch einer gemeinsamen Zukunft kann selbstverständlich nicht darin bestehen, dass sich die Gruppe der Migranten einer deutschen Leitkultur unterwirft, wie sie einmal von Theo Sommer und Friedrich Merz dekretiert worden ist, dass Migranten sich verdeutschen, aber natürlich auch nicht, dass Deutsche sich vertürken oder gar ihr Rechtssystem an die Scharia anpassen. Nein, beide sind gefordert, sich so zu verändern, dass die gemeinsame Zukunft Teil einer internationalen, freien und demokratischen Zivilgesellschaft der Gleichen wird. Unsere Verfassung lässt Spielraum für unterschiedlichste Lebensweisen und Weltanschauungen.

Man stelle sich vor, Stenders Idee hätte sich nicht erst vor einem Jahrzehnt, sondern schon vor zwei oder drei Jahrzehnten durchgesetzt, und Schmidt-Gödelitz' Biografiegespräche gäbe es, seit der Portugiese Armando Rodrigues mit einem Moped beschenkt wurde. Von der Berliner Rütli-Schule hätten wir vermutlich nie etwas gehört. Ausländerwohnungen und Asylantenheime hätten vielleicht nie gebrannt. Die Mutation der Hauptschule zur Restschule, auf der die »hoffnungslosen Fälle« enden, wäre ausgeblieben. Jugendliche ohne Schulabschluss gäbe es kaum mehr. Das Messer und das Fleischerbeil, mit dem Michael Adebolajo und Michael Adebowale den Soldaten Lee Rigby auf einer Londoner Straße hingerichtet haben, wären vielleicht nie zum Einsatz gekommen, wenn die beiden Kinder nigerianischer Einwanderer jemanden gehabt hätten, der ihnen vorlas, sie zum Lesen brachte, mit ihnen sprach oder sich einfach nur für das Leben dieser nigerianischen Familie interessierte.

Als Reaktion auf die Terroranschläge in Paris hat Regisseur Luc Besson auf seiner Facebook-Seite einen offenen Brief »an einen muslimischen Bruder« geschrieben. Darin heißt es:

> »Mein Bruder, wenn Du wüsstest, wie schlecht ich mich heute fühle für Dich, Dich und Deine schöne Religion, die so beschmutzt, gedemütigt, beschuldigt wurde … Fangen wir am Anfang an. Wie sieht die Gesellschaft aus, die wir Dir anbieten?
>
> Sie basiert auf Geld, Profit, Trennung, Rassismus. In einigen Banlieues erreicht die Arbeitslosigkeit der Unter-25-Jährigen 50 Prozent. Man hält dich aufgrund Deiner Hautfarbe oder Deines Vornamens auf Abstand. Man kontrolliert Dich zehnmal am Tag, man pfercht Dich in überfüllte Hochhäuser, und niemand setzt sich für Dich ein. Wer kann in solchen Umständen

leben und sich entfalten? Ein Tier oder ein Kind, das man monatelang ohne Zuneigung lässt, tötet am Ende doch jeden X-beliebigen.

Wie soll sich diese Gesellschaft, die man Dir anbietet, ändern? Indem Du arbeitest, studierst, indem Du lieber zum Stift als zur Kalaschnikow greifst. Das ist nämlich das Gute an der Demokratie, dass sie Dir elegante Werkzeuge anbietet, um Dich zu verteidigen. Nimm Dein Schicksal in die Hand, ergreife die Macht. Es kostet dich 250 Euro, eine Kalaschnikow zu kaufen, ein Kugelschreiber aber nicht mal drei Euro, und dabei hat deine Antwort so tausendmal mehr Einfluss …

Du solltest wissen, dass die beiden blutrünstigen Brüder heute nicht Deine waren, und das wissen wir alle. Sie waren höchstens zwei geistig Schwache, aufgegeben von der Gesellschaft, dann missbraucht von einem Prediger, der ihnen die Unsterblichkeit verkaufte … Die radikalen Prediger, die ihr Geschäft machen und euer Unglück ausnutzen, haben nichts Gutes im Sinn. Sie bedienen sich Deiner Religion für ihre eigenen Vorteile. Es ist ihr Geschäft, ihr kleines Unternehmen.

Morgen, mein Bruder, werden wir stärker sein, verbundener, solidarischer. Ich verspreche es Dir. Aber heute, mein Bruder, weine ich mit Dir.«

Schubumkehr: Wie wir die Bürgerdemokratie erreichen 15

Statt Solidarität lernen Kinder von heute Konkurrenz. Statt dass jemand die Schwachen anleitet, gemeinsam stark zu werden, lernen sie, wie man sich gegenseitig schwächt, mobbt und fertigmacht. Starksein, Coolsein ist Pflicht, gerade bei den Schwachen, daher verbietet es sich, mit anderen über seine Gefühle, Ängste, Verletzungen zu sprechen. Was alle schwach macht, kommt nicht zur Sprache, und das verstärkt die Schwächung noch weiter.

Es ist nicht so, dass sich gar niemand um das Prekariat und deren Kinder kümmert. Der Staat schickt seine Streetworker, die Kirche ihre Jugendseelsorger und Sozialarbeiter. Einige Vereine gehen in die Schulen, einige Unternehmen kümmern sich um ein Frühstück für die Kinder, die zu Hause keines kriegen, es gibt Tafeln, den Verein Lichterkette, und so mühen sich Einzelne, private Initiativen und kleine und große Organisationen, die Not zu lindern in den Prekariatsvierteln dieser Welt. Das gelingt auch. Was jedoch nicht gelingt, ist die Beseitigung der Not. Und was schon gleich gar nicht gelingt, ist die Gestaltung einer Welt, in der Not gar nicht erst entsteht.

Das wäre eigentlich die Aufgabe der Politiker – eine staatliche und eine suprastaatliche Aufgabe. Die Institutionen dafür gibt es längst. Für die Lösung der weltweit bekannten Mega- und Giga-Probleme – Krieg, Armut, soziale Ungleichheit, Ausbeutung, Raubbau an der Natur, Umwelt, Artensterben, Klima, Datenschutz – haben wir uns Mega- und Giga-Organisationen ausgedacht: die UNO, die WTO, den IWF, die Weltbank, die NATO, den Europarat, die EU mitsamt Kommission, Parlament und EZB. Diese Großproblemlöser können die meisten der Probleme sehr gut identifizieren, diagnostizieren und beschreiben, nur bei der Lösung hapert's oft.

Und manchmal sind sie selber Teil des Problems oder sogar dessen Ursache.

Damit sind wir wieder bei der komplizierten Frage dieses Buches: Wie lösen wir das Problem der unzureichenden Problemlösung durch institutionalisierte Problemlöser? Bisher habe ich darauf geantwortet: Die Bürger selbst müssen ran. Einschränkend hinzugefügt habe ich jedoch: Das private Engagement von Bürgern kann den Ausfall der Politik nicht ersetzen. Es ist trotzdem dringend nötig, weil es bewusstseinsbildend wirkt und zugleich effektiver als bloßer Protest oder Wahlverweigerung hilft, den Druck aufzubauen, der nötig ist, um die Politik zur Lösung der Probleme zu zwingen.

Aber: Die Art, wie durch privates Engagement geholfen wird, ist ebenfalls ein Problem. All die großen und kleinen Helfer arbeiten unabhängig voneinander und darum unkoordiniert vor sich hin und meist, ohne von den anderen zu wissen. Jeder Einzelne, jede Gruppe und jede Organisation konzentriert sich ganz auf das eine punktuelle Problem, dessen Lösung man sich auf die Fahnen geschrieben hat.

Das ist nicht zu kritisieren. Es muss nur einmal ausgesprochen werden, dass bei dieser Vorgehensweise keine Zusammenarbeit stattfindet. Die Tierschützer schützen die Tiere, die Naturschützer die Natur, diverse NGOs kümmern sich um die Produktions- und Lieferketten eines Smartphones, eines T-Shirts oder einer Fertigpizza – und was die Leselernhelfer in der Schule, die Verkäufer im Dorfladen und Deutsche und Türken in den Biografiegesprächen machen, davon erfährt jede Einzelne der anderen Problemlösegruppen ebenso wenig wie von der weiteren Entwicklung der Fair- und des Blackphones.

Es besteht aber eine hohe Wahrscheinlichkeit, dass Tier- und Naturschützer auch ein Interesse am Datenschutz haben und zustimmend nicken, wenn man ihnen von der Arbeit der Leserlernhelfer oder den Biographiegesprächen erzählt. Eigentlich wäre es nötig, sich zu vernetzen und einander zu helfen und zu unterstützen. Theoretisch sehen das alle ein. In der Praxis jedoch sind Mitarbeiter, Zeit, Geld und Ressourcen immer zu knapp, um die zusätzliche Energie aufzubringen, die nötig wäre, um mit den anderen zu kommunizieren, sich abzusprechen und aufeinander abgestimmt zu handeln.

Die handelnden Akteure leben in ihren eigenen Zusammenhängen an verschiedenen Orten, kennen einander nicht und haben meist auch gar nicht die Zeit, sich über ihr Engagement hinaus auch noch mit anderen Akteuren und deren Anliegen zu beschäftigen. Aber genau aus diesem Grund reicht es nicht, um all die in diesem Buch geschilderten Nöte zu beseitigen. Es reicht immer nur, um sie zu lindern.

Damit es zu mehr reicht, braucht es daher vor allem eines: die Zusammenarbeit vor Ort, das Engagement von Menschen, die einander noch nicht kennen, es aber wegen des gemeinsamen Wohnorts leicht haben, einander kennenzulernen. Das wäre die Voraussetzung, um an ihrem Wohnort ein Soziotop wachsen zu lassen, in dem dann vieles, was heute mühsam organisiert werden muss, von selbst geschieht.

Das Dorf, der Stadtteil, die Stadt sind die Orte, an denen globale Probleme ihre lokalen Auswirkungen zeigen in Flüchtlingsheimen, Problemvierteln, Brennpunktschulen, No-go-Areas, Fluglärmteppichen, Mietpreissteigerungen, Gentrifizierung, fehlender Kinderbetreuung, mangelnder Altenpflege, Entvölkerung in strukturschwachen Regionen. Bürgermeister, Stadträte, Gemeinderäte sind längst überfordert mit der Lösung dieser Problemzusammenballungen. Ab einer gewissen Größe ihrer Kommune wissen sie auch gar nicht mehr genau, was alles in ihrer Stadt vorgeht. Und oft wollen sie es gar nicht so genau wissen. Falls aber doch, dann zerschellt ihr guter Wille an der Betonmauer der Bürokratie oder bleibt stecken im Wirrwarr der Zuständigkeiten zwischen Bund, Land, Bezirk, Landkreis und Gemeinde. Bürgerengagement könnte sich hier oft als Reaktionsbeschleuniger und Bürokratie-auf-Trab-Bringer auswirken.

Ein Beispiel. Diese Internetdruckerei, die da vor ein paar Jahren entstanden ist, gewaltige Umsätze macht und ordentlich Gewerbesteuer zahlt, soll, so heißt es, hauptsächlich schlecht bezahlte Osteuropäer beschäftigen, die mit Bussen aus Rumänien, Bulgarien, Kroatien abgeholt, in die deutsche Stadt gefahren, in Notquartieren zusammengepfercht, zehn bis zwölf Stunden pro Tag in der Druckerei beschäftigt werden, auch am Wochenende, und nach acht Wochen kärglich entlohnt wieder in ihre Heimat zurückgebracht werden, wo neue Arbeiter die Busse besteigen, um für ein paar Wochen in Deutschland Geld zu verdienen. Sollte man sich diese Internetdruckerei nicht einmal genauer ansehen? Lieber nicht, sagen der Bürgermeister und seine Stadträte. Solange die Rumänen keinen Ärger machen und die Presse nichts darüber schreibt …

Es bräuchte also Bürger, die Ärger machen. Es bräuchte Bürger, die es genauer wissen wollen, die hingehen und sich die Sache anschauen und dann der Presse berichten, was sie gesehen haben. Aber es sind nur drei Rentner, die da gewisse Dinge behaupten. Muss ich die ernst nehmen?, fragt sich der Lokalchef. Muss er nicht. Noch nicht. Also gehen die drei Rentner zur Gewerkschaft. Die aber muss sich um ihre Mitglieder kümmern, nicht um ein paar Rumänen, die ein paar Wochen in Deutschland arbeiten. Die Rentner gehen weiter zum Pfarrer. Der verhält sich ablehnend, ist skeptisch, kennt den Internetunternehmer als spendables Mitglied seiner Gemeinde.

Die drei Rentner werden nur Erfolg haben, wenn sie neun weitere finden, die energisch intervenieren. Es gibt da am Ort so eine junge Truppe, die kürzlich einen Regionalladen eröffnet hat. Sollte man die mal um Unterstützung bitten? Man sollte. Und wenn es keine Regionalladentruppe gibt, gibt es mit Sicherheit irgendwelche anderen Grüppchen, die sich für irgendetwas engagieren, seien es Schwule oder Lesben, sei es jene Nachbarschaftshilfe, über die jüngst in der Zeitung stand, dass sie »dementisch« gelernt hat und diese Sprache jetzt dem ganzen Viertel beibringt, in dem sie aktiv ist.

»Dementisch« heißt: Das ganze Viertel wird darüber informiert, dass in dem Haus mit der Nummer 8 eine demente alte Dame wohnt, die gern mal ausbüchst. Das ist für sie selber lebensgefährlich und für ihre Angehörigen belastend, aber nicht mehr, seit alle davon wissen, die die betagte Mitbewohnerin kennen und gelernt haben, wie man beruhigend auf sie einwirkt und sie nach Hause führt.

Dieses Dementisch-Lernen eines ganzen Viertels hatte ein paar Nebenwirkungen: Menschen, die jahrelang Haus an Haus anonym nebeneinanderher gelebt haben, sind einander nicht mehr fremd, helfen einander, feiern miteinander, beginnen sich für andere Probleme ihres Viertels und ihrer Stadt zu interessieren, und einige hören sich aufmerksam die Geschichte der Rentner von dem ausbeuterischen Unternehmer in ihrer Stadt an. Sie gehen hin zur Druckerei und schauen sich die Sache an, überzeugen sich, dass die Geschichte stimmt, informieren andere, und plötzlich landen in der Lokalzeitung zwanzig Leserbriefe. Jetzt muss der Lokalchef reagieren, recherchieren, berichten, dass die Geschichte stimmt, muss den Unternehmer und den Bürgermeister damit konfrontieren, und auch den Pfarrer.

So, auf diese Weise, könnte – von Ort zu Ort verschieden, entlang der jeweiligen lokalen Probleme – eine neue Milieubildung initiiert werden, in deren Verlauf eins zum anderen kommt. Lokale Aktivisten könnten die Kristallisationskeime für das Wachsen neuer Biotope und Milieus werden, in denen kein Kind verloren geht, Fremde einander vertraut werden, Menschen füreinander einstehen.

Natürlich bräuchte es dafür mehr Freiwillige, noch mehr Ehrenamtliche in Vereinen, Kirchen oder sonstigen Initiativen, die Zeit opfern und Verantwortung für ihr soziales Umfeld übernehmen. Dass es zu wenige solche Menschen gibt, liegt nicht nur an mangelndem Willen, nicht nur an mangelndem Interesse füreinander, es liegt auch an der Art, wie wir wirtschaften, es liegt an unserer »Arbeitswelt«, die soziales Engagement oft kaum mehr zulässt.

Diese sogenannte Arbeitswelt, ein global vernetztes Geflecht großer, kleiner und kleinster Unternehmen, kann nicht planmäßig und auf einen Ruck geändert werden, schon gar nicht von oben. Auch diese Änderungen müssen von unten kommen, und dafür spielt die Idee der Regionalwirtschaft eine strategisch wichtige Rolle. Denn viel leichter wäre das Engagement fürs Gemeinwohl, wenn sich die Erwerbsarbeit mit ehrenamtlichem Engagement, Vereinsarbeit und Kommunalpolitik verbinden ließe.

Heute sind die Arbeitnehmer zerstreut und atomisiert in Millionen isolierter Kleinstfamilien. Das macht es leicht, sie unter Kontrolle zu bringen. Das Gegenmittel gegen diese Vereinzelung heißt Integration und Inklusion. Genau diese Mittel entstünden wie von selbst durch eine Regionalwirtschaft, in die immer mehr Menschen eingebunden werden würden. Die Aufgabe, Lebensmittel, Energie, Möbel für die Region zu erzeugen und dafür den lokalen Handel einzubinden, führt Menschen mit unterschiedlichsten Berufen quasi von selbst zusammen: vom Bauern über die Ingenieurin, den Betriebswirt, Gastronomen und Handwerker bis hin zur Bankerin, Buchhändlerin und Erzieherin. Alte und Junge, Deutsche und Migranten, Heteros und Homos, Konservative und Progressive, Väter, Mütter und Kinderlose, Singles, Geschiedene und Verheiratete, Juden, Christen, Muslime und Atheisten kämen zusammen, wenn das Regionalitätsprinzip im Alltag umgesetzt würde. Nicht nur Migranten, alle werden zu einem lebendigen Gemeinwesen integriert.

Alle liefen sich dann auch außerhalb ihrer Arbeit immer wieder über den Weg, sodass über die Jahre ein persönliches Beziehungsgeflecht entstünde, das das regionalwirtschaftliche Geflecht spiegelte. Aus so einem Geflecht persönlicher Bekanntschaften ergäbe sich eine weitere Nebenwirkung, etwas sehr Wertvolles: Vertrauen. Vertrauen macht die Lösung vieler Probleme billiger und effizienter, weil sich teure Kontrollmechanismen erübrigen und Lösungen konkreter Probleme vor Ort von den Betroffenen meistens viel individueller, flexibler und leichter zu realisieren sind als von Beamten in der fernen Landes- oder gar Bundeshauptstadt.

»Global denken, lokal handeln« ist keine neue Idee, aber um wirksamer zu werden, bedarf sie einer wichtigen Ergänzung und Erweiterung: Die vielen Gruppen und Grüppchen, die da unkoordiniert durcheinanderwuseln, um, allein auf sich gestellt, ein konkretes Problem abzuarbeiten, könnten das effizienter und erfolgreicher tun, wenn sie sich gegenseitig zu Hilfe kämen.

Die Aufgabe, ein demokratisches, gerechtes, soziales Europa oder gar die Weltzivilgesellschaft zu erschaffen, gleicht der Herausforderung, ein Gebirge aufzuschütten und gleichzeitig eine schöne parkartige Landschaft drumherum anzulegen. Gelöst wird diese Aufgabe derzeit von einer großen Zahl individualistischer Freiwilliger, die unkoordiniert vor sich hingraben, sich dabei von niemandem dreinreden lassen wollen, daher ein hohes Zäunchen um sich ziehen – und das Ergebnis sind Millionen Maulwürfshügel in Zehntausenden Schrebergärten. So etwas wie Wikipedia, das Gebirge des Weltwissens, wäre bei dieser Art zu arbeiten nie entstanden.

Zugleich ist aber wichtig, dass sich das, was sich lokal integriert, weltweit vernetzt und sich als Teil einer weltweiten Bürgerbewegung versteht. Die einzelnen Puzzleteilchen wurden schon benannt: die Bürger vom Tahrir-Platz in Kairo; die Ukrainer auf dem Maidan in Kiew; die Demonstranten vom Taksim-Platz und im Gezi-Park in Istanbul; Pussy Riot, deren Sympathisanten und jene mutigen Russen, die es immer wieder riskieren, auf dem Roten Platz in Moskau gegen Putin zu demonstrieren; Latinos in den Favelas in Rio, wo sie gegen korrupte Fußballfunktionäre und Politiker protestieren; die vielen unterdrückten, inhaftierten und verfolgten Opponenten in China und die Aufständischen in Hongkong.

Überall auf der Welt haben in den letzten Jahren Bürger aus allen Schichten begonnen, sich öffentlich ihrer Ausbeutung, Bevormundung und Manipulation zu widersetzen. In Indien gehen sie auf die Straße, weil sie Vergewaltigungen und Massenvergewaltigungen nicht mehr hinzunehmen bereit sind. In arabischen Ländern missachten Frauen massenhaft das Verbot des Autofahrens. Iranerinnen posten Fotos von sich – ohne Kopftuch, ohne Schleier – auf Facebook. In Lateinamerika werden sich die indigenen Völker ihrer Herkunft und ihrer Geschichte bewusst und beginnen zu fragen, was ihnen eigentlich widerfahren ist, seit die ersten weißen Europäer ihr Land erobert und ausgebeutet haben.

Und vor den Grenzen Europas stehen Millionen Flüchtlinge, die uns zu verstehen geben: Entweder ihr lasst uns hier rein oder ihr helft uns, in unseren eigenen Ländern eine Lebensperspektive zu entwickeln, aber tun müsst ihr etwas, wir entlassen euch nicht mehr aus eurer Verantwortung, denn unser Elend ist eine späte Folge eurer kolonialistischen und imperialistischen Politik, die immer nur an den Bodenschätzen unserer Länder interessiert war, aber nie an uns, den dort lebenden Menschen, unserer Bildung und unserem Lebensglück. Uns habt ihr von euch gekauften Despoten unterdrücken und für euch schuften lassen. Jetzt werft ihr uns vor, dass wir keinen demokratischen Rechtsstaat hinkriegen. Ihr habt uns auch nie dafür ausgebildet. Aber jetzt habt ihr die Chance dazu. Lasst uns rein und bringt uns bei – zusammen mit denen, die schon drin sind –, wie man einen Staat mit einer funktionierenden Verwaltung auf rechtsstaatlicher Grundlage aufbaut. Ihr bekämt dafür eine jahrzehntelange friedliche Zukunft, in der wir zum beiderseitigen Nutzen politisch, wirtschaftlich und kulturell zusammenarbeiten. Investiert eure Milliarden in uns statt in Blasen, Hedgefonds und Lebensmittelspekulations-»Innovationen«.

In den westlichen Demokratien steigt die Zahl der Menschen, die sich der historischen Schuld des weißen Mannes bewusst werden. Man findet sie in den vielen bunten, gebildeten und gut ausgebildeten Gruppen und Grüppchen, die wichtigere Ziele kennen als Geldverdienen und die Arbeit an der Perfektionierung des eigenen kleinen Glücks. Diese Grüppchen fragen in den Geschäften nach der Herkunft der dort angebotenen Waren und zwingen die Ladeninhaber, sich Gedanken zu machen über die Produkte, an denen bisher nur die Frage interessant war, wie viel sich mit ihnen verdienen lässt. Sie ernähren sich vegan und vegetarisch, um den Tierquälern und Lebensmittelverhunzern die Geschäftsgrundlage zu entziehen. Sie gehen für Edward Snowden auf die Straße und entwickeln Strategien gegen die Überwachungstechnologie. Sie versuchen, mit Migranten ins Gespräch zu kommen, helfen deren Kindern bei den Hausaufgaben, holen Arbeitslose von der Straße und gründen mit ihnen einen Chor. Oder sie gründen, wie Daniel Barenboim in Berlin, einen Musikkindergarten, dessen Ziel nicht die musikalische Erziehung ist, sondern, wie Barenboim sagt, »die Erziehung zum Menschen durch die Musik«. Als Schwule, Lesben, Feministinnen erwehren sie sich der Homophoben und Misogynen – und als Multikultis der Nationalisten und Xenophoben.

In Deutschland gründen sie Genossenschaften und erzeugen ihre Energie selbst, um sich von den Energiedespoten zu befreien. In Frankreich siedeln sie sich in verlassenen Bauernhöfen an, gründen Kommunen ohne Geldwirtschaft und machen sich selbst zu Versuchskaninchen sozialer Experimente. In Griechenland betreiben sie ehrenamtliche Sozialapotheken, die gespendete Medikamente sammeln und verteilen, und vernetzen sich mit Gesundheitsstationen, an denen Ärzte und Schwestern in ihrer Freizeit arbeiten. Sie helfen Bauern, ihre Kartoffeln ohne Zwischenhändler direkt zu verkaufen und auf diese Weise mehr Lohn für ihre Arbeit zu bekommen.

In Spanien verwandeln sie die Landflucht in eine Win-win-Situation. Zurückgelassene brachliegende Flächen werden von Städtern bewirtschaftet, die das Gärtnern entdeckt haben. Sie bauen Obst und Gemüse an, die Hälfte der Ernte bekommt der Besitzer der zuvor verwilderten Fläche, die andere die Gärtner. Beide Seiten finden sich über eine ehrenamtlich betriebene Plattform im Internet. Überall auf der Welt beginnen Menschen zu experimentieren, mit Urban Gardening, Carsharing, Tauschbörsen.

Die Aufzählung ließe sich beliebig fortsetzen. Ich habe nur einige willkürlich gewählte Beispiele angeführt, von denen etliche – die aus Griechenland und Spanien – einer einzigen Ausgabe von *Enter* entnommen sind, dem »Magazin für Engagement« (http://entermagazin.de). Dieses Magazin wird in Kooperation mit der Stiftung Bürgermut betrieben, die der Unternehmer und frühere CDU-Politiker Elmar Pieroth ins Leben gerufen hat, und es berichtet seit Jahren von Bürgern aus aller Welt, die nicht mehr länger auf die Politik warten, sondern selbst aktiv werden und mutig und kreativ ein Problem anpacken. Damit ist das Magazin ebenfalls ein Teil der weltweiten Bürgerbewegung. Es liefert nicht nur Reportagen und Interviews, sondern auch Anregungen, Praxistipps und Know-how und trägt so dazu bei, dass das Rad nicht dauernd neu erfunden werden muss. Es thematisiert die großen Probleme Klima, Gerechtigkeit, Landwirtschaft, Frieden und dient zugleich als Plattform für den Austausch von Wissen und Know-how, für Kontakte und Zusammenarbeit. Jeder kann sich mit einem Mausklick kostenlos informieren und *Enter* abonnieren. Sein Archiv ist eine große Fundgrube für alle »Weltbeweger«, wie die aktiven mündigen Bürger dort genannt werden.

Ein anderes, jedoch kostenpflichtiges Magazin, das regelmäßig berichtet über die vielen Ideen, Lösungsansätze und Experimente von Bürgern, ist *Enorm* (http://enorm-magazin.de). Beide Magazine informieren regelmäßig über die vielfältigen, weltweit aktiven Gruppen und Grüppchen, die uns vorangehen bei dem Versuch, so etwas wie eine ökosoziale, regionalisierte Wirtschaft zu realisieren. Und wer schon längst zu ungeduldig ist zum Diskutieren, Organisieren und zur Vernetzung, der liest den Artikel »Was Sie sofort tun können« von Harald Welzer und setzt dessen »zehn Empfehlungen« in seinem Alltag um.[76] Man kann aber auch gründlicher einsteigen und an Welzers Weltveränderungsprojekt »Futur zwei« (http://futurzwei.org) teilnehmen oder sich einfach der eigenen Verzweiflung und Hoffnungslosigkeit entledigen durch das Studium dessen, was Welzer auf dieser Website an Ideen, Kreativität, Lösungen, Handlungsmöglichkeiten zusammenträgt.

Und man wird sich dessen bewusst, dass wir nicht nur in einer Zeit des Niedergangs leben, sondern auch in einer neuen Gründerzeit. Es werden nicht nur Weltbeherrschungsunternehmen wie Amazon oder Google gegründet, sondern auch sehr viele Unternehmen, die Lösungen für eine soziale, demokratische, ökologische, friedfertige Zukunft entwickeln, und das sind die eigentlich ökonomischen Unternehmen, weil sie dafür arbeiten, dass man auch in hundert Jahren noch Geschäfte machen kann.

Welzer gibt die Antwort auf Claudia Langers Buch *Die Generation Man-müsste-mal.* Und seine Antwort lautet: Man kann. Du kannst. Jeder kann. Auch Langer ist schon über das »Man müsste mal« hinaus, hat ein Generationenmanifest verabschiedet[77] und mit *Utopia* ein Internetportal geschaffen, das darüber informiert, wie jeder durch seinen privaten Konsum deutliche Zeichen setzen und nachhaltig die Welt verändern kann.

Obwohl nicht alles überzeugend ist, was im Gewusel der vielen Gruppen und Grüppchen entsteht, obwohl viele weltfremde Sektierer und Spinner mitmischen und manch hoffnungsvolles Projekt schon nach kurzer Zeit wieder eingeht, so erfährt man doch: Man ist nicht mehr mutterseelenallein, wenn man der alles beherrschenden Weltmacht der Konzerne gegenübertritt. Es gibt Hoffnung, die Gegenmacht ist längst am Entstehen, und es fehlt jetzt nur noch das Bewusstsein dafür, dass diese Millionen Menschen auf der Welt, die da verstreut vor sich hinarbeiten, zusammengehören und das Potential in sich tragen, zur großen Gegenmacht zu werden.

Die Organisation dieser weltweit versprengten Einzelkämpfer und Kleingruppen müssen diese selbst übernehmen – das wird dauern. Schneller würde es gehen, wenn sie sich zu neuen politischen Parteien formierten. Zu einer regelrechten Schubumkehr in Richtung Bürgerdemokratie könnte es kommen, wenn jene drei globalen Organisationen, die es längst gibt, sich wieder ihres eigentlichen und ursprünglichen Auftrags erinnerten: die jüdische Gemeinde, die christliche Kirche, die muslimische Umma. Alle drei Religionen sind auch aus einem Protest heraus und einem emanzipatorischen Interesse entstanden: Protest gegen Ungerechtigkeit und Unterdrückung, Protest gegen ausbeuterische Oberschichten, Kritik an deren Göttern. In allen drei Religionen ging es nicht nur um Spirituelles, Jenseitiges und Göttliches, sondern immer auch um Materielles, Diesseitiges und um die ganz konkrete Frage: Wie müssen wir leben, damit das Leben aller gelingt?

Im weiteren Verlauf trat diese Frage umso mehr in den Hintergrund, je erfolgreicher die jeweilige Religion wurde. Und nachdem sich ihre Priester mit den jeweils herrschenden Königen und Kaisern verbündeten und sie selber zu einer Macht wurden, gerieten die emanzipatorischen, aufklärerischen und herrschafts- und sozialkritischen Anfänge in Vergessenheit. Aber niemand verwehrt es Juden, Christen und Muslimen, daran wieder anzuknüpfen. Eine Zusammenarbeit mit Säkularen und Humanisten würde leichter.

»Der Islam gehört zu Europa«, hat der frühere Bundespräsident Wulff einmal gesagt, und die Kanzlerin Angela Merkel hat es Anfang 2015 wiederholt. Das zu sagen war wichtig. Aber nun müsste der Satz folgen: Der Orient gehört zum Okzident. Den Leuten von Pegida wäre zu sagen: Europas älteste Mythen stammen aus dem Nahen Osten, Europas älteste Wurzeln liegen am Sinai, in Jerusalem und in Ägypten. Europa, der Nahe Osten, Nordafrika und das Mittelmeer dazwischen bilden eigentlich einen einheitlichen Kulturraum.

Die Königstochter Europa, der Zeus der Sage nach in Stiergestalt begegnete, stammt aus dem Libanon. Von den Phöniziern lernten die Griechen die Schrift, von den Babyloniern und Ägyptern Astronomie, Mathematik, Kunst, Architektur und Literatur.

Abraham, der Stammvater der Juden, Christen und Muslime, wanderte mit seinem Vater zwischen Euphrat und Tigris von Ur (im Süden des heutigen Irak) nach Haran (in der heutigen Türkei) und von dort nach Kanaan und Ägypten. Der israelische Gründungsmythos ereignete sich auf dem Berg Sinai, wo Mose von Gott das Gesetz empfing, aus dem die jüdische Religion entstand.

Der Jude Jesus, in Bethlehem geboren, in Nazareth aufgewachsen, mit seinen Jüngern um den See Genezareth herumgezogen, in Jerusalem verurteilt und auf Golgatha ans Kreuz genagelt, wird zum Gründer des Christentums. In Damaskus in Syrien wird aus dem Christenverfolger Saulus der Christusgläubige und Missionar Paulus, der die Botschaft des Jesus nach Europa bringt.

Im Jahr 610, so erzählt der nächste Mythos, erscheint einem Mann namens Mohammed auf dem Berg Hira in der Nähe von Mekka der Erzengel Gabriel und spricht ihm den Koran vor – der Islam, die dritte monotheistische Weltreligion, entsteht und aus ihr eine Kultur, die der europäischen während vieler Jahrhunderte überlegen ist. In islamischen Gelehrtenzentren wie Damaskus, Bagdad, Kairo, Alexandria und später auch Toledo werden wichtige Teile des griechischen Wissens bewahrt und übersetzt. Über sie gelangt später das antike Wissen zurück nach Europa. Vom Islam lernt Europa Architektur, Wissenschaft, Kunst und Medizin. Islamische Baukunst ist noch heute in Andalusien, in Cordoba (Mezquita) und in Granada (Alhambra) zu bewundern. Maurische Handwerker haben in Monreale bei Palermo den Normannendom gebaut, eine Mischung aus byzantinischer Kirche und marokkanischer Moschee. Die Markuskirche und der Dogenpalast in Venedig sind von türkischer Architektur beeinflusst. Über einen langen Zeitraum hinweg haben Judentum, Islam und Christentum einander wechselseitig befruchtet und die Angehörigen der drei Religionen friedlich miteinander gelebt, und wo das geschah, gedieh die Kunst, machte die Wissenschaft große Fortschritte, führte der Handel zu blühendem Wohlstand.

Warum soll sich das nicht wiederholen lassen? Das lässt sich doch organisieren. Und wenn wir das tun, werden wir doch noch erleben, dass wir eines Tages mit dem Auto, dem Zug, dem Rad oder zu Fuß ums ganze Mittelmeer herumfahren oder -wandern und dabei durch eine einzige Zone des Friedens und Wohlstands kommen, in der unterschiedlichste Menschen freundlich miteinander leben und arbeiten.

Wenn wir es wollen, bleibt es kein Traum.

Dank

Ich danke

- Rainer Wölfel vom Naturschutzzentrum Wengleinpark, den Möbelmachern um Herwig Danzer und dem Hotelier und Gastwirt Hans-Peter Eberhard, die mir die Augen geöffnet haben für die Möglichkeiten einer regionalen Wirtschaft von unten,
- Manuela Sillius, die mich mit der Idee von Slowfood und Cittàslow bekannt gemacht hat,
- Hans und Erika Klischewski, die mir ihre 24 Kühe gezeigt, mich auf ihrem Hof herumgeführt und mir die Zuversicht vermittelt haben, dass eine andere Landwirtschaft möglich und sogar ökonomischer ist als die konventionelle,
- Thorsten Strufe und Wolfgang Sander-Beuermann, die mir bewiesen haben, dass ein spionagefreies Internet machbar ist,
- Astrid Wirtz und Axel Schmidt-Gödelitz, die uns allen einen Weg aufzeigen, wie ein friedlich-freundliches Miteinander in multikulturellen Gesellschaften auf den Weg zu bringen ist,
- Otto Stender, der ein Beweis dafür ist, dass ein einziger Bürger mit einer einfachen Idee billiger, effizienter und wirkungsvoller ein komplexes Problem lösen kann als der Staat mit seiner teuren Bürokratie – und Huguette Morin-Hauser, die mir erzählt hat, wie erfolgreich Stenders Idee inzwischen in ganz Deutschland realisiert wird,
- der SPD im Nürnberger Land, die während des Bundestagswahlkampfs 2013 wie ein Mann hinter mir gestanden hat,
- nicht zuletzt meinem Lektor Klaus Gabbert, der das Buch so einfühlsam und sachte wie effizient kürzte und verbesserte.

Anhang

Anmerkungen

1 *FR*, 29.9.1998
2 *SZ-Online*, 5.6.2014
3 Der offizielle Titel lautet: *Commitee Study of the Central Intelligence Agency's Detention and Interrogation Program*. Mittlerweile ist er auch auf Deutsch im Frankfurter Westend Verlag erschienen: Wolfgang Nešković (Hg.), *Der CIA-Folterreport. Der offizielle Bericht des US-Senats zum Internierungs- und Verhörprogramm der CIA*.
4 *SZ*, 5.11.2014
5 *Welt*, 20.5.2013
6 *SZ*, 28.11.1997
7 *Spiegel* Nr. 26, 24.6.1996
8 »Doktern am Sozialstaat«, *SZ*, 31.5.1999; Leserbrief darauf von Prof. Dr. Franz Klein, *SZ*, 24.6.1999
9 *taz*, 19.1.2004
10 in der ARD-Sendung *Beckmann*, 27.3.2014
11 *Schweiz am Sonntag*, 22.10.2011
12 zit. n. dem Dokumentarfilm »Eine Bank lenkt die Welt«, gesendet auf Arte, 24.9.2013
13 *FAZ*, 20.2.2013
14 zit. n. Jürgen Schmieder, »Fair Play? Ach was!«, *SZ*, 24.2.2006
15 zit. n. ebd.
16 Nur zur Erinnerung: Das Akronym LOHAS steht für Lifestyles of Health and Sustainability, also für einen auf Gesundheit und Nachhaltigkeit bedachten Konsumententyp.
17 *FAZ*, 26.10.2014
18 *SZ-Online*, 31.10.2013
19 So stand es, der *SZ* vom 15.1.2014 zufolge, in der *New York Times*.
20 Mathias Döpfner, »Warum wir Google fürchten. Offener Brief an Eric Schmidt«, *FAZ*, 16.4.2014
21 https://www.youtube.com/watch?v=2zfqw8nhUwA
22 »Amerikanisches Recht auf irischem Boden«, *FAZ*, 16.12.2014
23 ARD, 15.9.2014
24 Richard Bilton, »Apple ›failing to protect Chinese factory workers‹«, BBC Panorama, www.bbc.com/news/business-30532463

[25] Werner Bartens, »Die Mogelpackung«, *SZ-Magazin* 13/2014

[26] www.youtube.com/watch?v=qNqxk8fzguo

[27] *FAS*, 18.5.2014

[28] *SZ*, 10.8.2011

[29] *SZ*, 9.4.2013

[30] *SZ*, 31.1.2014

[31] zit. n. David Signer, »Endspiel in Algier«, *NZZ*, 11.4.2014

[32] *SZ*, 13.2.2014

[33] Dirk Schümer, »Die Lampedusa-Realität«, *FAS*, 29.12.2013

[34] *SZ*, 11.4.2014

[35] Dirk Schümer, »Die Lampedusa-Realität«, *FAS*, 29.12.2013

[36] *FAZ*, 17.5.2014

[37] *FAZ*, 20.3.2014

[38] *Spiegel-Online*, 25.3.2014

[39] »›Wir handeln in der Türkei, als stünden wir unter Hypnose‹. Murathan Mungan im Gespräch«, *FAZ*, 15.4.2014

[40] www.oekohof-klischewski.de

[41] Sabrina Ebitsch, »Ökologische Landwirtschaft: Bye-bye, Bio«, *SZ*, 3.3.2014

[42] www.die-moebelmacher.de

[43] *FAZ*, 11.1.2014

[44] aus diesem Buch auch die folgenden Zitate

[45] *FAZ*, 13.1.2011

[46] *taz*, 28.4.2014

[47] www.regionalwert-ag.de

[48] http://regionalwert-hamburg.de

[49] http://sri.ciifad.cornell.edu und John Vidal, »Ein Körnchen Wahrheit«, *SZ-Magazin*, Heft 20/2013

[50] »Sind wir von Holz umgeben, sinkt unser Puls«. Interview mit Maximilian Moser, *FAS*, 1.6.2014

[51] www.transition-initiativen.de

[52] *FAZ*, 7.6.2014

[53] http://isabelbogdan.de/2013/04/18/besser-ist-das-geld/

[54] www.gls-treuhand.de/besucherinnen; www.wir-haben-es-satt.de

[55] Die GLS ist nicht die einzige Ethikbank dieser Art. Welche es sonst noch gibt und worin sie sich voneinander unterscheiden, darüber informiert die Website der sozialen Banken www.soziale-banken.de. Eine weitere Adresse ist www.ethische-geld-anlage.de/link-sammlung.

[56] Klaus Töpfer, Günther Bachmann, »Kostenschnitt für die Energiewende. Die Neuordnung der Stromkosten ist die Voraussetzung für die Reform der Energiepolitik«, Berlin, 23.9.2013; www.nachhaltigkeitsrat.de/uploads/media/20130923_Memo_Vorschlag_Kostenschnitt_EEG.PDF

[57] Zumindest bis Juni 2013 konnten diese Big Five sich darin der Zustimmung der Kanzlerin sicher sein. Unvergessen Merkels Erkenntnis: »Das Internet ist für uns alle Neuland.« (Zit. n. »Die Kanzlerin entdeckt Neuland«, *Spiegel-Online*, 19.6.2013)

[58] Brad Stone, *Der Allesverkäufer. Jeff Bezos und das Imperium von Amazon*, Frankfurt a. M.2013

[59] *FAZ*, 15.5.2014

[60] *SZ*, 16.1.2015

[61] Mathias Döpfner, »Warum wir Google fürchten. Offener Brief an Eric Schmidt«, *FAZ*, 16.4.2014

[62] *FAS*, 27.4.2014

[63] zit. n. Gabor Steingart, »Unsere Waffen im digitalen Freiheitskampf«, *FAZ*, 23.6.2014

[64] Wer sich für weitere Details interessiert, wird fündig unter http://suma-ev.de/presse/Sicher-suchen-UND-finden-mit-MetaGer.html.

[65] ebd.

[66] zit. n. »Apple HealthKit: Gesundheit und Fitness in iOS 8«, *Chip*, 4.6.2014

[67] Wer sich darüber informieren will, findet dazu reichlich Stoff im Netz, zum Beispiel unter dem Link, aus dem ich auch einen Teil meiner Informationen über das Blackphone beziehe: www.zeit.de/digital/mobil/2014-02/blackphone-beim-mwc-vorgestellt.

[68] zit. n. ebd.

[69] *FAS*, 22.6.2014

[70] *FAZ*, 20.6.2014

[71] Christian Nürnberger, »Sofort abschalten! Warum liefern wir uns Facebook und Google so aus?«, *SZ-Magazin*, Heft 49/2011

[72] zum Beispiel https://joindiaspora.com, http://buddycloud.com, http://pump.io

[73] http://europe-v-facebook.org/

[74] Informationen über Macgirvins Matrix sind zu finden unter http://wiki.toktan.org/doku.php?id=fred:intro.

[75] Adina Rieckmann, »Herr Gözüakça spricht«, *Die Zeit*, 30.11.2011

[76] Harlad Welzer, »Was Sie sofort tun können: Zehn Empfehlungen«, *FAZ*, 27.12.2010; www.faz.net/aktuell/feuilleton/debatten/rettung-der-welt-was-sie-sofort-tun-koennen-zehn-empfehlungen-11079178.html

[77] www.utopia.de/magazin/das-generationen-manifest-claudia-langer

Register

Abel, Bas van 310, 312
Ackermann, Josef 249
Adebolajo, Michael 127, 339
Adebowale, Michael 127, 339
Afghanistan 23, 133, 140
Agrarlandschaft 203 ff.
Ägypten 140 f., 347, 352 f.
Aigner, Ilse 264
AKP 138
al-Assad, Baschar 139
Aldi 74, 198, 213, 237
Aleviten 138
al-Gaddafi, Muammar 320
Algerien 140 f.
Allianzversicherung 247 ff.
Alnatura 98
Al-Qaida 26, 127, 140, 321
Altair 81
Alternative für Deutschland (AfD) 104, 130 f., 163, 328
Amazon 23, 60, 65, 74, 93, 240, 270–284, 292, 297, 300 f., 303 f., 309, 313 f., 316, 320, 351
- Alternativen 278 f.
- Fire Phone 274
- Kindle 273, 279
Amnesty International 141
Andrees, Beate 48
Android 72, 92, 302
Anger 207, 209 ff., 215 ff., 229
Anonymisierung 296 ff., 322
Anonymous 103
Anschläge vom 11.09.2001 69
Antisemitismus 128 ff., 136
AOL 323
Appelbaum, Jacob 67
Apple 23, 60, 65, 68, 70, 76 ff., 80, 83 f., 92 f., 176, 270 f., 275, 292, 300–309, 313 f., 316
- Health App 304 ff.
- iCloud 294, 302 f.
- iOS 302, 304
- iPad 69, 279, 301 f., 304
- iPhone 66 f., 92 f., 301 f., 304, 309, 314
- iTunes 301 ff.
- iWatch 314
- Macbook 301, 304
- Macintosh 70, 76 ff.
- TV 301
- Werbespot 76 ff.
Arabischer Frühling 320
Arbeiterbewegung 170, 185
Arbeitgeberverband 328
Arbeitslosigkeit 31, 36 f., 46, 49, 103, 134, 136 f., 307, 339, 349
Arcor 292
Armenien 334
Artenvielfalt 190, 192, 206 f., 212, 216, 232, 266, 341
Atomkraft 162, 255 ff., 260, 263 f.
Attac 63, 102 f.
Audi 105
Ausländerfeindlichkeit 104, 128, 327 f.
Außenhandelsvereinigung des deutschen Einzelhandels (AVE) 91, 95

Bachmann, Günther 264
Baez, Joan 22
Baidu 72
Banken 52 f., 101, 135, 244–253
- Eigenkapitalquote 176, 245 f., 248
- kriminelle 244 f.
- systemrelevante 61, 201, 245, 248, 251
Barclays 52
Barenboim, Daniel 349
Barlow, John Perry 84, 86
BASF 32
Batiston, Stefano 52
Bayer 32
Berlin Verlag 274
Bertelsmann 74
Besson, Luc 339
Beuschel, Gerhard 329
Beyer, Thomas 151 f.
Bezos, Jeff 272 f., 275, 277 f., 281, 283, 285, 316
Biermann, Wolf 186
Big Data 87 f., 93, 103, 270, 286, 289, 297, 300, 308, 313 f.

Bildung 57–61
Biogas 256, 261 f., 265 ff.
Biographiegespräche
332 ff., 337, 339, 342
Bioprodukte 98 f., 106 ff.,
192, 229–235
Blackphone 94, 304, 308 f.,
313 ff., 342
Blair, Tony 135, 244
Blueseed 71
BMW 32, 36, 105
Boateng, Jérôme 132
Bogdan, Isabel 249
Boko Haram 140
Bonnier 274
Boost 297
Bosch 32
Boudjedra, Rachid 141
Brandenburg, Wilhelm
97
Brandt, Willy 125 f., 186
Brasilien 347
Braunberger, Gerald 64
Breitner, Paul 59
Brin, Sergey 285, 316
Brusaw, Julie 265
Brusaw, Scott 265
Buchhandel 276–280
Buffett, Warren 50, 110,
245
Bundesnachrichtendienst
(BND) 67, 69, 309
Bundesverfassungsgericht
78
Bundeswehr 20, 83
Bürgerdemokratie
341–354
Burkert, Martin 154 f.
Buschberghof Fuhlenhagen 230, 232, 235, 237 f.
Bush, George W. 24, 147
Bushido 129

Callas, Jon 308
Carlsen Verlag 274
CeramTec 81
Charles, Prince of Wales
337
Charlie Hebdo, Anschlag
auf 127 f., 133, 339
China 49, 90, 92, 149, 183,
347
Chistiansens, Sabine 38
Christentum 132 f., 171,
352 f.
Christlich Demokratische
Union (CDU) 128, 160,
162
Christlich-Soziale Union
(CSU) 115, 128, 131,
153, 162 f., 263, 328
CIA 23, 25 ff., 147, 273,
321
Cittàslow 239 f.
Clarke, Arthur C. 78
Clean Clothes Campaign
(CCC) 95
Clinton, Bill 244
Cloud 87 f., 320 f.
Commerzbank 36, 248
Corrections Corporation
112
Crowd4Privacy.org 324
Cutillo, Tonio 322

Daimler 32, 36
Danzer, Herwig 196 f.,
206, 239 f., 242
Data Mining 270, 272,
300, 314
Datenschutz 270, 288 ff.,
296, 298, 308, 315,
322 ff., 341 f.
DDR 18, 20, 168, 186, 332
»Dementisch« 345
Demeter 195, 224, 226
Demokratie 18 f., 24, 49 ff.,
61, 163, 167 f., 200 f.,
258, 272
– marktkonforme 106
Deutsche Bank 32, 248 f.,
252
Deutscher Fußball-Bund
(DFB) 89
Disconnect 309
Domäne Mechtildshausen
224
Döpfner, Mathias 73, 287
Dorfladen 179, 198–202,
224, 229, 234, 237, 326,
342
Draghi, Mario 53
DROPOUTJEEP 67
Dschihad 128, 140
Dyson, Esther 85

Eberhard, Anita 194
Eberhard, Hans-Peter
193–197, 206, 216
Ecotopten 279
Edeka 97
Eggert, Jan 91
Einwanderung 177,
328 ff.
E-Mail-Postfach, sicheres
292–296
Energiegenossenschaft
199 f., 257, 262 f., 349
Energiemarkt 254–269
Energiewende 199, 254,
257 ff., 264
Enorm 350
Enter 350
Erdogan, Recep Tayyip
137 f., 183
Erlinger, Rainer 114 ff.
Erneuerbare-Energien-Gesetz (EEG) 254,
263 ff.
Esser, Klaus 42, 44 f.
Esso 204
Ethikbank 250 ff.
Eurécom 321 f.
Europäische Kommission
34, 103, 105, 111, 146,
246, 287, 289, 341
Europäische Menschenrechtskonvention 19

Europäische Zentralbank (EZB) 246, 341
Europäischer Gerichtshof (EuGH) 323 f.
Europäisches Parlament 103, 136, 164, 287, 289, 341
Europarat 19, 289, 341
Europa-Union 329
Europe-v-Facebook 323
Eurovision Song Contest (ESC) 181

Facebook 23, 60, 65 f., 68, 70, 178, 270 ff., 275, 292, 300, 309, 313, 316–325, 348
Fairphone 94, 304, 308–315, 342
Farage, Nigel 136
Federighi, Craig 305
Feldbusch, Verona 39
Finanzkrise 53, 110, 135 ff., 245 ff., 252
Finanzmärkte 175
 - Liberalisierung der 244 f.
Fischer, Joschka 24, 36
Fleisch 218–228
Flüchtlinge 139, 142 ff., 175 ff., 327 f., 331, 335, 348
Foer, Jonathan Safran 209, 222
Folter 25 ff., 140 f., 147
Foxconn 92
Franco Bahamonde, Francisco 19
Frankreich 69, 136, 179, 238, 349
Frauenemanzipation 171 f., 185
Fraunhofer-Institut für Solare Energiesysteme (ISE) 265
Freie Demokratische Partei (FDP) 44, 160 f.
Freisler, Roland 283
Fremdenfeindlichkeit 104, 128, 327 f.
Friedland 42, 44
Friendica 324 ff.
Front National 136
Fukuyama, Francis 145, 149
Futur zwei 351

Gabriel, Sigmar 37, 103, 162, 287, 290
Gastarbeiter 328
Gates, Bill 70, 74, 80, 290
Gaus, Günter 332
GCHQ 67
Geeksphone 308
Gefängnis 112 f.
Geheimdienste 22–27, 67 ff., 178, 272, 291 ff., 309
 - Internet 86 f., 103
Gemeinschaftsbank für Leihen und Schenken (GLS) 248 ff., 252, 295
Generali Versicherungen 248
Genossenschaft 183, 199 ff., 234, 237 f., 257, 260, 262 f., 349
Genossenschaftsbank 179, 246, 248, 250 f., 300, 326
Gent, Chris 44
Gentechnik 85, 107, 229, 236 f.
Genth, Stefan 91
Geo Group 112
Gewissen 114 f.
Globalisierung 47 ff., 85, 89, 91, 93, 99 f., 110, 119, 131 f., 163, 178, 208
Glotz, Peter 51
GMX.de 292
Gödelitz 332 f., 337 f.
Goethe, Johann Wolfgang von 65
Goldman Sachs 52 f.
Gomez, Mario 132
Google 23, 60, 66, 68, 70–74, 87, 92 f., 103 f., 176, 178, 270 ff., 275, 285–292, 296–300, 302, 309, 313 ff., 320, 323, 351
 - Alternativen 293–300
 - Chrome 72
 - Gmail 72, 292, 294, 300, 323
 - Maps 72, 292
Google+ 287, 319
Gorbatschow, Michail 31, 186
Gouges, Olympe de 171
Graeber, David 102
Greenpeace Energy 294 f.
Griechenland 19, 53, 135, 142, 247, 334, 349 f., 352
Großbritannien 61, 135 f., 170, 245
Grüne (Partei) 128, 162
Gruner+Jahr 82
Guantánamo 26
Gülen, Fethullah 138
Gündogan, Ilkay 132
Guthrie, Woody 21
Gutschker, Thomas 25
Gyurcsány, Ferenc 124 f.

Hachette Book Group 273
Hadar, Nasser 320
Hamas 140
Hammond, Jeremy 103
Hannover 335 ff.
Hardy, Mike 134
Haucap, Justus 287
Havel, Václav 186

Havemann, Robert 186
Heimat auf'm Teller 193, 196, 199, 206, 216, 232
Henkel, Hans-Olaf 38
Hersbruck 239 f.
Hersbrucker Alb 191, 193, 196 f., 206 f., 209, 215, 217, 224, 229
Hessel, Stéphane 102
Hinterwälder Rind 215 f.
Hisbollah 140
Hiss, Christian 233 f.
Hitler, Adolf 146, 172, 281 ff.
Hoechst 32
Hohmann, Martin 128
Hollande, François 64
Holtzbrinck 74
Holz 240 f.
Homo anna 122, 190
Homo oeconomicus 122 f., 306
Homosexualität 172, 182 f.
Honecker, Erich 161
Hopkins, Rob 189, 242
Hugendubel 74, 276
Human Research Institut für Gesundheitstechnologie und Präventionsforschung 240
Hutangerprojekt 209, 215 ff., 224 f., 232, 235, 240

IBM 77 ff., 290
Ikea 240
Indien 49, 90, 149, 348
Industrielandschaft 203 ff.
Institut für Demoskopie Allensbach 247, 315
Internationale Arbeitsorganisation (ILO) 48, 135 f.
Internationaler Gewerkschaftsbund 273
Internationaler Währungsfonds (IWF) 341
Internet 75, 84 ff., 103, 270, 290, 294, 300
– der Dinge 271
Irak 23 f., 69, 133, 139 f., 353
Iran 133, 140, 348
Islam 127 ff., 132 f., 140 f., 163, 171, 182 f., 352 f.
Islamischer Staat (IS) 26, 69, 128, 140, 321
Israel 69, 139 f., 353
Italien 69, 120, 136, 334

Japan 149
Jobs, Steve 80
Jordanien 139 f.
Judentum 132 f., 171, 352 f.
Juncker, Jean-Claude 33, 37, 170, 274

Kampagne für Saubere Kleidung 95
Kapitalismus 32, 62, 83, 88 f., 101 f., 106, 119, 187 f., 300
– digitaler 51, 88, 270 f., 288
Kartellamt 276 f., 287 f., 290
Kasper Systems 324
Kennedy, John F. 18 f., 146
Kerry, John 28
Khedira, Sami 132
KiK 90 f.
Kinderarbeit/-soldaten 54, 90, 92 ff., 309, 312 f.
Kindernothilfe 313
King, Martin Luther 187
Kirche 39 f., 45, 104, 352
Kirchhof, Paul 57
Klischewski, Erika und Hans 190–195, 197 f., 206, 230, 232, 235, 237
Klose, Miroslav 132
Koch, Roland 128
Kohl, Helmut 31, 35 f.
Kohlendioxid (CO2) 105, 222, 259, 268
Konzerne, multinationale 50, 52 ff., 61 f., 106, 110 f., 176, 191, 201
Kouachi, Chérif 127
Kouachi, Saïd 127
Krankenkasse 304 ff.
Krim 147 f.
Kroatien 136
Kubrick, Stanley 78 f.
Kult-Literaten 279
Kumar, Sumant 235

Lambsdorff, Otto Graf 20 f.
Landwirtschaft 106 ff., 183, 190–198, 209–243
Lang, Peter 198
Langer, Claudia 351
Le Pen, Marine 136
Lebenserwartung 173, 185
Lebensmittel 213 ff.
Lehman Brothers 53
Leibniz Universität Hannover 296
Lesegespräch 336 f.
Li Ka-shing 43 f.
Libanon 139, 352
Libyen 140, 320
Lichterkette (Verein) 341
Lidl 74, 97, 198, 213, 237
Liechtenstein 33, 36
Linke (Partei) 163
Linux 302
Lipp, Ernst-Moritz 21
Lobbyismus 24, 61 f., 103 ff., 107, 109 f., 179, 229, 231, 246, 254 ff., 289, 300
Lucke, Bernd 130
Lügen 124 ff.
Luxemburg 33 f., 36 f., 274

MabCampath 116
Macgirvin, Mike 324 f.
Mainz 338
Mannesmann 42 ff.
Manning, Bradley (Chelsea) 23
Marktwirtschaft 38, 45, 111, 120
- soziale 24, 32, 176, 198
Marokko 141
Massentierhaltung 107 f., 192, 214, 217, 221–227, 250
Mauerfall 31, 46, 51, 145, 161, 171, 185 f.
McDonald's 201, 238 ff.
McKinsey 40
Mediamarkt 74
Medien 167 ff.
Menschenrechte 26 f.
Mentor - Die Leselernhelfer Hannover e.V. 337
Mercedes 105
Merkel, Angela 28, 64, 105, 162, 328, 352
Merz, Friedrich 338
MetaGer 296 ff., 300, 314 f., 320
Microsoft 68, 70, 87, 290
- Windows 301 f.
Migranten 327–340, 349
Minkmar, Nils 26
Mittelmeer 137–144
Mohammed 353
Monaco 36
Monopolkommission 287, 290
Monti, Mario 53
Moral 114–123
- und Politik 124 ff.
Mortler, Marlene 153
Moser, Maximilian 240 f.
Mubarak, Hosni 140
Müller, Gerd 89
Multiple Sklerose (MS) 116 f.
Mungan, Murathan 184
Murawski, Josef 44
Muslimbrüder 140

NASA 72, 78
Nationaldemokratische Partei Deutschlands (NPD) 130
NATO 19, 149, 341
Naturland 224, 267
Naturschutz 111, 183, 193, 206 ff., 214 ff., 232, 266, 342, 266
Neoliberalismus 20, 38, 51, 71 f., 84, 91, 100, 113, 119, 134 ff.
Neuwirth, Thomas 182
New Economy/Neuer Markt 38 f., 87
NGO 63, 95 f., 102, 342
Nitsch, Joachim 261
Noa Bank 251
NSA 23, 27, 67 ff., 72, 103, 147, 270, 286, 288, 291 f., 302, 309, 321, 323
Nuland, Victoria 28

Obama, Barack 21 f., 26
Occupy 63, 102 f.
OECD 57
Offenhausen 261 f.
Ökobank 251
Ökostrom 254–269
Oldenburg 225
Oligarchen 52, 146, 300
Orbán, Viktor 183
Orbis 52
Orwell, George 77 f.
Ost-West-Forum Gut Gödelitz e. V. 333
Ott, Ursula 278
Özil, Mesut 132
Page, Larry 71, 285, 316
Pakistan 140
Parks, Rosa 187 f.
Partei 150–164
- Mitglieder 151–159
Patriarchat 171 f.
Patriotische Europäer gegen die Islamisierung des Abendlands (Pegida) 104, 128, 132, 136, 328, 335, 352
Penetrating Hard Targets 68
Pentagon 68, 72, 83, 86, 291
Personal Computer (PC) 69 f., 74 f., 77– 81, 86, 290
Petrini, Carlo 238
Pfeiffer, Christian 335
Pieroth, Elmar 350
Piketty, Thomas 102
Piper Verlag 274
Piratenpartei 104
Pirinçci, Akif 129
Pitts, John 134
Plasberg, Frank 89 f.
Plattmeier, Wolfgang 239 f.
Podolski, Lukas 132
Polen 136, 186, 334
Politik 62 f., 150–164
- und Moral 124 ff.
Pooth, Verona 39
Portugal 19, 135
Postbank 248 f.
Posteo 293 ff., 298, 300, 314 f., 324
Presseversorgungswerk 247
PricewaterhouseCoopers (PwC) 34
Primark 90
Privatsphäre 23, 70, 99, 270 f., 281, 291, 299, 308, 314

Prodi, Romano 53
ProSiebenSat.1 287
Pussy Riot 347
Putin, Wladimir 147 f., 183, 200, 260, 321, 347

R+V Versicherung 248
Räder, Eberhard 267
Rassentrennung 187
Rauh, Georg 261
Reagan, Ronald 20, 112, 146, 186, 244
Real 74, 97
Realitätsverlust 161 ff.
Rechtspopulismus 104, 130 f., 136, 143, 147, 182, 188
Rechtsradikalismus 128 f., 132, 136, 143, 182
Red Matrix 324 f.
Regionalwert AG 233 ff.
Regionalwirtschaft 99, 106 ff., 178 f., 183, 191–202, 206, 224, 232 ff., 237, 241, 346
Reichtumsbericht 56
Reuss, Tilmann 35
Rewe 74, 97 f., 198, 224, 237, 307
Rieckmann, Adina 330
Rigby, Lee 127, 339
Ritalin 59
Robert-Bosch-Stiftung 333
Rodrigues, Armando 328, 339
Rogosin, Dmitri 182
Rösler, Philipp 160
Rushdie, Salman 23
Russland 145–149, 182 f., 334, 347
RWE 32

Sacharow, Andrei 186
Safebook 315, 321 f.
Salva, Miquel Ballester 310
Sam, Sidney 132
Samsung 92
Sanders, Barry 337
Sanofi 116 ff.
Sarid, Yishai 26
Sarrazin, Thilo 129
Saturn 74
Schäuble, Wolfgang 128
Schavan, Annette 58
Schilling, Peter 226
Schirinowski, Wladimir 182
Schirrmacher, Frank 123
Schmidt, Eric 71, 271, 285, 287, 290
Schmidt, Helmut 186
Schmidt-Gödelitz, Axel 332 f., 339
Scholl, Hans 281, 283
Scholl, Simon 238
Scholl, Sophie 281, 283
Schönheim, Ulf 234
Schrempp, Jürgen 35, 37 f.
Schrems, Max 323 f.
Schröder, Gerhard 24, 36, 244
Schukat, Björn 327
Schule 57 f.
Schulz, Martin 287
Schümer, Dirk 143
Schweden 69
Schwein 219 ff.
Schweiz 33, 36
Scott, Ridley 76
Sedláček, Tomáš 102
Seeger, Pete 21 f.
Seehofer, Horst 159, 263 f.
Selbstbestimmung, informationelle 23, 78, 110, 271
Selbstoptimierer 304 ff.
Sezgin, Hilal 223
Shareholder Value 37 f., 45, 117
Shell 204
Sido 129
Siemens 32, 36
Silicon Valley 71, 82 f.
Sillius, Manuela 239
Sklaverei 48, 172
Skype 68, 323
Slow Food 238 f.
Slowakei 136
Slowenien 136
Smartphone 65–69, 74, 88, 92 ff., 274, 299, 304, 307–315
Smith, Adam 118 f., 122
Snowden, Edward 22 ff., 27, 68, 179, 286, 321, 349
Snyder, Timothy 147
Solarkraft 254 ff., 265, 268
Solidarność 186
Sommer, Theo 338
Sony 278
Sowjetunion 182, 186
Sozialdemokratische Partei Deutschlands (SPD) 37, 82, 151–156, 159, 161 f., 316, 329
Sozialistische Einheitspartei Deutschlands (SED) 161
Spanien 19, 349 f.
SpiderOak 309
Sprache 336 f.
Springer 37, 73 f., 287
Springer, Axel 287
Starbucks 201, 239 f.
Starnberg 35
Steingart, Gabor 299
Stender, Johanna 336
Stender, Otto 336 f., 339
Steuerhinterziehung 33–37, 105, 134, 244
Steuervermeidung 33 f., 37, 110, 274
Stiftung Bürgermut 350
Stoiber, Edmund 128

Stolz, Iris 313
Stone, Brad 273
Strato 292
Strauß, Franz Josef 328
Strufe, Thorsten 321 f.
Suchmaschine 72 f., 178, 286, 296 ff., 300, 314 f.
SUMA-EV 296
Syrien 69, 139 f., 353

Taliban 140
Telekom 292, 296
Terra-Madre-Netzwerk 239
Terres des Hommes 313
Thalia 74, 276
Thatcher, Margaret 20, 135, 244
Thienemann Verlag 274
Thiermeyer, Hubertus 90
Thoma, Erwin 241
Threema 315, 324
Thünen-Institut 195
Tolino 278
Töpfer, Klaus 263 ff.
Transatlantic Trade and Investment Partnership (TTIP) 100
Transition 189, 242
Tschechien 136
Tunesien 140 f.
Türkei 137 ff., 184, 330–334, 347, 353
Twitter 103, 138, 324

Überall, Daniel 238
Überwachung 64–78, 178, 237, 270 f., 288, 293 f., 298, 304, 308 f., 320, 323 f., 349

UKIP 136
Ukraine 28, 148, 182 f., 347
Ullstein Verlag 274
Umweltbank 251, 295
Ungarn 124 f., 186
UNHCR 142
USA 18–28, 86 f., 100, 112, 140, 146 f., 186, 238 f.
- Rassentrennung 187
Utopia 278, 351

Vaidhyanathan, Siva 73
Veganer/Vegetarier 183, 218, 223, 227, 295, 349
Vereinte Nationen (UN) 139, 311, 320, 341
Verschlüsselung 66 ff., 99, 292 ff., 297, 308 f., 324
Vertrauen 201, 346
Vestager, Margrethe 290
Vietnam 19, 79 f., 146, 236
Vodafone 42 ff., 292
Vogl, Joseph 102
VW 32

Waigel, Theo 31
Wallenstein 42
Web.de 292
Weber, Antje 313
Wehrmacht 334
Weidetierhaltung 206–210, 215 f., 225, 227, 229, 232
Weiße Rose 282 f.
Weltbank 341
Weltbild 74, 276
Welthandelsorganisation (WTO) 341
Welzer, Harald 350 f.
Wengleinpark 206
Wertegemeinschaft, westliche 19 f., 23 ff., 27 f., 32, 38, 45, 55, 57, 70, 104, 144, 177
Wertpapiergesellschaft 38, 42, 45, 55, 57, 104, 252
Westerwelle, Guido 39
Wettbewerb 54 ff., 59, 61
WhatsApp 322, 324
Wikileaks 23
Wikipedia 347
Windkraft 254 ff., 260 ff., 268
Wir haben es satt! (Tierschutzinitiative) 250
Wired 82, 84 f.
Wirtz, Astrid 330 f.
Wittgenstein, Ludwig 337
Wohlstandsgefälle 120
Wölfel, Rainer 193, 206 f., 209, 215, 224 ff., 239
Wozniak, Steve 80
Wulff, Christian 352
Wurst, Conchita 181 f., 184

Yahoo 296, 323
Youtube 72, 138, 292, 323

Zalando 240, 280, 297, 320
Zentrum für Sonnenenergie- und Wasserstoff-Forschung Baden-Württemberg (ZSW) 268
Zimmermann, Phil 308
Zivilgesellschaft 181, 183, 291, 339, 347
Zuckerberg, Mark 316, 319–324
Zukunftsstiftung Landwirtschaft 250
Zypern 135, 245, 247